Guttentagsche Sammlung
Nr. 28 Preußischer Gesetze Nr. 28
Textausgaben mit Anmerkungen.

Die Fürsorgeerziehung Minderjähriger

Gesetz nebst Ausführungsbestimmungen und allen wichtigeren Ministerialerlassen.

Text-Ausgabe mit Einleitung und Erläuterungen

von

Dr. P. F. Aschrott,
Geheimer Justizrat, Landgerichtsdirektor a. D.

Dritte, neubearbeitete Auflage.

Berlin 1917
J. Guttentag, Verlagsbuchhandlung,
G. m. b. H.

Roßberg'sche Buchdruckerei, Leipzig

Vorwort zur dritten Auflage.

Es sind gerade sechzehn Jahre her, daß ich das Vorwort zur ersten Auflage schrieb. Die Anforderungen, die an diesen Kommentar zu stellen sind, sind inzwischen andere geworden. Bei der ersten, alsbald nach Inkrafttreten des Gesetzes erschienenen Auflage galt es, die Einführung des neuen Gesetzes in die Praxis zu erleichtern: durch zahlreiche Beispiele suchte ich die Bedeutung der gesetzlichen Bestimmungen wie ihre Anwendbarkeit klarzustellen, und ich griff in umfassendem Maße auf die parlamentarischen Vorarbeiten und auf die Rechtsprechung über das frühere Zwangserziehungsgesetz zurück, um so für die Auslegung des neuen Gesetzes das erforderliche Material zu geben. Sechs Jahre später erschien die zweite Auflage, und ich konnte vieles aus der ersten Auflage fortlassen. Statt dessen arbeitete ich die inzwischen ergangene Rechtsprechung über das neue Gesetz ein. Als ich mich jetzt, nachdem die zweite Auflage vergriffen war, zu einer dritten Auflage entschloß, war ich mir klar darüber, daß diese eine völlige Neubearbeitung sein mußte, wenn anders der Zweck des Buches erfüllt werden sollte: eine Handausgabe für die Praxis zu bieten, und zwar nicht nur für die mit der Anwendung des Gesetzes, das inzwischen auch durch die Novelle vom 7. Juli 1915 eine Abänderung erfahren hat, betrauten Behörden, sondern auch für die weiten Kreise, die ein Interesse daran haben, sich mit diesem sozialpolitisch wichtigen, aber zu vielen Zweifelsfragen Anlaß gebenden Gesetze vertraut zu machen.

Die Rechtsprechung, die allein das Kammergericht in jedem Bande seiner Entscheidungen dem Fürsorgeerziehungsgesetz gewidmet hat, ist eine so umfangreiche gewesen, daß man wohl den vielfach angeführten Ausspruch des um das Gesetz hochverdienten, jetzt leider verstorbenen Krohne verstehen kann: es erfülle ihn mit tiefer Trauer, wenn er sehe, wieviel Zeit und Arbeitskraft bei Erledigung juristischer Streitfragen aus dem Fürsorgeerziehungsgesetz verloren gehe. Aber dabei muß berücksichtigt werden, daß diese Streitfragen eben durch die Fassung des Gesetzes veranlaßt sind. Das Fürsorgeerziehungsgesetz ist vom Standpunkt juristischer Technik aus wahrlich keine gelungene Arbeit; Unklarheiten und Lücken treten zahlreich bei seinen Bestimmungen hervor. Und gerade das Kammergericht hat sich ein großes Verdienst dadurch erworben, daß es durch seine Rechtsprechung, die stets den Zweckgedanken des Gesetzes im Auge behielt, über diese Mängel hinweggeholfen und allmählich die Lücken — häufig in recht freier Rechtsprechung — ausgefüllt hat. In diesen jetzigen Rechtszustand soll der Benutzer meines Buches durch die neue Auflage eingeführt werden, in der ich mich bemüht habe, die Rechtsprechung nicht nur anzugeben, sondern wirklich zu verarbeiten.

Neben die Rechtsprechung sind aber in der Zwischenzeit zahlreiche literarische Erscheinungen über die Fürsorgeerziehung getreten. So haben Landsberg und Goeze systematische Arbeiten über die Materie geliefert. Dazu kommen eine große Zahl von Aufsätzen über einzelne Fragen der Fürsorgeerziehung, die vor allem in der Zeitschrift „Jugendfürsorge" und im „Zentralblatt für Vormundschaftswesen, Jugendgerichte und Fürsorgeerziehung" erschienen sind. Auf die wichtigsten Äußerungen des Schrifttums ist von mir an geeigneten Stellen Bezug genommen worden.

Überaus groß ist auch die Zahl der von ministerieller Seite

zur Ausführung des Gesetzes ergangenen Erlasse. In den Anmerkungen wird fortlaufend darauf hingewiesen; alle wichtigeren Erlasse sind wörtlich im Anhange abgedruckt. Um das Zurechtfinden in diesen Erlassen zu erleichtern, habe ich durch Hinzufügung kurzer Stichworte vor den einzelnen Erlassen ihren wesentlichen Inhalt gekennzeichnet.

Endlich erschien es mir nützlich, einen Einblick in die praktische Durchführung der Fürsorgeerziehung zu gewähren. Dem dienen der neue § 4 der Einleitung, ferner die bei einzelnen Anmerkungen gemachten Angaben über die Veranstaltungen, welche zur Ausführung der Fürsorgeerziehung getroffen sind, und weiter der im Anhang erfolgte Abdruck von Formularen, die bei der Fürsorgeerziehung der Stadt Berlin gebraucht werden und die empfehlenswert sein dürften.

Bei dieser Fülle des Stoffes war ich, um den bisherigen Umfang des Buches nicht wesentlich zu überschreiten und damit seine Brauchbarkeit als Handausgabe zu gefährden, genötigt, mich überall kurz zu fassen und vielfach eine Auswahl aus dem reichen, mir zur Verfügung stehenden Material zu treffen. Eine absolute Vollständigkeit war auf dem beschränkten Raume von vornherein ausgeschlossen. Ich hielt es auch für richtig, in dem Streben nach Vollständigkeit nicht zu weit zu gehen und mehr das Ziel im Auge zu behalten, dem Buche eine wirklich übersichtliche Gestalt zu geben, die es als Leitfaden für das Arbeitsfeld der Fürsorgeerziehung geeignet machen würde.

Die Wichtigkeit der Fürsorgeerziehung tritt in der Jetztzeit klar hervor. Unsere Volkskraft hat durch den Krieg schwere Verluste erlitten. Eine pflegliche Behandlung der gefährdeten Jugend wird damit ganz besonders zu nationaler Pflicht. Auch hat der lange Kriegszustand mit seinen erziehungswidrigen Einflüssen neue Ursachen der Verwahrlosung hervorgerufen, die auch bei Eintritt des Friedens sobald nicht verschwinden werden.

Es gilt deshalb, weite Kreise der bürgerlichen Gesellschaft für die Fürsorgetätigkeit an der Jugend mobil zu machen. Möge sich dabei dies Buch durch Verbreitung des Verständnisses für das Fürsorgeerziehungsgesetz nützlich erweisen!

Berlin, Pfingsten 1917.

Dr. Aschrott.

Aus dem Vorwort zur ersten Auflage.

Mit dem 1. April 1901 ist in dem Gesetze über die Fürsorgeerziehung Minderjähriger ein Gesetz von großer sozialer Bedeutung in Kraft getreten, an das weitgehende Erwartungen geknüpft werden. Ob sich diese Erwartungen erfüllen werden, wird sehr vielfach von der Handhabung des Gesetzes abhängen.

An der Handhabung beteiligt sind aber nicht nur zahlreiche Behörden: die Gerichte, die Landräte, die Vorsteher der Königlichen Polizeibehörden, die Gemeindevorstände, sondern es muß auch, um die wohltätigen Tendenzen der Gesetzes zu verwirklichen, auf die Mitwirkung aller derjenigen gerechnet werden, welchen die Sorge für die heranwachsende Generation am Herzen liegt, vor allem also der Kirche und Schule sowie der zahlreichen Vereine werktätiger Menschenliebe.

All diese Faktoren, welche dem neuen Gesetze zu lebensvoller Wirksamkeit verhelfen sollen, müssen sich mit seinen Bestimmungen vertraut machen. Das ist keine ganz leichte Aufgabe. Das Gesetz enthält in seinen wenigen Paragraphen so zahlreiche Verweisungen auf andere gesetzliche Bestimmungen, daß es selbst für den Juristen schwer sein wird, ohne mühseliges Nachschlagen in anderen Gesetzen sich ein richtiges Bild von den gegebenen Vorschriften zu machen. Dann aber greift das Gesetz auch in die verschiedenartigsten Gebiete ein: neben juristischen Fragen stehen Fragen des Verwaltungsrechts, pädagogische und sozialpolitische Fragen. Wer sich in wirksamer Weise an der Ausführung des Gesetzes beteiligen will, muß über all diese Fragen orientiert sein.

Es ist mein eifriges Bestreben gewesen, alle Fragen, welche bei der praktischen Ausführung des Gesetzes auftreten können, gleichmäßig zu behandeln und überall nur das wirklich für die Praxis Erforderliche an Erläuterungen zu geben.

Die Rücksicht auf die praktische Brauchbarkeit meines Kommentars hat mich dazu geführt, schon bei der formellen Behandlung der Erläuterungen anders zu verfahren, als meine Vorgänger. Die bisherigen Kommentatoren des Gesetzes haben ihre Erläuterungen nicht an die Gesetzesworte selbst angeknüpft, haben vielmehr ihren Erläuterungen zu den einzelnen Paragraphen Inhaltsverzeichnisse vorausgeschickt, aus denen der Leser entnehmen soll, unter welcher Nummer der Anmerkungen über eine bestimmte Frage Auskunft gegeben wird. Der juristische Leser wird sich aus diesen Inhaltsverzeichnissen wohl informieren können, dagegen fürchte ich, daß andere Leser oft Schwierigkeiten haben werden, aus den von dem betreffenden Kommentator unabhängig von dem Wortlaute des Gesetzes gewählten Stichworten einen schnellen Überblick über die Erläuterungen zu gewinnen. Ich habe mich dem in der Guttentagschen Sammlung von Gesetzen gebräuchlichen und bewährten Systeme angeschlossen, die Erläuterungen an Stichworte des Gesetzes anzuknüpfen, und also von einer Aufstellung besonderer Inhaltsverzeichnisse zu den Erläuterungen abgesehen.

Abkürzungen.

AB. = Ausführungsbestimmungen vom 18. Dezember 1900 zum Gesetze vom 2. Juli 1900.
AbgH. = Preußisches Abgeordnetenhaus.
AG. z. BGB. = Preußisches Ausführungsgesetz zum Bürgerlichen Gesetzbuch vom 20. September 1899.
ALR. = Allgemeines Landrecht für die preußischen Staaten.
BAH. = Entscheidungen des Bundesamts für Heimatwesen.
Begr. = Begründung zu der Regierungsvorlage eines Gesetzes über die Zwangserziehung Minderjähriger (Drucksache des Herrenhauses 1900 Nr. 9).
BGB. = Bürgerliches Gesetzbuch.
DJZ. = Deutsche Juristenzeitung.
DStZ. = Deutsche Strafrechtszeitung.
EG. z. BGB. = Einführungsgesetz zum Bürgerlichen Gesetzbuch.
FEG. = Fürsorgeerziehungsgesetz.
FE. = Fürsorgeerziehung.
FGG. = Reichsgesetz über die Angelegenheiten der freiwilligen Gerichtsbarkeit vom 17. Mai 1898.
FM. = Finanzminister.
FZ. = Fürsorgezögling.
Goeze = Die FE. in Preußen von Goeze, Berlin 1910.
Gordan = Gesetz über die FE. Minderjähriger, erläutert von Gordan, Lehmann, Riese. Berlin 1907.
GS. = Gesetzsammlung für die Kgl. Preuß. Staaten.
GVG. = Gerichtsverfassungsgesetz.
HH. = Preußisches Herrenhaus.
JKG. = Jahrbuch der Entscheidungen des Kammergerichts, früher von Johow, dann von Johow u. Ring, jetzt von Ring herausgegeben.
JM. = Justizminister.
JMBl. = Preußisches Justizministerialblatt.
Jugendfürsorge = Die unter diesem Titel erschienene Zeitschrift.

KB. = Kommissionsbericht.
KG. = Kammergericht.
KV. = Kommunalverband.
MBl. = Preuß. Ministerialbl. für die innere Verwaltung.
MJ. = Minister des Innern.
Landsberg = Das Recht der Zwangs- und Fürsorgeerziehung von Landsberg, Berlin-Leipzig 1908.
Noelle = Das Gesetz über die FE. Minderjähriger, Kommentar begründet von Noelle, neu bearbeitet von Boschau, 3. Aufl., Berlin 1915.
OVG. = Entscheidungen des Oberverwaltungsgerichts.
PrFGG. = Preußisches Gesetz über die freiwillige Gerichtsbarkeit vom 21. September 1899.
RG. = Entscheidungen des Reichsgerichts in Zivilsachen.
RGStrafs. = Entscheidungen des Reichsgerichts in Strafsachen.
Rspr. = Rechtsprechung der Oberlandesgerichte, herausgegeben von Mugdan u. Falkmann.
RStGB. = Reichsstrafgesetzbuch.
Schmitz = Die FE. Minderjähriger, Textausgabe mit Einleitung u. Erläuterungen von Schmitz, 5. Aufl., Düsseldorf.
Statistik = Die im Kgl. Preuß. Ministerium des Innern bearbeitete Statistik über die FE. Minderjähriger (sie wird nicht nach dem Jahre des Erscheinens, sondern nach dem Rechnungsjahre, auf das sie sich bezieht, zitiert).
StB. = Stenographischer Bericht.
UM. = Minister der geistlichen, Unterrichts- usw. Angelegenheiten.
VG. = Vormundschaftsgericht.
ZBlFG. = Zentralblatt für freiwillige Gerichtsbarkeit.
ZBW. = Zentralblatt für Vormundschaftswesen, Jugendgerichte und Fürsorgeerziehung.
ZPO. = Zivilprozeßordnung.
ZwE. = Zwangserziehung.
ZwEG. = Preußisches Gesetz, betreffend die Unterbringung verwahrloster Kinder, vom 13. März 1878.

Inhaltsangabe.

Gesetz über die Fürsorgeerziehung Minderjähriger vom 2. Juli 1900

in der Fassung des Gesetzes vom 7. Juli 1915.

(GS. 1900 Nr. 29 S. 264; 1915 Nr. 33 S. 113.)

Wir Wilhelm, von Gottes Gnaden König von Preußen usw. verordnen mit Zustimmung beider Häuser des Landtags für den Umfang der Monarchie, was folgt:

§ 1.*) Ein Minderjähriger, welcher das achtzehnte Lebensjahr noch nicht vollendet hat, kann der Fürsorgeerziehung überwiesen werden:

1. wenn die Voraussetzungen des § 1666 oder des § 1838 des Bürgerlichen Gesetzbuchs vorliegen und zur Verhütung der Verwahrlosung die anderweite Unterbringung erforderlich ist, eine nach dem Ermessen des Vormundschaftsgerichts geeignete Unterbringung aber ohne Inanspruchnahme öffentlicher Mittel nicht erfolgen kann;
2. wenn der Minderjährige eine strafbare Handlung begangen hat, wegen der er in Anbetracht seines jugendlichen Alters strafrechtlich nicht verfolgt werden kann, und die Fürsorge-

*) Der durch das Gesetz vom 7. Juli 1915 geänderte Wortlaut ist durch Sperrdruck gekennzeichnet; das Gesetz vom 2. Juli 1900 lautete an dieser Stelle „die Fürsorgeerziehung erforderlich ist, um die Verwahrlosung des Minderjährigen zu verhüten".

erziehung mit Rücksicht auf die Beschaffenheit der Handlung, die Persönlichkeit der Eltern oder sonstigen Erzieher und die übrigen Lebensverhältnisse zur Verhütung weiterer sittlicher Verwahrlosung des Minderjährigen erforderlich ist;

3. wenn die Fürsorgeerziehung außer diesen Fällen wegen Unzulänglichkeit der erziehlichen Einwirkung der Eltern oder sonstigen Erzieher oder der Schule zur Verhütung des völligen sittlichen Verderbens des Minderjährigen notwendig ist.

§ 2. Die Fürsorgeerziehung erfolgt unter öffentlicher Aufsicht und auf öffentliche Kosten in einer geeigneten Familie oder in einer Erziehungs- oder Besserungsanstalt.

§ 3. Die Unterbringung zur Fürsorgeerziehung erfolgt, nachdem das Vormundschaftsgericht durch Beschluß das Vorhandensein der Voraussetzungen des § 1 unter Bezeichnung der für erwiesen erachteten Tatsachen festgestellt und die Unterbringung angeordnet hat.

§ 4. Das Vormundschaftsgericht beschließt von Amts wegen oder auf Antrag. Zur Stellung des Antrags sind berechtigt und verpflichtet:

der Landrat, in den Hohenzollernschen Landen der Oberamtmann, in Städten mit mehr als 10000 Einwohnern, sowie in den nach § 28 der Kreisordnung für die Provinz Hannover vom 6. Mai 1884 (Gesetz-Samml. S. 181) denselben gleichgestellten Städten auch der Gemeindevorstand, in Stadtkreisen der Gemeindevorstand und der Vorsteher der Königlichen Polizeibehörde.

Vor der Beschlußfassung soll das Vormundschaftsgericht, soweit dies ohne erhebliche Schwierigkeit geschehen kann, die

Eltern, den gesetzlichen Vertreter des Minderjährigen und in allen Fällen den Gemeindevorstand, den zuständigen Geistlichen und den Leiter oder Lehrer der Schule, welche der Minderjährige besucht, hören, auch hat, wenn die Beschlußfassung nicht auf Antrag erfolgt, das Vormundschaftsgericht zuvor dem Landrat (Oberamtmanne, Gemeindevorstande, Vorsteher der Königlichen Polizeibehörde) unter Mitteilung der Akten Gelegenheit zu einer Äußerung zu geben.

Der Beschluß ist dem gesetzlichen Vertreter des Minderjährigen, diesem selbst, wenn er das vierzehnte Lebensjahr vollendet hat, dem Landrat (Oberamtmanne, Gemeindevorstande, Vorsteher der Königlichen Polizeibehörde) und dem verpflichteten Kommunalverbande (§ 14) zuzustellen.

Gegen den Beschluß steht den im Abs. 3 Genannten die sofortige Beschwerde zu, dem gesetzlichen Vertreter des Minderjährigen oder diesem selbst jedoch nur dann, wenn der Beschluß auf Unterbringung zur Fürsorgeerziehung lautet. Die Beschwerde hat aufschiebende Wirkung.

§ 5. Bei Gefahr im Verzuge kann das Vormundschaftsgericht eine vorläufige Unterbringung des Minderjährigen anordnen. Die Polizeibehörde des Aufenthaltsorts hat in diesem Falle für die Unterbringung des Minderjährigen in einer Anstalt oder in einer geeigneten Familie zu sorgen.

Die durch die vorläufige Unterbringung erwachsenden Kosten fallen, sofern die Überweisung zur Fürsorgeerziehung demnächst endgültig angeordnet wird, dem verpflichteten Kommunalverbande (§ 14), anderenfalls demjenigen zur Last, welcher die Kosten der örtlichen Polizeiverwaltung zu tragen hat. Die Polizeibehörde hat in allen Fällen die durch die vorläufige Unterbringung entstehenden Kosten vorzuschießen.

Streitigkeiten über die Angemessenheit der dem Erstattungspflichtigen in Rechnung gestellten Vorschüsse der Polizeibehörde entscheidet der Bezirksausschuß im Beschlußverfahren. Der Beschluß des Bezirksausschusses ist endgültig.

§ 6. Hat die im § 4 angeordnete Anhörung der Eltern oder des gesetzlichen Vertreters nicht stattfinden können, so sind dieselben berechtigt, die Wiederaufnahme des Verfahrens zu verlangen.

§ 7. Soweit nicht in diesem Gesetz ein anderes bestimmt ist, finden auf das gerichtliche Verfahren die allgemeinen Vorschriften über die durch Landesgesetz den ordentlichen Gerichten übertragenen Angelegenheiten der freiwilligen Gerichtsbarkeit Anwendung.

§ 8. Die gerichtlichen Verhandlungen sind gebühren- und stempelfrei; die baren Auslagen fallen der Staatskasse zur Last. Ist nach dem Ermessen des Vormundschaftsgerichts die Vernehmung der nach § 4 Abs. 2 zu hörenden Personen erforderlich gewesen, so haben sie Anspruch auf Erstattung der notwendigen baren Auslagen aus der Staatskasse; dies gilt jedoch nicht für die Eltern des Minderjährigen.

Verträge über die Unterbringung von Zöglingen sind stempelfrei.

§ 9. Die Ausführung der Fürsorgeerziehung liegt dem verpflichteten Kommunalverband ob (§ 14); er entscheidet darüber, in welcher Weise der Zögling untergebracht werden soll. Im Falle der Anstaltserziehung ist der Zögling, soweit möglich, in einer Anstalt seines Bekenntnisses unterzubringen. Im Falle der Familienerziehung muß der Zögling mindestens bis zum Aufhören der Schulpflicht in einer Familie seines Bekenntnisses untergebracht werden.

Der Kommunalverband hat dem Vormundschaftsgerichte

von der Unterbringung und von der Entlassung des Zöglinges Mitteilung zu machen.

Die Überführung des Zöglinges liegt der Polizeibehörde des Aufenthaltsorts ob.

§ 10. Die Zöglinge dürfen nicht in Arbeitshäusern und nicht in Landarmenhäusern, in Anstalten, welche für Kranke, Gebrechliche, Idioten, Taubstumme oder Blinde bestimmt sind, nur so lange untergebracht werden, als es ihr körperlicher oder geistiger Zustand erfordert.

In Ausführung einer eingeleiteten Fürsorgeerziehung kann die Erziehung in der eigenen Familie des Zöglinges unter Aufsicht des Kommunalverbandes widerruflich angeordnet werden.

§ 11. Für jeden in einer Familie untergebrachten Zögling ist zur Überwachung seiner Erziehung und Pflege von dem Kommunalverband ein Fürsorger zu bestellen. Hierzu können auch Frauen bestellt werden.

§ 12. Auf Antrag des verpflichteten Kommunalverbandes kann, unbeschadet der Vorschriften des Artikel 78 § 1 des Ausführungsgesetzes zum Bürgerlichen Gesetzbuche, der Vorstand einer unter staatlicher Aufsicht stehenden Erziehungsanstalt vor den nach § 1776 des Bürgerlichen Gesetzbuchs als Vormünder berufenen Personen zum Vormunde der auf Grund der §§ 8 ff. in der Anstalt untergebrachten Zöglinge bestellt werden.

Das gleiche gilt für Zöglinge, die unter der Aufsicht des Vorstandes der Anstalt in einer von ihm ausgewählten Familie erzogen werden; liegt die Beaufsichtigung der Zöglinge einem von dem verpflichteten Kommunalverbande bestellten Beamten ob, so kann dieser auf Antrag des Kommunalverbandes statt des Vorstandes der Anstalt zum Vormunde bestellt werden.

Neben dem nach den Vorschriften der Abs. 1, 2 bestellten

Vormund ist ein Gegenvormund nicht zu bestellen. Dem Vormunde stehen die nach § 1852 des Bürgerlichen Gesetzbuchs zulässigen Befreiungen zu.

§ 13. Die Fürsorgeerziehung endigt mit der Minderjährigkeit.

Die frühere Aufhebung der Fürsorgeerziehung erfolgt durch Beschluß des Kommunalverbandes von Amts wegen oder auf Antrag der Eltern oder des gesetzlichen Vertreters des Minderjährigen, wenn der Zweck der Fürsorgeerziehung erreicht oder die Erreichung des Zweckes anderweit sichergestellt ist. Die Aufhebung kann unter Vorbehalt des Widerrufs beschlossen werden.

Gegen den ablehnenden Beschluß des Kommunalverbandes kann der Antragsteller binnen einer Frist von zwei Wochen vom Tage der Zustellung ab die Entscheidung des Vormundschaftsgerichts anrufen. Gegen den Beschluß des Vormundschaftsgerichts findet die Beschwerde statt. Die Beschwerde des Kommunalverbandes hat aufschiebende Wirkung.

Ein abgewiesener Antrag darf vor dem Ablaufe von sechs Monaten nicht erneuert werden.

§ 14. Die Provinzialverbände, in der Provinz Hessen-Nassau die Bezirksverbände der Regierungsbezirke Wiesbaden und Kassel, der Lauenburgische Landeskommunalverband, der Landeskommunalverband der Hohenzollernschen Lande sowie der Stadtkreis Berlin sind verpflichtet, die Unterbringung der durch Beschluß des Vormundschaftsgerichts zur Fürsorgeerziehung überwiesenen Minderjährigen in einer den Vorschriften dieses Gesetzes entsprechenden Weise zu bewirken. Sie haben für die Errichtung von Erziehungs- und Besserungsanstalten zu sorgen, soweit es an Gelegenheit fehlt, die Zöglinge in geeigneten Familien sowie in öffentlichen, kirchlichen oder privaten Anstalten unterzubringen, auch soweit nötig für ein angemessenes Unterkommen bei der Beendigung der Fürsorgeerziehung zu sorgen.

Zur Unterbringung verpflichtet ist derjenige Kommunalverband, in dessen Gebiete der Ort liegt, als dessen Vormundschaftsgericht das Gericht Beschluß gefaßt hat.

§ 15. Die Kosten, welche durch die Überführung des Zöglinges in eine Familie oder Anstalt, durch die dabei nötige reglementsmäßige erste Ausstattung, durch die Beerdigung des während der Fürsorgeerziehung verstorbenen und durch die Rückreise des aus der Fürsorgeerziehung entlassenen Zöglinges entstehen, fallen dem Ortsarmenverband, in welchem er seinen Unterstützungswohnsitz hat, zur Last. Ist ein solcher Ortsarmenverband nicht vorhanden, so fallen diese Kosten dem verpflichteten Kommunalverbande (§ 14 Abs. 2) zur Last. Die übrigen Kosten des Unterhalts und der Erziehung sowie der Fürsorge für entlassene Zöglinge tragen in allen Fällen die Kommunalverbände.

Die Kommunalverbände erhalten zu den nach Abs. 1 von ihnen zu tragenden Kosten aus der Staatskasse einen Zuschuß in Höhe von zwei Dritteln dieser Kosten. Der Betrag des Zuschusses wird jährlich auf Liquidation der im Vorjahr aufgewendeten Kosten oder im Einverständnisse mit den einzelnen Kommunalverbänden periodisch als Bauschsumme von dem Minister des Innern festgesetzt.

§ 16. Die Kommunalverbände sind berechtigt, die Erstattung der während der Fürsorgeerziehung entstandenen Kosten des Unterhalts eines Zöglinges von diesem selbst oder von dem auf Grund des Bürgerlichen Rechtes zu seinem Unterhalte Verpflichteten zu fordern. Dieselbe Berechtigung steht den Ortsarmenverbänden hinsichtlich der ihnen nach § 15 Abs. 1 zur Last fallenden Kosten zu.

Für die Erstattungsforderung der Kommunalverbände sind Tarife zugrunde zu legen, welche von dem Minister des Innern nach Anhörung der Kommunalverbände festgesetzt werden. Die Kosten der allgemeinen Verwaltung der Fürsorgeerziehung, des Baues und der Unterhaltung der von den Kommunalverbänden errichteten Anstalten bleiben hierbei außer Ansatz.

Wird gegen den Erstattungsanspruch Widerspruch erhoben, so beschließt darüber auf Antrag des Kommunalverbandes oder Ortsarmenverbandes der Bezirksausschuß.

Der Beschluß ist vorbehaltlich des ordentlichen Rechtswegs endgültig.

Zwei Drittel der durch die Kommunalverbände von den Erstattungspflichtigen eingezogenen Beträge sind auf den Beitrag des Staates (§ 15 Abs. 2) anzurechnen.

§ 17. Die Kommunalverbände haben für die Ausführung der Fürsorgeerziehung und für die Verwaltung der von ihnen errichteten Erziehungs- und Besserungsanstalten Reglements zu erlassen.

Die Reglements bedürfen der Genehmigung der Minister des Innern und der geistlichen, Unterrichts- und Medizinal-Angelegenheiten in betreff derjenigen Bestimmungen, welche sich auf die Aufnahme, die Behandlung, den Unterricht und die Entlassung der Zöglinge beziehen.

Hinsichtlich der Privatanstalten behält es bei den bestehenden Vorschriften sein Bewenden.

§ 18. Die gesetzlichen Bestimmungen über die religiöse Erziehung der Kinder finden auch auf die Fürsorgeerziehung Anwendung.

§ 19. Wenn schulpflichtige Zöglinge der öffentlichen Volksschule ohne sittliche Gefährdung der übrigen die Schule besuchenden Kinder nicht zugewiesen werden können, so hat der Kommunalverband dafür zu sorgen, daß diesen Zöglingen während des schulpflichtigen Alters der erforderliche Schulunterricht anderweitig zuteil wird. Im Streitfalle entscheidet der Oberpräsident.

§ 20. Die zuständigen staatlichen Aufsichtsbehörden der Kommunalverbände und in höherer Instanz der Minister des Innern haben die Oberaufsicht über die zur Unterbringung von Zöglingen getroffenen Veranstaltungen zu führen; sie sind befugt, zu diesem Zwecke Revisionen vorzunehmen.

§ 21. Wer, abgesehen von den Fällen der §§ 120, 235 des Strafgesetzbuchs, einen Minderjährigen, bezüglich dessen das gerichtliche Verfahren auf Unterbringung zur Fürsorgeerziehung eingeleitet oder die Unterbringung zur Fürsorgeerziehung angeordnet ist, dem Verfahren oder der angeordneten Fürsorgeerziehung entzieht, oder ihn verleitet, sich dem Verfahren oder der Fürsorgeerziehung zu entziehen, oder wer ihm hierzu vorsätzlich behilflich ist, wird mit Gefängnis bis zu zwei Jahren und mit Geldstrafe bis zu Eintausend Mark oder mit einer dieser Strafen bestraft.

Der Versuch ist strafbar.

§ 22. Der Minister des Innern ist mit der Ausführung dieses Gesetzes beauftragt.

§ 23. Dieses Gesetz tritt mit dem 1. April 1901 in Kraft. Mit dem gleichen Zeitpunkte wird das Gesetz vom 13. März 1878, betreffend die Unterbringung verwahrloster Kinder, aufgehoben.

Kommunalverbände, welche zur Zeit des Inkrafttretens

dieses Gesetzes über geeignete Anstalten nicht in ausreichendem Maße verfügen, sollen bis zum 1. April 1903 bei der Unterbringung der Zöglinge den im § 10 Abs. 1 dieses Gesetzes ausgesprochenen Beschränkungen nicht unterliegen.

Urkundlich unter Unserer Höchsteigenhändigen Unterschrift und beigedrucktem Königlichen Insiegel.

Gegeben Wilhelmshaven, den 2. Juli 1900.

(L. S.) Wilhelm.

Fürst zu Hohenlohe. v. Miquel. v. Thielen. Frhr. v. Hammerstein. Schönstedt. Breselbt. v. Goßlar. Gr. v. Posadowsky. Gr. v. Bülow. Studt. Frhr. v. Rheinbaben.

Gegeben Großes Hauptquartier, den 7. Juli 1915.

(L. S.) Wilhelm.

v. Bethmann Hollweg. Delbrück. v. Tirpitz. Beseler. v. Breitenbach. Sydow. v. Trott zu Solz. Frh. v. Schorlemer. Lentze. v. Loebell. v. Jagow. Helfferich.

Einleitung.

§ 1. Reichsrecht und Landesrecht.

Die Reichsgesetzgebung hat sich bis zum Erlasse des Bürgerlichen Gesetzbuches mit Maßregeln gegen die Verwahrlosung der Jugend nur von strafpolitischen Gesichtspunkten aus beschäftigt.

Im § 56 des Reichsstrafgesetzbuchs wurde bestimmt, daß Jugendliche im Alter von 12—18 Jahren, welche eine strafbare Handlung begangen, aber bei Begehung derselben die zur Erkenntnis ihrer Strafbarkeit erforderliche Einsicht nicht besessen haben, von Strafe freizusprechen sind, aber ihrer Familie überwiesen oder in eine Erziehungs- oder Besserungsanstalt gebracht werden sollen. In der Anstalt sollen sie so lange behalten werden, als die der Anstalt vorgesetzte Verwaltungsbehörde — in Preußen der Regierungspräsident — solches für erforderlich erachtet, jedoch nicht über das vollendete zwanzigste Lebensjahr hinaus.

Bezüglich eines jugendlichen Übeltäters, welcher bei Begehung der strafbaren Handlung das zwölfte Lebensjahr noch nicht vollendet hat, beschränkte sich § 55 RStGB. ursprünglich auf die Anordnung, daß er strafrechtlich nicht verfolgt werden könne. Durch die Novelle zum RStGB. vom 26. Februar 1876 wurde folgender Zusatz hinzugefügt: „Gegen denselben können jedoch nach Maßgabe der landesgesetzlichen Vorschriften die zur Besserung und zur Beaufsichtigung geeigneten Maßregeln getroffen werden. Insbesondere kann die Unterbringung in eine Erziehungs- oder Besserungsanstalt erfolgen, nachdem durch Beschluß der Vormundschaftsbehörde die Begehung der Handlung festgestellt und die Unterbringung für zulässig erklärt ist."

Zur Ausgestaltung des so abgeänderten § 55 RStGB. ergingen dann in den deutschen Bundesstaaten besondere Zwangserziehungsgesetze. In Preußen das Gesetz, betreffend die Unterbringung verwahrloster Kinder, vom 13. März 1878, welches durch die Novellen vom 27. März 1881 und 23. Juni 1884 einige Abänderungen erhielt.

Das preußische Gesetz beschränkte sich darauf, nähere Vorschriften über die Anordnung der Zwangserziehung und die Art der Unterbringung für solche Minderjährige zu geben, die in einem Alter zwischen 6 und 12 Jahren eine strafbare Handlung begangen haben.

Die Mehrzahl der anderen deutschen Bundesstaaten ging in ihren Zwangserziehungsgesetzen über den Rahmen der Ausfüllung des § 55 RStGB. hinaus, indem sie bald in weiterem, bald in engerem Umfange ZwE. auch gegen verwahrloste Personen zuließ, welche keine strafbare Handlung begangen hatten, und zwar auch über die Altersgrenze von 12 Jahren hinaus. Vielfach wird dabei ein Unterschied nicht gemacht, ob die Verwahrlosung des Kindes auf ein Verschulden der Eltern zurückzuführen ist oder nicht, wogegen in Preußen außer in den Fällen des Gesetzes von 1878 eine ZwE. nur bei Verschulden der Eltern gemäß §§ 90, 91 ALR. II, 2 eintreten konnte.

Dabei ist noch darauf hinzuweisen, daß die Bestimmungen der §§ 90, 91 ALR. II, 2 welche dahin lauten:

§ 90. Sollten Eltern ihre Kinder grausam mißhandeln; oder zum Bösen verleiten; oder ihnen den notdürftigen Unterhalt versagen: so ist das vormundschaftliche Gericht schuldig, sich der Kinder von Amts wegen anzunehmen.

§ 91. Nach Befund der Umstände kann den Eltern in einem solchen Falle die Erziehung genommen und auf ihre Kosten anderen zuverlässigen Personen anvertraut werden.

ohne große praktische Bedeutung geblieben sind, weil es bei der in den meisten Fällen vorhandenen Vermögenslosigkeit der Eltern an Mitteln zur Durchführung der Bestimmungen fehlte.

Während hiernach in Preußen, von den vereinzelten Fällen, wo auf Grund der §§ 90, 91 ALR. II, 2 ein Einschreiten erfolgte, abgesehen, eine ZwE. nur eintreten konnte, wenn Kinder im Alter von 6—12 Jahren eine strafbare Handlung begangen hatten (Gesetz vom 13. März 1878), oder Jugendliche im Alter von 12—18 Jahren mangels der zur Erkenntnis der Strafbarkeit einer von ihnen begangenen strafbaren Handlung erforderlichen Einsicht freigesprochen waren (§ 56 RStGB.), die ZwE. also im wesentlichen nur als Ersatz einer Strafe eintrat, waren andere deutsche Bundesstaaten bezüglich der Anordnung der ZwE. über den strafrechtlichen Rahmen weit hinausgegangen.

Das Vorbild für diese aus sozialpolitischen Gründen angeordnete Ausdehnung der ZwE. hat vor allem Baden mit seinem vortrefflichen Gesetze vom 4. Mai 1886, betreffend die staatliche Fürsorge für die Erziehung verwahrloster jugendlicher Personen, gegeben. Von den anderen deutschen Bundesstaaten verdient noch besonders hervorgehoben zu werden: Hessen mit seinem Gesetze vom 11. Juni 1887, Hamburg mit dem Gesetze vom 6. April 1887 und Elsaß-Lothringen mit dem Gesetze vom 19. Juni 1890. Am weitesten geht das Hamburger Gesetz, welches ZwE. zuläßt

1. gegen Kinder, welche nach Vollendung des sechsten und vor Vollendung des zwölften Lebensjahres eine strafbare Handlung begehen (§ 55 des RStGB.);
2. gegen Jugendliche, welche wegen einer strafbaren Handlung verurteilt worden sind (§ 57 des RStGB.) und ent-

weder die gegen sie erkannte Strafe verbüßt oder Strafaufschub erhalten haben oder begnadigt sind,

wenn in jedem dieser unter 1 und 2 erwähnten Fälle mit Rücksicht auf die Beschaffenheit der strafbaren Handlung, auf die Persönlichkeit der Eltern oder sonstigen Erzieher, auf das bisherige Betragen, die übrigen Lebensverhältnisse und das Alter der Kinder die Zwangserziehung zur Verhütung weiterer sittlicher Verwahrlosung und zum Zwecke der Besserung erforderlich erscheint;

3. gegen Kinder unter 16 Jahren, bei welchen die gewöhnlichen Erziehungsmittel des Hauses und der Schule sich als unzureichend erwiesen haben, um sie vor sittlichem Verfall zu bewahren.

Die Erfahrungen, welche in den deutschen Bundesstaaten, in denen die ZwE. in erweitertem Umfange gesetzlich geregelt war, gemacht wurden, waren überaus befriedigende, während in Preußen nur eine Stimme darüber herrschte, daß das Gesetz vom 13. März 1878 nebst seinen Novellen sich als unzureichend erwiesen habe, um der Verwahrlosung und Verrohung der Jugend und der damit zusammenhängenden Steigerung der Kriminalität entgegenzuwirken.

Es war bei dieser Sachlage naturgemäß, daß vielfach von wissenschaftlichen Versammlungen, von Vereinen und von Männern der Praxis der Wunsch geäußert wurde, das Bürgerliche Gesetzbuch solle der Verschiedenartigkeit der Behandlung der ZwE. in den einzelnen Bundesstaaten ein Ende machen und die Materie einheitlich, und zwar im Sinne der in ihrer diesbezüglichen Gesetzgebung am meisten vorgeschrittenen Bundesstaaten regeln.

Der erste Entwurf zum BGB. wurde diesem Verlangen nicht gerecht; er ließ in seinem § 1546 ein staatliches Einschreiten zum Schutze des verwahrlosten oder gefährdeten Kindes, abgesehen von den in den §§ 55, 56 RStGB. vorgesehenen Fällen, nur beim Vorliegen eines Verschuldens des Inhabers der elterlichen Gewalt zu. Ein weitergehendes Einschreiten erschien der ersten Kommission bei der von ihr festgehaltenen starken Betonung der Rechte der elterlichen Gewalt nicht statthaft.

Anders die zweite Kommission, die sich in weitgehendem Maße den Anschauungen moderner Sozialpolitik anschloß. In den umfangreichen und interessanten Protokollen dieser Kommission zu den einschlägigen Paragraphen wird immer und immer wieder betont, wie die wirtschaftliche Entwicklung der Neuzeit und die soziale Entwicklung unseres Volkslebens dahin geführt hat, daß einerseits die Eltern im weit höheren Maße als früher genötigt sind, ihren Erwerb außerhalb des Hauses in Fabriken zu suchen, und daß dadurch die Möglichkeit der Ausübung einer strengen elterlichen Zucht über die Kinder erheblich herabgemindert ist, und daß anderseits ein immer größerer Teil der Jugendlichen, eben der Schule entwachsen, der festgefügten Ordnung des Hauses und der Familie, welche sie früher schützend umgeben hatte, entzogen wird und zügellos in das Leben hineinstürmt. Da diese veränderten sozialen Verhältnisse ein weitergehendes Eingreifen der staatlichen Gewalt zum Schutze der Zukunft, zur sittlichen Hebung unseres Volkes erheische, und da das Recht der Eltern, auf die Erziehung ihrer Kinder bestimmend einzuwirken, seine Grenze finden müsse in dem Rechte des Staats, „die Erziehung der Jugend zu überwachen und dafür zu sorgen, daß jeder einzelne die moralische Qualifikation besitze, die das Leben von ihm verlangt", wurde in dem § 1645 des Entwurfes der zweiten Kommission, und entsprechend in dem § 1643 der Reichstagsvorlage, eine Zwangserziehung in jedem Falle sittlicher Verwahrlosung eines Kindes zugelassen, „wenn das Kind sittlich verwahrlost und nach der Persönlichkeit und den Lebensverhältnissen des Vaters anzunehmen ist, daß die elterliche Erziehungsgewalt zur Besserung des Kindes nicht ausreicht".

Der Reichstag lehnte zwar die vorgeschlagene Bestimmung, welche allzuweit in das öffentliche Recht eingreife, ab. Es gelang jedoch, insbesondere nach dem energischen Eintreten der Bundesratsbevollmächtigten Badens und Hessens, daß schließlich die weitgehenden Befugnisse zum staatlichen Einschreiten gegen Verwahrlosung, welche als reichsgesetzliche Vorschriften abgelehnt waren, durch den wichtigen Art. 135 des Einführungsgesetzes zum BGB. der Landesgesetzgebung freigegeben wurden.*)

Art. 135 des EG. z. BGB. lautet:

Unberührt bleiben die landesgesetzlichen Vorschriften über die Zwangserziehung Minderjähriger. Die Zwangserziehung ist jedoch, unbeschadet der Vorschriften der §§ 55, 56 des Strafgesetzbuchs nur zulässig, wenn sie von dem Vormundschaftsgericht angeordnet wird. Die Anordnung kann außer den Fällen der §§ 1666, 1838 des Bürgerlichen Gesetzbuchs nur erfolgen, wenn die Zwangserziehung zur Verhütung des völligen sittlichen Verderbens notwendig ist.

Die Landesgesetze können die Entscheidung darüber, ob der Minderjährige, dessen Zwangserziehung angeordnet ist, in einer Familie oder in einer Erziehungs- oder Besserungsanstalt unterzubringen sei, einer Verwaltungsbehörde übertragen, wenn die Unterbringung auf öffentliche Kosten zu erfolgen hat.

Unter Berücksichtigung des Art. 3 desselben Gesetzes, welcher lautet:

---

*) Die Entstehung des Art. 135 wird in der im JKG. 47 A 48 abgedruckten Entscheidung des Kammergerichts eingehend dargelegt und gewürdigt.

Soweit in dem Bürgerlichen Gesetzbuch oder in diesem Gesetze die Regelung den Landesgesetzen vorbehalten oder bestimmt ist, daß landesgesetzliche Vorschriften unberührt bleiben oder erlassen werden können, bleiben die bestehenden landesgesetzlichen Vorschriften in Kraft und können neue landesgesetzliche Vorschriften erlassen werden.

hat hiernach die Landesgesetzgebung die Befugnis, das Zwangserziehungswesen unter Wahrung der im Art. 135 gesteckten Grenzen neu zu regeln.

Die in dem Art. 135 zitierten §§ 1666 und 1838 des BGB. lauten:

§ 1666. Wird das geistige oder leibliche Wohl des Kindes dadurch gefährdet, daß der Vater das Recht der Sorge für die Person des Kindes mißbraucht, das Kind vernachlässigt oder sich eines ehrlosen oder unsittlichen Verhaltens schuldig macht, so hat das Vormundschaftsgericht die zur Abwendung der Gefahr erforderlichen Maßregeln zu treffen. Das Vormundschaftsgericht kann insbesondere anordnen, daß das Kind zum Zwecke der Erziehung in einer geeigneten Familie oder in einer Erziehungsanstalt oder einer Besserungsanstalt untergebracht wird.

Hat der Vater das Recht des Kindes auf Gewährung des Unterhalts verletzt und ist für die Zukunft eine erhebliche Gefährdung des Unterhalts zu besorgen, so kann dem Vater auch die Vermögensverwaltung sowie die Nutznießung entzogen werden.

§ 1838. Das Vormundschaftsgericht kann anordnen, daß der Mündel zum Zwecke der Erziehung in einer geeigneten Familie oder in einer Erziehungsanstalt oder einer Besserungsanstalt untergebracht wird. Steht dem Vater oder der Mutter die Sorge für die Person des Mündels zu, so ist eine solche Anordnung nur unter den Voraussetzungen des § 1666 zulässig.

Der § 1666, welcher nach § 1686 in gleicher Weise für die Mutter gilt, falls diese die elterliche Gewalt ausübt, setzt immer ein Verschulden desjenigen Elternteils voraus, dem die Sorge für die Person des Kindes zusteht, während nach § 1838 für den Fall, daß keinem der Eltern die Sorge für die Person des Kindes zusteht, das Vormundschaftsgericht ohne jede Einschränkung einschreiten kann, falls es dies für erforderlich erachtet.

Der Grund für diesen weitreichenden Eingriff in die sonst dem Vormund selbständig zustehende Erziehungsgewalt (§§ 1793, 1800 BGB.) wird in den Protokollen der zweiten Kommission zutreffend dahin angegeben, daß bei Kindern, welche keine, die Sorge für ihre Person wahrnehmenden Eltern besitzen, ein öffentliches Interesse vorliegt, hier zur Verhütung einer Verwahrlosung des Kindes energischer und ohne Rücksicht darauf, ob sich der Vormund einer Pflichtwidrigkeit schuldig gemacht hat, eingreifen zu können.

Neben den Fällen der §§ 1666 und 1838 kommen als reichsgesetzlich geregelte Fälle der Zwangserziehung*) noch die des § 56 RStGB. in Betracht, während die Fälle des § 55 RStGB. hierzu nicht zu rechnen sind, da § 55 auch in der Fassung, die er durch Art. 34 II EG. z. BGB. erhalten hat,**) es der Landes-

*) Zu erwähnen wäre noch, daß auch auf Grund des § 1631 Abs. 2 BGB. die Unterbringung eines Kindes in einer Erziehungs- oder Besserungsanstalt angeordnet werden kann. Es kann dies geschehen, wenn der Vater (oder nach § 1800 BGB. der Vormund) beim Vormundschaftsgericht beantragt, ihn in seinem Erziehungsrecht durch Anwendung geeigneter Zuchtmittel zu unterstützen. Die Dauer der Unterbringung hängt hier aber ganz von dem guten Willen des Erziehungsberechtigten ab, was der Maßregel einen besonderen Charakter gibt (vgl. JKG. 22 A 39).

**) Art. 34 II EG. z. BGB. lautet:

An die Stelle des § 55 treten folgende Vorschriften:

gesetzgebung überläßt, ob sie gegen jugendliche Übeltäter Maßregeln zur Besserung und Beaufsichtigung anordnen will.

Die ZwE. aus § 56 RStGB. nimmt aber gegenüber den anderen reichsgesetzlichen Fällen der ZwE. eine Sonderstellung ein, da sie nach mehrfacher Richtung hin anders geregelt ist: die Anordnung der ZwE. erfolgt hier durch den Strafrichter, und nicht durch das Vormundschaftsgericht; die ZwE. hört hier nicht mit der Großjährigkeit, sondern mit dem vollendeten zwanzigsten Lebensjahre auf. Vor allem aber werden die Kosten für die ZwE. aus § 56 RStGB. als Strafvollzugskosten vom Staate getragen,*) wogegen die §§ 1666 und 1838 BGB. über die Kosten der Ausführung der vormundschaftsgerichtlichen Beschlüsse

---

Wer bei Begehung der Handlung das zwölfte Lebensjahr nicht vollendet hat, kann wegen derselben nicht strafrechtlich verfolgt werden. Gegen denselben können jedoch nach Maßgabe der landesgesetzlichen Vorschriften die zur Besserung und Beaufsichtigung geeigneten Maßregeln getroffen werden. Die Unterbringung in eine Familie, Erziehungsanstalt oder Besserungsanstalt kann nur erfolgen, nachdem durch Beschluß des Vormundschaftsgerichts die Begehung der Handlung festgestellt und die Unterbringung für zulässig erklärt ist.

Diese Fassung unterscheidet sich von der früheren nur dadurch, daß darin klargestellt ist, daß die Behörde, welche die Anordnung zu treffen hat, das Vormundschaftsgericht ist, und daß die Unterbringung auch in einer Familie erfolgen kann.

*) Das gleiche gilt auch bei der Unterbringung einer wegen gewerbsmäßiger Unzucht gemäß § 361 Ziff. 6 RStGB. bestraften und der Landespolizeibehörde überwiesenen weiblichen Person in einer Besserungs- oder Erziehungsanstalt. Hier ist durch die Änderung, welche der § 362 Abs. 3 RStGB. durch das Gesetz vom 25. Juni 1900 erfahren hat, eine neue besondere Art von ZwE. geschaffen worden, u. a. ist die Unterbringung hier nur bis zur Dauer von zwei Jahren zulässig.

Bestimmungen nicht enthalten, und somit eine Verpflichtung, diese Kosten zu tragen, auf Grund der Reichsgesetzgebung für den Staat oder andere öffentliche Verwaltungskörper nicht besteht.

Während hiernach für die Fälle des § 56 RStGB. sich eine weitere Regelung bezüglich der Kostenlast erübrigt, mußte die Landesgesetzgebung für die Fälle der §§ 1666 und 1838 BGB. die Frage der Übernahme der Kosten auf öffentliche Behörden in Erwägung ziehen, falls nicht die reichsgesetzlichen Bestimmungen in derselben Weise, wie es mit den Vorschriften der §§ 90, 91 ALR. II, 2 der Fall gewesen ist, häufig aus Mangel an Mitteln zu ihrer Durchführung ein toter Buchstabe bleiben sollten.

Der Landesgesetzgebung ist hiernach durch das BGB. ein weites Feld zur Betätigung gelassen.

Aufgabe der Landesgesetzgebung bleibt es, zu bestimmen:

1. inwieweit die ZwE. in den Fällen der §§ 1666 und 1838 BGB. auf öffentliche Kosten übernommen werden soll;
2. ob und inwieweit von dem Vorbehalte des Art. 135 EG. z. BGB. und des § 55 RStGB. Gebrauch gemacht und die ZwE. auch in anderen als den reichsgesetzlich geregelten Fällen für zulässig erklärt werden soll;
3. wie das Verfahren vor dem Vormundschaftsgerichte bezüglich der Anordnung der ZwE. des näheren zu regeln ist (vgl. §§ 189, 200 Abs. 1 des Reichsgesetzes über die Angelegenheiten der freiwilligen Gerichtsbarkeit);
4. in welcher Weise, durch welche Behörden und auf wessen Kosten die ZwE. auszuführen ist. Dabei darf die Landesgesetzgebung die Entscheidung darüber, ob der Minderjährige in einer Familie oder in einer Anstalt unterzubringen ist, einer Verwaltungsbehörde nur dann übertragen, wenn die Unterbringung auf öffentliche Kosten geschieht (Art. 135

Abs. 2 EG. z. BGB.).*) Soweit die Unterbringung nicht auf öffentliche Kosten erfolgt, ist diese Entscheidung Sache des Vormundschaftsgerichts.

Die deutschen Bundesstaaten haben die ihnen durch das neue Reichsrecht gestellten Aufgaben erfüllt und die Materie der ZwE. neu geregelt. Zum Teil ist dies in den Ausführungsgesetzen zum BGB. geschehen, die überwiegende Zahl der Bundesstaaten haben besondere, die gesamte Materie regelnde Gesetze erlassen.**)

Bei der Regelung in den einzelnen Bundesstaaten treten mannigfache Verschiedenheiten hervor.***) Die wichtigsten Unterschiede seien hier hervorgehoben.

Einige Staaten, so Anhalt, Braunschweig, Hamburg, Oldenburg haben eine obere Altersgrenze für die Überweisung zur ZwE. nicht aufgestellt, sie ist also bis zur Volljährigkeit zulässig. Andere Staaten, so die beiden Mecklenburg und Württemberg, lassen sie nur bis zum 16. Lebensjahr zu. Bayern, Elsaß-Lothringen, Sachsen stellen das 16. Lebensjahr als regelmäßige Altersgrenze auf, lassen die ZwE. in Ausnahmefällen aber bis

---

*) Die Autonomie der Bundesstaaten in der Regelung der ZwE. ist damit einer wesentlichen Beschränkung unterworfen. Überhaupt ist zu beachten, daß durch Art. 135 eine Verbindung zwischen der ZwE. und dem materiellen Vormundschaftsrechte hergestellt ist (vgl. JKG. 39 A 28, 42 A 52).

**) Vgl. die Übersicht über die, von den deutschen Bundesstaaten zur Neuregelung des Zwangserziehungswesens erlassenen gesetzlichen Bestimmungen in Anlage e. In den meisten Gesetzen ist nach dem Vorbilde Preußens an die Stelle der dem BGB. entsprechenden Bezeichnung „Zwangserziehung" der Ausdruck „Fürsorgeerziehung" getreten.

***) Vgl. v. Engelberg, ZwE. in Baden, in den Blättern für Gefängniskunde 47 S. 159 ff.

zum 18. Lebensjahr zu. Das 18. Lebensjahr haben als Altersgrenze Baden, Hessen, Preußen und Waldeck. Bremen hat das 18. Lebensjahr als Regel, läßt die ZwE. aber ausnahmsweise auch später zu.

Eine ähnliche Verschiedenheit zeigen die Bestimmungen über die Dauer einer einmal angeordneten ZwE. In den meisten Staaten endet sie mit der Minderjährigkeit, in Bayern in der Regel mit dem vollendeten 18. Lebensjahr, doch ist in besonderen Fällen Fortsetzung bis zur Großjährigkeit gestattet. In Württemberg und den beiden Mecklenburg ist das normale Ende die Vollendung des 18. Lebensjahrs, in außergewöhnlichen Fällen kann auf Antrag der Verwaltungsbehörde das Vormundschaftsgericht die ZwE. bis zum vollendeten 20. Lebensjahr ausdehnen. Eine vorzeitige Aufhebung der ZwE. kann in den meisten Staaten (so Baden, Elsaß-Lothringen, Hessen, beide Mecklenburg, Sachsen, Württemberg) nur durch Beschluß des Vormundschaftsgerichts erfolgen, Bayern läßt daneben eine vorläufige Entlassung durch die Verwaltungsbehörde zu. Preußen gibt der Verwaltungsbehörde das Recht vorzeitiger Aufhebung, läßt aber gegen deren ablehnenden Beschluß Anrufung des Vormundschaftsgerichts zu, ähnlich Bremen. In Braunschweig und Hamburg liegt die Entscheidung ganz bei der Verwaltungsbehörde.

Auch bezüglich des Verfahrens weichen die bundesstaatlichen Gesetze voneinander ab. In Bayern wird das Verfahren auf ZwE. nur von Amts wegen in Gang gebracht, die meisten anderen Staaten kennen daneben ein Verfahren auf Antrag. Zu dem Antrag ist in den beiden Mecklenburg jedermann befugt, in Preußen und Sachsen sind es nur bestimmte Behörden, in Hamburg ist es nur das Waisenhauskollegium, wiederum in anderen Staaten (so in Württemberg) ist neben Behörden auch bestimmten Interessenten ein Antragsrecht gegeben.

Diese Verschiedenheiten sind sicherlich keine erfreulichen Erscheinungen und haben zu dem Ruf nach reichsgesetzlicher Regelung geführt.*) Freilich würde dabei die Vielgestaltigkeit der Behördenorganisation und die Abgrenzung zwischen Staats- und Selbstverwaltung in den Bundesstaaten Schwierigkeiten bereiten.**) Das gilt vor allem für die Fragen, welcher Behörde die Ausführung der ZwE. zu übertragen ist, und wie die Kostenlast zu regeln ist. Auch in diesen Fragen besteht große Verschiedenheit in den bundesstaatlichen Zwangserziehungsgesetzen. Beachtenswert erscheinen dabei zwei Tatsachen. Einmal, daß in fast allen Bundesstaaten die Armenverbände (Ortsarmenverband, daneben aber auch vielfach der Landarmenverband) zu den Kosten der ZwE. herangezogen werden, allerdings in sehr verschiedenem Umfange und in verschiedener Weise (teils nach Quoten der Kostenlast, teils nur zu bestimmten Kosten). Und sodann die Tatsache, daß in den neueren Zwangserziehungsgesetzen besondere Behörden für die Ausführung der ZwE. eingerichtet worden sind; so in Hamburg das Waisenhauskollegium, im Königreich Sachsen der Fürsorgeverband, in Bremen das Jugendamt. Darin dürfte die Richtung zu sehen sein, in der sich wohl die Weiterentwickelung bewegen wird.

§ 2. Entstehungsgeschichte des preußischen Fürsorgeerziehungsgesetzes vom 2. Juli 1900***) und systematischer Aufbau des Gesetzes.

Auf Grund allerhöchster Ermächtigung vom 8. Januar 1900 wurde dem preußischen Landtage der Entwurf eines Gesetzes

---

*) Vgl. Felisch, Ein deutsches Jugendgesetz, Berlin 1917, und Helene Simon in Schmollers Jahrbuch 1915 S. 227 ff.

**) Vgl. Feisenberger, Richtlinien für ein Reichsfürsorgeerziehungsgesetz, im ZBW. 1 S. 217 ff.

***) Vgl. hierzu die folgenden Gesetzesmaterialien:

Entwurf eines Gesetzes über die Zwangserziehung Minder-

über die Zwangserziehung Minderjähriger vorgelegt. Dem Entwurfe war eine ausführliche „Begründung" beigefügt, an deren Spitze der Satz stand, daß das bisherige preußische Zwangserziehungsgesetz sich als nicht ausreichend erwiesen habe, „um der stetig wachsenden Kriminalität, Verwahrlosung und Verrohung unter den Jugendlichen zu wehren". Zum Beleg für diesen Satz wurden dann aus der Reichskriminalstatistik und aus der Statistik der preußischen Strafanstalten eine Reihe von Ziffern gegeben.

Es sei daraus folgendes hier angeführt.

Die Verurteilungen Jugendlicher wegen Verbrechen und Vergehen gegen Reichsgesetze haben sich von 30697 im Jahre 1882 auf 45327 im Jahre 1897, also um 47,3 % gesteigert. Die

---

jähriger nebst Begründung und Anlagen. Regierungsvorlage. (Drucksachen des Herrenhauses 1900 Nr. 8.)

Beratung des Herrenhauses über diesen Entwurf (Erste Lesung). (Stenogr. Bericht des HH. S. 13—21.)

Bericht der IX. Kommission zur Vorberatung des Entwurfs. (Drucksachen des HH. Nr. 31.)

Beratung und Beschlußfassung des Herrenhauses über diesen Bericht. (Stenogr. Bericht des HH. S. 35—58.)

Erste Beratung des Abgeordnetenhauses. (Stenogr. Bericht des AbgH. S. 3946—3996.)

Bericht der XVIII. Kommission zur Vorberatung des Gesetzentwurfes. (Drucksachen des AbgH. 1900 Nr. 183.)

Zweite Beratung des Abgeordnetenhauses. (Stenogr. Bericht des AbgH. S. 4562—4633.)

Dritte Beratung des Abgeordnetenhauses. (Stenogr. Bericht des AbgH. S. 4737—4754.)

Bericht der IX. Kommission des Herrenhauses. (Drucksachen des HH. 1900 Nr. 94.)

Sitzung des Herrenhauses vom 11. Juni 1900. (Stenogr. Bericht des HH. S. 209—213.)

Steigerung ist nicht nur absolut eine sehr hohe, sondern auch im Verhältnisse zur Bevölkerung. Auf 100000 Jugendliche im Alter von 12—18 Jahren entfielen im Jahre 1882: 568, im Jahre 1896 dagegen: 697 Verurteilungen. Die relative Steigerung beträgt somit 22 %. Das Anwachsen der Kriminalität ist in der angegebenen Zeit bei den Jugendlichen ein noch stärkeres gewesen als bei den Erwachsenen, wo die Steigerung absolut 34,1 %, relativ 16 % betrug. Die strafrechtlichen Maßnahmen haben sich dabei als nicht geeignet erwiesen, der wachsenden Kriminalität der Jugendlichen entgegenzutreten. Insbesondere gilt dies von den kurzen Freiheitsstrafen; „im allgemeinen muß angenommen werden, daß die Zeit von drei Monaten bis zu einem Jahre zu kurz ist, um einen Jugendlichen von seinen verbrecherischen Neigungen zu befreien und von seiner Verwahrlosung zu heilen". Der Mißerfolg der strafrechtlichen Maßregeln gegenüber den Jugendlichen ergibt sich aus der Rückfallstatistik. Von den im Jahre 1898/99 in die preußischen Strafanstalten eingelieferten Zuchthausgefangenen waren 26 % bereits vor dem 18. Lebensjahre bestraft.

Die Begr. führt sodann weiter aus: Die mitgeteilten Ziffern müßten zu der Erkenntnis führen, daß die Bestrafung durch planmäßige, länger andauernde Erziehung unter öffentlicher Aufsicht zu ersetzen sei, und daß hiermit nicht, wie es bisher in Preußen der Fall gewesen, gewartet werden dürfe, bis den Jugendlichen eine Straftat vor das Gericht bringt, sondern daß ZwE. schon angeordnet werden müsse, wenn sich Spuren der Verwahrlosung, die als Vorstufe zum Verbrechen erscheinen, zeigten. Die gefährdeten Jugendlichen müßten aus der verderblichen Umgebung, in der sie sich befänden, herausgerissen und einer geregelten und seelisch wie körperlich bessernd einwirkenden Erziehung unterworfen werden.

Es erscheine hiernach als eine hohe Aufgabe des Staates

und als ein Gebot erbarmender Menschenliebe wie der sozialen Fürsorge für die Zukunft unseres Volkes, daß die Landesgesetzgebung innerhalb der ihr von der Reichsgesetzgebung gesteckten Grenzen den Kreis der Minderjährigen, die der ZwE. zu unterwerfen seien, möglichst weit bestimme.

Der Entwurf schlägt vor, in den Kreis der auf öffentliche Kosten erfolgenden ZwE. einzubeziehen:

1. Minderjährige bis zu 18 Jahren, bei denen die Voraussetzungen der §§ 1666 und 1838 BGB. vorliegen und die ZwE. erforderlich ist, um die sittliche Verwahrlosung des Minderjährigen zu verhindern.
2. Die unter § 55 RStGB. fallenden Jugendlichen in derselben Art, wie es bereits durch das preußische Gesetz vom 13. März 1878 geschehen, jedoch unter Wegfall der hier gesteckten unteren Altersgrenze von 6 Jahren.
3. Alle diejenigen Minderjährigen unter 18 Jahren, bei denen, abgesehen von den Fällen zu 1 und 2, ZwE. wegen Unzulänglichkeit der erziehlichen Einwirkung der Eltern oder Erzieher oder der Schule zur Verhütung ihres völligen sittlichen Verderbens erforderlich ist.

Die Begr. nimmt an, daß sich bei Annahme dieses Vorschlages die Zahl der auf öffentliche Kosten zu erziehenden Zwangszöglinge, die am 31. März 1899: 10759 betrug, etwa verdoppeln würde.

Die Ausführung der ZwE. soll nach dem Entwurfe wie bisher in die Hände der Provinzialverbände, die sich „in einer zwanzigjährigen Erfahrung durchaus bewährt", gelegt werden.

Die Kosten der ZwE. sollen in derselben Weise, wie es nach dem Gesetze vom 13. März 1878 geschehen, zwischen Ortsarmenverband, Provinzialverband und Staat verteilt werden.

Der Entwurf wurde zunächst dem Herrenhause vorgelegt, das ihn in erster Lesung in der Sitzung vom 11. Januar 1900 beriet, und dann an eine Kommission von 15 Mitgliedern verwies. Die Kommission beriet in drei Sitzungen über den Entwurf, und namens derselben erstattete der damalige Oberbürgermeister von Danzig Delbrück (später Staatssekretär des Reichsamts des Innern) unter dem 26. März 1900 schriftlichen Bericht (Drucksache des HH. Nr. 31). Das Herrenhaus nahm in der Sitzung vom 28. März 1900 den Entwurf auf Grund der Kommissionsbeschlüsse an.

Am 26. April 1900 begannen die Beratungen des Abgeordnetenhauses über den Entwurf. Er wurde an eine Kommission von 21 Mitgliedern verwiesen. Namens dieser Kommission, welche den Entwurf in 4 Sitzungen, zu denen noch 2 Redaktionssitzungen hinzutraten, beriet, erstattete unter dem 17. Mai 1900 Amtsrichter Dr. Becker (Sieg-Kreis) schriftlichen Bericht (Drucksache des AbgH. Nr. 183). Die zweite Lesung fand am 21. Mai, die dritte am 23. Mai 1900 statt.

Da das Abgeordnetenhaus an der Fassung des Herrenhauses Abänderungen vorgenommen hatte, ging der Entwurf an das HH. zurück, welches in der Sitzung vom 11. Juni 1900 der vom AbgH. beschlossenen Fassung beitrat. Die Allerhöchste Sanktion erfolgte am 2. Juli 1900, die Publikation des Gesetzes in der am 26. Juli 1900 ausgegebenen Nr. 29 der GS.

Bei den parlamentarischen Beratungen fanden die Grundlagen des Entwurfes fast allseitige Zustimmung. Die parlamentarischen Debatten drehten sich vor allem um folgende fünf Punkte.

1. Die in dem Entwurfe vorgeschlagene Erweiterung des Kreises der auf öffentliche Kosten unterzubringenden Minderjährigen wurde allgemein gebilligt. Das Herrenhaus glaubte jedoch mit Recht, den Kreis noch mehr erweitern zu sollen. Der Entwurf hatte ZwE. in den Fällen der §§ 1666 und 1838 BGB. nur zugelassen, wenn das sittliche Wohl des

Minderjährigen gefährdet ist. Danach würde die Anordnung der ZwE. ausgeschlossen gewesen sein, wenn lediglich eine Gefährdung des körperlichen, oder um den Sprachgebrauch des BGB. beizubehalten, des leiblichen Wohls in Frage steht. Demgegenüber wurde hervorgehoben, daß Fälle schwerer körperlicher Verwahrlosung von Kindern leider keineswegs selten seien, und daß ein öffentliches Interesse bestehe, in solchen Fällen das Kind durch anderweitige Unterbringung vor weiterer Gefährdung seines leiblichen Wohles zu schützen: „mens sana in corpore sano". Das HH. strich deshalb das Wort „sittlich" in § 2 Nr. 1 des Entwurfs; das AbgH. schloß sich dieser Auffassung an, und so ist die Erweiterung des gesetzlichen Umfangs der ZwE. Gesetz geworden.

Weiter wurde im Herrenhaus die Frage erörtert, ob es nicht zweckmäßig sei, die Bestimmungen des Entwurfs auch auf diejenigen Jugendlichen auszudehnen, welche nach § 56 RStGB. der ZwE. überwiesen werden. Demgegenüber wurde von seiten der Vertreter der Regierung geltend gemacht, daß die ZwE. aus § 56 RStGB., für welche eine Reihe besonderer gesetzlicher Bestimmungen gelte (vgl. oben S. 32) und welche auf Staatskosten regelmäßig in staatlichen Anstalten ausgeführt werde, nicht in den Rahmen des vorliegenden Gesetzes hineinpasse und daß auch mit Rücksicht auf die in Aussicht genommene Abänderung des § 56 RStGB. durch Hinaufrückung des Strafmündigkeitsalters eine Neuregelung der ZwE. aus § 56 zurzeit sich nicht empfehle. Infolge dieser Erklärung sind die Fälle des § 56 RStGB.*) aus dem neuen Gesetze ausgeschieden geblieben.

---

*) Die Zahl der Zwangszöglinge aus § 56 RStGB., die am 31. März 1900 auf 1718 angegeben wurde, hat sich seitdem von Jahr zu Jahr verringert: am 31. März 1913 belief sie sich nur noch auf 874. Die starke Abnahme dürfte jedenfalls zum Teil darauf zurück-

Dagegen wurde trotz Widerspruchs der Regierungsvertreter an die Stelle des Ausdrucks „Zwangserziehung" in dem neuen Gesetze der Ausdruck „Fürsorgeerziehung" gesetzt. Für diese neue Wortbildung, die sprachlich sicherlich nicht schön ist, und die, wie von dem Kommissar des Justizministeriums zutreffend ausgeführt wurde, mit der Terminologie der Reichsgesetzgebung im Widerspruch steht und deshalb leicht verwirrend wirken kann, wurde geltend gemacht, daß der Ausdruck Zwangserziehung den Gedanken an eine Maßregel der Strafe wachrufe und damit den dieser Maßregel unterworfenen Kindern leicht einen Makel für das Leben aufdrücke. Dies aber sei um so mehr zu vermeiden, als die klare Absicht des Gesetzes dahin gehe, durch Erziehung vorbeugend, prophylaktisch, und nicht strafend zu wirken. Der Ausdruck „Fürsorgeerziehung" spiegele dagegen den Geist und das Ziel des neuen Gesetzes, welches von sozialpolitischen Gesichtspunkten aus für die der Gefahr der Verwahrlosung ausgesetzten Minderjährigen fürsorglich eintreten wolle, deutlich wieder.*) Auf Grund dieser Erwägungen änderte zunächst das Abgeordnetenhaus den Ausdruck „Zwangserziehung" überall in dem Entwurfe in „Fürsorgeerziehung" um und setzte entsprechend an Stelle des Wortes „Zwangszögling" in dem Entwurfe das Wort „Zögling", und an Stelle des Wortes „Einlieferung"

zuführen sein, daß Minderjährige, die früher auf Grund des § 56 RStGB. in ZwE. untergebracht wurden, jetzt durch das FEG. erfaßt werden.

*) Landsberg S. 262 gibt den Unterschied zwischen den zwei Bezeichnungen zutreffend dahin an, daß „Fürsorgeerziehung" den Zweck der Erziehung (vorsorgliche Erziehung), „Zwangserziehung" dagegen das Mittel, durch das die Erziehung bewirkt wird, zum Ausdruck bringt. Die Bezeichnung „Fürsorgeerziehung" hat sich jetzt allgemein, auch in den anderen deutschen Bundesstaaten, eingebürgert.

das Wort „Überführung". Diese Änderungen in der Nomenklatur sind dann auch, nachdem das Herrenhaus zugestimmt, in das Gesetz übergegangen.

2. Im § 4 des Entwurfs hatte die Regierung die Schaffung einer besonderen Instanz für die Stellung des Antrages auf ZwE. beabsichtigt und dies damit begründet: „Um die Anordnung in allen Fällen, in denen dies aus straf- und sozialpolitischen Gründen geboten scheint, sicherzustellen, ist es notwendig, Organe zu bestimmen, denen die Stellung des Antrages auf ZwE. gesetzlich obliegt." Als das geeignete Organ hierfür wurde in dem Entwurfe der Landrat bezeichnet, an dessen Stelle in Stadtkreisen der Magistrat und der Vorstand der Königlichen Polizeiverwaltung treten sollte.

Gegen diese Bestimmung wurden im Parlamente, wie auch außerhalb desselben, lebhafte Einwendungen erhoben. Einerseits wurde eine Erweiterung des Kreises der Antragsberechtigten gefordert — es wurden insbesondere von Lehrervereinen und Waisenräten hierauf hinzielende Petitionen an das Parlament gerichtet —, andererseits wurde der Landrat nicht als das geeignete Organ bezeichnet, weil er mit anderweitigen Arbeiten zu sehr überlastet sei und weil auch seine Stellung als politischer Beamter gegen seine Hineinziehung in das Zwangserziehungswesen spreche.

Das Parlament hat es jedoch schließlich bei den Bestimmungen des Entwurfs im allgemeinen gelassen und nur eine Änderung dahin vorgenommen, daß in Städten mit mehr als 10000 Einwohnern — in der Provinz Hannover sogar auch in einigen kleineren Städten — neben dem Landrate auch dem Gemeindevorstande das Recht und die Pflicht zur Antragstellung übertragen wurde. Daß damit die Einheitlichkeit der Leitung, welche in der Begründung des Entwurfs als besonders wichtig angeführt wurde, durchbrochen ist, und daß nach der nunmehr

Gesetz gewordenen Ordnung der Antragstellung von der „Schaffung einer Zentralinstanz, welche System in die Sache bringt", nicht mehr die Rede sein kann, unterliegt keinem Zweifel.

8. Einen sehr breiten Raum in den parlamentarischen Verhandlungen hat die Frage eingenommen, ob, wie es § 10 des Entwurfs in Übereinstimmung mit dem § 8 des bisherigen Gesetzes vom 13. März 1878 vorschlug, die Unterbringung von Zöglingen in Arbeits- oder Landarmenhäusern grundsätzlich untersagt sein soll.

Gegen diese Bestimmung wurden im Herrenhause lebhafte Einwendungen erhoben, vor allem weil ein solches Verbot eine zu hohe finanzielle Belastung der Provinzialverbände herbeiführe, und weil es auch bei einem solchen Verbote nicht möglich sein würde, den Zuwachs von Zöglingen, den die neuen Gesetzesbestimmungen mit sich führen würden, in geeigneter Weise unterzubringen. Mit Recht wurde demgegenüber, insbesondere von dem Oberbürgermeister Struckmann-Hildesheim, geltend gemacht, daß einem Zögling bei Unterbringung in einem Arbeits- oder Landarmenhaus auf Lebenszeit ein Makel aufgedrückt würde, und daß die unvermeidliche Berührung des Zöglings mit den verderbten Elementen, die sich in solchen Anstalten befänden, vermieden werden müßte, wenn man den Zweck des Gesetzes, die Besserung des Zöglings, erreichen wollte.

Die Majorität des HH. entschloß sich zu einer Änderung des Entwurfs, indem dem § 10 eine Fassung gegeben wurde, nach welcher die Unterbringung von Zöglingen, welche das schulpflichtige Alter zurückgelegt haben, in Arbeits- und Landarmenhäusern unter der Voraussetzung gestattet wurde, daß Einrichtungen für eine vollständige und dauernde Trennung von den übrigen Insassen getroffen sind. Auch diese Beschränkung in der Benutzung der Anstalten sollte aber für Kommunalverbände, welche zurzeit über geeignete Anstalten nicht in ausreichendem Maße verfügten, nach einem Zusatze, der zum § 23 des Entwurfs gemacht wurde, für die Zeit bis zum 1. April 1903 fortfallen. Das Abgeordnetenhaus nahm zwar diesen Zusatz zum § 23 an, stellte aber nach eingehenden Erörterungen den § 10 in der Fassung des Entwurfs wieder her. Das Herrenhaus hat sich dem schließlich gefügt, nachdem der Minister des Innern die nicht bedenkenfreie Erklärung abgegeben hatte, daß es auch in der Fassung der Regierungsvorlage keinen Bedenken unterliege, Zöglinge in einem getrennten Flügel einer Arbeitsanstalt unterzubringen, und daß auch eine gemeinsame Oberleitung für die Korrigendenanstalt und die in getrennten Flügeln untergebrachten Zöglinge eingerichtet werden dürfe.

4. Eingehend erörtert wurde auch die Frage der Sicherstellung der religiösen Erziehung der Zwangszöglinge.

Im Herrenhause wurde ausgeführt, daß ein erziehlicher Erfolg von der Zwangserziehung nur zu erwarten sei, wenn sie auf religiöser Grundlage und in einer Weise erfolge, welche dem Zöglinge eine unterrichtliche und gottesdienstliche Versorgung in der Lehre seiner Konfession gewährt; Sicherheit hierfür müsse durch eine gesetzliche Bestimmung geschaffen werden. Der Minister des Innern erklärte sich namens der Staatsregierung zwar mit dem Grundgedanken der religiösen Erziehung einverstanden, äußerte jedoch Bedenken hinsichtlich der praktischen Durchführbarkeit einer diesbezüglichen strikten gesetzlichen Vorschrift, insbesondere im Hinblicke auf die Provinzen mit gemischter konfessioneller Bevölkerung. Infolgedessen sah das HH. von der Aufnahme einer solchen Bestimmung in das Gesetz ab.

Im Abgeordnetenhause wurde jedoch der Antrag, eine ausdrückliche Bestimmung über die religiöse Erziehung in das Gesetz aufzunehmen, wieder eingebracht und mit großer Energie, besonders von der Zentrumspartei, verfochten. Es ist schließlich ein Vermittlungsantrag im AbgH. angenommen und dann auch Gesetz geworden, dahingehend: „Im Fall der Anstaltserziehung ist der Zögling, so weit möglich, in einer Anstalt seines Bekenntnisses unterzubringen. Im Falle der Familienerziehung muß der Zögling mindestens bis zum Aufhören der Schulpflicht in einer Familie seines Bekenntnisses untergebracht werden."

5. Der Hauptangriff gegen den Entwurf richtete sich gegen die vorgeschlagene Art der Aufbringung der Kosten.

Der Vorschlag, daß abgesehen von den durch den Ortsarmenverband zu tragenden Kosten, welche durch die Einlieferung des Zöglings, die dabei nötige erste Ausstattung und die Rückreise des Entlassenen erwachsen, die übrigen Kosten von dem Kommunalverbande und dem Staate je zur Hälfte getragen werden sollten, wurde im Herrenhause als unannehmbar bezeichnet. Es wurde auf die dauernde Zunahme der den Provinzen im Wege der Gesetzgebung auferlegten Lasten hingewiesen, welche es unmöglich machten, daß die Provinzen, wenn ihnen nicht höhere Dotationen zugewiesen würden, auch noch die erheblichen Mehrausgaben trügen, welche durch die Erweiterung des Kreises der ZwEZöglinge entstehen würden. Das HH. beschloß nach einer von dem Finanzminister abgegebenen entgegenkommenden Erklärung, den Beitrag des Staates zu den Kosten auf $^2/_3$ zu erhöhen.

Die Kommission des Abgeordnetenhauses ging jedoch darüber hinaus und verlangte, daß der Staat $^3/_4$ der Kosten übernehme. Der Antrag der Kommission wurde auch von dem AbgH. in zweiter Lesung angenommen. Nachdem die Regierung aber die Erhöhung des Staatsbeitrags auf $^3/_4$ ihrerseits als unannehmbar bezeichnet hatte, stellte das AbgH. in dritter Lesung den Herrenhausbeschluß wieder her.

Der Staat trägt nach der nunmehr Gesetz gewordenen Bestimmung, abgesehen von den nicht erheblichen, dem Ortsarmenverbande zur Last fallenden Kosten, $^{2}/_{3}$ der Kosten des Unterhalts und der Erziehung der Zöglinge sowie der Fürsorge für entlassene Zöglinge.

An dem **systematischen Aufbau** des Gesetzes hat das Parlament nichts geändert, obwohl hier Raum für Verbesserungen gewesen wäre.

Der § 1 gibt den Wirkungskreis an, den sich das Gesetz stellt, indem er an den Einleitungssatz, der die allgemeine Voraussetzung für die Überweisung zur Fürsorgeerziehung enthält, die Ziffern 1—3 anschließt, in denen die drei Gründe für eine Überweisung aufgeführt sind. Der § 2 umschreibt dann das Wesen der FE.

Die §§ 3—4 und 6—8 regeln das gerichtliche Verfahren bei Anordnung der FE. Dazwischen ist § 5 eingeschaltet, welcher bei Gefahr im Verzuge eine vorläufige Unterbringung des Minderjährigen zuläßt und sie des näheren regelt.

Die §§ 9—12, 14, 17—20 behandeln die Ausführung der FE. Dazwischen sind eingeschaltet § 13 mit den Bestimmungen über die Beendigung der FE. und die §§ 15 und 16, welche die Kostenlast regeln.

§ 21 gewährt durch eine Strafvorschrift dem FEVerfahren und der Ausführung der FE. Schutz gegen unberechtigte Eingriffe.

§ 22 gibt dem Minister des Innern die Befugnis zum Erlaß von Ausführungsbestimmungen, § 23 setzt den Zeitpunkt des Inkrafttretens des Gesetzes fest und trifft eine Übergangsbestimmung.

§ 3. Die Novelle vom 7. Juni 1915.

Der Anlaß zu der Abänderung des Gesetzes vom 2. Juli 1900 ist dadurch gegeben worden, daß die Rechtsprechung des Kammergerichts und des Oberverwaltungsgerichts in einer wichtigen Frage auseinanderging.

Das KG. hatte als oberste preußische Spruchbehörde in Fürsorgeerziehungssachen von Anfang an den Grundsatz, daß FE. immer nur dann einzutreten habe, wenn alle anderen zur Verfügung stehenden Mittel gegen die drohende oder vorhandene Verwahrlosung eines Minderjährigen versagen, energisch zur Geltung gebracht. Aus diesem Grundsatz der Subsidiarität der FE., der mit Recht aus der Entstehungsgeschichte und aus dem Wortlaute des FEG. gefolgert wurde, ergab sich für den Fall der Ziffer 1 des § 1 FEG., daß auch bei Vorliegen der Voraussetzungen des § 1666 (oder des § 1838) BGB. eingehend geprüft werden mußte, ob nicht andere Maßnahmen als FE. ausreichend seien. Diese Prüfung führte in vielen Fällen zu dem Schlusse, daß besonders bei jungen Kindern die einfache Trennung des Kindes von den Eltern, seine Fortnahme aus der bisherigen Umgebung, in der es gefährdet und der Verwahrlosung ausgesetzt war, zu seiner Rettung genügte. Diese Maßregel der Trennung anzuordnen, ist das Vormundschaftsgericht nach § 1666 BGB. unzweifelhaft befugt.

Das KG. ging nun davon aus, daß wenn bei einem derartigen Beschluß des Vormundschaftsgerichts auf Trennung des Kindes von seinen Eltern anderweitige Mittel zu einer Unterbringung des Kindes außerhalb des Elternhauses nicht vorhanden seien, Hilfsbedürftigkeit im armenrechtlichen Sinne vorliege. Soweit daher nicht besondere erziehliche Maßnahmen erforderlich seien, für welche die Armenbehörde Mittel nicht zu gewähren brauche, sei der Armenverband verpflichtet, den Beschluß des VG. zur Ausführung zu bringen.*)

Diese Entscheidung bewirkte zunächst, daß vielfach auch in

*) JKG. 23 A 32, 24 A 158, 25 A 25 u. 201.

solchen Fällen, wo die FE. mit ihrer planmäßigen und dauernden Erziehungsart erforderlich gewesen wäre, die Verwaltungsbehörden mit Rücksicht auf die möglicherweise die Gemeinde treffenden Armenlasten davon absahen, die nötigen Anträge oder Anzeigen für die Einleitung eines Fürsorgeerziehungsverfahrens dem VG. zu machen. Allmählich gingen die Armenbehörden aber auch dazu über, gegenüber der durch das VG. getroffenen Anordnung der Trennung des Kindes von den Eltern die Armenhilfe zu verweigern, und der Gerichtsbeschluß blieb dann unausgeführt. Die Bezirks(Kreis)ausschüsse, welche im Beschwerdewege hiergegen angerufen wurden, stellten sich nicht selten auf die Seite des sich weigernden Armenverbandes. Es geschah dies, obwohl das Bundesamt für Heimatwesen als Gerichtshof für Angelegenheiten des öffentlichen Armenwesens im Einklang mit dem Kammergericht den Grundsatz ausgesprochen hatte, daß, wenn durch einen Gerichtsbeschluß die Trennung erwerbs- und vermögensloser Kinder von ihren Eltern angeordnet sei, Hilfsbedürftigkeit im armenrechtlichen Sinne eintrete und die Armenverbände Unterstützung in dem gesetzlich bestimmten Umfange zu gewähren verpflichtet seien.*) Da aber gegen die Entscheidung der Bezirks(Kreis)ausschüsse in Armensachen nach Lage der Gesetzgebung ein Rechtsmittel nicht gegeben ist, so blieb bei einer vom Bezirks(Kreis)ausschusse gebilligten Ablehnung des Armenverbandes nichts anderes übrig, als daß nunmehr das Vormundschaftsgericht das Verfahren auf Fürsorgeerziehung einleitete. Damit aber war viel kostbare Zeit verloren gegangen, und nicht selten war das Kind, das durch die Trennung vom Elternhause vor drohender Verwahrlosung bewahrt werden sollte, inzwischen der Verwahrlosung anheim-

*) BAH. 3 S. 49, 16 S. 91, 19 S. 27, 28 S. 65 u. 117, 32 S. 45 und 148, 74 S. 79 u. 83.

gefallen. Aber auch hiervon abgesehen, war der Zustand ein unerwünschter, daß in ganz gleich liegenden Fällen in dem einen Bezirk, wo sich der Armenverband zur Ausführung des Beschlusses des VG. bereit fand, es bei der einfachen Trennung des Kindes von den Eltern sein Bewenden behielt, in dem anderen Bezirk dagegen zu der Maßregel der FE. mit dem nicht ganz zu vermeidenden Makel für das weitere Fortkommen des Minderjährigen gegriffen werden mußte.

Bei dieser Sachlage war es nicht zu verwundern, daß schon damals im Parlamente ein Einschreiten der Gesetzgebung gefordert wurde.*) Zunächst suchte man die tatsächlichen Verhältnisse näher aufzuklären: Es wurden für die Jahre 1906—1908 besondere Erhebungen über die auf Grund der §§ 1666 und 1838 BGB. ergangenen vormundschaftsgerichtlichen Beschlüsse und deren Ausführung veranstaltet.**) Sie ergeben, daß tatsächlich die weitaus größere Zahl der vom VG. angeordneten anderweitigen Unterbringungen zur Ausführung gelangte, und zwar teils durch die Armenbehörden, zum größeren Teile durch die freie Liebestätigkeit.

Die Meinungen darüber, ob ein Einschreiten der Gesetzgebung angebracht sei, und noch mehr darüber, in welcher Richtung eingeschritten werden sollte, waren sehr geteilt.***) Einige

*) So in den Sitzungen des HH. vom 7. Mai 1902 und 14. April 1904, und in den Sitzungen des AbgH. vom 11. Febr. 1903 und 22. Febr. 1907.

**) Dabei wurden auch die auf Grund der §§ 1631 Abs. 2 Satz 2 und 1800 BGB. ergangenen Beschlüsse gezählt, die aber nur sehr kleine Zahlen aufwiesen.

***) Vgl. insbesondere die Verhandlungen der 23. Jahresversammlung des Deutschen Vereins für Armenpflege und Wohltätigkeit in Elberfeld 1903, für welche Köhne, Schiller und Schmidt Referate erstatteten.

wünschten den subsidiären Charakter der FE. überhaupt zu beseitigen, andere sprachen sich gegen eine erweiterte Anwendung der FE. aus, nicht nur wegen des Makels, der den Minderjährigen infolge der FE. anhaftet, sondern vor allem weil es zurzeit noch an einer ausreichenden Zahl wirklich geeigneter Anstalten für die Unterbringung von FZ. und an einem genügend ausgebildeten Erzieherpersonal fehlte. Von dieser Seite wurde vielmehr eine Reform der öffentlichen Armenpflege gewünscht, insbesondere die Aufnahme der Erziehung unter die gesetzlichen Aufgaben der Armenpflege.

Inzwischen aber verschärfte sich die unerfreuliche Lage dadurch, daß das Oberverwaltungsgericht in einer Entscheidung vom 11. Februar 1908 (OVG. 52 S. 185) die Anerkennung der Unterbringungskosten, welche durch die Ausführung von Beschlüssen des VG. auf Trennung der Kinder entstanden waren, als Lasten der Armenpflege ablehnte. In dieser Entscheidung erklärte das OVG.: Die Anordnung des VG. bewegt sich auf familienrechtlichem Gebiete. Sie vermag nicht eine sonst nicht vorhandene Hilfsbedürftigkeit des Kindes zu begründen. Recht und Pflicht des Armenverbandes haben ihren Boden lediglich im Armenrechte, das eine Fürsorge für tatsächlich nicht hilfsbedürftige, von den Eltern durch gerichtliche Anordnung getrennte Kinder nicht kennt.

Das Kammergericht ging in einem sehr eingehend begründeten Beschluß vom 1. Oktober 1908 (JKG. 36 A 16) auf die Entscheidung des OVG. ein und suchte sie zu widerlegen. Das Bundesamt für Heimatwesen hielt gleichfalls in einer Entscheidung vom 20. Februar 1909 (DJZ. 1909 S. 1150) seine bisherige Auffassung von der durch eine Anordnung des VG. geschaffenen Hilfsbedürftigkeit aufrecht. Aber das Oberverwaltungsgericht verblieb in einem Erkenntnis vom 28. Juli 1910 (OVG. 57 S. 209) bei seiner Ansicht.

Dieser Widerspruch in den Ansichten höchster Gerichtshöfe, welcher auf das Rechtsbewußtsein des Volkes verwirrend wirken mußte, gebot ein gesetzgeberisches Einschreiten.

Im Herrenhaus hatten sich schon in der Sitzung vom 31. Mai 1910 Landeshauptmann von Dziembowski und der damalige Oberbürgermeister von Magdeburg, Lentze (der jetzige Finanzminister), mit der Angelegenheit beschäftigt, und es war ein Antrag angenommen worden, dahingehend, „die Königliche Staatsregierung zu ersuchen, einen Gesetzentwurf vorzulegen, welcher es ermöglicht, alle noch nicht verwahrlosten Kinder unter 14 Jahren, welche der Verwahrlosung anheimzufallen drohen, zur Fürsorgeerziehung zu überweisen". Darauf erließ der Minister des Innern unter dem 25. Juni 1910 eine Aufforderung an die Oberpräsidenten, sich nach Anhörung der Kommunalverbände über etwaige Abänderung des FEG. zu äußern. Die Landesdirektoren wählten eine besondere Kommission zur Beratung über eine Abänderung des § 1 des FEG., und diese sprach sich für eine Änderung aus.

Im Abgeordnetenhause brachte dann im Jahre 1912 Dr. Schmedding einen Antrag ein dahingehend, „die Königliche Staatsregierung zu ersuchen, in authentischer Auslegung des § 1 Nr. 1 des FEG. demselben folgende Fassung zu geben, daß ein Minderjähriger, welcher das 18. Lebensjahr noch nicht vollendet hat, der FE. überwiesen werden kann, wenn die Voraussetzungen des § 1666 oder des § 1838 BGB. vorliegen, die anderweitige Unterbringung zur Verhütung der Verwahrlosung erforderlich ist, aber nicht ohne Inanspruchnahme öffentlicher Mittel erfolgen kann". Der Antrag wurde an die verstärkte Gemeindekommission verwiesen und dort eingehend beraten. Am 6. Dezember 1912 nahm dann das Plenum des Abgeordnetenhauses den Antrag Schmedding einstimmig an.

Nachdem auch der Preußische Städtetag und der Allgemeine

Fürsorgeerziehungstag in gleichartigen Anträgen sich für eine Änderung des FEG. ausgesprochen hatten, legte die Königliche Staatsregierung auf Grund allerhöchster Ermächtigung vom 9. März 1914 dem Abgeordnetenhause den Entwurf eines Gesetzes, betreffend die Abänderung des Gesetzes über die Fürsorgeerziehung Minderjähriger vom 2. Juni 1900, vor.*) Der Entwurf, dem eine eingehende Begründung beigefügt war, schlug vor, dem § 1 Ziffer 1 des FEG. folgende Fassung zu geben: „Wenn die Voraussetzungen des § 1666 oder 1838 BGB. vorliegen und die anderweitige Unterbringung zur Verhütung der Verwahrlosung erforderlich ist, aber nicht ohne Inanspruchnahme öffentlicher Mittel erfolgen kann.“

Das AbgH. nahm in der Sitzung vom 26. März 1914 die Vorlage unverändert an.

Im HH. dagegen wurde von Dr. von Dziembowski mit Unterstützung von 15 anderen Mitgliedern der Antrag eingebracht,**) der Ziffer 1 des § 1 folgende Fassung zu geben: „Wenn die Voraussetzungen des § 1666 oder des § 1838 BGB. vorliegen und zur Verhütung der Verwahrlosung des Minderjährigen die anderweitige Unterbringung unter Aufsicht des Kommunalverbandes oder unter Inanspruchnahme öffentlicher Mittel erforderlich ist.“ Zur Begründung führte Dr. von Dziembowski aus: Durch die Fassung des Regierungsentwurfs würde eine Differenzierung zwischen Kindern, die ohne Mittel sind, und solchen, die Mittel haben, in das Gesetz hineingetragen. Es sei ferner mit der Möglichkeit zu rechnen, daß die Eltern oder irgend ein Dritter (etwa der Arbeitgeber) sich bereit erklärten, die Mittel für die Unterbringung herzugeben, und damit dem Richter in den Arm fielen und ihn zwängen, von

*) Drucksachen des AbgH. Session 1914 Nr. 242.

**) Stenogr. Bericht des HH. Session 1914 S. 186 ff.

einer FE. abzusehen, obgleich er sie für nötig hielte. Auf diese Weise könne die Frage, ob die staatliche FE. eintreten solle oder nicht, eine reine Geldfrage werden. Sie könne auch eine Machtfrage werden, wenn Vereine, die nationale, sprachliche, konfessionelle oder ähnliche Zwecke verfolgten, dieses Gebiet für sich in Anspruch nehmen, die Mittel hergeben und staatliche FE. auszuschließen sich bestreben würden.

Obwohl der Regierungskommissar Geheimer Oberregierungsrat Schlosser diese Bedenken für unbegründet erklärte, beschloß das HH., die Sache zur weiteren Beratung an die Gemeindekommission zu verweisen. Die Kommission schlug folgende Fassung der Ziffer 1 des § 1 FEG. vor: „Wenn die Voraussetzungen des § 1666 oder des § 1838 BGB. vorliegen und zur Verhütung der Verwahrlosung des Minderjährigen die anderweitige Unterbringung durch den verpflichteten Kommunalverband notwendig ist, oder wenn die gemäß § 1666 oder § 1838 BGB. zur Verhütung der Verwahrlosung angeordnete anderweitige Unterbringung die Aufwendung öffentlicher Mittel erfordert."*)

In der Sitzung des HH. vom 15. Juni 1914 stellte dann Dr. von Dziembowski den Antrag, der Ziffer 1 des § 1 FEG. die Fassung zu geben: „Wenn die Voraussetzungen des § 1666 oder des § 1838 BGB. vorliegen und zur Verhütung der Verwahrlosung die anderweitige Unterbringung erforderlich ist, eine nach dem Ermessen des VG. geeignete Unterbringung aber ohne Inanspruchnahme öffentlicher Mittel nicht erfolgen kann." Zur Begründung führte der Antragsteller aus: Das Gericht müsse in der Lage sein, in freier, der gesamten Lage Rechnung tragender Weise unter den sich darbietenden Wegen denjenigen zu bestimmen, der am ehesten und sichersten zum

---

*) Drucksachen des HH. Session 1914 Nr. 105.

guten Ziele führe. Der Vormundschaftsrichter solle hier Wahrer staatlicher und öffentlicher Interessen ohne Rücksicht auf die Geldfrage sein. Dem Ermessen des Vormundschaftsrichters müsse es unterliegen, ob eine etwa angeregte Unterbringung geeignet sei oder nicht. Das Erbieten der die freie Liebestätigkeit ausübenden Vereine werde künftig bei vormundschaftlichen Anordnungen aus den §§ 1666 und 1838 BGB. der Würdigung und Prüfung des Vormundschaftsrichters unterliegen. Wenn dieser es annehme und für geeignet halte, dann träte die freie Liebestätigkeit in dem gewünschten Umfange ein. Werde aber FE. eingeleitet, so ändere sich an dem bisherigen Verhältnisse nichts; die Vereine, welche die staatliche FE. unterstützten, würden nach wie vor in derselben Weise sich betätigen können und das freie Feld ihrer Tätigkeit finden. Nur die eine Möglichkeit werde versagt, daß sie etwa aus eigenem Recht beanspruchen könnten, einzuspringen und dem Vormundschaftsrichter indirekt durch Darbietung privater Mittel zu zwingen, von der FE. Abstand zu nehmen.*)

Der Antrag des Dr. von Dziembowski wurde vom HH. angenommen. Der Entwurf ging dann mit der Abänderung des HH. wieder an das AbgH. zurück, und dieses stimmte in der Sitzung vom 2. Juli 1915 der Fassung des HH. zu.

Das zustandegekommene Gesetz, in dem ein Zeitpunkt für das Inkrafttreten nicht bestimmt ist, wurde in dem am 20. Juli 1915 in Berlin ausgegebenen Stück der Gesetzsammlung veröffentlicht.

In dem in den Anlagen abgedruckten Erlaß des Ministers des Innern vom 20. Juli 1915 wird als Zweck der Gesetzesänderung hervorgehoben, es solle dem vorbeugenden Charakter der FE. in höherem Maße Geltung verschafft werden, als dies

---

*) Stenogr. Bericht des HH. Session 1914 S. 599 ff.

bisher möglich gewesen sei, und es werden die Antragsbehörden darauf hingewiesen, nunmehr rechtzeitig einzugreifen, wo eine Belassung des Minderjährigen in seinen Verhältnissen die Gefahr der Verwahrlosung in sich birgt. In der Tat ist bisher durch den häufig gemachten, sich auf die Rechtsprechung des Kammergerichts stützenden Versuch, die FE. durch Inanspruchnahme der öffentlichen Armenpflege zu vermeiden, ein frühzeitiges Einschreiten verhindert worden. Das fällt jetzt, wo die öffentliche Armenpflege für die Unterbringung des gefährdeten Minderjährigen nicht mehr in Frage kommen kann, fort. Auch das gerichtliche Verfahren wird sich jetzt schneller erledigen lassen.

Inwieweit die weitere Annahme des Ministers des Innern, daß eine erhebliche Steigerung der Überweisungen aus der Ziffer 1 des § 1 FEG. eintreten werde, sich verwirklichen wird, ist noch nicht mit Sicherheit festzustellen. Es muß dabei in Betracht gezogen werden, daß die Novelle während des Krieges in Kraft getreten ist. Zutreffend wird in der Statistik für die Jahre 1913 bis 1915 darauf hingewiesen, daß einer raschen Überführung der neuen Bestimmungen in die Praxis „die Zeitverhältnisse, namentlich der Personenwechsel bei den Antragsbehörden und Vormundschaftsrichtern und die vielfach nur vertretungsweise Wahrnehmung dieser Ämter“, ungünstig gewesen seien. Der Krieg hat eben auch in das behördliche Leben tief eingegriffen.*) Die volle Wirkung der Novelle kann erst nach der Wiederkehr friedlicher Zeiten eintreten.

§ 4. Die Bedeutung des Fürsorgeerziehungsgesetzes im Lichte der Statistik.

Um die Bedeutung zu erkennen, welche das FEG. in der

---

*) Vgl. Bleßmann ZBW. 8 S. 197.

Praxis gewonnen hat, sollen hier einige Ziffern darüber gegeben werden.*)

Die Tätigkeit der Vormundschaftsgerichte in FESachen zeigt nachfolgende Zusammenstellung:

Es ergingen Beschlüsse in FESachen

im Jahre	überhaupt	auf Überweisung zur FE.	auf Ablehnung der FE.
1901	8668	5688	2980
1902	8771	5712	3057
1903	7723	5601	2122
1904	7384	5513	1871
1913	10071	8892	1179
1914	8471	7519	952
1915	9945	8974	971

Berücksichtigt man, daß im Kalenderjahre 1901 das FEG. nur neun Monate in Wirksamkeit war und daß naturgemäß erst eine Zeit vergehen mußte, ehe die ersten FESachen zur Beschlußfassung reif waren, so erscheint die Zahl der Beschlüsse im Jahre 1901 ganz besonders hoch. Es kommt darin zum Ausdruck, in welchem Umfange versucht wurde, von der FE. Gebrauch zu machen. Vielfach war der Versuch ein vergeblicher. In 34,4 % lauteten die Beschlüsse auf Ablehnung der FE.; und von den Beschlüssen der VG. auf Überweisung zur FE. sind sicherlich noch recht viele in den höheren Instanzen, insbesondere bei der weiteren Beschwerde von dem Kammergerichte,

*) Vgl. hierzu meinen Aufsatz „Das preuß. FEG. in der Praxis" in Jugendfürsorge 4 S. 1 ff. und Schmidt „10 Jahre Fürsorgearbeit" im Jahresbericht der Rheinisch-Westfäl. Gefängnisgesellschaft 1911 S. 103 ff.

aufgehoben worden (eine Statistik darüber gibt es nicht). Jedenfalls hat die Erfahrung, die man bei der Rechtsprechung der Gerichte machte, darauf eingewirkt, daß man allmählich mit Anträgen auf FE. vorsichtiger wurde. In den folgenden drei Jahren nehmen die Beschlüsse in FESachen allmählich ab, und der Prozentsatz der ablehnenden Beschlüsse wird ein geringerer; im Jahre 1904 belief er sich auf 25,4 %. Das Jahr 1913, das letzte Friedensjahr, zeigt dann wieder eine Zahl von Beschlüssen in FESachen, die fast derjenigen für die neun Monate des Jahres 1901 entspricht. Dabei aber ist die Zahl der ablehnenden Beschlüsse erheblich gesunken. Das FEG. hatte sich eingelebt, nur noch 11,7 % der Beschlüsse lauteten auf Ablehnung. Dann folgen die Kriegsjahre: 1914 mit einer starken Abnahme aller Ziffern, 1915 wiederum mit einer Zunahme, welche die Zahl der Beschlüsse auf Überweisung sogar über die Zahl des Jahres 1913 brachte, weil nur 9,7 % der Beschlüsse auf Ablehnung lauteten. Es ist möglich, daß dabei schon die Abänderung des FEG. durch die Novelle vom 7. Juli 1915 ihre Wirksamkeit geäußert hat.

Sehr interessant sind auch die Ziffern, über die auf Grund des § 5 FEG. ergangenen Beschlüsse auf vorläufige Unterbringung. Diese betrugen im Jahre 1901: 1506, im Jahre 1902: 1899, im Jahre 1915: 6180. Das Verhältnis der Beschlüsse auf vorläufige Unterbringung zu den Beschlüssen auf Überweisung zur FE. stieg somit von 26 % im Jahre 1901 auf 33 % im Jahre 1902 und auf 69 % im Jahre 1915. Die vorläufige Unterbringung hat sich allmählich zu einem in den meisten Fällen eintretenden Vorstadium der FE. herausgebildet.

Die Begründung zum FEG. hatte angenommen, daß sich die bisherige Zahl der Zöglinge durch das neue Gesetz etwa verdoppeln würde, wenn der Beharrungszustand eingetreten wäre, d. h. wenn sich die Zahl der jährlich neu überwiesenen Zöglinge ungefähr mit der Zahl der jährlich abgehenden Zöglinge decken wird. Nun befanden sich am 31. März 1900 in ZwE. 10891 jugendliche Personen, dagegen am 1. April 1914 56464. Die Zahl hatte sich also nicht verdoppelt, sondern mehr als verfünffacht, und der Beharrungszustand ist bisher noch nicht erreicht. Im Rechnungsjahre 1912 (1. April 1912 bis 31. März 1913), dem letzten, für das ausführliche Angaben vorliegen, belief sich der Zugang an FEZöglingen auf 9909 gegenüber einem Abgang von 7287. Im Rechnungsjahre 1914 ging die Gesamtzahl der in FE. befindlichen Minderjährigen infolge des starken Abgangs von FEZöglingen durch den Eintritt in den Militärdienst — nicht weniger als 13072 Zöglinge sind seit Kriegsausbruch in das Heer eingetreten — auf 55229 herunter; sie hob sich aber bis zum 1. April 1916 wiederum auf 56267. Von diesen waren 34280 männlichen und 21987 weiblichen Geschlechts. Insgesamt sind seit Inkrafttreten des FEG. bis zum 31. März 1916 121817 Minderjährige der FE. überwiesen worden.

Bei dem Zugange im Rechnungsjahre 1912 erfolgte die Überweisung

in 19,9 % auf Grund der Ziffer 1 des § 1,
„ 8,4 % „ „ „ „ 2 „ § 1,
„ 68,7 % „ „ „ „ 3 „ § 1,

während bei 8 % mehrere der Ziffern als Grund der Überweisung angegeben waren. Aus diesen Zahlen geht klar hervor, eine wie überwiegende Bedeutung die Ziffer 3 des § 1 bei den Überweisungen einnimmt. Die weitaus größere Zahl der zur FE. überwiesenen befand sich bereits im Zustande der Verwahrlosung und sollte durch die Überweisung vor völligem sittlichen Verderben gerettet werden.

Von den im Jahre 1915 neu der FE. überwiesenen

11273 Minderjährigen befanden sich in vorschulpflichtigem Alter 513 (249 männliche und 264 weibliche), im schulpflichtigen Alter 5318 (3913 männliche und 1405 weibliche), und 5442 (3089 männliche und 2353 weibliche) waren Schulentlassene.

Auch die in der Begründung zum FEG. ausgesprochene Erwartung, daß die große Mehrzahl der FEZöglinge in Familien untergebracht werden könnte, hat sich nicht erfüllt. Bei den neu überwiesenen Zöglingen mußte vielmehr der weitaus größere Teil zunächst in Anstalten untergebracht werden. Im letzten Rechnungsjahre waren es 78,26 % (bei dem Provinzialverband Brandenburg belief sich der Prozentsatz sogar auf 86,55). Erst im späteren Verlaufe der FE. konnte eine größere Anzahl von Zöglingen in Familien untergebracht werden. Von den 53778 Zöglingen, die sich am 31. März 1913 in FE. befanden, waren in Anstalten untergebracht 41,8 %, in Familien 50,6 %. 1,1 % befanden sich in Strafanstalten, 2,6 % waren noch nicht untergebracht, 3,9 % waren aus der FE. entwichen. Von den in Familienpflege Untergebrachten befanden sich über die Hälfte in einem Dienstverhältnisse, von den in Anstalten Untergebrachten eine nicht unbedeutende Zahl (1199) in Anstalten für Irre, Schwachsinnige und geistig Minderwertige.

Was sodann die Kosten der FE. betrifft, so sind sie naturgemäß mit der immer mehr gewachsenen Zahl der FEZöglinge ständig gestiegen. Während die Kosten im letzten Jahre der Geltung des alten Zwangserziehungsgesetzes 1677977 M. betragen haben, beliefen sich die Kosten der FE.

im Rechnungsjahre	1901	auf fast	2¼ Mill. M.,
„ „	1905	„ mehr als	6¾ „ „
„ „	1910	„ „ „	11¼ „ „

und erreichten im Rechnungsjahre 1915 den hohen Betrag von fast 17¼ Mill. M. Die Kosten haben sich also mehr als verzehnfacht. Dabei ist zu beachten, daß in diesen Summen die

Kosten für Grunderwerb und Neubauten von Erziehungsanstalten nicht inbegriffen sind, da diese nicht unter den Begriff „Kosten der Fürsorgeerziehung" im Sinne des § 15 FEG. fallen. Die durchschnittlichen Kosten für den Zögling betrugen im Jahre 1912: 258,56 M. Auch dieser Betrag ist ständig gestiegen. Im ersten Jahrfünft (1901—1906) stellten sich die Durchschnittskosten für den Zögling nur auf 180 M. jährlich.

Noch einige wenige Angaben über den Erfolg der FE. Das Ministerium des Innern hat auf Grund besonderer Ermittlungen über das Nachleben der in der Zeit vom 1. April 1904 bis 31. März 1909 zur Entlassung gekommenen FEZöglinge eine sehr interessante Veröffentlichung hierüber erscheinen lassen.*) Insgesamt kamen in den 5 Jahren zur Entlassung 9931 Zöglinge. Davon konnte bei 13,1 % überhaupt nichts ermittelt werden. Von den übrigen wurde ein Teil als verstorben oder geisteskrank (1,1 %) oder ausgewandert ermittelt. Von den verbleibenden geistig gesunden 8155 ehemaligen FEZöglingen führten sich nun

69,4 % genügend bis gut,
11,3 % zweifelhaft,
19,3 % ungenügend bis schlecht.

Diese Ergebnisse können als befriedigende bezeichnet werden. Bemerkenswert ist, daß die männlichen Zöglinge besser abschneiden als die weiblichen. Bei den letzteren waren von den mit ungenügender Führung Ermittelten 52,2 % der gewerbsmäßigen Unzucht ergeben.

Auch für die im Rechnungsjahre 1909 ausgeschiedenen FEZöglinge sind in gleicher Weise Ermittlungen angestellt worden. Das Ergebnis war ein ähnliches. Von 3110 geistig ge-

*) Statistik über die Erfolge der Fürsorgeerziehung, Rawitsch 1911.

sunden ehemaligen FE.-Zöglingen, deren Aufenthalt ermittelt wurde, war die Fürsorgeerziehung in

69,4 % von Erfolg,
16,6 % ohne Erfolg und
14 % von zweifelhaftem Erfolg.

Man kann danach wohl feststellen, daß der Zweck des FEG., aus den verwahrlosten Minderjährigen brauchbare Glieder der menschlichen Gesellschaft zu machen, in vielen Fällen erreicht worden ist.

Erläuterung des Gesetzes.

§ 1

Ein Minderjähriger[1–7]), welcher das achtzehnte Lebensjahr noch nicht vollendet hat[8–11]), kann[12]) der Fürsorgeerziehung[13–15]) überwiesen werden[16]):

1.[17]) wenn die Voraussetzungen des § 1666[18–19]) oder des § 1838[20]) des Bürgerlichen Gesetzbuchs vorliegen und zur Verhütung der Verwahrlosung[21]) die anderweite Unterbringung erforderlich[22]) ist, eine nach dem Ermessen des Vormundschaftsgerichts geeignete Unterbringung aber ohne Inanspruchnahme öffentlicher Mittel nicht erfolgen kann[23–25]);

2.[26]) wenn der Minderjährige eine strafbare Handlung[27]) begangen hat[28]), wegen der er in Anbetracht seines jugendlichen Alters strafrechtlich nicht verfolgt werden kann[29]), und die Fürsorgeerziehung mit Rücksicht auf die Beschaffenheit der Handlung, die Persönlichkeit der Eltern oder sonstigen Erzieher und die übrigen Lebensverhältnisse[30]) zur Verhütung weiterer sittlicher Verwahrlosung[31]) des Minderjährigen erforderlich ist;

3.[32]) wenn die Fürsorgeerziehung außer diesen Fällen[33]) wegen Unzulänglichkeit der erziehlichen Einwirkung der Eltern oder sonstigen Erzieher oder der Schule[34]) zur Verhütung des völligen sittlichen Verderbens des Minderjährigen notwendig ist[35]).

Übersicht. Bei dem grundlegenden § 1 behandeln

1. die Anm. 1—16 die allgemeinen Voraussetzungen für die Überweisung zur FE., und zwar

a) die Personenkreise, bei denen FE. stattfinden kann, in Anm. 1—11,
b) die sich aus dem Wesen der FE. für deren Anwendung ergebenden Folgerungen in Anm. 12—16,

2. die Anm. 17—35 die einzelnen Gründe für eine Überweisung zur FE., und zwar
a) die Ziff. 1 in Anm. 17—25,
b) die Ziff. 2 in Anm. 26—31,
c) die Ziff. 3 in Anm. 32—35.

1. Minderjährig ist, wer das einundzwanzigste Lebensjahr noch nicht vollendet hat (§ 2 BGB.), falls er nicht vorher für volljährig erklärt worden ist (§ 3 BGB.). Bei der Berechnung des Lebensalters ist der Tag der Geburt mitzurechnen (§ 187 BGB.). Da eine weibliche Person schon mit Vollendung des sechzehnten Lebensjahres ehemündig wird (§ 1303 BGB.), so ist die Überweisung zur FE. auch bei einer verheirateten Frau möglich. Auch das Bevorstehen einer Eheschließung ist kein Hindernis für die Anordnung der FE. Doch ist hier immer sorgfältige Prüfung unter Berücksichtigung der Persönlichkeit des Ehemanns oder Bräutigams geboten, ob durch die Ehe die sonst bestehende Gefahr sittlicher oder weiterer sittlicher Verwahrlosung abgewendet wird (Rspr. 21 S. 269).

2. Auch Minderjährige, die mit körperlichen oder geistigen Gebrechen behaftet sind, können der FE. überwiesen werden. Dies ist insbesondere für Taube, Blinde, Stumme, Epileptiker, Schwachsinnige, Psychopathen vom KG. ausgesprochen worden (JKG. 23 A 50, 26 A 28 u. 188, 32 A 68, 36 A 10). Doch ist hier immer Voraussetzung, daß der der Verwahrlosung ausgesetzte Minderjährige noch erziehungsfähig ist, daß er bei sachgemäßer Erziehung in richtige Bahnen gelenkt und durch angemessenen Unterricht noch zu einem einigermaßen brauchbaren Glied der Gesellschaft gemacht werden kann. Wo der Betreffende erzieherischer Einwirkung infolge seines Gebrechens überhaupt nicht zugängig ist, wo er insbesondere von einem unabänderlichen, mechanisch wirkenden Trieb eines

Geisteskranken beherrscht wird, ist für die Anordnung der FE. kein Raum (JKG. 32 A 68).

3. FE. kann auch bei Minderjährigen, welche vermögend sind, oder welche vermögende Unterhaltsverpflichtete haben, angeordnet werden. Art. 135 Abs. 2 EG. z. BGB. steht dem nicht entgegen; denn, selbst wenn die gesamten, nach § 16 erstattungsfähigen Kosten nachträglich aus dem Vermögen des Zöglings oder der Unterhaltsverpflichteten eingezogen werden, findet die FE. doch teilweise auf öffentliche Kosten statt, da insbesondere die allgemeinen Verwaltungskosten nicht erstattungsfähig sind. Für die Frage, ob im Einzelfalle bei einem vermögenden Minderjährigen FE. anzuordnen ist oder nicht, ist allein entscheidend, ob die FE. im öffentlichen Interesse erforderlich erscheint. Hieran ist auch durch die neue, infolge des Gesetzes vom 7. Juli 1915 der Ziff. 1 des § 1 gegebene Fassung nichts geändert. Das Ermessen des VG. entscheidet, ob die für einen vermögenden Minderjährigen etwa bereitgestellte anderweite Unterbringung geeignet ist, die Verwahrlosung zu verhüten. Ist dies nicht der Fall, so hat trotz der Bereitstellung FE. einzutreten.

4. Das Gesetz gibt keinen Anhalt dafür, daß seine Bestimmungen auf preußische Staatsangehörige beschränkt sind. Nach der Entstehungsgeschichte des Gesetzes kann es aber keinem Zweifel unterliegen, daß es auf nicht-preußische Deutsche ebenso wie auf Preußen Anwendung zu finden hat. Welchem Bundesstaate ein deutscher Minderjährige angehört, ist gleichgültig: für das preußische VG. ist ohne Rücksicht auf bundesstaatliche Verschiedenheiten lediglich das preußische FEG. maßgebend (JKG. 39 A 28, 41 A 40). Doch ist gemäß § 46 FGG. die Abgabe an das VG. eines anderen Bundesstaats zulässig, das dann das an seinem Sitze geltende FEGesetz anzuwenden hat (JKG. 48 A 41).

5. Hinsichtlich der Frage der Anwendung des FEG. auf Ausländer habe ich in der früheren Auflage in Übereinstimmung mit der damaligen Rechtsprechung des KG. (vgl. insbes. JKG. 22 A 39) folgendes ausgeführt.

„Da die FE. als eine vormundschaftliche Maßregel anzusehen ist, so wird eine FE. über Ausländer nur unter derselben

Voraussetzung angeordnet werden können, wie eine Vormundschaft oder Pflegschaft im Inlande über Ausländer eingeleitet werden kann. Entscheidend dafür ist Art. 23 EG. z. BGB.:

„Eine Vormundschaft oder eine Pflegschaft kann im Inland auch über einen Ausländer, sofern der Staat, dem er angehört, die Fürsorge nicht übernimmt, angeordnet werden, wenn der Ausländer nach den Gesetzen dieses Staates der Fürsorge bedarf oder im Inland entmündigt ist.

Das deutsche Vormundschaftsgericht kann vorläufige Maßregeln treffen, solange eine Vormundschaft oder Pflegschaft nicht angeordnet ist."

Es ist also vor allem die Feststellung erforderlich, daß der Staat, dem der ausländische Minderjährige angehört, die Fürsorge nicht selbst übernimmt. Im übrigen aber hängt die Anwendung des FEG. auf Ausländer von dem freien Ermessen des deutschen Vormundschaftsgerichtes ab, wobei zu berücksichtigen ist, daß ausländische Minderjährige, die an sich der FE. bedürften, ausgewiesen werden können, soweit nicht etwa Staatsverträge dem entgegenstehen. Jedenfalls empfiehlt es sich, daß das Vormundschaftsgericht, wenn bei ihm die FE. eines Ausländers beantragt wird, gemäß Art. 23 Abs. 2 EG. z. BGB. und § 5 FEG. die vorläufige Unterbringung anordnet, damit inzwischen über die Frage der Ausweisung und darüber, ob eventuell der auswärtige Staat die Fürsorge übernehmen will, an zuständiger Stelle entschieden werden kann. Wenn im Einzelfalle nicht festzustellen ist, ob der Minderjährige Inländer oder Ausländer ist, oder welchem ausländischen Staate er angehört, so ist weder eine Ausweisung tunlich, noch ist es möglich, die nach Art. 23 erforderlichen Ermittelungen anzustellen; in solchem Falle muß, wenn die sonstigen Voraussetzungen des FEG. gegeben sind, die Anwendung der FE. ohne weiteres statthaft sein (vgl. auch Art. 29 EG. z. BGB.)."

Inzwischen hat sich das Kammergericht mehrfach mit der Frage beschäftigt, unter welchen Voraussetzungen FE. gegen Ausländer angeordnet werden kann. Zunächst hat es (JKG. 45 A 18) dahin entschieden, daß vor Einleitung eines FEVerfahrens bezüglich eines Ausländers nur dann gemäß Art. 23 EG. z. BGB. die Entschließung des Heimatstaats, ob er die Fürsorge für den Minderjährigen zu übernehmen bereit sei, herbeigeführt werden müsse, wenn der minderjährige Ausländer nach dem Rechte seines Heimatstaats der Fürsorge im Wege der Vormundschaft oder Pflegschaft bedürfe. Weitergehend hat es in einer späteren Entscheidung (JKG. 47 A 48) sich dahin ausgesprochen, daß es sich bei einer FE. aus Ziff. 2 u. 3 des § 1 FEG. um eine öffentlichrechtliche Maßregel handelt, die mit der Besserung des Minderjährigen zugleich auch den Schutz der Allgemeinheit bezweckt, und daß daher Ziff. 2 u. 3 ohne Rücksicht auf die Staatsangehörigkeit anzuwenden seien. Bezüglich der Ziff. 1 des § 1 FEG. hat das Kammergericht dabei anerkannt, daß es sich hier um einen Eingriff in das Rechtsverhältnis zwischen Eltern und Kind handelt und daß deshalb der aus Art. 19 EG. z. BGB. sich ergebende Grundsatz zu berücksichtigen sei.

Ich kann nicht finden, daß durch diese neuere Rechtsprechung eine klare Lösung der Frage herbeigeführt wird. (Unzutreffend ist es jedenfalls, wenn Schmitz, Anm. 24 zu § 1, kurz den Schluß zieht, die FE. sei bei einem ausländischen Minderjährigen „ohne Anfrage bei der heimatlichen Vormundschaftsbehörde [?] zulässig". Roelle, Anm. 2d zu § 1, macht wenigstens eine Reihe von Unterscheidungen.) Ich persönlich halte noch heute die frühere Auffassung des Kammergerichts für die richtigere und auch zweckmäßigere.

6. Das Anwendungsgebiet des sog. Haager Abkommens vom 12. Juni 1902 (RGBl. 1904 S. 240) ist auf Vormundschaften und Pflegschaften im engeren Sinne beschränkt. Die FE. wird also dadurch nicht berührt (JKG. 45 A 18). Von Bedeutung ist lediglich die Bestimmung in Art. 7 des Abkommens, wonach „in allen dringenden Fällen die zuständigen Ortsbehörden die Maßregeln treffen können, die zum Schutze der Person und der Interessen eines minderjährigen Ausländers erforderlich sind".

7. Der Minister des Innern hat in einem Erlaß vom 17. Juni 1901 einen ausgiebigen Gebrauch von der Handhabe des FEG. bei Zigeunerkindern anempfohlen. Das Kammergericht hat

aber in einer Entscheidung (JKG. 23 A 40) zutreffend ausgeführt, daß die aus dem allgemein üblichen Leben und Verhalten der Zigeuner gezogene Schlußfolgerung, daß Zigeuner stets ein Wanderleben führten, vom Landstreichen und Stehlen lebten, die Kinder nicht zur Schule und Kirche anhielten und dieselben also verwahrlosen ließen, nicht genüge, um die Anordnung der FE. zu begründen, es bedürfe vielmehr einer konkreten Feststellung der Gefährdung oder Verwahrlosung auf Grund der tatsächlichen Verhältnisse des Einzelfalles. Darauf hat der Minister des Innern in einem weiteren Erlasse vom 16. Februar 1906 (MBl. 1906 S. 54) zur Erbringung dieses Nachweises angeordnet, „die Gemeinde- und Ortspolizeibehörden haben nach dieser Richtung hin die minderjährigen Kinder der in ihrem Bezirk wohnenden oder aufhaltsamen Zigeuner sorgfältig zu überwachen und, sofern die Voraussetzungen der FE. vorliegen, dem Landrat ungesäumt zu berichten". Ich bezweifele, ob diese Art der Bekämpfung des Zigeunerunwesens von großem Erfolge sein wird.

8. Eine untere Altersgrenze ist nicht vorgeschrieben, so daß also auch Kinder im zartesten Alter der FE. überwiesen werden können, während nach dem ZwEG. die Überweisung auf Kinder, die das sechste Lebensjahr vollendet hatten, beschränkt war. Die Verwahrlosung eines Kindes beginnt häufig schon frühzeitig, zuerst die leibliche, dann die geistige, aus der erst später die sittliche erwächst. Um der Verwahrlosung erfolgreich entgegenzutreten, muß für das Kind rechtzeitig gesorgt werden. Das geschieht aber am besten durch Vereine der freien Liebestätigkeit; nur in Ausnahmefällen sollte bei Kindern unter sechs Jahren von der Maßregel der FE. Gebrauch gemacht werden. Zutreffend bemerken die AB.: „Da durch eine untere Altersgrenze die Anordnung der Fürsorgeerziehung nicht beschränkt ist, so können ihr auch Kinder, die das schulpflichtige Alter noch nicht erreicht haben, überwiesen werden. Von dieser Befugnis wird aber nur dann Gebrauch zu machen sein, wenn keine andere Maßnahme sich finden läßt, um der Verwahrlosung des Kindes vorzubeugen." Wenn das Kammergericht in einzelnen Entscheidungen für die Überweisung zur FE. verlangt hat, daß das Kind

„erzieblicher Einwirkung schon zugänglich sein muß“, so darf der Begriff „Erziehung“ hier nicht zu eng gefaßt werden, auch die Gewöhnung an Reinlichkeit, Regelmäßigkeit und Ordnung gehört zur Erziehung (vgl. Stange, ZVW. 2 S. 148).

9. Maßgebend für die Berechnung der Vollendung des 18. Lebensjahres ist der Zeitpunkt des Erlasses des Beschlusses des Vormundschaftsgerichts oder des auf Beschwerde ergehenden Beschlusses des Landgerichts, nicht aber der auf weitere Beschwerde ergehenden Entscheidung des Kammergerichts. Wenn der Minderjährige vor der Beschlußfassung des Beschwerdegerichts das 18. Lebensjahr vollendet hat, so muß das Beschwerdegericht, welches das gesamte tatsächliche Material bei seiner Entscheidung zu berücksichtigen hat, der eingetretenen Veränderung der Sachlage Rechnung tragen und die FE. für unstatthaft erklären, auch wenn zur Zeit des Beschlusses des Vormundschaftsgerichts alle Voraussetzungen gegeben waren (JKG. 23 A 53). Dagegen hat das Kammergericht unter Zugrundelegung der im landgerichtlichen Verfahren festgestellten Tatsachen nur zu prüfen, ob eine Verletzung des Gesetzes vorliegt; die Vollendung des 18. Lebensjahres nach Erlaß des landgerichtlichen Beschlusses ist daher bedeutungslos.

10. Die Feststellung des Alters des Minderjährigen hat vom Vormundschaftsgerichte von Amts wegen zu erfolgen. Zu diesem Zweck ist die standesamtliche Geburtsurkunde einzufordern; das VG. ist nicht berechtigt, ihre Beibringung vom Antragsteller zu fordern.

11. Die Festsetzung der oberen Altersgrenze auf das vollendete 18. Lebensjahr ist mit Rücksicht darauf erfolgt, daß ein Zeitraum von etwa drei Jahren bis zu der mit der Vollendung des 21. Lebensjahres gesetzlich (§ 13) erfolgenden Beendigung der FE. für die Sicherung des Erfolges der Maßregel unbedingt erforderlich erschien (Begr. S. 7). Aber es ist für die Anordnung der FE. ohne Bedeutung, ob ihre Ausführung tatsächlich noch vor Vollendung des 18. Lebensjahres oder aus irgendwelchen Gründen erst nachher geschehen kann (JKG. 33 A 73, 48 A 34). Die FE. kann selbst dann

angeordnet werden, wenn sich der Minderjährige in Strafhaft befindet und er nach der urteilsmäßigen Strafdauer erst nach seiner Großjährigkeit aus der Strafanstalt kommen würde; denn es liegt die Möglichkeit vor, daß er infolge Gnadenerweises vorher zur Entlassung gelangt, der FE. aber trotz der Einwirkung der Gefängniszucht noch bedarf, „die Gefängnisstrafe ist im Verhältnis zur FE. das schwächere Erziehungsmittel“. Über das Verhältnis von FE. und Strafvollstreckung vgl. den im Anhang abgedruckten Erlaß des Justizministers vom 1. Nov. 1910.

12. Mit dem Worte „kann“ soll ausgedrückt werden, daß der Vormundschaftsrichter nach freier richterlicher Überzeugung zu entscheiden hat, ob alle Voraussetzungen für die FE. gegeben sind, insbesondere also auch, ob die FE. „erforderlich“, „notwendig“ ist oder ob etwa zunächst noch andere Maßregeln genügend erscheinen. Wenn der Vormundschaftsrichter aber von dem Vorhandensein der Voraussetzungen für die FE. überzeugt ist, so muß er die FE. anordnen. Nur so wird er seiner Amtspflicht gerecht; mit seinem Rechte zur Anordnung der FE. unter den im Gesetze aufgestellten Voraussetzungen ist auch seine Verpflichtung hierzu verknüpft. Er ist nicht befugt, auf Grund seiner persönlichen Auffassung von der Zweckmäßigkeit der FE. als solcher oder der zu ihrer Durchführung von den Kommunalverbänden getroffenen Veranstaltungen von ihrer Anordnung da abzusehen, wo die gesetzlichen Voraussetzungen für die Anordnung erfüllt sind. Er darf sie insbesondere auch nicht etwa aus dem Grunde ablehnen, weil er sich von ihr mit Rücksicht auf Charakter und Vorleben des Minderjährigen einen bessernden Einfluß nicht verspricht oder weil er die zulässige Dauer der FE. eines nahezu 18 Jahre alten Minderjährigen für zu kurz hält (JKG. 33 A 73). In dieser besonders beachtenswerten Entscheidung wird zutreffend ausgeführt: wenn mit solcher Begründung die FE. abgelehnt wird, so begibt sich „das Gericht auf ein Gebiet, welches ihm bei Prüfung der Anwendung des § 1 FEG. verschlossen ist“, da es dabei „nicht diejenigen Verhältnisse im Auge hat, welche die Anordnung der FE. notwendig machen, sondern die zukünftige Wirkung der FE. im Falle ihrer Anordnung und die sich hieraus er-

gebende Unzweckmäßigkeit der FE." „Das Gesetz steht grundsätzlich auf dem Standpunkte, daß in dem Alter bis zu 18 Jahren kein Minderjähriger in seinem sittlichen Verderben bereits so verhärtet ist, als daß nicht durch eine planmäßig geleitete, sorgfältige und strenge FE. der Zweck des Gesetzes noch erreicht und sein völliges sittliches Verderben verhütet werden könnte" (zu diesem letzteren Punkte vgl. auch v. Rohden in „Jugendfürsorge" 1908 S. 257—270).

13. Der Ausdruck „Fürsorgeerziehung" statt „Zwangserziehung", wie es in der Regierungsvorlage hieß, ist vom Abgeordnetenhause in das Gesetz gebracht, um schon durch den Namen anzudeuten, daß es sich nicht um ein Strafgesetz handelt, und um das vom Gesetz verfolgte Ziel der Fürsorge für Minderjährige, deren Erziehung Not leidet, schon im Namen auszudrücken (vgl. oben S. 42).

Eine Legaldefinition des Begriffs „FE.", wie sie die Regierungsvorlage in § 1 für die „Zwangserziehung" gab, enthält das Gesetz nicht. Auf Grund der §§ 1, 2, 3, 9 wird man den Begriff dahin feststellen können: Fürsorgeerziehung ist die vom Vormundschaftsgericht im öffentlichen Interesse angeordnete Erziehung eines Minderjährigen unter 18 Jahren durch Unterbringung in einer geeigneten Familie oder in einer Erziehungs- oder Besserungsanstalt, eine Unterbringung, welche auf öffentliche Kosten durch eine Verwaltungsbehörde (Kommunalverband) ausgeführt wird.

14. Die FE. ist eine subsidiäre Maßnahme, welche „nur im äußersten Notfalle, wenn alle anderen dem Vormundschaftsrichter zu Gebote stehenden Maßregeln versagen, zur Anwendung kommen" soll (Begr. S. 13). Dieser Grundsatz der Subsidiarität der FE. ist in dem Gesetze dadurch zum Ausdruck gekommen, daß in allen drei Ziffern des § 1 neben den sonstigen Gründen für die FE. das Erfordernis von ihrer Notwendigkeit ausdrücklich aufgestellt ist (daß in den Ziff. 1 u. 2 dabei das Wort „erforderlich", in Ziff. 3 das Wort „notwendig" gebraucht wird, ist ohne sachliche Bedeutung). Die FE. soll das letzte Hilfsmittel gegen die Verwahrlosung bilden,

wenn alle anderen Maßregeln versagen oder keinen Erfolg versprechen; sie soll nicht angeordnet werden, wenn auf sonstige Weise die Erreichung des Zwecks sichergestellt werden kann. In den AB. heißt es deshalb zutreffend: „Bevor die Maßregel in Aussicht genommen wird, ist sorgfältig zu prüfen, ob nicht durch Anwendung anderer Maßnahmen, der kirchlichen Einwirkung, der Schulzucht, der Armenpflege, freiwilligen Liebestätigkeit oder vormundschaftlicher Anordnungen, für welche der § 1666 BGB. den weitesten Spielraum gewährt, der Verwahrlosung vorgebeugt oder ihr Fortgang aufgehalten werden kann." Der Grundsatz der Subsidiarität der FE. ist vom Kammergericht in ständiger Rechtsprechung mit aller Schärfe betont und besonders hervorgehoben worden, daß die FE. den schärfsten Eingriff in das elterliche Erziehungsrecht darstellt, der nur im äußersten Notfall sich rechtfertigt (JKG. 22 A 239); vgl. auch den im Anhang abgedruckten Erlaß des Ministers des Innern vom 22. Febr. 1901. Aus dem Gedanken, daß die FE. die ultima ratio des Eingreifens bilden soll, darf aber nicht gefolgert werden, daß vor der Anordnung der FE. andere Maßregeln erst durchgeprobt werden müssen, und daß etwa die FE. abgelehnt werden darf, weil mit einem anderen Mittel noch kein praktischer Versuch gemacht worden ist (JKG. 45 A 72). Das Gericht hat vielmehr in jedem Falle unter Berücksichtigung der konkreten Verhältnisse zu erwägen, ob auf einem anderen Wege als dem der FE. der Zweck der Verhütung der Verwahrlosung oder weiterer Verwahrlosung erreichbar ist; kommt es dabei zu einem negativen Ergebnis, so hat es die FE. unverzüglich anzuordnen.

15. An dem vorstehend dargelegten Begriff und subsidiären Charakter der FE. ist auch durch die Novelle vom 7. Juli 1915 nichts geändert worden. Die Abänderung der Ziff. 1 des § 1 bezweckte lediglich die in der Rechtsprechung des Kammergerichts und des Bundesamts für Heimatwesen einerseits und des Oberverwaltungsgerichts andererseits hervorgetretene Meinungsverschiedenheit über das Verhältnis zwischen FE. und Armenpflege (vgl. darüber oben S. 51) zu beseitigen: wo zum Zwecke der Verhütung der Verwahrlosung eines Minderjährigen dessen ander-

weitige Unterbringung unter Inanspruchnahme öffentlicher Mittel erforderlich ist, soll nicht mehr die Unterbringung auf Kosten der Armenbehörde zunächst versucht werden, sondern die FE. ist sofort anzuordnen. Eine Zweiteilung der auf öffentliche Kosten erfolgenden Erziehungsarbeit zwischen Armenverband und Kommunalverband mit den zahlreichen Kontroversen, die sich daran geknüpft haben, ist in Wegfall gebracht worden, die Inanspruchnahme des Armenverbands durch eine vom Vormundschaftsgericht zum Zwecke der Verhütung der Verwahrlosung angeordnete Trennung des Minderjährigen von seinen Eltern ist nunmehr ausgeschlossen (JKG. 48 A 24).

16. Bei der Begründung des die Überweisung aussprechenden Beschlusses ist nach der im Anhang abgedruckten Allg. Verfügung des Justizministers vom 30. April 1902 zum Ausdruck zu bringen, „auf welche der unter Ziff. 1—3 des § 1 aufgestellten Voraussetzungen die Entscheidung sich gründet". Dazu ist zu bemerken, daß die Anordnung der FE. sehr wohl unter gleichzeitiger Anwendung mehrerer Ziffern des § 1 erfolgen kann.

Über das Verhältnis der drei Ziffern zueinander sei folgendes ausgeführt. Bei Ziff. 1 genügt es zur Überweisung, daß die Gefahr einer Verwahrlosung besteht, gleichgültig, ob es sich um eine Verwahrlosung körperlicher, geistiger oder sittlicher Art handelt, bei Ziff. 2 muß der Minderjährige bereits sittlich verwahrlost sein und weitere sittliche Verwahrlosung zu besorgen sein, bei Ziff. 3 muß er bereits verdorben und die FE. zur Verhütung des völligen sittlichen Verderbens notwendig sein. Es tritt also in den drei Ziffern eine allmähliche Steigerung in Art und Grund der Verwahrlosung hervor. Damit steht es in einem gewissen Zusammenhang, daß die Voraussetzung eines Verschuldens in den drei Ziffern eine verschiedene ist: bei der Ziff. 1 muß ein Verschulden des Erziehungsberechtigten vorliegen, Ziff. 2 setzt ein Verschulden des Minderjährigen voraus, während der Erziehungsberechtigte völlig schuldlos an der von dem Minderjährigen begangenen strafbaren Handlung sein kann, bei Ziff. 3, der sog. objektiven Verwahrlosung, braucht ein Verschulden weder auf seiten des Erziehungsberechtigten noch des Minderjährigen vorzuliegen; die sittliche Verdorbenheit des Kindes kann ihren Grund in den sozialen Verhältnissen haben, deren Opfer der Minderjährige geworden ist.

17. Die Ziff. 1 hat durch das Gesetz vom 7. Juli 1915 (in Kraft getreten mit dem 3. Aug. 1915) eine neue Fassung erhalten. Über Anlaß und Zweck der Gesetzesänderung vgl. die Ausführungen oben S. 47ff. Die Novelle hat keine rückwirkende Kraft. Ist also ein Minderjähriger auf Grund des bisherigen Rechtszustandes von dem Armenverband in einer die Verwahrlosung verhütenden Weise untergebracht, so liegt kein Anlaß zur Anordnung der FE. vor, obwohl nach jetzigem Rechte der Armenverband für die Unterbringung nicht in Anspruch genommen werden könnte (JKG. 48 A 24); denn es fehlt an einer gegenwärtigen Gefährdung des Minderjährigen. Die Möglichkeit, daß der Armenverband seine Leistungen in Ermangelung einer Verpflichtung einstellen würde, genügt dafür nicht. Wenn allerdings ein Armenverband das Aufgeben der bisherigen Unterbringung bereits in die Wege geleitet hat (z. B. durch Aufforderung an die Eltern, das Kind wieder in eigene Pflege zu nehmen, oder durch Aufforderung an den Vormund oder Pfleger, für eine anderweite Unterbringung des Kindes Sorge zu tragen), so müßte das Vormundschaftsgericht, falls nicht andere geeignete Mittel zur Verhütung der Verwahrlosung (insbesondere etwa ein Eingreifen der freien Liebestätigkeit) vorhanden sind, ein Verfahren auf FE. einleiten (vgl. den bisher nicht veröffentlichten Beschluß des Kammergerichts vom 23. Febr. 1917, Ia X 112/17). Da aber die Novelle eine Entlastung der Armenverbände nicht bezweckt, so darf wohl erwartet werden, daß sie einen solchen Weg nur in besonderen Ausnahmefällen beschreiten werden.

18. § 1666 BGB. lautet:

„Wird das geistige oder leibliche Wohl des Kindes dadurch gefährdet, daß der Vater das Recht der Sorge für die Person des Kindes mißbraucht, das Kind vernachlässigt oder sich eines ehrlosen oder unsittlichen Verhaltens schuldig macht, so hat das Vormundschaftsgericht die zur Abwendung der Gefahr erforderlichen

Maßregeln zu treffen. Das Vormundschaftsgericht kann insbesondere anordnen, daß das Kind zum Zwecke der Erziehung in einer geeigneten Familie oder in einer Erziehungsanstalt oder einer Besserungsanstalt untergebracht wird.

Hat der Vater das Recht des Kindes auf Gewährung des Unterhalts verletzt und ist für die Zukunft eine erhebliche Gefährdung des Unterhalts zu besorgen, so kann dem Vater auch die Vermögensverwaltung sowie die Nutznießung entzogen werden."

§ 1666 BGB. gilt gemäß § 1686 BGB. in gleicher Weise wie für den Vater auch für die Mutter, falls diese die elterliche Gewalt ausübt, ferner gemäß § 1757 BGB. für den Adoptivvater. Ein Einschreiten auf Grund § 1666 BGB. hat zwei Voraussetzungen: 1. Das geistige oder leibliche Wohl des Minderjährigen muß gefährdet sein, und zwar muß eine gegenwärtige Gefährdung vorliegen, die aber auch aus Tatsachen der Vergangenheit gefolgert werden kann. Eine Gefährdung des Vermögens genügt nicht. 2. Die Gefährdung muß zurückzuführen sein auf ein schuldhaftes Verhalten des Inhabers der elterlichen Gewalt, welches einen von folgenden drei Tatbeständen erfüllt:

a) Mißbrauch des Rechts der Sorge für die Person des Kindes,
b) Vernachlässigung des Kindes,
c) ehrloses oder unsittliches Verhalten.

Als Beispiele eines Mißbrauchs des Fürsorgerechts werden in den Motiven zum BGB. hervorgehoben: Verleitung zum Bösen, insbesondere Anstiften des Kindes zu strafbaren oder unsittlichen Handlungen, übermäßige Züchtigung oder sonstige Mißhandlung des Kindes, übermäßige Ausnutzung der Arbeitskraft des Kindes. Ein Mißbrauch kann auch darin gefunden werden, daß der Vater ein Kind, welches zum Zwecke der Erziehung in geeigneter Weise in einer Familie oder Anstalt untergebracht ist, vor Beendigung der Erziehung zurückfordert (JKG. 22 A 242). Ebenso darin, daß der Vater die ihm gebotene Gelegenheit zurückweist, seinem nicht vollsinnigen, blinden oder taubstummen, der Anstaltserziehung bedürftigen Kinde diese Erziehung zuteil werden zu lassen (JKG. 23 A 50, 26 A 28 u. 188, 30 A 12, 32 A 68, 36 A 10);

in einem Erlasse des Ministers des Innern und des Kultusministers vom 19. Juli 1906 werden die Antragsbehörden für solche Fälle angewiesen, bei dem Vormundschaftsgericht die geeigneten Anträge zu stellen (MBl. 1906 S. 219).

Als Fälle der Vernachlässigung führen die Motive zum BGB. an: Mangel an Sorgfalt hinsichtlich der Ernährung, Bekleidung, Erziehung, Beaufsichtigung des Kindes, insbesondere Nichtabhalten des Kindes vom Betteln, Nichtanhalten des Kindes zum Schulbesuch. Es genügt nicht, daß der Vater sein Kind nicht genügend zu erziehen oder zu beaufsichtigen vermag, sondern er muß in der nach den gegebenen Verhältnissen möglichen Erziehung und Beaufsichtigung nachlässig sein (Rspr. 4 S. 273a). Um ein schuldhaftes Verhalten festzustellen, ist auf Bildung, Vermögensstand, Lebensstellung des Vaters Rücksicht zu nehmen (ZBlFG. 3 S. 118). Auch Unterlassen des Anrufens der Armenpflege kann schuldhafte Vernachlässigung sein (ZVW. 4 S. 287). Das Versprechen des Erziehungsberechtigten, sich zu bessern und in Zukunft ordnungsmäßig für das Kind zu sorgen, ist nur dann beachtlich, wenn zur Zeit der gerichtlichen Entscheidung Tatsachen vorliegen, die für eine bessere erziehliche Einwirkung Gewähr bieten (JKG. 23 A 183, 43 A 70).

Ehrloses oder unsittliches Verhalten gibt einen Anlaß zum Einschreiten, auch wenn sich dies Verhalten nicht unmittelbar gegen das Kind richtet, sondern wenn nur durch das Verhalten dem Kinde ein böses Beispiel gegeben wird. Ein ehrloses Verhalten ist ein solches, welches den allgemein herrschenden Ehrbegriffen widerstreitet; eine besondere Standesehre ist dabei nicht in Betracht zu ziehen. Unsittlich ist ein Verhalten, das den herrschenden Sittlichkeitsbegriffen widerstreitet. Der ehrlose oder unsittliche Lebenswandel der Eltern kann auch, ohne daß Spuren der Verwahrlosung bei dem Kinde wahrnehmbar sind, ein Einschreiten rechtfertigen, wenn infolge des Zusammenlebens eine Gefahr der Verwahrlosung besteht (JKG. 43 A 69). Die Verurteilung zu längerer Freiheitsstrafe, selbst unter Aberkennung der bürgerlichen Ehrenrechte, rechtfertigt nicht ohne weiteres ein Einschreiten, es kommt vielmehr auf die näheren Umstände der Straftat an und ob danach die

Gefahr einer schädlichen Einwirkung auf das Kind vorliegt (Rspr. 1 S. 285).

Daß die religiöse oder politische Stellungnahme des Vaters und die dementsprechende Einwirkung auf das Kind nicht in Betracht gezogen werden darf, ist bei der Beratung des § 1666 im Reichstage ausdrücklich betont (StB. S. 262, vgl. auch Bericht der Kommission des Reichstages zum BGB. S. 149). JKG. 39 A 21 wird ausgeführt, daß das Vormundschaftsgericht zwar einer mißbräuchlichen Ausübung des väterlichen Bestimmungsrechts über religiöse Erziehung des Kindes mittels des § 1666 BGB. entgegenzutreten hat, daß aber ein Mißbrauch nicht schon deswegen vorliegt, weil sich der Vater nicht lediglich von seiner religiössittlichen Überzeugung, sondern auch von äußeren Rücksichten auf das Wohlergehen des Kindes hat leiten lassen.

19. Das Kammergericht hatte früher in Übereinstimmung mit der Mehrzahl der Kommentatoren des BGB. angenommen, daß bei jedem Verfahren auf Beschränkung des elterlichen Erziehungsrechtes aus § 1666 BGB., insbesondere also auch, falls nach Ziff. 1 § 1 FEG. beim Vorliegen der Voraussetzungen des § 1666 BGB. die FE. angeordnet werden soll, dem Kinde ein Pfleger bestellt werden müsse, weil ein Interessenwiderspruch zwischen der väterlichen Gewalt und dem Interesse des Kindes an einer ordentlichen Erziehung vorliege (Rspr. 4 S. 111, 5 S. 362). Dagegen hat das Reichsgericht (RG. 60 S. 134) die Notwendigkeit der Bestellung eines Pflegers als Regel nicht anerkannt, da das Verfahren nicht gegen das Kind, sondern gegen den Vater wegen des Kindes gerichtet sei und das Interesse des Kindes vom Vormundschaftsgericht wahrzunehmen sei (vgl. auch Schiffer, DJZ. 7 S. 237). Aber das Reichsgericht hat dabei ausdrücklich anerkannt, daß besondere Umstände die Bestellung eines Pflegers zweckmäßig erscheinen lassen könnten, z. B. zur Unterstützung des Vormundschaftsgerichts bei Ermittelung der Tatsachen und Erhebung der Beweise, zu gutachtlichen Äußerungen über die zu treffende Maßregel, zur Einlegung der Beschwerde oder Veranlassung derselben (RG. 62 S. 132, 64 S. 16; vgl. auch JKG. 37 A 91 bes. 95). Nach m. M.

wird in dem Verfahren auf FE. die Mitwirkung eines Pflegers häufig geboten sein, und wird es sich vielfach empfehlen, schon bei Einleitung des Verfahrens einen Pfleger zu bestellen (anderer Ansicht Landsberg S. 312).

20. § 1838 BGB. lautet:

„Das Vormundschaftsgericht kann anordnen, daß der Mündel zum Zwecke der Erziehung in einer geeigneten Familie oder in einer Erziehungsanstalt oder einer Besserungsanstalt untergebracht wird. Steht dem Vater oder der Mutter die Sorge für die Person des Mündels zu, so ist eine solche Anordnung nur unter den Voraussetzungen des § 1666 zulässig."

Hier sind zwei Fälle scharf zu scheiden:

a) es steht bei einem bevormundeten Minderjährigen dem Vater oder der Mutter die Sorge für die Person des Kindes zu. Der praktisch wichtigste Fall hierfür liegt bei dem unehelichen Kinde vor, für das, da die Mutter die elterliche Gewalt hier nicht hat, ein Vormund zu bestellen ist, neben dem aber die Mutter das Recht und die Pflicht behält, für die Person des Kindes zu sorgen (§ 1707 BGB.),

b) es ist neben dem Vormunde kein Elternteil vorhanden, der die Sorge für die Person des Kindes wahrnimmt, z. B. das Kind ist Vollwaise oder dem Vater bzw. der Mutter ist die Sorge für die Person des Kindes entzogen.

Im Falle a gelten für das Einschreiten des Vormundschaftsgerichts dieselben Voraussetzungen, wie bei einem Kinde, über das der Vater oder die Mutter die elterliche Gewalt hat (vgl. das Nähere in Anm. 18). Im Falle b dagegen entscheidet das freie Ermessen des Vormundschaftsgerichts, ob die Unterbringung zum Zwecke der Erziehung erforderlich ist, ohne Rücksicht darauf, ob sich der Vormund irgendeiner Pflichtwidrigkeit schuldig gemacht hat.

21. Verhütung der Verwahrlosung ist der Zweck der Überweisung nach Ziff. 1. Eine Verwahrlosung braucht also noch nicht zu bestehen. Die FE. ist ohne Nachweis sichtbarer Spuren von Verwahrlosung (JKG. 43 A 69) auch gegenüber sittlich unverdorbenen Minderjährigen (JKG. 45 A 72) zulässig, wenn durch das

Verschulden des Erziehungsberechtigten (im Falle des § 1838 Satz 1 BGB. auch ohne Verschulden des Vormunds) die Gefahr der Verwahrlosung ernstlich droht und durch ein anderes Mittel als FE. nicht beseitigt werden kann. Die Verwahrlosung, die verhütet werden soll, kann auf körperlichem, geistigem oder sittlichem Gebiete liegen. In der Regierungsvorlage hieß es „sittliche Verwahrlosung". Durch die Streichung des Wortes „sittliche" ist die körperliche oder leibliche sowie die geistige Verwahrlosung hier der sittlichen gleichgestellt.

22. Zu den Voraussetzungen des § 1666 oder § 1838 BGB. muß also hinzukommen, daß der Minderjährige in den bisherigen Verhältnissen nicht belassen werden kann, ohne ihn nach Lage der Sache der Gefahr der Verwahrlosung auszusetzen. Wenn mildere Maßnahmen, als anderweite Unterbringung, wie etwa richterliche Ermahnung, Einwirkung im Wege der Schulzucht oder durch kirchliche Organe, Überwachung durch die Polizei oder durch Helfer der freiwilligen Liebestätigkeit zur Abwendung der Gefahr der Verwahrlosung ausreichend erscheinen, kann FE. überhaupt nicht in Betracht kommen. Für die Anordnung der FE. ist es grundsätzliches Erfordernis, daß die Trennung des Minderjährigen von seinen Eltern, die Loslösung aus seiner bisherigen Umgebung nötig ist, um ihn vor Verwahrlosung zu behüten.

23. Weiteres Erfordernis für die Anordnung der FE. ist es, daß sich die notwendige anderweite Unterbringung des Minderjährigen ohne Inanspruchnahme öffentlicher Mittel nicht erreichen läßt. Wenn von privater Seite, etwa von den Verwandten des gefährdeten Minderjährigen oder von Vereinen der freiwilligen Liebestätigkeit, eine geeignete Unterkunft zur Verfügung gestellt wird, muß die FE. ausgeschlossen bleiben. Dies folgt schon aus dem subsidiären Charakter der FE. (vgl. Anm. 15).

24. Die Frage, ob die ohne Inanspruchnahme öffentlicher Mittel mögliche anderweite Unterbringung (Anm. 23) wirklich geeignet ist, die Verwahrlosung des Minderjährigen zu verhüten, hat das Vormundschaftsgericht nach seinem pflichtmäßigen Er-

messen zu entscheiden. Diese Hervorhebung der allein dem Richter nach freiem Ermessen zustehenden Entscheidung über die Geeignetheit ist auf einen Antrag des Dr. von Dziembowski im Herrenhause zurückzuführen, das Abgeordnetenhaus hat die durch das Herrenhaus geänderte Fassung der Regierungsvorlage angenommen. Der Richter sollte völlig frei in der Beurteilung der ganzen Sachlage gestellt werden, es sollte dadurch nach der Erklärung des Antragstellers auch dem vorgebeugt werden, daß „Vereine, die nationale, sprachliche, konfessionelle oder ähnliche Zwecke verfolgen, dieses Gebiet für sich in Anspruch nehmen, die Mittel hergeben und die staatliche Fürsorge auszuschalten sich bestreben". Es soll hier, wo es sich nur um das im allgemeinen Interesse des Staats zu fördernde Wohl des Kindes handelt, nicht eine „Machtfrage" hineingetragen werden. Vgl. im übrigen über die parlamentarischen Verhandlungen, die dem Gesetze vom 7. Juli 1915 vorausgingen, oben S. 53—55.

25. Durch die infolge des Gesetzes vom 7. Juli 1915 getroffene Bestimmung, wonach bei Inanspruchnahme öffentlicher Mittel zu der erforderlichen anderweiten Unterbringung eines Minderjährigen stets FE. einzutreten hat, ist das Verhältnis der FE. zur Armenpflege wesentlich geändert worden. Bisher konnte — nach der vom Bundesamt für Heimatwesen geteilten, vom Oberverwaltungsgericht bestrittenen Auffassung des Kammergerichts — unter gewissen Voraussetzungen eine Hilfsbedürftigkeit im armenrechtlichen Sinne für den Fall, daß es an privaten Mitteln für die als erforderlich erachtete anderweite Unterbringung fehlte, dadurch herbeigeführt werden, daß das Vormundschaftsgericht die Trennung des Kindes von seinen Eltern anordnete; infolge dieser „künstlichen" Hilfsbedürftigkeit mußte dann der Armenverband die Unterbringung des Kindes auf seine Kosten vornehmen (vgl. das Nähere hierüber oben S. 48/49). In Zukunft hat die Armenpflege nur einzutreten, wenn das Kind hilfsbedürftig im Sinne des Reichsgesetzes über den Unterstützungswohnsitz vom 6. Juni 1870/30. Mai 1908 ist, was nicht der Fall ist, wenn der Unterhaltspflichtige in der Lage ist, dem Kinde den Unterhalt bei sich zu gewähren. Wenn in Zukunft eine Armen-

verwaltung bereit ist, über diese gesetzliche Verpflichtung hinaus ein gefährdetes Kind unterzubringen, so würde dies rein freiwillig geschehen, und es könnte also nicht davon die Rede sein, daß für die Unterbringung öffentliche Mittel „in Anspruch" genommen werden. Daraus folgt, daß das Vormundschaftsgericht dann in gleicher Weise, wie wenn ein Wohltätigkeitsverein sich zur Unterbringung eines gefährdeten Kindes erbietet, über die Geeignetheit der Unterbringung nach freiem Ermessen entscheidet; es kann z. B. die Unterbringung im Wege der öffentlichen Armenpflege für ungeeignet halten und ablehnen, wenn der Armenverband das Kind nur bis zur Erreichung des schulpflichtigen Alters unterzubringen bereit ist und dann ein Wechsel in der Unterbringung eintreten müßte.

26. Ziff. 2 stellt sich als landesgesetzliche Ausführungsbestimmung zu § 55 RStGB. dar. § 55 lautet in der Fassung des Art. 34, II EG. z. BGB.:

„Wer bei Begehung der Handlung das zwölfte Lebensjahr nicht vollendet hat, kann wegen derselben nicht strafrechtlich verfolgt werden. Gegen denselben können jedoch nach Maßgabe der landesgesetzlichen Vorschriften die zur Besserung und Beaufsichtigung geeigneten Maßregeln getroffen werden. Die Unterbringung in eine Familie, Erziehungsanstalt oder Besserungsanstalt kann nur erfolgen, nachdem durch Beschluß des Vormundschaftsgerichts die Begehung der Handlung festgestellt und die Unterbringung für zulässig erklärt ist."

Die Ziff. 2 stimmt inhaltlich mit § 1 ZwEG. überein. Nur ist die in dem ZwEG. enthaltene untere Altersgrenze von 6 Jahren fortgefallen.

27. Unter strafbarer Handlung ist jede in einem Gesetze mit Strafe bedrohte Handlung zu verstehen, mag sich die Strafdrohung im RStGB. oder in einem anderen Reichsgesetze oder in einem Landesgesetze befinden, und mag sich die Straftat als Verbrechen, Vergehen oder Übertretung darstellen.

Unerheblich ist, ob bei Antragsdelikten ein Strafantrag vorliegt oder nicht, da der Strafantrag kein Tatbestandsmerkmal der betreffenden strafbaren Handlung, sondern nur die Voraussetzung ihrer Strafverfolgung bildet (§ 61 RStGB.); eine strafbare Handlung ist hier auch dann vorhanden, wenn der Strafantrag nicht gestellt ist. Analog verhält es sich mit der Verjährung. Auch hier bestimmt das RStGB. nur, daß die Strafverfolgung durch Ablauf bestimmter Verjährungsfristen ausgeschlossen wird (§§ 66, 67 RStGB.); trotz der Verjährung der Strafverfolgung bleibt die strafbare Handlung bestehen. Sowohl im Falle des Fehlens des Strafantrags wie im Falle der Verjährung kann die Straftat also die Voraussetzung für die Überweisung zur FE. bilden.

Dagegen ist nach der ausdrücklichen Vorschrift des RStGB. eine strafbare Handlung nicht vorhanden,

a) wenn der Täter zur Zeit der Begehung der Handlung sich in einem die freie Willensbestimmung ausschließenden Zustand von Bewußtlosigkeit oder krankhafter Störung der Geistestätigkeit befand (§ 51 RStGB.);
b) wenn der Täter zu der Handlung durch unwiderstehliche Gewalt oder durch Bedrohung mit gegenwärtiger, auf andere Weise nicht abwendbarer Gefahr für Leib und Leben seiner selbst oder eines Angehörigen genötigt wurde (§ 52 RStGB.);
c) wenn die Handlung durch Notwehr geboten war (§ 53 RStGB.);
d) wenn die Handlung in einem unverschuldeten, auf andere Weise nicht zu beseitigenden Notstande zur Rettung aus einer gegenwärtigen Gefahr für Leib oder Leben des Täters oder eines Angehörigen begangen ist (§ 54 RStGB.).

28. Das Vormundschaftsgericht hat die zur Feststellung der strafbaren Handlung erforderlichen Ermittelungen zu veranstalten und danach zu beurteilen, ob eine strafbare Handlung vorliegt. Falls sich der Strafrichter auch schon mit der Sache befaßt hat, so ist das Vormundschaftsgericht unabhängig von der Beurteilung seitens des Strafrichters (JKG. 42 A 61).

29. Die Strafmündigkeit darf zur Zeit der Begehung der Handlung nicht vorliegen; dagegen ist es unerheblich, ob der Minder-

jährige zur Zeit der Anordnung der FE. inzwischen das 12. Lebensjahr vollendet hat.

30. Die Begehung der strafbaren Handlung, selbst wenn sich diese als Zeichen eines verbrecherischen Willens darstellt, genügt nicht als Voraussetzung für die Überweisung zur FE. Es sollen vielmehr auch die tatsächlichen Verhältnisse, in denen sich der Minderjährige befindet (die Persönlichkeit seiner Eltern oder Erzieher und die sonstigen Lebensverhältnisse der Eltern wie des Kindes), in Betracht gezogen werden. Es ist z. B. möglich, daß die Beschaffenheit der begangenen strafbaren Handlung ein energisches Einschreiten erforderlich erscheinen läßt, daß aber ein solches Einschreiten nach der Persönlichkeit der Eltern auch von diesen erwartet werden kann. In diesem Falle wäre die Anordnung der FE. nicht zulässig. Das Vormundschaftsgericht hat unter Würdigung aller in Ziff. 2 hervorgehobenen Gesichtspunkte zu beurteilen, ob danach die FE. erforderlich ist.

31. Da das Gesetz von „Verhütung weiterer sittlicher Verwahrlosung" spricht, so muß eine sittliche — auf diese allein kommt es bei Ziff. 2 an — Verwahrlosung bereits begonnen haben (JKG. 18 A 56). FE. ist also unzulässig, wenn trotz der Begehung der strafbaren Handlung eine sittliche Verwahrlosung nicht als vorliegend angenommen werden kann. In dem Beschlusse auf Überweisung zur FE. ist ausdrücklich festzustellen, daß sittliche Verwahrlosung bereits vorliegt. Vgl. auch Zirkularverfügung des Justizministers vom 17. April 1885 (JMBl. 1885 S. 187), wo auf eine besonders sorgfältige Feststellung des Vorhandenseins sittlicher Verwahrlosung bei Kindern, die nur gebettelt haben, hingewiesen wird.

32. Die Ziff. 3 schließt sich in ihrem Wortlaute an Art. 135 Abs. 1 Satz 3 EG. z. BGB. an und enthält die in diesem Artikel vorbehaltene landesgesetzliche Ausführungsbestimmung (vgl. oben S. 29/30 und 33/34).

Durch die von der Ziff. 3 getroffenen Fälle der sog. objektiven Verwahrlosung ist die wichtigste und weitestgehende Neuerung gegenüber dem früheren Rechtszustande in Preußen eingeführt worden. Während bisher ein vormundschaftliches Einschreiten nur zulässig war im Falle eines Verschuldens der Eltern (ALR. II, 2 §§ 90, 91) oder des Kindes (ZwEG.), wird hier die FE. unabhängig von irgendwelchem Verschulden zugelassen und nur an das Vorhandensein der objektiven Tatsache der Verwahrlosung geknüpft. Ob die sittliche Verdorbenheit durch das Verhalten der Eltern verursacht ist oder auf dem Charakter des Kindes beruht oder auf ungünstige soziale Verhältnisse zurückzuführen ist, ist unerheblich.

33. In Fällen, bei denen der Tatbestand der Ziff. 1 u. 2 nicht voll erfüllt ist, kann die Ziff. 3 Platz greifen; z. B. wenn zwar ein gewisses Verschulden des Erziehungsberechtigten vorliegt, aber die anderen Voraussetzungen für ein Einschreiten aus § 1666 BGB. nicht gegeben sind, oder wenn ein Kind verbrecherische Neigungen zeigt, aber eine bestimmte strafbare Handlung sich nicht feststellen läßt. Von der Ziff. 3 wird so als einer clausula generalis Gebrauch gemacht werden können. Aber das setzt voraus, daß bereits ein Zustand des sittlichen Verderbens, also ein erhöhter Grad der Verwahrlosung, bei dem Minderjährigen vorhanden ist: bei Ziff. 1 muß nur die Gefahr der Verwahrlosung bestehen, bei Ziff. 2 muß die sittliche Verwahrlosung bereits begonnen haben, die Ziff. 3 erfordert das Vorhandensein eines Zustandes des sittlichen Verderbens.

34. FE. im Falle der Ziff. 3 soll nur eintreten, wenn gegenüber einer bereits vorhandenen Verwahrlosung die Einwirkung der berufenen Erziehungsfaktoren (Eltern, Erzieher, Schule) unzulänglich ist zur Verhütung des völligen sittlichen Verderbens. In der Entscheidung JKG. 23 A 46 wird ausgeführt, daß für die Frage, ob die Gefahr des völligen sittlichen Verderbens als vorliegend anzusehen sei, die Gesamtheit der Umstände gewürdigt werden müsse; wenn bei schulentlassenen Knaben der Hang zum Müßiggange so groß sei, daß sie freventlich die Arbeitsstelle verlassen und herumlungern, so sei bei Unzulänglichkeit der erziehlichen Einwirkung der Eltern mit der Anordnung der FE. nicht zu zögern. In der Entscheidung JKG. 23 A 183 wird darauf hingewiesen, daß die FE. nicht schon deshalb für entbehrlich erachtet werden dürfe, weil die Eltern

eine Verschärfung der erziehlichen Einwirkung für die Zukunft versprochen haben, sondern nur dann, wenn zur Zeit der Entscheidung Tatsachen vorliegen, die für diese Verschärfung dauernde Gewähr bieten.

35. Bezüglich des weiten Anwendungsgebiets, welches die Ziff. 3 unter unseren heutigen Verhältnissen finden kann, sei noch folgendes hervorgehoben.

Der Minister des Innern hat in der in den Anlagen abgedruckten Verfügung vom 11. Sept. 1902 bestimmt, daß, wenn minderjährige weibliche Personen sich der gewerbsmäßigen Unzucht verdächtig machen und wenn die zunächst an die Eltern oder Vormünder zu richtende Aufforderung, dem unsittlichen Treiben Einhalt zu tun, erfolglos bleibt, der Antrag auf FE. zu stellen sei. In der Tat ist denn auch eine große Anzahl sittlich gefallener Mädchen der FE. überwiesen worden.

Eine wichtige Anwendung findet die Ziff. 3 ferner bei Begehung strafbarer Handlungen von Jugendlichen zwischen 12 und 18 Jahren. Hat hier der Strafrichter auf Strafe erkannt, so kann die häufig sehr erwünschte Nacherziehung durch Anordnung der FE. herbeigeführt werden (JKG. 25 A 29; vgl. auch die in den Anlagen abgedruckten Verfügungen des Justizministers vom 6. Febr. 1901, sowie des Ministers des Innern vom 19. März 1901). Hat der Strafrichter mangels der zur Erkenntnis der Strafbarkeit erforderlichen Einsicht freigesprochen und den Minderjährigen seiner Familie überwiesen, so hat er zwar damit zum Ausdruck gebracht, daß er seinerseits von der Anordnung einer Erziehungsmaßregel nicht Gebrauch machen will, es steht jedoch der Anordnung der FE. auf Grund des FEG. nichts entgegen (JKG. 29 A 34, vgl. dagegen Schmölder in DJZ. 1906 S. 189, dessen Einwendungen aber nicht zutreffend erscheinen). Hat dagegen der Strafrichter die Überweisung des Minderjährigen in eine Erziehungs- oder Besserungsanstalt ausgesprochen, so kann wegen der Straftat FE. nicht mehr angeordnet werden, da nach Art. 135 EG. z. BGB. das Landesrecht nur unbeschadet der Vorschrift des § 56 RStGB. Anwendung findet (JKG. 25 A 29). Andererseits ist, wenn der Strafrichter einen Jugendlichen mangels Beweises oder aus sonstigen Gründen freigesprochen hat, das Vormundschaftsgericht an diese Beurteilung der Sachlage nicht gebunden, es kann auf Grund selbständiger Beurteilung der tatsächlichen und rechtlichen Verhältnisse zu einer abweichenden Auffassung gelangen und auf Grund der von ihm angenommenen strafbaren Handlung FE. anordnen (JKG. 42 A 61). Selbstverständlich kann FE. aus Ziff. 3 wegen einer Straftat angeordnet werden ohne daß diese durch den Strafrichter festgestellt worden ist, wenn mangels Stellung eines Strafantrags oder wegen Verjährung der Strafrichter mit der Sache nicht befaßt wurde (JKG. 25 A 29; vgl. auch Rspr. 7 S. 90).

§ 2

Die Fürsorgeerziehung[1]) erfolgt unter öffentlicher Aufsicht[2]) und auf öffentliche Kosten[3]) in einer geeigneten Familie[4]) oder in einer Erziehungs- oder Besserungsanstalt[5–6]).

1. Fürsorgeerziehung ist der technische Ausdruck für die auf Grund des FEG. erfolgende Unterbringung eines Minderjährigen.

Neben dieser eigenartigen Maßregel, deren Voraussetzungen und Inhalt durch das vorliegende Gesetz bestimmt werden, gibt es andere Arten von Unterbringungen, z. B. auf Grund des § 56 oder der §§ 361 Ziff. 6, 362 Abs. 2 RStGB. Vor allem kommen daneben auch in Betracht die Fälle, wo die Unterbringung ausschließlich auf Grund der §§ 1666 u. 1838 BGB. erfolgt. Solche Fälle ergeben sich schon daraus, daß im § 1 FEG. die obere Altersgrenze auf das vollendete 18. Lebensjahr festgesetzt ist, während nach BGB. die Unterbringung außerhalb der eigenen Familie auch bei einem älteren Minderjährigen bis zum Alter der Großjährigkeit angeordnet werden kann. Der Unterschied zwischen den beiden Arten von Fällen besteht darin, daß die Kosten bei den Fällen der FE. aus den im § 15 des Gesetzes angegebenen öffentlichen Mitteln, bei den anderen

Fällen aus den Mitteln des Minderjährigen, seiner Unterhaltsverpflichteten oder durch Inanspruchnahme der freien Liebestätigkeit oder der öffentlichen Armenpflege bestritten werden; ferner darin, daß die Ausführung der Maßregel in den letzteren Fällen ganz in der Hand des Vormundschaftsrichters liegt (er bestimmt, in welcher Weise der Minderjährige unterzubringen ist, er überwacht die Unterbringung und kann die Maßregel gemäß § 1671 BGB. jederzeit ändern oder aufheben), während in den Fällen der FE. die gesamte Ausführung der Maßregel einer Verwaltungsbehörde nach näherer Bestimmung des vorliegenden Gesetzes übertragen ist. Auch die in diesem Gesetze gegebenen Bestimmungen über das Verfahren bei Anordnung der Maßregel (§§ 4—8) finden nur auf die Fälle der FE. Anwendung, in den anderen Fällen ist ausschließlich nach den Bestimmungen des FGG. und des PrFGG. zu verfahren.

2. Die näheren Bestimmungen über die Art der öffentlichen Aufsicht sind in den §§ 9—13 u. 17—20 gegeben: dazu treten die von den Kommunalverbänden nach § 17 zu erlassenden Reglements.

3. Die §§ 15 u. 16 enthalten das Nähere über die Aufbringung der Kosten. Vgl. darüber, daß die Unterbringung auch dann als auf öffentliche Kosten erfolgt anzusehen ist, wenn nachträglich die Kosten von dem Minderjährigen oder den Unterhaltsverpflichteten erstattet werden, die Anm. 3 zu § 1.

4. Die Unterbringung in einer geeigneten Familie wird hier absichtlich als das naturgemäßeste vorangestellt. Dieser Gedanke ist in den parlamentarischen Verhandlungen vielfach hervorgehoben worden; vgl. die Äußerung des Ministers des Innern bei der zweiten Beratung im AbgH.: „Ich bin — und darin besteht ja Einstimmigkeit im Hause — der Ansicht, daß in erster Linie die Familienerziehung ins Auge gefaßt werden muß“ (StB. S. 4616).

5. Die Ausdrücke „Erziehungsanstalt“ und „Besserungsanstalt“ werden hier ebenso wie in den §§ 55 u. 56 RStGB. nebeneinander gebraucht. Auch in den AB. werden diese beiden Arten von Anstalten nicht unterschieden. Ich habe bereits vor

Jahren — in meiner Schrift „Die Behandlung der verwahrlosten und verbrecherischen Jugend“, Berlin 1892, S. 26—28 — darauf hingewiesen, daß es wünschenswert sei, auch in der Nomenklatur die Anstalten, in welche bereits verdorbene Kinder gebracht werden, scharf zu scheiden von den Anstalten für gefährdete Kinder, ähnlich wie in England Reformatory Schools von Industrial Schools geschieden werden. Eine solche Unterscheidung würde auch den Volksanschauungen entsprechen, die mit dem Namen der Anstalt ganz bestimmte Anschauungen und Vorstellungen verbindet. Vgl. übrigens auch die Ausführungen in einem Urteile des Reichsgerichts vom 30. Sept. 1882 (RGStrafs. 7 S. 180): „Ungeachtet der Verschiedenheit der in den einzelnen deutschen Staaten hinsichtlich der öffentlichen Erziehungs- und Besserungsanstalten herrschenden Einrichtungen, haben regelmäßig die Besserungsanstalten einen strengeren, hauptsächlich auf Laster niedriger Art berechneten Charakter und pflegt die Unterbringung in denselben für den Ruf der untergebrachten Personen nicht förderlich zu sein.“ In der Praxis überwiegt der Ausdruck „Erziehungsanstalt“, die Bezeichnung „Besserungsanstalt“ wird fast ganz vermieden, mehrfach findet sich dagegen die Bezeichnung „Rettungsanstalt“ oder „Rettungshaus“, dies insbesondere für geschlechtlich bescholtene weibliche FZ.

6. Durch den Wortlaut des § 2 ist die Unterbringung eines FZ. in einer Krankenanstalt nicht ausgeschlossen (vgl. auch Anm. 3 zu § 10). Hierzu hat das Oberverwaltungsgericht (Entsch. 45 S. 430) zutreffend ausgeführt, daß, auch wenn infolge körperlicher Krankheit die Unterbringung in einer Krankenanstalt erforderlich ist, eine Einwirkung auf die Sittlichkeit des Zöglings durch Gewöhnung an eine geordnete Lebensweise und durch Fernhalten von Verhältnissen, die seine Verwahrlosung begünstigen, keineswegs völlig ausgeschlossen sei. Auch wenn eine unheilbare Krankheit der Einwirkung auf den Zögling mittels erzieherischer Maßnahmen entgegenstehe und in der Krankenanstalt besondere Maßnahmen dieser Art nicht erfolgen könnten, werde eine Verschlimmerung seiner Verwahrlosung, sein völliges sittliches Verderben im Sinne der Ziff. 3 des § 1, durch die Unterbringung in der Krankenanstalt verhütet.

§ 3

Die Unterbringung zur Fürsorgeerziehung erfolgt, nachdem das Vormundschaftsgericht[1–11]) durch Beschluß[12]) das Vorhandensein der Voraussetzungen des § 1[13]) unter Bezeichnung der für erwiesen erachteten Tatsachen[14]) festgestellt und die Unterbringung angeordnet hat[15–17]).

1. Sachlich zuständig sind nach § 35 FGG. die Amtsgerichte „für die dem Vormundschaftsgericht obliegenden Verrichtungen sind die Amtsgerichte zuständig". Wenn ein Familienrat bestellt ist, so tritt dieser auch hinsichtlich der FE. an die Stelle des Amtsgerichts. „Der Familienrat hat die Rechte und Pflichten des Vormundschaftsgerichts" (§ 1872 BGB.). Dem Vormundschaftsrichter als Vorsitzendem des Familienrats (§ 1860 BGB.) liegt die Leitung der Geschäfte ob; in dringenden Fällen, z. B. im Falle des § 5 FEG., kann er die erforderlichen Anordnungen treffen (§ 1876 BGB.).

2. Die örtliche Zuständigkeit ist weder in dem FEG. geregelt, noch hat die preußische Landesgesetzgebung diesbezüglich von den in §§ 200, 189 FGG. gemachten Vorbehalten in dem PrFGG. Gebrauch gemacht. Da es sonach an besonderen landesgesetzlichen Vorschriften hierüber fehlt, das FEVerfahren aber eine Angelegenheit der freiwilligen Gerichtsbarkeit bildet, so ist es als Wille des Gesetzgebers anzusehen, daß die allgemeinen Vorschriften des FGG. über die örtliche Zuständigkeit in Vormundschaftssachen maßgebend sein sollen (JKG. 24 A 31, 31 A 51, 39 A 28).

3. Für die örtliche Zuständigkeit kommen zunächst § 43 und § 36 FGG. in Betracht.

Der § 43 lautet:

„Die Zuständigkeit für eine Verrichtung des Vormundschaftsgerichts, die nicht eine Vormundschaft oder eine Pflegschaft betrifft, bestimmt sich, soweit sich nicht aus dem Gesetz ein anderes ergibt, nach den Vorschriften des § 36 Abs. 1, 2; maßgebend ist für jede einzelne Angelegenheit der Zeitpunkt, in welchem das Gericht mit ihr befaßt wird.

Ist für die Person, in Ansehung deren die Verrichtung des Vormundschaftsgerichts erforderlich wird, eine Vormundschaft oder eine Pflegschaft anhängig oder ist der Mutter, unter deren elterlicher Gewalt sie steht, ein Beistand bestellt, so ist das Gericht zuständig, bei welchem die Vormundschaft, Pflegschaft oder Beistandschaft anhängig ist."

Der hier angezogene § 36 FGG. geht dahin.

„Für die Vormundschaft ist das Gericht zuständig, in dessen Bezirke der Mündel zu der Zeit, zu welcher die Anordnung der Vormundschaft erforderlich wird, seinen Wohnsitz oder in Ermangelung eines inländischen Wohnsitzes seinen Aufenthalt hat. Wird die Anordnung einer Vormundschaft über Geschwister erforderlich, die in den Bezirken verschiedener Vormundschaftsgerichte ihren Wohnsitz oder ihren Aufenthalt haben, so ist, wenn für einen der Mündel schon eine Vormundschaft anhängig ist, das für diese zuständige Gericht, anderenfalls dasjenige Gericht, in dessen Bezirke der jüngste Mündel seinen Wohnsitz oder seinen Aufenthalt hat, für alle Geschwister maßgebend.

Ist der Mündel ein Deutscher und hat er im Inlande weder Wohnsitz noch Aufenthalt, so ist das Gericht zuständig, in dessen Bezirke der Mündel seinen letzten inländischen Wohnsitz hatte. In Ermangelung eines solchen Wohnsitzes wird das zuständige Gericht, falls der Mündel einem Bundesstaat angehört, von der Landesjustizverwaltung, anderenfalls von dem Reichskanzler bestimmt.

Für die Vormundschaft über einen Minderjährigen, dessen Familienstand nicht zu ermitteln ist, ist das Gericht zuständig, in dessen Bezirke der Minderjährige aufgefunden wurde."

4. Die Rechtslage ist hiernach kurz folgende:

a) Besteht bereits eine staatliche Fürsorge über den betreffenden Minderjährigen, so ist das Gericht zuständig, bei dem diese in Gestalt einer Vormundschaft, Pflegschaft oder Beistandschaft geführt wird. Ist dies ein nicht-preußisches Gericht, so wird die Sache an dieses abzugeben sein.

b) Soll über Geschwister, die in den Bezirken verschiedener VG. ihren Wohnsitz oder Aufenthalt haben, die FE. angeordnet werden, so ist zu prüfen, ob etwa für eins dieser Geschwister bereits eine Vormundschaft (Pflegschaft oder Beistandschaft) geführt wird; ist dies der Fall, so ist dieses Gericht auch für eine FE. über die anderen Geschwister zuständig. Anderenfalls ist dasjenige Gericht, in dessen Bezirk das jüngste der Geschwister Wohnsitz oder Aufenthalt hat, für alle Geschwister zuständig. (forum connexitatis).

c) Liegt keiner der Fälle zu a und b vor, so ist für die Zuständigkeit entscheidend in erster Linie der Wohnsitz des Minderjährigen, in Ermangelung eines deutschen Wohnsitzes der Aufenthalt; falls der Minderjährige im Inlande weder Wohnsitz noch Aufenthalt hat, der letzte inländische Wohnsitz. Für die Bestimmung des Wohnsitzes sind dabei die §§ 7 u. 11 BGB. zu beachten, wonach ein eheliches Kind den Wohnsitz, d. h. den Ort der ständigen Niederlassung des Vaters, ein uneheliches Kind den der Mutter, ein an Kindes Statt angenommenes Kind den des Annehmenden teilt und das Kind diesen Wohnsitz solange behält, bis es ihn rechtsgültig aufhebt.

5. Besondere Zuständigkeitsbestimmungen bestehen:

a) Für Deutsche, die das Recht der Exterritorialität genießen, sowie für Beamte des Reichs oder eines Bundesstaats, die im Ausland angestellt sind. Nach § 3 FGG. bestimmt sich hier der für die Zuständigkeit maßgebende Wohnsitz nach den Vorschriften des § 15 ZPO.

b) Für Militärpersonen wird, falls der maßgebende Garnisonort in mehrere Gerichtsbezirke geteilt ist, der als Wohnsitz geltende Bezirk durch allgemeine Anordnung der Landesjustizverwaltung bestimmt (§ 3 Abs. 2 FGG.; vgl. für Berlin JMBl. 1906 S. 125).

c) Für den Fall, daß der Vater (oder die Mutter) an der Ausübung der elterlichen Gewalt verhindert (§§ 1665, 1686 BGB.)

oder ein Vormund noch nicht bestellt oder an der Erfüllung seiner Pflichten verhindert (§ 1846 BGB.) ist, sowie für den Fall, daß bei einem ausländischen Minderjährigen, solange eine Vormundschaft oder Pflegschaft nicht angeordnet ist, gemäß Art. 23 Abs. 2 EG. z. BGB. vorläufige Maßregeln zu treffen sind (vgl. oben Anm. 5 zu § 1), läßt § 44 FGG. auch dasjenige Gericht zuständig sein, in dessen Bezirk das Bedürfnis der Fürsorge hervortritt.

Das Kammergericht hat in der zuletzt erwähnten Bestimmung des § 44 FGG. den Ausdruck eines allgemeinen Grundsatzes gefunden, dahingehend, daß „wo dem Schutzbedürftigen ein gesetzlicher Vertreter fehlt oder dessen Hilfe versagt und das Einschreiten des ordentlichen VG. zu spät kommen würde, auch dasjenige VG. zu einem vorläufigen Einschreiten berufen sein soll, in dessen Bezirk das Bedürfnis dazu hervortritt" (JKG. 37 A 97) und hat daraufhin die Zuständigkeit dieses Gerichts zur Anordnung der vorläufigen Unterbringung aus § 5 FEG. angenommen (vgl. Anm. 5 zu § 5).

6. Maßgebend für die Zuständigkeit ist der Zeitpunkt, in dem das Gericht zuerst mit der Frage der Überweisung zur FE. befaßt wird, in dem also ein Antrag bei ihm einläuft oder Tatsachen, die ein Einschreiten von Amts wegen erheischen, amtlich zu seiner Kenntnis gelangen. Der nachträgliche Wegfall der Umstände, welche die Zuständigkeit bei Einleitung des Verfahrens begründeten, läßt die einmal begründete Zuständigkeit unberührt; doch kann die Abgabe an ein anderes VG. in Frage kommen (Anm. 9).

7. Unter mehreren, nach vorstehendem zuständigen Gerichten gebührt demjenigen der Vorzug, welches zuerst in der Sache tätig geworden ist (§ 4 FGG.). „Tätig" wird das Gericht erst mit dem Beginn der Bearbeitung, also nicht schon, wie in Anm. 6, „dadurch, daß es durch Eingang einer Anzeige oder eines Antrags mit der Angelegenheit befaßt" wird.

8. Für den Fall eines Streits über die Zuständigkeit bestimmt § 5 FGG., welcher in der durch Art. VI des Gesetzes vom 22. Mai 1910 (RGBl. S. 767) abgeänderten Fassung lautet:

„Besteht Streit oder Ungewißheit darüber, welches von mehreren Gerichten örtlich zuständig ist, so wird das zuständige Gericht durch das gemeinschaftliche obere Gericht und, falls dieses das Reichsgericht ist, durch dasjenige Oberlandesgericht bestimmt, zu dessen Bezirk das zuerst mit der Sache befaßte Gericht gehört. Ist das zuständige Gericht in einem einzelnen Falle an der Ausübung des Richteramts rechtlich oder tatsächlich verhindert, so erfolgt die Bestimmung durch das ihm im Instanzenzuge vorgeordnete Gericht.

Eine Anfechtung der Entscheidung findet nicht statt."

Diese Bestimmung gilt auch für das FEVerfahren (ebenso Noelle Anm. 1 B III zu § 3), wobei zu beachten ist, daß, falls die streitenden Gerichte in verschiedenen Oberlandesgerichten Preußens liegen, nach § 199 FGG., Art. 7, 8 PrFGG. das Kammergericht zu entscheiden hat.

In den früheren Auflagen hatte ich angenommen, daß bei einem Zuständigkeitsstreit in FESachen nicht § 5 FEG., sondern § 20 AG. z. GV. in der Fassung des Art. 130 III PrFGG. maßgebend sei (so jetzt noch Goeze S. 14 und wohl auch Schmitz Anm. 5 S. 117). Ich ging dabei davon aus, daß die FESachen zu den „durch Landesgesetz den ordentlichen Gerichten übertragenen Angelegenheiten" gehörten. Das ist in zutreffender Weise vom Kammergericht in der Entsch. vom 9. Nov. 1905 (JKG. 31 A 51) widerlegt. Hier wird ausgeführt, daß FE. auf Grund der Ziff. 1 u. 3 des § 1 FEG. durch Art. 135 EG. z. BGB. nur dann für zulässig erklärt ist, wenn sie vom VG. angeordnet ist, und daß bei FE. im Falle der Ziff. 2 nach § 55 RStGB. in der Fassung des Art. 34, II EG. z. BGB. ein Beschluß des VG. vorausgesetzt wird; da hiernach durch reichsgesetzliche Bestimmungen die Anordnung der FE. dem VG. zugewiesen sei, bliebe für eine Übertragung durch Landesgesetze an die Gerichte kein Raum mehr (vgl. auch JKG. 37 A 97, 39 A 28). Die praktische Bedeutung liegt darin, daß nach § 5 FGG. bei einem Zuständigkeitsstreite zwischen Gerichten, die in verschiedenen Oberlandesgerichtsbezirken gelegen sind, das Kammergericht, nach Art. 130, III PrFGG. dagegen der Justizminister zu entscheiden hat.

9. Auch in FESachen kann die **Abgabe** von dem an sich zuständigen Gericht **an ein anderes Vormundschaftsgericht** aus wichtigen Gründen gemäß § 46 FGG. erfolgen. § 46 FGG. lautet:

„Das Vormundschaftsgericht kann die Vormundschaft aus wichtigen Gründen an ein anderes Vormundschaftsgericht abgeben, wenn sich dieses zur Übernahme der Vormundschaft bereit erklärt; nach der Bestellung eines Vormundes ist jedoch dessen Zustimmung erforderlich.

Einigen sich die Gerichte nicht oder verweigert der Vormund ... seine Zustimmung, so entscheidet das gemeinschaftliche obere Gericht, und falls dieses das Reichsgericht ist, dasjenige Oberlandesgericht, zu dessen Bezirke das Gericht gehört, an welches die Vormundschaft abgegeben werden soll. Eine Anfechtung der Entscheidung findet nicht statt.

Diese Vorschriften finden auf die Pflegschaft und die im § 43 bezeichneten Angelegenheiten entsprechende Anwendung."

Ob ein wichtiger Grund vorliegt, ist von dem Interesse des Minderjährigen wie auch des Verfahrens aus zu beurteilen; ein solcher Grund kann insbesondere gegeben sein, wenn durch die Abgabe der Sache ein schnellerer Gang und eine gründlichere Erledigung des Verfahrens ermöglicht wird (JKG. 24 A 31, 31 A 51, 38 A 79). Können sich die Gerichte nicht einigen oder verweigert der Vormund (falls der Minderjährige unter elterlicher Gewalt steht, der Gewalthaber) seine Zustimmung zur Abgabe der Sache, so entscheidet unanfechtbar das obere Gericht, und zwar auch hier, falls die VG. im Bezirke verschiedener preußischer Oberlandesgerichte belegen sind, das Kammergericht.

10. Wird ein **örtlich unzuständiges Gericht** um die Anordnung der FE. angegangen, so ist eine Abweisung wegen Unzuständigkeit nicht zulässig, die Sache ist vielmehr an das zuständige Gericht abzugeben. Erfolgt die Anordnung der FE. trotz örtlicher Unzuständigkeit und wird der Beschluß rechtskräftig, so ist die Anordnung voll wirksam (§ 7 FGG.).

11. Die Beobachtung der Bestimmungen über die örtliche Zuständigkeit ist von weittragender Bedeutung; denn nach § 14 Abs. 2 ist der Kommunalverband, in dessen Gebiet das beschließende Vormundschaftsgericht liegt, ohne weiteres zur Unterbringung des Minderjährigen verpflichtet und er kann sich, wenn er erst nach Rechtskraft des Beschlusses die Unzuständigkeit des Vormundschaftsgerichts feststellt, von seiner Verpflichtung zur Ausführung des Beschlusses nicht frei machen (JKG. 47 A 77, 48 A 52). Die Frage der Zuständigkeit des Gerichts ist deshalb von allen Beteiligten sorgfältig zu prüfen. Der Justizminister hat in der im Anhang abgedruckten Zirkularverfügung an die Oberlandesgerichtspräsidenten vom 10. Aug. 1910 ersucht, auf die Vormundschaftsgerichte hinzuwirken, daß die Überweisungsbeschlüsse alle Angaben enthalten, um den Kommunalverbänden die Nachprüfung der Frage nach der Zuständigkeit des beschließenden Gerichts zu ermöglichen. Mit Rücksicht auf Berliner Verhältnisse, wo die Bezirke der Amtsgerichte Gebietsteile verschiedener Kommunalverbände umfassen, soll der Beschluß auch erkennen lassen, für welchen Ort das Vormundschaftsgericht tätig gewesen ist. Es ist durchaus zulässig, gegen die Beschlüsse lediglich wegen der Zuständigkeit des Gerichts die Beschwerde einzulegen (JKG. 30 A 289, 35 A 345). Die nach Anm. 9 zulässige Abgabe einer FESache an ein an sich nicht zuständiges Vormundschaftsgericht kann zwar eine Verschiebung der Kostenlast zur Folge haben, das Kammergericht führt aber dabei zutreffend aus, daß das öffentliche Interesse an einer gehörigen Erörterung und Entscheidung der, einen Akt vormundschaftlicher Fürsorge darstellenden Angelegenheit höher stehen müsse, als die Rücksicht auf den Kostenpunkt (JKG. 24 A 31).

12. Der Beschluß ist nach der Geschäftsordnung für die Gerichtsschreibereien der Amtsgerichte vom 18. Februar 1914 (JMBl. S. 193) in Spalte XI des Familienregisters einzutragen, und zwar in den Spalten 6a—6d (die etwaige Anordnung vorläufiger Unterbringung [§ 5] ist in Spalte 7 einzutragen).

Der Beschluß zerfällt a) in einen verfügenden Teil (Tenor) und b) in einen begründenden Teil (Begründung), der letztere wiederum hat zu enthalten α. die für erwiesen erachteten Tatsachen, β. die Feststellung des Vorhandenseins der Voraussetzungen des § 1 FEG. Das Nähere darüber ergeben die folgenden Anm. 13—15. Auch ein die FE. nicht anordnender Beschluß muß mit Gründen versehen sein; das Fehlen einer Begründung würde als wesentlicher Mangel anzusehen sein (§ 27 FGG. in Verbindung mit § 551 Nr. 7 ZPO.) und die Aufhebung des Beschlusses rechtfertigen (JKG. 34 A 59).

13. Die Feststellung des Vorhandenseins der Voraussetzungen des § 1 muß erkennen lassen, auf welche der drei Ziffern des § 1 die Entscheidung sich gründet. In der im Anhang abgedruckten Verfügung des Justizministers vom 30. April 1902 ist darauf hingewiesen, daß dies in den Beschlüssen zum Ausdruck zu bringen ist; in der ebenfalls im Anhang abgedruckten Verfügung des Justizministers vom 26. Jan. 1905 wird die häufige Nichtbeachtung der früheren Verfügung gerügt und werden die Oberlandesgerichtspräsidenten ersucht, bei den Geschäftsrevisionen ihr Augenmerk darauf zu richten. Neben der Angabe der zutreffenden Ziffer des § 1 wird im einzelnen festzustellen sein:

a) im Falle der Ziff. 1: α. daß die sämtlichen Voraussetzungen des § 1666 oder des § 1838 BGB. vorliegen, β. daß zur Verhütung der Verwahrlosung des Minderjährigen seine anderweitige Unterbringung erforderlich ist, γ. daß eine geeignete Unterbringung ohne Inanspruchnahme öffentlicher Mittel nicht erfolgen kann;

b) im Falle der Ziff. 2: α. daß der Minderjährige eine näher zu bezeichnende strafbare Handlung begangen hat, β. daß in ihr ein Zeichen sittlicher Verwahrlosung zu erkennen ist, γ. daß nach den näher anzugebenden tatsächlichen Verhältnissen die FE. zur Verhütung weiterer sittlicher Verwahrlosung erforderlich ist;

c) im Falle der Ziff. 3: α. daß der Minderjährige bereits sittlich verdorben ist, β. daß die vorhandenen erziehlichen Einwirkungen demgegenüber unzulänglich sind, γ. daß deshalb zur Verhütung des völligen sittlichen Verderbens die FE. notwendig ist.

14. Die Bezeichnung der für erwiesen erachteten Tatsachen hat sich auf sicher ermittelte Tatsachen zu beschränken. Sie müssen derart festgestellt werden, daß eine Nachprüfung durch das Instanzgericht erfolgen kann; die vielfach bedenkliche Wendung „offenbar“ ist tunlichst zu vermeiden. Das Gericht hat alles zur Feststellung der Tatsachen Erforderliche zu veranlassen; es darf sich dabei zwar der Hilfe anderer Behörden bedienen, es muß aber die Leitung der Ermittelung in seiner Hand behalten. Bedient sich das Gericht der Hilfe eines Vereins, so muß die Person, welche die Ermittelungen angestellt hat und für die darüber gemachten Angaben die Verantwortlichkeit übernimmt, genannt werden, ohne dies ist es unzulässig, die Ermittelungen der tatsächlichen Feststellung zugrunde zu legen; selbst wenn die Auskunftsperson genannt ist, hat das VG. deren Bericht sorgfältig nachzuprüfen und erforderlichenfalls die Auskunftsperson als Zeugen zu hören. Der Bericht einer „Auskunftsstelle“ ist keine nach § 12 FGG. zugelassene Erkenntnisquelle (JKG. 32 A 12, 34 A 60, 38 A 86).

15. Der Tenor des Beschlusses hat dahin zu lauten, „die Unterbringung des Minderjährigen zur FE. wird angeordnet“ oder „der Minderjährige wird der FE. überwiesen“. Eine Bezeichnung der Art der Unterbringung — in Familie oder in Erziehungs- oder Besserungsanstalt — ist unzulässig, da die Entscheidung hierüber dem verpflichteten Kommunalverbande zusteht (§ 9 Abs. 1; JKG. 26 A 188). Unzulässig ist ferner die Ausdrucksweise „der Minderjährige wird zur FE. verurteilt“.

Werden die Voraussetzungen der FE. nicht als vorhanden erachtet, so hat der Beschluß dahin zu lauten, „der Antrag auf Überweisung zur FE. wird abgelehnt“ oder „der Minderjährige ist nicht der FE. zu überweisen“.

Kosten des Verfahrens kommen in keinem Falle zum Ansatze (§ 8).

16. In der in den Anlagen abgedruckten Verfügung des Justizministers vom 30. April 1902 wird mit Recht darauf hingewiesen, daß die Tatsachen und Erwägungen, auf welche das Gericht seine

Entscheidung gestützt hat, dem Kommunalverbande sowohl für die Frage, ob der Beschluß anzufechten, als auch für die zu seiner Ausführung zu ergreifenden Maßnahmen von Bedeutung seien. Es dient deshalb zur Beschleunigung der FE., wenn in den Beschlüssen alles, was über Charakter, bisherige Führung des Minderjährigen, seine Umgebung usw. bekannt geworden ist, angegeben wird. Das Kammergericht hat sich durch seine Rechtsprechung in FE-Sachen, in der es den Vorinstanzen immer wieder eine ausführlichere Abfassung der Beschlüsse und eine gründlichere Sachprüfung nahegelegt hat, ein großes Verdienst erworben. In der angeführten Verfügung des Justizministers wird insbesondere angeordnet, daß stets das religiöse Bekenntnis des Minderjährigen anzugeben sei. Es empfiehlt sich auch genaue Angabe des Alters (Geburtstag) und desjenigen, was etwa über körperliche Mängel oder den Geisteszustand des Minderjährigen ermittelt ist; in letzterer Hinsicht vgl. die in den Anlagen abgedruckten Verfügungen des Justizministers vom 24. Juni 1909 und 9. Jan. 1911.

17. Nach der Verfügung des Justizministers vom 27. April 1881 (JMBl. S. 81) sollten Anträge auf Unterbringung verwahrloster Kinder als schleunige Sachen behandelt werden. Diese Bestimmung ist nunmehr auf Fürsorgeerziehungssachen ausgedehnt worden. Nach dem, im Anhange abgedruckten Erlasse des Justizministers vom 26. Jan. 1905 sind sie als Feriensachen zu behandeln; gleichzeitig werden dort zur Herbeiführung einer Beschleunigung der Behandlung der FESachen eine Reihe von Bestimmungen getroffen. Vgl. auch § 57 Abs. 4 der Geschäftsordnung für die Gerichtsschreibereien der Amtsgerichts vom 18. Febr. 1914 (JMBl. S. 193).

§ 4

Das Vormundschaftsgericht[1]) beschließt[2–4]) von Amts wegen[5]) oder auf Antrag[6–8]). Zur Stellung des Antrags sind berechtigt und verpflichtet[9–12]):

der Landrat[13]), in den Hohenzollernschen Landen der Oberamtmann, in Städten mit mehr als

10000 Einwohnern sowie in den nach § 28 der Kreisordnung für die Provinz Hannover vom 6. Mai 1884 (Gesetz-Samml. S. 181) denselben gleichgestellten Städten auch der Gemeindevorstand,[14])

in Stadtkreisen der Gemeindevorstand und der Vorsteher der Königlichen Polizeibehörde[15]).

Vor der Beschlußfassung[16]) soll[17]) das Vormundschaftsgericht, soweit dies ohne erhebliche Schwierigkeit geschehen kann[18]), die Eltern, den gesetzlichen Vertreter des Minderjährigen[19]) und in allen Fällen[20]) den Gemeindevorstand, den zuständigen Geistlichen und den Leiter oder Lehrer der Schule, welche der Minderjährige besucht[21]), hören[22]), auch hat, wenn die Beschlußfassung nicht auf Antrag erfolgt[23]), das Vormundschaftsgericht zuvor dem Landrat (Oberamtmanne, Gemeindevorstande, Vorsteher der Königlichen Polizeibehörde) unter Mitteilung der Akten Gelegenheit zu einer Äußerung zu geben[24]).

Der Beschluß[25–26]) ist dem gesetzlichen Vertreter des Minderjährigen, diesem selbst, wenn er das vierzehnte Lebensjahr vollendet hat, dem Landrat (Oberamtmanne, Gemeindevorstande, Vorsteher der Königlichen Polizeibehörde) und dem verpflichteten Kommunalverbande (§ 14)[27]) zuzustellen[28–30]).

Gegen den Beschluß[31]) steht den im Abs. 3 Genannten[32–33]) die sofortige Beschwerde zu, dem gesetzlichen Vertreter des Minderjährigen[34]) oder diesem selbst[35]) jedoch nur dann, wenn der Beschluß auf Unterbringung zur Fürsorgeerziehung lautet[36]). Die Beschwerde hat aufschiebende Wirkung[37–43]).

Übersicht: Bei dem § 4, der für das Verfahren in FESachen von maßgebender Bedeutung ist, werden behandelt:

1. die Einleitung des FEVerfahrens in Anm. 1—15,
2. das Verfahren bis zum Beschluß in Anm. 16—24,
3. der Beschluß und dessen Zustellung in Anm. 25—30,
4. das Beschwerdeverfahren in Anm. 31—40,
5. die Rechtskraft des Beschlusses in Anm. 41—43.

1. Die Frage, welches VG. zuständig ist, ist in den Anm. 2—8 zu § 3 behandelt worden. Das VG. braucht nicht seinen Sitz im Bezirke der im Satz 2 bezeichneten Antragsbehörde zu haben, da eine Angliederung der Antragsbehörde an die VG., wie sie im Strafverfahren hinsichtlich Staatsanwaltschaft und Gericht stattfindet, im FEG. nicht vorgeschrieben ist. Über die örtliche Zuständigkeit der Antragsbehörde vgl. unten Anm. 7.

2. Das förmliche FEVerfahren hat seinen Abschluß in einem Beschlusse des VG. zu finden. Die Einleitung des förmlichen FEVerfahrens erfolgt nur auf einem der beiden Wege: a) von Amts wegen, b) auf Antrag der im Satze 2 angeführten Antragsbehörden.

Es besteht aber für jedermann die Möglichkeit, zu einem Einschreiten auf einem dieser Wege die Anregung durch Anzeige eines zur FE. geeigneten Falles zu geben. Eine solche Anzeige kann sowohl bei dem VG. wie bei der zuständigen Antragsbehörde geschehen. Falls sie nicht die Anzeige von vornherein als unbegründet ansehen und deshalb ohne weiteres durch ablehnende Verfügung erledigen, werden sie regelmäßig nähere Ermittelungen über die Sache anstellen. Ergeben die vom VG. angestellten Ermittelungen, daß ein zur FE. geeigneter Fall vorliegt, so eröffnet das VG. von Amts wegen das förmliche FEVerfahren. Ergeben die Ermittelungen kein positives Resultat, so verfügt das VG. die Einstellung des Vorverfahrens. Gegen diese Verfügung steht weder dem Anzeigenden noch sonst jemanden eine Beschwerde zu. Eine Benachrichtigung von der Vorentscheidung ist nicht vorgeschrieben, doch wird sie ex nobili officio judicis in der Regel zu erfolgen haben.

Auch wenn das VG., was aber nicht richtig wäre, die Vorentscheidung in die Form eines Beschlusses einkleidet und diesen Beschluß zustellen läßt, wird dadurch die Rechtslage nicht verändert (JKG. 34 A 55, 35 A 40).

Das VG. kann aber auch eine bei ihm eingehende Anzeige einfach an die Antragsbehörde behufs näherer Ermittelungen und eventuellen Stellung eines Antrags abgeben; die Antragsbehörde hat dann in derselben Weise vorzugehen, als ob die Anzeige bei ihr erfolgt wäre (vgl. Anm. 10). Ein solches Verfahren wird sich häufig empfehlen, nicht nur weil die Verwaltungsbehörde durch die ihr unterstellten Organe einfacher als das Gericht Ermittelungen anstellen kann, sondern auch weil bei den nicht selten unbegründeten Anzeigen, die aus Haß, Bosheit und niedriger Gesinnung oder auch nur aus einem moralischen oder religiösen Übereifer gemacht werden, den betreffenden Familien die große Beunruhigung und die peinliche Verlegenheit erspart wird, die mit einem Einschreiten des Gerichts verbunden zu sein pflegt.

3. Gewissen Behörden ist eine Anzeigepflicht auferlegt. Zur Anzeige verpflichtet sind nach dem in den Anlagen abgedruckten Erlaß des Justizministers vom 6. Febr. 1901 die Beamten der Staatsanwaltschaft und die Vorsteher der Gefängnisse, in denen jugendliche Personen ihre Strafe verbüßen. Sie sollen in den geeignet erscheinenden Fällen die Anzeige an die Antragsbehörde machen, bei Gefahr im Verzuge auch unmittelbar an das VG. In gleicher Weise hat der Minister des Innern durch den in den Anlagen abgedruckten Erlaß vom 19. März 1901 die Vorsteher der Gefängnisse seines Dienstbereichs angewiesen. Zur Anzeige verpflichtet ist ferner der Gemeindewaisenrat. Der Gemeindewaisenrat ist ein unterstützendes Organ des VG.; er soll nach § 1675 BGB. dem VG. Anzeige machen, wenn ein Fall zu seiner Kenntnis gelangt, in welchem das VG. zum Einschreiten berufen ist. (Dieser gesetzlichen Stellung des Gemeindewaisenrats zum VG. erscheint es mir nicht recht entsprechend, wenn die AB. die Waisenräte anweisen, von Fällen, wo FE. für erforderlich erachtet wird, zunächst der Antragsbehörde Anzeige zu machen. Jedenfalls werden die

BG. richtig handeln, wenn sie in Fällen, wo ein Waisenrat bei ihnen die Anzeige erstattet, regelmäßig die Sache selbst in der Hand behalten.) Durch den in den Anlagen abgedruckten Erlaß des Evangelischen Oberkirchenrats vom 14. Aug. 1900 sind weiter die Geistlichen und Gemeindekirchenräte darauf hingewiesen worden, daß sie vorzugsweise befähigt und berufen erscheinen, die der FE. bedürftigen Kinder den zuständigen Behörden namhaft zu machen. Eine gleiche moralische Verpflichtung dürfte den Lehrern und den Ärzten obliegen.

Vielfach, insbesondere von Lehrern und Geistlichen, ist Klage darüber erhoben worden, daß ihnen aus dem Bekanntwerden der gemachten Anzeigen Unannehmlichkeiten entstanden seien, und man hat eine gesetzliche Bestimmung verlangt, die eine Geheimhaltungspflicht statuiert. Dem dürfte § 34 FGG. entgegenstehen. Der Justizminister in einem Erlasse vom 1. März 1904 und der Minister des Innern in einem Erlasse vom 22. Juni 1908 haben aber die ihnen unterstellten Behörden angewiesen, auf eine vertrauliche Behandlung der Anzeigen ebenso wie der von Vertrauenspersonen erstatteten Auskünfte nach Möglichkeit Bedacht zu nehmen.

4. Nach dem in Anm. 2 Ausgeführten sowie mit Rücksicht auf die Strafbestimmung des § 21 FEG. empfiehlt es sich, den Zeitpunkt, in dem das gerichtliche Verfahren auf Unterbringung zur FE. eingeleitet ist, aktenmäßig festzustellen. Erfolgt das Verfahren auf Antrag eines antragsberechtigten Organs, so ist der Zeitpunkt mit der ersten auf den Antrag seitens des Gerichts ergehenden Verfügung ohne weiteres gegeben. Ebenso kann die Feststellung des Zeitpunktes keine Schwierigkeiten bereiten, wenn der Vormundschaftsrichter auf Grund seiner eigenen amtlichen Kenntnis einschreitet. Schwieriger gestaltet sich die Frage in dem Falle, wenn das Verfahren auf Anzeige eines Nichtantragsberechtigten hin erfolgt. Hier kann der Vormundschaftsrichter ein Eingehen auf die Anzeige nicht nur von vornherein, sondern auch nach Vornahme von Ermittelungen ablehnen; durch derartige Vorermittelungen wird das förmliche gerichtliche Verfahren nicht eingeleitet, sondern erst dann, wenn die erste Verfügung in der Sache

selbst ergeht. Diesen Zeitpunkt nachher, wenn es zum Strafverfahren kommt, festzustellen, wird schwierig und oft mißlich sein. Der Vormundschaftsrichter sollte deshalb, sobald er sich dahin schlüssig gemacht hat, auf die Anzeige sachlich einzugehen, das Verfahren also im Beschlußwege zu erledigen, in den Akten mit genauer Zeitangabe vermerken: „das Verfahren auf Anordnung der FE. ist eingeleitet". Ein derartiger förmlicher Einleitungsbeschluß sollte aber, um alle Zweifel in einem späteren Strafverfahren zu beseitigen, auch in allen anderen Fällen erfolgen (vgl. dazu Entsch. RG. vom 25. Jan. 1902 in Goltdammer, Archiv 49 S. 123).

5. Veranlassung zum Einschreiten von Amts wegen kann für den Vormundschaftsrichter sowohl auf Grund seiner persönlichen Wahrnehmungen wie auf Grund seiner gerichtlichen Tätigkeit gegeben sein. In letzterer Hinsicht kommt nicht nur seine Tätigkeit als Vormundschaftsrichter in Betracht, sondern auch was er als Strafrichter oder als Vorstand des Amtsgerichtsgefängnisses über die Erziehungsbedürftigkeit eines Minderjährigen in Erfahrung gebracht hat. Dazu tritt das, was er auf Grund der bei ihm eingegangenen Anzeigen ermittelt hat (vgl. Anm. 2).

6. Liegt der Antrag eines Antragsberechtigten vor, so muß das VG. ein förmliches Verfahren, bei welchem insbesondere die Bestimmungen in Abs. 2 u. 3 des § 4 einzuhalten sind, einleiten, auch wenn es den Antrag sachlich von vornherein für unbegründet hält. Dagegen dürfte es zulässig und auch zweckmäßig sein, in dem Falle, wo das Gericht Bedenken wegen seiner Zuständigkeit hat, diese Bedenken der Antragsbehörde zunächst mitzuteilen mit dem Anheimgeben, den Antrag bei einem anderen Gerichte zu stellen. Lehnt die Antragsbehörde dies ab, so muß das Gericht auch in diesem Falle ein förmliches Verfahren eröffnen.

7. Für die örtliche Zuständigkeit der Antragsbehörde ist maßgebend der ständige Aufenthalt der Passivbeteiligten, d. h. des Minderjährigen und seiner Eltern oder seines Vormundes, zur Zeit der Stellung des Antrags bei Gericht. Wenn der Minderjährige getrennt von seinen Eltern oder seinem Vormunde an einem an-

deren Orte lebt, so sind die Antragsbehörden beider Orte zuständig. Ist kein ständiger Aufenthaltsort des Minderjährigen bekannt, so ist sein letzter ständiger Aufenthalt, notfalls sein derzeitiger Aufenthalt (ohne Rücksicht auf Dauer) maßgebend. Wenn der Antrag einmal von zuständiger Stelle gestellt worden ist, so ist eine spätere Änderung der die Zuständigkeit begründenden Umstände für die Weiterverfolgung der Sache unerheblich (JKG. 35 A 31, 49 A 38).

8. Die Stellung des Antrags hat nicht die Bedeutung einer formalen Vorbedingung für das Verfahren, so daß mit der Zurücknahme des Antrags das eingeleitete Verfahren gegenstandslos wäre und eingestellt werden könnte. Das eingeleitete Verfahren bleibt vielmehr trotz etwaiger Zurücknahme des Antrags anhängig und muß unter dem Zwang des das FEVerfahren beherrschenden Offizialprinzips zu Ende geführt werden, und zwar grundsätzlich durch Beschluß (JKG. 34 A 58). Aus praktischen Gründen dürfte jedoch eine Einstellung des Verfahrens vor seiner Beendigung zulässig sein, wenn der Minderjährige inzwischen verstorben ist oder das 18. Lebensjahr vollendet hat oder andere rein äußerliche Voraussetzungen der Anwendbarkeit des § 1 FEG. nicht mehr vorhanden sind.

9. Antragsrecht und Antragspflicht fallen zusammen. Die Verletzung der Antragspflicht würde im Dienstaufsichtsweg als Pflichtvernachlässigung zu verfolgen sein. Das FEG. hat eine besondere Antragsbehörde geschaffen, die in ähnlicher Weise wie die Staatsanwaltschaft im Strafverfahren berechtigt, aber auch verpflichtet ist, durch ihren Antrag die Einleitung des FEVerfahrens herbeizuführen; ihr ist auch in dem weiteren Verlaufe des FEVerfahrens eine Einwirkung eingeräumt (vgl. Anm. 23 und 25).

10. Für das Verhalten der Antragsbehörde gegenüber den bei ihr einlaufenden oder ihr vom VG. übermittelten Anzeigen werden sich allgemeine Vorschriften nicht geben lassen. Es wird immer auf die Beschaffenheit des Einzelfalls ankommen. Die AB. enthalten nur die generelle Anweisung: „Es ist dahin zu wirken, daß bei den Anzeigen und Mitteilungen die den Antrag be-

gründenden Tatsachen bestimmt bezeichnet und, soweit möglich, die erforderlichen Beweismittel und Zeugen angegeben werden." Das ist allerdings unbedingtes Erfordernis, um leichtfertigen oder gar böswilligen Anzeigen entgegenzuwirken. Inwieweit aber die Antragsbehörde die Ermittelungen ausdehnen, insbesondere selbst Zeugen vernehmen soll, wird jeweilig von den Umständen des Falles abhängen. Die Antragsbehörde wird die Ermittelungen soweit erstrecken müssen, um die Spreu von dem Weizen sondern und offenbar unbegründete Anzeigen a limine abweisen zu können, und weiterhin um beurteilen zu können, ob nicht gegenüber einer wirklich vorhandenen Gefährdung oder Verwahrlosung eines Minderjährigen anderweitige Maßnahmen, als die FE., ausreichend erscheinen. Aber sie wird nicht ein Ermittelungsverfahren in dem Umfange veranstalten dürfen, wie es die Staatsanwaltschaft vor Erhebung der öffentlichen Klage im Strafverfahren zu tun hat; hierdurch würde das eigentliche Verfahren, das vor dem VG. stattfinden soll, verzögert und beeinträchtigt werden. Sehr viel wird hier überall vom richtigen Takte abhängen.

11. Für die Stellung des Antrags ist im Gesetze eine besondere Form nicht vorgeschrieben. Nachdem jedoch zunächst in der Provinz Westfalen ein Antragsformular sich eingebürgert und bewährt hatte, hat der Minister des Innern in dem im Anhang abgedruckten Erlasse vom 8. April 1905 die Benutzung eines von ihm mitgeteilten Formulars empfohlen. In dem weiteren, im Anhang abgedruckten Erlasse vom 14. Aug. 1907 hat sodann der Minister des Innern ein neues, unter Berücksichtigung der gemachten Erfahrungen abgeändertes Formular aufgestellt und dessen allgemeine Benutzung angeordnet. Dieses Formular wird nunmehr überall verwendet.

12. Antragsbehörde kann immer nur eine preußische Behörde sein, da jedes deutsche VG. nach dem an seinem Sitze geltenden FEGesetze über die Anordnung der FE. zu entscheiden hat (vgl. Anm. 4 zu § 1). Sollte eine nicht-preußische Behörde einen Antrag auf FE. an ein preußisches VG. richten, so ist, auch wenn etwa dieser Behörde nach dem in einem anderen deutschen Bundesstaate geltenden Rechte die Antragsbefugnis zustehen sollte, der An-

trag lediglich als Anregung zu behandeln, ob das preußische VG. von Amts wegen bezüglich des Minderjährigen tätig werden wolle (JKG. 41 A 40).

13. Bezüglich der Landräte gibt der im Anhang abgedruckte Erlaß des Ministers des Innern vom 22. Febr. 1901 eine Reihe besonderer Anordnungen.

14. Hier sind also zwei Antragsbehörden vorhanden, die völlig gleichberechtigt sind. Hieraus folgt, daß, wo im Gesetze die Anhörung der Antragsbehörde, die Zustellung des Beschlusses an die Antragsbehörde usw. vorgeschrieben ist, diese Bestimmung auf beide Behörden Anwendung findet. Daß hierdurch eine Verzögerung des Verfahrens hervorgerufen wird, liegt auf der Hand, ist aber nach Lage des Gesetzes unvermeidlich. Auch besteht bei dieser Duplizität von Organen die Gefahr, daß sich die eine Behörde auf die andere verläßt und deshalb selbst nicht energisch vorgeht. Es können ferner durch Herumsendung der Akten von der einen Behörde zu der anderen Verzögerungen entstehen.

15. Hierunter ist nicht der Gemeindebeamte zu verstehen, der nach § 1 des Gesetzes vom 11. März 1850 im Namen des Königs die örtliche Polizeiverwaltung führt, sondern nur der besondere Staatsbeamte (Polizeidirektor oder Polizeipräsident), dem auf Grund § 2 des Gesetzes vom 11. März 1850 die örtliche Polizeiverwaltung vom Minister des Innern übertragen worden ist. Nur dieser Beamte, nicht eine sonstige Polizeiverwaltung hat in FE-Sachen ein Antrags(und Beschwerde)recht (JKG. 38 A 83). Auch in den Städten mit Königl. Polizeiverwaltung bestehen nach dem Gesetze zwei Antragsbehörden (vgl. Anm. 14).

16. Für das Verfahren bis zur Beschlußfassung gelten nach § 7 FEG. die allgemeinen Vorschriften des FGG. und des PrFGG., soweit nicht in dem FEG. selbst besondere Bestimmungen gegeben sind. Das letztere ist in Abs. 2 des § 4 bezüglich der Anhörung bestimmter Personen geschehen. Im übrigen ist die Anordnung, die in dem in den Anlagen abgedruckten Erlaß des Justizministers vom 26. Jan. 1905 gegeben wird, zu beachten, daß alle

erforderlichen „Ermittelungen, soweit tunlich, von vornherein durch eine einheitliche, alle wesentlichen Punkte umfassende Verfügung in die Wege geleitet und daß die einzelnen Ermittelungshandlungen nicht stückweise nacheinander, sondern möglichst nebeneinander vorgenommen werden". In dem Erlasse wird weiter zutreffend empfohlen, auf eine Zusammenfassung der Vernehmungen in möglichst wenigen Terminen Bedacht zu nehmen, was den Vorteil hat, daß bei vorliegendem Widerspruche eine sofortige Gegenüberstellung der Auskunftspersonen veranlaßt und so ein einheitliches geschlossenes Gesamtbild gewonnen werden kann.

Was den Minderjährigen selbst betrifft, so dürfte es sich in der Regel empfehlen, ihn vorzuladen, um einen persönlichen Eindruck von ihm zu gewinnen. Wenn im Gesetze die Anhörung des Minderjährigen nicht vorgeschrieben ist — ein diesbezügl. Antrag war in der Kommission des AbgH. gestellt worden —, so ist dies v. a. deshalb unterblieben, weil es oft mit Schwierigkeiten verbunden sein kann, des Minderjährigen habhaft zu werden, und deshalb durch eine solche Vorschrift das Verfahren verzögert werden könnte.

17. Die hier vorgeschriebene Anhörung bestimmter Personen charakterisiert sich als gesetzlich angeordnete Beweiserhebung, sie erschien dem Gesetzgeber mit Rücksicht darauf geboten, daß die FE. einen schwerwiegenden Eingriff in das natürliche Recht der Eltern auf Erziehung ihrer Kinder enthält, und daß sich die FE. gleichzeitig auch als eine erhebliche Beschränkung des Minderjährigen in seiner Freiheit darstellt. Ist die Anhörung zu Unrecht unterblieben, so würde der Beschluß bei einer gemäß Abs. 4 eingelegten sofortigen Beschwerde der Aufhebung unterliegen (Rspr. 4 S. 274); ein Antrag auf Wiederaufnahme des Verfahrens kann dagegen darauf nicht gestützt werden, ein solcher Antrag ist nur in dem im § 6 FEG. vorgesehenen Falle zulässig (JKG. 34 A 60).

18. Ob der Anhörung der Eltern und des gesetzlichen Vertreters des Minderjährigen erhebliche Schwierigkeiten entgegenstehen, ist nach freiem richterlichen Ermessen zu entscheiden; es können insbesondere in Betracht kommen: körperliche Gebrechlichkeit, weite Entfernung oder Ungewißheit des Aufenthaltsorts. In dem Be-

schlusse über die FE. sind die Gründe, aus denen die Anhörung unterblieben ist, anzuführen. Hat die Anhörung nicht stattfinden können, so ist in § 6 FEG. Wiederaufnahme des Verfahrens zugelassen.

19. Die Eltern sind zu hören, gleichgültig ob sie die elterliche Gewalt haben oder nicht. Unter Eltern ist auch die Mutter des unehelichen Kindes (§§ 1705, 1707 BGB.) sowie der an Kindes Statt Annehmende (§ 1757 BGB.) zu verstehen. Da häufig den Eltern nicht die gesetzliche Vertretung des Minderjährigen zusteht, so ist der gesetzliche Vertreter besonders neben den Eltern genannt. Eine Anhörung der Großeltern ist nicht, wie im ZwEG., vorgeschrieben.

20. Der Gemeindevorstand, Geistliche, Lehrer müssen stets gehört werden; ihre Nichtanhörung würde einen Beschwerdegrund abgeben.

21. In der Regierungsvorlage hieß es „besucht hat"; dies wurde im AbgH. geändert, weil es nicht zweckmäßig sei, die Anhörung des Leiters oder Lehrers der Schule anzuordnen, wenn der Minderjährige schon längere Zeit die Schule verlassen oder seinen Wohnsitz gewechselt hat.

22. Es ist in das Ermessen des Gerichts gestellt, wie die Anhörung erfolgen soll, ob mündlich oder schriftlich. In der Praxis wird sehr verschiedenartig verfahren, insbesondere überwiegt in den Großstädten das rein schriftliche Verfahren. Bei dem Gemeindevorstande wird meistens, bei dem Geistlichen und Lehrer nicht selten eine schriftliche Äußerung genügen. Wenn aber das Gericht die Vernehmung des Geistlichen oder Lehrers für erforderlich erachtet, so haben dieselben der Ladung bei Vermeidung der gemäß § 33 FGG. und Art. 15, 16 PrFGG. zu verhängenden Ordnungsstrafen Folge zu leisten; sie haben dann aber auch Anspruch auf Erstattung der notwendigen baren Auslagen (§ 8 FEG.). Bei Nichteinreichung der erforderten schriftlichen Äußerung ist sowohl gegenüber dem Geistlichen und Lehrer wie dem Gemeindevorstand, gegen welchen als Behörde ein Zwang überhaupt nicht ausgeübt werden kann, nur der Weg der Beschwerde an die vorgesetzte Dienstbehörde gegeben. Gegen Eltern, gesetzliche Vertreter und den

Minderjährigen selbst, deren mündliche Anhörung sich regelmäßig empfehlen wird, können, wenn sie der Ladung nicht Folge leisten, auf Grund Art. 15, 16 PrFGG. Ordnungsstrafen festgesetzt werden; gegen den Minderjährigen ist auch zwangsweise Vorführung zulässig (Art. 17 PrFGG.).

Stets genügt eine einmalige Anhörung. Insbesondere ist es nicht erforderlich, daß den Eltern Gelegenheit gegeben wird, sich über jedes Beweismittel, das bei der Feststellung Verwertung finden soll, zu äußern (JKG. 25 A 29). In der Beschwerdeinstanz kann jedoch eine wiederholte Anhörung mit Rücksicht auf die im § 12 FGG. ausgesprochene Ermittelungspflicht geboten sein (JKG. 34 A 60).

Die Anhörung (mündlich oder schriftlich) hat das VG. grundsätzlich selbst auszuführen (JKG. 38 A 86).

23. Nur beim Verfahren von Amts wegen ist vorgeschrieben, daß eine Mitteilung der Akten an die Antragsbehörde zur Äußerung zu geschehen hat. Es besteht aber einerseits keine Verpflichtung der Antragsbehörde, sich zu äußern, — es soll ihr dazu nur „Gelegenheit" gegeben werden — andererseits ist das VG. an die Äußerung in keiner Weise gebunden. Wann die Mitteilung der Akten an die Antragsbehörde erfolgt, ist dem Ermessen des VG. anheimgegeben. Es ist durchaus zulässig, daß das VG. das Verfahren bis zur Beschlußfassung zu Ende führt und erst dann die Akten der Antragsbehörde vorlegt. Sind mehrere Antragsberechtigte vorhanden (vgl. Anm. 14 u. 15), so wird die Mitteilung der Akten an alle erfolgen müssen.

24. Eine Schlußverhandlung, wie sie in dem ZwEG. vorgeschrieben war und zu welcher außer den Beteiligten auch der Waisenrat benachrichtigt werden mußte, ist nicht erforderlich. Eine mündliche Schlußverhandlung kann zwar auch jetzt stattfinden und unter Umständen, insbesondere wenn Meinungsverschiedenheiten zwischen den anzuhörenden Personen oder Behörden bestehen, angemessen erscheinen; regelmäßig wird aber jetzt der Beschluß außerhalb einer mündlichen Verhandlung erlassen werden.

25. Unter Beschluß ist hier eine Entscheidung über Anordnung

oder Ablehnung der FE. zu verstehen; das Nähere darüber ist in den Anm. 12—16 zu § 3 behandelt. Es besteht für das VG. die Verpflichtung, ein eingeleitetes Verfahren bis zu einer derartigen Entscheidung durchzuführen. Deshalb ist eine Aussetzung des Beschlusses, welche unter Umständen (z. B. weil eine Besserung des Minderjährigen zu erhoffen ist oder weil der Erfolg anderweit angeordneter Erziehungsmaßregeln abgewartet werden soll) angezeigt erscheinen kann, nur zulässig, wenn die Antragsbehörden dem zustimmen; dies auch dann, wenn das Verfahren nicht auf Antrag, sondern von Amts wegen eingeleitet worden ist (JKG. 30 A 60, 37 A 91).

26. Das Kammergericht hat sich in zahlreichen Entscheidungen über die weiteren Voraussetzungen einer Aussetzung des Beschlusses und damit auch über den Charakter einer derartigen Anordnung geäußert. Die Aussetzung darf nur aus sachlichen Gründen erfolgen, und zwar nicht einfach „bis auf weiteres", sondern stets für eine begrenzte Zeit. Diese Frist ist so zu bemessen, daß die Endentscheidung noch vor der Vollendung des 18. Lebensjahrs des Minderjährigen erfolgen kann. Auch vor Ablauf der Frist kann das VG. bei Erledigung des Anlasses für die Aussetzung die Endentscheidung fällen. Der Kommunalverband, dem an sich eine Einwirkung auf das gerichtliche Verfahren bis zur Entscheidung über Anordnung oder Ablehnung der FE. nicht zusteht, kann gegen die Aussetzung die sofortige Beschwerde einlegen; alsdann sind im ordentlichen Rechtsmittelzug die materiellen Voraussetzungen der Aussetzung nachzuprüfen. Das Beschwerdegericht kann dabei auf Grund des bis zur Aussetzung durchgeführten Verfahrens ohne weiteres die FE. anordnen.

Nach dieser Rechtsprechung (vgl. insbes. JKG. 30 A 60, 37 A 91, 44 A 55, 47 A 59, 48 A 34) wird man die Aussetzung nicht als eine einfache Zwischenverfügung ansehen können. Sie ist, wenn auch nur in beschränkter Art, eine Sachentscheidung; es handelt sich nicht nur um eine Aussetzung des Verfahrens, sondern um eine befristete Aussetzung der FE. Ein derartiger Beschluß erscheint durchaus dem Grundgedanken des FEG. entsprechend, insbesondere dem im Gesetze zum Ausdruck gebrachten Grundsatze von der Subsidiarität der FE.

27. Die in Abs. 3 des § 4 Genannten sind als die **Beteiligten im FEVerfahren** anzusehen. Nur ihnen ist der Beschluß zuzustellen, nur sie haben ein Beschwerderecht gegen den Beschluß. Wenn anderen Personen noch Mitteilung von dem Beschlusse gemacht wird, so erlangen sie damit keine Rechte, die nur den „Beteiligten“ zustehen.

Eine solche **Mitteilung** hat nach dem in den Anlagen abgedruckten Erlasse des Justizministers vom 29. Nov. 1905 der Gerichtsschreiber von einer Ablehnung des Antrags auf FE. **dem in dem Verfahren gehörten Geistlichen** sofort zu geben, damit dieser unverzüglich mit der unmittelbaren seelsorgerischen Einwirkung einsetzen kann. Falls in der Beschwerdeinstanz ein Beschluß auf Aufhebung einer angeordneten FE. ergeht, ist die Mitteilung von dem Gerichtsschreiber des Beschwerdegerichts zu machen (vgl. auch § 57 Ziff. 5 der Geschäftsordnung für die Gerichtsschreibereien der Amtsgerichte vom 18. Febr. 1914). Auch sonst sollen die Gerichte den Gesuchen des zuständigen Geistlichen um Akteneinsicht oder Erteilung von Abschriften des Beschlusses in wohlwollendem Sinne entgegenkommen.

28. **Die Zustellung des Beschlusses** hat zu erfolgen:

a) An den gesetzlichen Vertreter des Minderjährigen. Den Eltern als solchen wird der Beschluß nicht zugestellt; sie sollen zwar, auch wenn sie nicht gesetzliche Vertreter sind, gehört werden, aber einen Anspruch auf Zustellung des Beschlusses (und damit ein Beschwerderecht) haben sie in diesem Falle nicht.

b) An den Minderjährigen, sofern er über 14 Jahre alt ist (dies entspricht der Bestimmung in § 59 FGG.).

c) An die Antragsbehörde, beim Vorhandensein mehrerer Antragsberechtigter an jeden Berechtigten. Dies auch dann, wenn das Verfahren von Amts wegen eingeleitet ist oder nur einer der Antragsberechtigten die Sache betrieben, der andere sich dem Verfahren in keiner Weise angeschlossen hat.

d) An den verpflichteten Kommunalverband.

29. Die Zustellung wird gemäß Art. 1 PrFGG., § 16 FGG. nach den für die Zustellung von Amts wegen geltenden Vorschriften der §§ 208 ff. ZPO. bewirkt. Hat ein Beteiligter einen Bevollmächtigten bestellt, so kann an diesen zugestellt werden; die Zustellung muß aber nicht an ihn erfolgen, da § 176 ZPO. im Verfahren der freiwilligen Gerichtsbarkeit nicht anwendbar ist (JKG. 34 A 6). An den Minderjährigen, der sich in einer Anstalt befindet, hat die Zustellung persönlich oder gemäß § 181 Abs. 2 ZPO. an den Anstaltsleiter bzw. dessen Vertreter zu erfolgen. Da nach Abs. 3 des § 16 FGG. die Bekanntmachung an einen Anwesenden auch zu Protokoll erfolgen darf, ist es zulässig und unter Umständen empfehlenswert, die Zustellung an den Minderjährigen durch Bekanntgabe zu Protokoll zu ersetzen (JKG. 44 A 46).

30. In den AB. ist angeordnet: „Der Landrat (Oberamtmann, Gemeindevorstand, Vorsteher der Königl. Polizeibehörde) hat, sobald ihm der Beschluß des Vormundschaftsgerichts auf Überweisung zur Fürsorgeerziehung zugestellt ist, dem Landesdirektor (Landeshauptmann) des zur Unterbringung verpflichteten Kommunalverbandes (in Berlin dem Magistrate) unverzüglich eine Mitteilung über die persönlichen, häuslichen und wirtschaftlichen Verhältnisse des Überwiesenen zu machen, worin er sich zugleich gutachtlich darüber äußert, ob die Unterbringung in einer Familie oder in einer Anstalt zweckmäßiger erscheint."

Diese Bestimmung ist sehr zu begrüßen, da auf diese Weise der verpflichtete Kommunalverband Gelegenheit erhält, das Erforderliche zur Unterbringung des Minderjährigen vorzubereiten. Im Anschluß hieran ist den Antragsbehörden durch den im Anhang abgedruckten Erlaß des Ministers des Innern vom 17. Juni 1901 aufgegeben, einen vollständigen Personalbogen über den Minderjährigen unverzüglich aufzustellen und dem Kommunalverband zu übersenden. Nachdem mehrere Erlasse über das Ausfüllen dieses Personalbogens ergangen und einige Änderungen an dem Formular vorgenommen waren, ist durch den im Anhang abgedruckten Erlaß des Ministers des Innern vom 31. März 1908 ein neuer Personalbogen aufgestellt worden (vgl. auch Anm. 6 zu § 9).

31. Nach Zustellung des Beschlusses ist das VG. nicht mehr befugt, seine Entscheidung abzuändern (JKG. 23 A 188).

32. Der Abs. 4 des § 4 bestimmt den Kreis der Beschwerdeberechtigten erschöpfend; einem anderen, als den darin Genannten steht ein Beschwerderecht nicht zu, insbesondere auch nicht auf Grund des § 20 FGG. [die in § 7 FEG. enthaltene Bezugnahme auf FGG. greift hier nicht Platz, da das FEG. das Beschwerderecht selbständig geregelt hat] (JKG. 23 A 55, 47 A 69, 49 A 38).

Das Beschwerderecht ist gegenüber den Bestimmungen des ZwEG. erheblich eingeschränkt. Es steht nicht mehr zu: den Eltern als solchen, insbesondere also nicht der Mutter des unehelichen Kindes, da sie nicht gesetzliche Vertreterin des Kindes ist, den Großeltern, dem Gemeindevorstande, sofern er nicht Antragsbehörde ist, der Ortspolizeibehörde (abgesehen von dem Vorsteher der Königl. Polizeibehörde), dem Schulvorstande, dem Waisenrate. Dagegen ist das Beschwerderecht jetzt dem verpflichteten Kommunalverbande verliehen, dem es bisher nicht zustand.

33. Soweit mehrere Antragsberechtigte vorhanden sind (Anm. 14 u. 15), steht jedem von ihnen das Beschwerderecht selbständig zu. Überhaupt kann jeder beschwerdeberechtigte „Beteiligte" selbständig und unabhängig von dem anderen das Rechtsmittel einlegen; für jeden beginnt die Frist zur Einlegung der sofortigen Beschwerde mit der an ihn bewirkten Zustellung, und das Beschwerdegericht hat auf die von einem Beteiligten eingelegte Beschwerde zu entscheiden. Hat ein Beschwerdeberechtigter innerhalb der für ihn laufenden Frist die Beschwerde nicht erhoben, so ist er seines Beschwerderechts verlustig gegangen und kann sich nicht etwa der Beschwerde eines anderen anschließen (JKG. 26 A 31, 27 A 22).

34. Dem gesetzlichen Vertreter ist das Beschwerderecht nur zu eigenem Rechte verliehen. Hat er gegen den Beschluß des VG. nicht rechtzeitig Beschwerde eingelegt und deshalb sein Beschwerderecht verloren, so kann er für den mehr als 14 Jahre alten Minderjährigen die ergangene Entscheidung nur auf Grund einer Vollmacht des Minderjährigen anfechten (JKG. 46 A 88). Wechselt der gesetzliche Vertreter während des Verfahrens, so wirken rechtserhebliche Handlungen oder Unterlassungen des Vorgängers auch gegen den Nachfolger (JKG. 47 A 66).

35. Der Minderjährige gilt, soweit er über 14 Jahre alt ist, als prozeßfähig. Entscheidend ist die Vollendung des 14. Lebensjahrs zur Zeit der Fassung des angefochtenen Beschlusses. Hat der Minderjährige während des Beschwerdeverfahrens das 14. Lebensjahr vollendet, so ist der im Beschwerdeverfahren ergehende Beschluß auch ihm zuzustellen und er hat selbständig das Recht der weiteren Beschwerde (JKG. 47 A 70).

36. Die Bestimmung, daß dem gesetzlichen Vertreter des Minderjährigen und diesem selbst die Beschwerde nur gegen den auf FE. lautenden Beschluß zusteht, ist vom AbgH. hinzugefügt. Sie entspricht zwar den Bestimmungen des ZwEG., doch dürfte sie der Stellung des gesetzlichen Vertreters im FEVerfahren kaum entsprechen. Das FEG. stellt, abweichend von dem ZwEG., den sozialpolitischen Gesichtspunkt der Erziehung des Minderjährigen im öffentlichen Interesse in den Vordergrund. Wie der gesetzliche Vertreter demnach bei seiner Anhörung die FE. befürworten muß, wenn er dies durch das Interesse des Minderjährigen für geboten erachtet, so hätte es dem Zwecke der FE. auch entsprochen, wenn ihm in gleicher Weise das Recht verliehen wäre, im Falle einer Ablehnung der FE. im Beschwerdewege bei der höheren Instanz die Anordnung der FE. durchzusetzen.

37. Das Beschwerdeverfahren richtet sich, gemäß Art. 6 PrFGG., nach den §§ 20—27, 29 FGG. Die sofortige Beschwerde ist hiernach binnen zwei Wochen nach Zustellung des Beschlusses durch Einreichung einer vom Beschwerdeführer unterschriebenen Beschwerdeschrift oder durch Erklärung zum Protokoll des Gerichtsschreibers des Vormundschaftsgerichts oder des Beschwerdegerichts (Landgerichts) einzulegen. Die Einlegung vor dem Beginn der Frist ist wirksam. Einen förmlichen Antrag braucht die Beschwerde nicht zu enthalten, es genügt, wenn klar hervorgeht, daß eine Änderung des angegriffenen Beschlusses verlangt wird. Die sofortige

Beschwerde kann auf neue Tatsachen und Beweise gestützt werden; dieselben brauchen nicht in der Beschwerdeschrift enthalten zu sein, sondern können noch nachträglich angeführt werden.

Bei dem Verfahren vor dem Beschwerdegerichte, als welches das dem VG. übergeordnete Landgericht fungiert, bedarf es einer wiederholten Anhörung derjenigen Personen und Behörden, welche nach Abs. 2 vor dem VG. gehört werden mußten, nicht; doch wird sich eine nochmalige Anhörung häufig, insbesondere wenn neue Tatsachen und Beweise vorgebracht werden, empfehlen (JKG. 34 A 60).

38. Das Beschwerdegericht hat bei seiner Entscheidung den Sachverhalt so wie er zur Zeit des Erlasses seines Beschlusses sich gestaltet hat, zugrunde zu legen (JKG. 31 A 14). Es hat also auch einer etwa inzwischen eingetretenen Veränderung der Rechts- oder Sachlage Rechnung zu tragen; deshalb muß es z. B. wenn der Minderjährige inzwischen das 18. Lebensjahr vollendet hat, die Anordnung der FE. aufheben, auch wenn die Entscheidung des VG. an sich für gerechtfertigt anzusehen ist (JKG. 23 A 53). Das Beschwerdegericht tritt durch die Erhebung des Rechtsmittels eben vollständig an die Stelle des VG.

39. Aus dem in Anm. 38 Ausgeführten folgt, daß die Entscheidung des Beschwerdegerichts allen Beteiligten zuzustellen ist (JKG. 26 A 33). Unzutreffend ist die Ansicht von Noelle Anm. 25 VI 1, daß es „einer förmlichen Zustellung nur an den Beschwerdeführer“, nicht an die übrigen Beschwerdeberechtigten bedürfe. Im Gegensatz zu Noelle Anm. 23 B nehme ich auch an, daß denjenigen Beschwerdeberechtigten, welche die sofortige Beschwerde nicht innerhalb der zweiwöchigen Frist eingelegt haben und deshalb dieses Rechtsmittels verlustig gegangen sind (vgl. Anm. 33), mit der Zustellung des Beschwerdebeschlusses die Einlegung der weiteren Beschwerde eröffnet wird. Wenn das Kammergericht in der Entscheidung JKG. 42 A 57 ausführt, daß das verloren gegangene Recht zur Beschwerde wieder auflebt, wenn die Beschwerdeentscheidung auf Aufhebung der Anordnung der FE. lautet, nicht aber wenn sie die erstinstanzliche Entscheidung bestätigt, so kann ich keinen rechtlichen Grund für eine solche Unterscheidung finden.

40. Gegen die Entscheidung des Beschwerdegerichts findet weitere Beschwerde statt, über welche als sofortige das Kammergericht entscheidet (Art. 7 PrFGG.). Die binnen zwei Wochen nach Zustellung des Beschlusses der Beschwerdeinstanz zulässige weitere Beschwerde muß, soweit sie nicht von einer Behörde ausgeht, zu Protokoll des Gerichtsschreibers oder in einer Anwaltsschrift eingelegt werden (§ 29 FGG.). Sie kann nur darauf gestützt werden, daß die Entscheidung des Beschwerdegerichts auf einer Verletzung des Gesetzes beruhe (§§ 550, 551, 561 ZPO.). Unerheblich ist, ob die beiden Vorentscheidungen übereinstimmen, und ob ein neuer selbständiger Beschwerdegrund vorliegt oder nicht. Das Kammergericht, für welches die in dem landgerichtlichen Beschlusse festgestellten Tatsachen maßgebend sind, kann selbst in der Sache entscheiden oder die Sache, wenn noch neue tatsächliche Feststellungen erforderlich sind, in die Vorinstanz zurückverweisen.

41. Die Rechtskraft tritt ein mit der endgültigen Entscheidung des Kammergerichts, und zwar ohne daß es erst noch der Zustellung dieser Entscheidung an die Beteiligten bedarf (JKG. 34 A 68), oder mit dem Ablaufe der Frist für die sofortige bzw. die weitere Beschwerde bei sämtlichen Beschwerdeberechtigten. Doch kann das Beschwerdegericht die sofortige Wirksamkeit der Entscheidung gemäß § 26 FGG. anordnen. Für Dringlichkeitsfälle ist außerdem auf die Bestimmung im § 5 FEG. hinzuweisen.

42. Die Rechtskraft hat in FESachen formelle und materielle Wirkung. Ein rechtskräftig zurückgewiesener Antrag auf FE. kann daher auf Grund des früher vorgebrachten Sachverhalts nicht erneuert werden. Wohl aber sind auf Grund neuer, im früheren Verfahren nicht verwendbar gewesenen Tatsachen neue Anträge auf FE. möglich, bei denen zur Unterstützung und Ergänzung des neuen, an sich wesentlichen Vorbringens auch auf die tatsächliche Begründung des früheren Antrags zurückgegriffen werden kann (JKG. 24 A 35, 33 A 78). In der letzteren Entscheidung wird besonders hervorgehoben, daß die Beschlüsse im FEVerfahren nur auf Grund des zur Zeit ihres Erlasses festgestellten Tatbestandes ergehen, nicht aber für alle Zukunft die Verhältnisse festlegen wollen; deshalb muß bei veränderter Sachlage ein neues Verfahren zulässig sein.

43. Die Bescheinigung über die Rechtskraft des Beschlusses ist von dem Gerichtsschreiber des VG. zu erteilen. Um die unverzügliche Ausführung des vollstreckbaren Beschlusses sicherzustellen, hat der Justizminister in den, in den Anlagen abgedruckten Erlassen vom 19. März 1901 und 7. Juni 1901 angeordnet, daß die VG. von dem Eintritte der Vollstreckbarkeit ungesäumt dem verpflichteten Kommunalverbande Mitteilung zu machen haben, und zwar unter Beifügung der Akten und Verhandlungen, auf Grund deren die Beschlußfassung erfolgt war (vgl. auch § 57 Abs. 4 der Geschäftsordnung für die Gerichtsschreibereien der Amtsgerichte vom 18. Febr. 1914). Nach dem ebenfalls in den Anlagen abgedruckten Erlaß des Justizministers vom 30. April 1902 ist auch dem Landrat (Gemeindevorstand, Vorsteher der Königl. Polizeibehörde) von dem Eintritt der Rechtskraft alsbald Mitteilung zu machen.

§ 5[1])

Bei Gefahr im Verzuge[2]) kann[3–4]) das Vormundschaftsgericht[5]) eine vorläufige Unterbringung des Minderjährigen[6]) anordnen[7–15]). Die Polizeibehörde des Aufenthaltsorts[16]) hat in diesem Falle für die Unterbringung des Minderjährigen in einer Anstalt[17–18]) oder in einer geeigneten Familie[19]) zu sorgen[20]).

Die durch die vorläufige Unterbringung erwachsenden Kosten[21]) fallen, sofern die Überweisung zur Fürsorgeerziehung demnächst endgültig angeordnet wird[22]), dem verpflichteten Kommunalverbande (§ 14)[23]), anderenfalls[24]) demjenigen zur Last, welcher die Kosten der örtlichen Polizeiverwaltung zu tragen hat[25]). Die Polizeibehörde hat in allen Fällen die durch die vorläufige Unterbringung entstehenden Kosten vorzuschießen[26]).

Streitigkeiten über die Angemessenheit der dem Erstattungspflichtigen in Rechnung gestellten Vorschüsse der Polizeibehörde entscheidet der Bezirksausschuß im Beschlußverfahren[27]). Der Beschluß des Bezirksausschusses ist endgültig.

1. Die Zulassung einer vorläufigen Unterbringung eines Minderjährigen ist eine Neuerung gegenüber dem bisherigen ZwEG. Sie wird in der Begründung folgendermaßen gerechtfertigt:

„Die bei der Ausführung der Zwangserziehung gemachten Erfahrungen haben dargetan, daß es in sehr vielen Fällen unbedingt notwendig ist, den Minderjährigen, gegen den die Zwangserziehung eingeleitet werden soll, sofort aus seiner Umgebung zu entfernen, um eine weitere Verwahrlosung während der Zeit bis zum Abschlusse des Verfahrens zu verhüten. Die Bestimmungen dieses Paragraphen, die sich in fast allen Zwangserziehungsgesetzen finden, sollen für diese Maßregel die gesetzliche Unterlage bieten."

Von der Maßregel wird in der Praxis ein sehr großer Gebrauch gemacht, der von Jahr zu Jahr zunimmt. Diese Tatsache ist im Interesse der gefährdeten Jugend sehr erfreulich. Weniger erfreulich ist es, daß sich dabei eine große Zahl von Streitfragen ergeben hat, mit welchen sich die Gerichte vielfach haben beschäftigen müssen. Der Hauptgrund dafür liegt in der Lückenhaftigkeit der gesetzlichen Bestimmungen. Das Kammergericht hat durch seine Rechtsprechung diese Lücken des FEG. auszufüllen gesucht; dabei hat das Kammergericht besonderen Wert darauf gelegt, dem Zweckgedanken der Maßregel zu einer geeigneten Durchführung zu verhelfen. Es erschien mir deshalb auch angebracht, den in den nachfolgenden Anmerkungen gegebenen Erläuterungen die Begründung, mit der die Neuerung von der Gesetzgebung eingeführt ist, im Wortlaute vorauszuschicken.

2. Gefahr im Verzuge bedeutet, daß mit dem Aufschube der Unterbringung des Minderjährigen bis zum Abschlusse des FEVerfahrens die Gefahr der Verwahrlosung, die durch die in Aus-

sicht genommene Überweisung zur FE. verhütet werden soll, verknüpft ist; daß also der Minderjährige ohne Verzug aus den Verhältnissen, in denen er sich befindet, entfernt werden muß, damit nicht die Schäden, denen die FE. vorbeugen soll, vor deren Beginn eintreten (JKG. 26 A 192).

3. Das Wort „kann" hat hier dieselbe Bedeutung wie das gleiche Wort in § 1 (vgl. Anm. 12 zu § 1). Wenn also das VG. die gesetzlichen Voraussetzungen der Maßregel für vorliegend erachtet, so muß es sie anordnen. Die gesetzliche Voraussetzung aber besteht lediglich darin, daß in einem anhängigen FE-Verfahren Gefahr im Verzuge ist (JKG. 37 A 94). Daß das FEVerfahren anhängig sein muß, ergibt sich daraus, daß die Maßregel im Rahmen des FEG. vorgeschrieben ist. Ob es sich um ein Verfahren von Amts wegen oder um ein Verfahren auf Antrag handelt, ist gleichgültig. Beim Verfahren auf Antrag ergibt die Stellung des Antrags auf FE. bei Gericht das „Anhängigsein". Beim Verfahren von Amts wegen braucht das förmliche FEVerfahren noch nicht eingeleitet zu sein, es genügt, daß beim VG. durch eine begründete Anzeige die Anregung zum Einschreiten gegeben ist (vgl. Anm. 2 Absatz 2 zu § 4); es ist möglich, daß hier das VG. die Einleitung des FEVerfahrens (vgl. Anm. 4 zu § 4) noch nicht aussprechen will — etwa weil es noch Ermittelungen über seine Zuständigkeit für nötig hält —, dann kann die vorläufige Unterbringung, für die ja andere Zuständigkeitsnormen gelten (vgl. unten Anm. 5), doch schon angeordnet werden.

4. Ob die gesetzliche Voraussetzung (Anm. 3) gegeben ist, ist vom VG. nach freiem richterlichen Ermessen zu beurteilen. Es ist dabei an Anträge der Antragsbehörden des § 4 nicht gebunden, kann also auch ohne solche Anträge die Anordnung erlassen. Die Antragsbehörden sind aber in den AB. angewiesen, bei ihren gemäß § 4 zu stellenden Anträgen gleichzeitig anzugeben, ob sie eine Gefahr im Verzuge für vorliegend erachten. Da es sich um eine einstweilige Anordnung handelt, die ihrer Natur nach ohne lange Beweisaufnahme getroffen werden muß, so wird sich das Gericht regelmäßig mit bloßer Glaubhaftmachung der Gefahr begnügen; zur

Beschleunigung der Sache werden dem Gericht eingereichte eidesstattliche Versicherungen dienen. Das VG. braucht keine Auskunftspersonen zu hören; es kann sich auf die von der Polizei oder von der Antragsbehörde angestellten Ermittelungen stützen (JKG. 44 A 49). Eine Glaubhaftmachung, daß die Voraussetzung für eine Überweisung aus einer der drei Ziffern des § 1 gegeben ist, ist nicht notwendig (JKG. 26 A 192). Aber selbstverständlich ist kein Raum für die Anordnung der vorläufigen Unterbringung, wenn bereits feststeht, daß die FE. entbehrlich oder sonst das FEVerfahren aussichtslos ist (JKG. 44 A 49).

5. Zuständig für die Anordnung ist nicht nur dasjenige Gericht, welches über die FE. zu entscheiden hat (Anm. 2—7 zu § 3), sondern auch das Gericht, in dessen Bezirk das Bedürfnis der Fürsorge hervorgetreten ist. Das Kammergericht hat diese für die Praxis außerordentlich wichtige Entscheidung in der Erwägung getroffen, daß der in § 44 FGG. vorgesehene Fall der Anordnung aus § 5 FEG. analog sei und daß deshalb auch bei der vorläufigen Unterbringung eine Zuständigkeit nach § 44 FGG. als gegeben angenommen werden muß (JKG. 37 A 97, 39 A 28, 47 A 55). Auch das Reichsgericht erachtet in der in DJZ. 1914 S. 756 abgedruckten Entscheidung vom 16. Dez. 1913 § 44 FGG. für anwendbar. In dieser Entscheidung wird zugleich darauf hingewiesen, daß die Anordnung, auch wenn sie von einem örtlich nicht zuständigen Gerichte erfolgt, nach § 7 FGG. nicht unwirksam sein würde. Das Kammergericht hat JKG. 47 A 55 ausgesprochen, daß, wenn die Anordnung von einem örtlich unzuständigen Gericht erfolgt ist, nicht Einstellung des Verfahrens erfolgen darf, sondern die Sache an das zuständige Gericht abzugeben ist, damit dieses das Verfahren ohne Unterbrechung zu Ende führt. Der Minister des Innern hat in einem Erlasse vom 31. Mai 1902 (MBl. 1902 S. 100) angeordnet, daß bei Minderjährigen, die umherstreifend betroffen werden, der Antrag auf vorläufige Unterbringung an dasjenige VG. zu richten ist, in dessen Bezirk der Minderjährige betroffen wird.

6. Die vorläufige Unterbringung eines Minderjährigen ist eine Schutzmaßregel, die den Minderjährigen zur

Abwendung der Gefahr der Verwahrlosung oder weiterer Verwahrlosung aus seiner bisherigen Umgebung entfernen und ihrer schädlichen Einwirkung entziehen soll (JKG. 41 A 17), sie bezweckt die Sicherung einer zunächst nur ins Auge gefaßten und noch in der Vorbereitung befindlichen Überweisung zur FE. (RG. 75 S. 280).

7. Die Anordnung hat lediglich auf vorläufige Unterbringung, nicht etwa auf vorläufige Unterbringung zur FE. zu lauten (JKG. 44 A 49); denn die vorläufige Unterbringung ist keine einstweilige FE., keine Erziehungsmaßregel, sondern eine Maßnahme polizeilichen Charakters.

8. Die Anordnung kann in jedem Stadium des FEVerfahrens erfolgen. Zumeist wird sie gleich bei Beginn des Verfahrens ergehen, doch kann dies auch später geschehen, insbesondere auch, wenn der die FE. anordnende Beschluß zwar schon erlassen, aber noch nicht rechtskräftig ist. Letzteres wird sich häufig mit Rücksicht darauf empfehlen, daß der Beschluß auf Überweisung mit der sofortigen Beschwerde, welche aufschiebende Wirkung hat, anfechtbar ist und seine Vollstreckbarkeit also oft erst nach geraumer Zeit eintritt.

9. Daß die Anordnung in der Form eines Beschlusses erfolge, ist nicht vorgeschrieben, doch ist das allgemein gebräuchlich. Nach dem im Anhang abgedruckten Erlaß des Justizministers vom 30. April 1902 ist das religiöse Bekenntnis des Minderjährigen anzugeben; auch das Lebensalter wird angegeben werden müssen. Die Ansicht von Noelle Anm. 5 zu § 5, daß die Anordnung keiner Begründung bedarf, halte ich nicht für zutreffend; da die Anordnung der Anfechtung unterliegt (vgl. Anm. 11), muß sie mit Gründen versehen sein, um ihre Nachprüfung durch das Instanzgericht zu ermöglichen.

10. Wem die Anordnung zuzustellen sei, sagt das Gesetz nicht. Da das Kammergericht in ständiger Rechtsprechung den in Abs. 3 des § 4 genannten Beteiligten das Recht der sofortigen Beschwerde zugesprochen hat (vgl. Anm. 11), so ergibt sich zwingend, daß diesen die Anordnung zugestellt werden muß. Zu den Beteiligten gehört auch der verpflichtete Kommunalverband. Die in dem

Erlaß des Justizministers vom 30. April 1902 enthaltene Bestimmung, daß dem Kommunalverbande „die auf Grund des § 5 getroffene Anordnung abschriftlich oder nach ihrem wesentlichen Inhalte mitzuteilen" ist, erscheint hiernach gegenstandslos. Die Notwendigkeit der Bekanntgabe der Anordnung an die Polizeibehörde ergibt sich aus § 16 Abs. 1 FGG.

11. Auch über die gegen die Anordnung zulässigen Rechtsmittel hat das FEG. keine Bestimmung getroffen. Das Kammergericht hat in ständiger Rechtsprechung angenommen, daß gegen den Beschluß auf vorläufige Unterbringung ebenso wie gegen den, die FE. anordnenden Beschluß nur die sofortige Beschwerde, und zwar nur den in § 4 Abs. 3 Genannten, gegeben sei. Das FEG. habe das Beschwerderecht selbst regeln wollen, so daß die im § 7 enthaltene Bezugnahme auf die Gesetze über die freiwillige Gerichtsbarkeit hier nicht Platz greife. Es könne nicht angenommen werden, daß der Gesetzgeber, der die Beschwerde gegen den tief eingreifenden Beschluß auf FE. aus § 4 an eine Frist geknüpft hat, die bloß vorläufige Maßregel aus § 5 für jederzeit anfechtbar habe erklären wollen oder hier weiteren Personen ein Beschwerderecht habe geben wollen, als bei der mehr einschneidenden Maßregel der FE. (JKG. 23 A 55 u. 183). Gegen den Beschluß des Beschwerdegerichts steht den „Beteiligten" die sofortige weitere Beschwerde zu.

12. Obwohl das Kammergericht den in § 4 FEG. über die Beschwerde getroffenen Bestimmungen auch für die vorläufige Unterbringung Geltung beilegt, hat es dahin entschieden, daß im Falle des § 5 FEG. die sofortige Beschwerde nicht, wie es im § 4 Abs. 4 angeordnet ist, aufschiebende Wirkung habe. Diese Abweichung folgert das Kammergericht aus dem Zweckgedanken des § 5 (JKG. 23 A 55). Ein Aufschub der vorläufigen Unterbringung infolge der Einlegung der Beschwerde würde in der Tat dem Zwecke der Maßregel, eine schleunige Entfernung des Minderjährigen aus seiner Umgebung herbeizuführen, widersprechen.

Hebt das Beschwerdegericht die Anordnung der vorläufigen Unterbringung auf, so nimmt das Kammergericht an, daß diese Entscheidung, gegen welche die sofortige weitere Beschwerde gegeben ist, an sich erst mit der Rechtskraft wirksam wird, doch kann das Beschwerdegericht die sofortige Wirksamkeit gemäß § 26 FGG. anordnen.

13. Zu einer Abänderung der mit der Beschwerde angefochtenen oder anfechtbaren Anordnung ist das VG. nicht befugt (JKG. 23 A 55), dagegen kann es nach eingetretener Rechtskraft der Anordnung wegen veränderter Umstände gemäß dem in § 1671 BGB. zum Ausdruck gebrachten Grundsatze die Anordnung aufheben (JKG. 33 A 78). In der Tat würde eine Fortdauer der vorläufigen Unterbringung nicht zu rechtfertigen sein, wenn sich das VG. im Fortgange des FEVerfahrens überzeugt, daß die von ihm zu Beginn des Verfahrens getroffene Anordnung nicht mehr angezeigt ist.

14. Die Anordnung findet ohne weiteres ihr Ende mit der rechtskräftigen Ablehnung der FE. Für den Fall, daß der Minderjährige während der Dauer der vorläufigen Unterbringung das 18. Lebensjahr vollendet, ohne daß bis dahin die Überweisung zur FE. erfolgt ist, wird es eines Gerichtsbeschlusses auf Einstellung des FEVerfahrens oder auf Aufhebung der Anordnung bedürfen (ebenso Schmitz Anm. 24 zu § 5, anderer Ansicht Noelle Anm. 5d zu § 5 und Gordan Anm. 20 zu § 5).

15. Erfolgt eine Aussetzung des FEVerfahrens (vgl. Anm. 26 zu § 4), so hat das Gericht die Anordnung der vorläufigen Unterbringung aufzuheben, es darf diese einstweilige Maßnahme nicht in der Schwebe lassen. Dies wäre zweckwidrig, soweit wirklich begründeter Anlaß zur Aussetzung des Beschlusses auf FE. vorliegt (JKG. 37 A 94, 48 A 44). Die vorläufige Unterbringung darf nicht dazu benutzt werden, die Entscheidung über die Überweisung zur FE. hinauszuschieben.

16. Die Polizeibehörde des Aufenthaltsorts ist die Behörde an dem Orte, an welchem sich der Minderjährige zu der Zeit, wo die Ausführung des Beschlusses möglich wird, aufhält (vgl. Lindenau, PrVBl. 25 S. 340). In den Städten ist dies, soweit die Polizeiverwaltung nicht besonderen Königl. Behörden über-

tragen ist, der Bürgermeister, in der Provinz Hannover der Magistrat: in den Landgemeinden ist es der Amtsvorsteher, in der Provinz Posen der Distriktskommissar, in der Provinz Westfalen der Amtmann, in der Rheinprovinz der Landbürgermeister.

17. Befindet sich der Minderjährige in dem Zeitpunkte, in welchem seine vorläufige Unterbringung beschlossen wird, bereits in einem Krankenhause, so kann er dort belassen werden (vgl. die in der Statistik 1904 S. 62 mitgeteilte Entscheidung des Oberverwaltungsgerichts vom 6. Okt. 1905).

Im übrigen ist zu beachten, daß im § 5 Abs. 1 Satz 2 die Unterbringung in einer Anstalt vorangestellt ist, während im § 2 die Unterbringung in einer Familie an erster Stelle steht. In der Praxis haben sich anfangs Schwierigkeiten daraus ergeben, daß den Polizeibehörden geeignete Anstalten zur vorläufigen Unterbringung nicht zur Verfügung standen. Dem wird am besten dadurch abgeholfen, daß sich die Polizeibehörde sofort nach Erlaß des Beschlusses mit dem Kommunalverbande in Verbindung setzt und daß dieser eine Anstalt bezeichnet, wo dem Erziehungsbedürfnisse in geeigneter Weise Rechnung getragen wird und wo der Minderjährige regelmäßig auch bei demnächstiger Anordnung der FE. belassen werden kann. Das hat den Vorteil, daß das Erziehungswerk sogleich beginnen kann und daß die sonst bei demnächstiger Anordnung der FE. entstehenden weiteren Transportkosten vermieden werden. Dies, zuerst in der Provinz Brandenburg eingeschlagene Verfahren ist in dem, im Anhang abgedruckten Erlaß des Ministers des Innern vom 8. April 1908 allgemein anempfohlen.

18. Der in einer Anstalt vorläufig untergebrachte Minderjährige ist kein Fürsorgezögling, auch wenn er mit FZ. zusammen in einer Provinzialerziehungsanstalt untergebracht ist; denn die vorläufige Unterbringung ist keine Erziehungsmaßnahme. Daraus folgt, daß auch eine etwa bestehende Vormundschaft nicht erlischt: erst an die Überweisung zur FE. knüpft sich der Eintritt des Anstaltsvormunds (JKG. 41 A 17). In dieser Entscheidung wird gleichzeitig ausgeführt, daß, wenn auch die Polizeibehörde auf Grund eines Beschlusses aus § 5 FEG. zu bestimmten

Erziehungsmaßnahmen nicht verpflichtet ist, es doch im Bereiche ihrer Befugnisse und ihrer auf Förderung des allgemeinen Wohles gehenden Amtspflichten liegt, für geeignete erziehliche Einwirkung bei dem vorläufig untergebrachten Minderjährigen Sorge zu tragen.

19. Eine Unterbringung in der eigenen Familie (vgl. § 10 Abs. 2) ist unzulässig; sie würde dem Zwecke der ganzen Maßregel, den Minderjährigen aus seiner bisherigen Umgebung schleunigst zu entfernen, widersprechen (übereinstimmend Landsberg S. 503, anderer Ansicht Gordan Anm. 18 zu § 5).

20. Zu einer Nachprüfung, ob die vorläufige Unterbringung zu Recht angeordnet worden ist, ist die Polizeibehörde nicht befugt. Sie ist verpflichtet, die Anordnung auszuführen, sobald sie von der ergangenen Anordnung amtlich Kenntnis erhält. Hat der Minderjährige seinen bisherigen Aufenthaltsort inzwischen verlassen, so genügt dazu die Weitergabe des gerichtlichen Ersuchens an die Polizeibehörde des neuen Aufenthaltsorts. Vgl. auch den Bundesratsbeschluß über Beistandsleistung in FESachen vom 7. Nov. 1912 (mitgeteilt in der Statistik 1912 S. 214 und MBl. 1913 S. 83).

21. Zu den Kosten der vorläufigen Unterbringung gehören auch die Kosten, die durch die Überführung des Minderjährigen in eine Anstalt oder in eine Familie, durch die dabei nötig gewordene Ausstattung und im Falle der Aufhebung der vorläufigen Unterbringung durch die Rückreise entstehen; dagegen nicht die Kosten der Beerdigung eines während der vorläufigen Unterbringung verstorbenen Minderjährigen, sie sind, sofern die Voraussetzungen der Armenpflege überhaupt vorliegen, vom Armenverbande zu tragen (Entscheidung des Bundesamts für Heimatwesen vom 23. April 1904, mitgeteilt PrVBl. 25 S. 777).

22. Das Wort „demnächst" bedeutet lediglich, daß in demselben Verfahren, in dem die vorläufige Unterbringung angeordnet war, die Überweisung zur FE. erfolgt. Der Beschluß auf FE. braucht sich nicht unmittelbar an die Anordnung der vorläufigen Unterbringung anzuschließen; auch wenn das FEVerfahren auf bestimmte Zeit ausgesetzt war (vgl. Anm. 26 zu § 4), dann aber

die Überweisung zur FE. erfolgt, hat der Kommunalverband die Kosten der vorläufigen Unterbringung zu tragen (OVG. 58 S. 179).

23. Führt das FEVerfahren zur FE., so sind die Kosten der vorläufigen Unterbringung als Kosten der FE. anzusehen; die vorläufige Unterbringung ist dann eine vorweggenommene Ausführung der FE. Hieraus folgt, daß die in dem § 15 FEG. aufgestellten Grundsätze über die Verteilung der Kostenlast dann auch auf die Kosten der vorläufigen Unterbringung Anwendung finden, daß also gemäß § 15 Abs. 1 Satz 1 die Kosten der Überführung des Minderjährigen und seiner Ausstattung auch bei einer, der FE. vorausgegangenen vorläufigen Unterbringung zu Lasten des Ortsarmenverbands gehen. So hat das Reichsgericht in einem eingehenden, auf die Begr. Bezug nehmenden Urteile vom 4. März 1909 (RG. 70 S. 363) entschieden. Das Oberverwaltungsgericht hatte sich in einem Urteile vom 13. Mai 1904 (OVG. 45 S. 437) auf einen anderen Standpunkt gestellt und unter Berücksichtigung, daß in Abs. 2 des § 5 FEG. nur auf den § 14 Bezug genommen wird, die vorläufige Unterbringung auch lediglich als eine polizeiliche Maßregel anzusehen sei, den § 15 Abs. 1 Satz 1 nicht für anwendbar erklärt. Ich schließe mich jetzt der Entscheidung des Reichsgerichts an (in der früheren Auflage hatte ich in Anm. 7 zu § 5 eine andere Ansicht vertreten).

Der Kommunalverband hat aber der Polizeibehörde die Kosten zu erstatten und darf sie nicht an den Ortsarmenverband verweisen. Die Verpflichtung des Kommunalverbands zur Erstattung der Kosten der vorläufigen Unterbringung tritt mit der Rechtskraft des Beschlusses auf Überweisung zur FE. ein (RG. 75 S. 276).

24. „andernfalls“, also nicht nur bei Abweisung der FE. oder bei Einstellung des FEVerfahrens, sondern auch wenn von einem preußischen VG. die vorläufige Unterbringung eines Nichtpreußen angeordnet war und demnächst das zuständige VG. eines anderen deutschen Bundesstaats die Sache übernimmt (PrVBl. 35 S. 737).

25. Die Kosten der vorläufigen Unterbringung sind alsdann als unmittelbare Polizeikosten zu betrachten (JKG. 49 A 38); in Städten mit Königl. Polizeiverwaltung hat sie die Staatskasse zu tragen, sie sind bei Kap. 95 Tit. 5 des Etats von der Verwaltung des Innern zu verrechnen.

26. Ob ein Erstattungsanspruch besteht und eventuell gegen welche Behörde ist im ordentlichen Rechtswege zur Entscheidung zu bringen. Nur für den Fall, daß über die Erstattungspflicht als solche kein Streit besteht und es sich nur um die Angemessenheit der Kosten handelt, trifft Abs. 3 des § 5 eine besondere Bestimmung.

27. Der Abs. 3 ist von der Kommission des HH. eingefügt, da „es zweckmäßig sei, eine Instanz zu schaffen, welche in Streitfällen über die Angemessenheit der von der Polizeibehörde zur Erstattung zu bringenden Vorschüsse entscheidet, da ohne eine solche der allgemeine Rechtsweg eintreten würde und ein gerichtliches Verfahren weder geeignet für die Entscheidung dieser Frage noch auch mit Rücksicht auf die Geringfügigkeit der Objekte zweckentsprechend erscheine" (KBHH. S. 10 f.).

Bezüglich des Verfahrens vgl. die §§ 115 ff. des Gesetzes über die allg. Landesverwaltung vom 30. Juli 1883 (GS. 1883 S. 195).

Der Bezirksausschuß hat von der Rechtmäßigkeit der vorläufigen Unterbringung auszugehen und nicht zu erörtern, ob die vom VG. getroffene Anordnung gerechfertigt war, sondern nur die Notwendigkeit und Angemessenheit der einzelnen Aufwendungen zu prüfen.

§ 6

Hat die im § 4 angeordnete Anhörung der Eltern oder des gesetzlichen Vertreters nicht stattfinden können[1]), so sind dieselben berechtigt[2—3]), die Wiederaufnahme des Verfahrens zu verlangen[4—6]).

1. Wenn der Vormundschaftsrichter, wozu er nach § 4 Abs. 2 wegen erheblicher Schwierigkeiten berechtigt ist, davon Abstand genommen hat, die Eltern oder den gesetzlichen Vertreter des Minderjährigen vor der Beschlußfassung zu hören, so soll dem natürlichen Rechte dieser Personen, bei einem so folgenschweren Eingriff in die

Erziehung eines Minderjährigen, sich zu äußern, dadurch Rechnung getragen werden, daß ihnen auch nach Abschluß des Verfahrens die Möglichkeit gewährt wird, in einem neuen Verfahren dasjenige vorzubringen, was sie zur Aufhebung eines ergangenen Beschlusses auf Überweisung zur FE. geltend zu machen haben. Diese Vorschrift, welche sich im wesentlichen mit der Bestimmung im § 5 ZwEG. deckt, hat zweierlei zur Voraussetzung:

a) Es muß ein rechtskräftiger Beschluß auf Überweisung zur FE. vorliegen. Hat das Verfahren mit einem die FE. ablehnenden Beschlusse geendet, so erübrigt aus der ratio legis eine Vorschrift zum Schutze der nicht gehörten Eltern oder des Vertreters.

b) Die Anhörung der Eltern oder des gesetzlichen Vertreters muß unterblieben sein, weil ihnen vom VG. wegen Schwierigkeit der Anhörung keine Gelegenheit zur Äußerung gegeben worden ist. Hat das VG. sie zur schriftlichen Äußerung aufgefordert oder sie zur Vernehmung vorgeladen, ohne daß sie dem Folge gegeben haben, so haben sie kein Recht auf eine Wiederaufnahme des Verfahrens, da sie durch ihre eigene Schuld die Gelegenheit, sich zu äußern, versäumt haben. Ist die Anhörung aus Irrtum oder aus Versehen des VG. unterblieben, so ist das kein Grund für ein Wiederaufnahmeverfahren (JKG. 34 A 60); ein solcher Verstoß kann nur im Wege der sofortigen Beschwerde gerügt werden.

2. Jeder Elternteil, ohne Rücksicht, ob ihm die Sorge für die Person des Kindes zusteht, und der gesetzliche Vertreter haben jeder für sich ein selbständiges Recht, ein neues Verfahren zu beantragen. Der Antrag kann aber natürlich nur von derjenigen Person gestellt werden, die im früheren Verfahren nicht gehört worden ist. Der Antrag ist ohne jede Fristbeschränkung zulässig.

3. Der Wiederaufnahmeantrag darf nicht aus dem Grunde zurückgewiesen werden, weil es in dem Antrage unterlassen ist, Tatsachen anzuführen, welche eine Abänderung des früheren Beschlusses zu begründen geeignet sind. Zur Begründung des Antrags auf Wiederaufnahme genügen die Anm. 1 unter a und b angegebenen Voraussetzungen.

4. Die Wirkung der Wiederaufnahme ist die Wiederholung des ganzen Verfahrens. Dabei ist es zulässig, auf die früheren Ermittelungen zurückzugreifen, doch ist zu beachten, daß die Voraussetzungen des § 1 FEG. natürlich im Zeitpunkte des neuen Beschlusses vorliegen müssen. Hat also der Minderjährige inzwischen das 18. Lebensjahr vollendet, so muß die FE. aufgehoben werden.

Das neue Verfahren unterliegt denselben Vorschriften, wie sie im § 4 für das Verfahren überhaupt gegeben worden sind; insbesondere sind also die im Abs. 2 des § 4 Genannten von neuem zu hören.

5. Während der Dauer des neuen Verfahrens bleibt der frühere Beschluß in Wirksamkeit. Das VG. kann nicht auf Grund der Ergebnisse des neuen Verfahrens vor einer neuen Beschlußfassung eine vorläufige Entlassung des Zöglings anordnen; es müßte vielmehr in einem solchen Falle dem verpflichteten Kommunalverbande überlassen bleiben, die FE. gemäß § 13 Abs. 2 aufzuheben, eventuell unter Vorbehalt des Widerrufs. Der in dem neuen Verfahren zu erlassende Beschluß wird dahin zu formulieren sein, daß entweder unter Aufrechterhaltung des früheren Beschlusses der Minderjährige der FE. überwiesen wird, oder daß unter Aufhebung des früheren Beschlusses die FE. abgelehnt wird. Gegen diesen neuen Beschluß ist die sofortige Beschwerde und die sofortige weitere Beschwerde wie im ursprünglichen Verfahren gegeben.

6. Nur aus dem im § 6 angegebenen Grunde ist in FESachen ein Wiederaufnahmeverfahren zulässig. Altona (ZBlFG. 1903 S. 365 ff., insbes. S. 377) hält dies für einen Mangel: es müßte auch ein Wiederaufnahmeverfahren wegen unwahrer Zeugenaussagen, falscher Urkunden usw. gegeben werden.

§ 7

Soweit nicht in diesem Gesetz ein anderes bestimmt ist[1]), finden auf das gerichtliche Verfahren die allgemeinen Vorschriften über die durch Landesgesetz den ordentlichen Gerichten übertragenen Angelegenheiten der freiwilligen Gerichtsbarkeit[1–3]) Anwendung[4–5]).

1. Solche besonderen Bestimmungen für das FEVerfahren enthält vor allem § 4 in den Abs. 2—4 bezüglich der Anhörung bestimmter Personen usw., der Zustellungen und des Beschwerderechts. Ferner kommen in Betracht § 8 (Kosten) und § 13 (Aufhebung der FE.). Das Kammergericht hat in seinen Entscheidungen wiederholentlich betont, daß das Beschwerderecht in dem FEG. eine selbständige Regelung erfahren habe und daß diesbezüglich auf Bestimmungen des FGG. und des PrFGG. nicht zurückgegriffen werden dürfe (vgl. JKG. 23 A 55, 47 A 69, 49 A 38).

2. Es sind dies die Vorschriften des PrFGG. und die in diesem Gesetze für anwendbar erklärten Bestimmungen des FGG. In Betracht kommen insbesondere die Art. 1—7 PrFGG. und die §§ 3, 4, 6—9, 13—17, 31—34 FGG. Folgendes sei hier hervorgehoben:

a) Bei den gerichtlichen Verhandlungen ist die Zuziehung eines Gerichtsschreibers nicht erforderlich; sie kann aber erfolgen, wenn sie zur sachgemäßen Erledigung des Geschäfts zweckmäßig ist (Art. 2 PrFGG.); sie wird sich insbesondere bei der Protokollierung der Aussagen von Zeugen und Sachverständigen empfehlen.

b) Über die Beeidigung eines Zeugen und Sachverständigen entscheidet, unbeschadet der §§ 393, 402 ZPO., das freie Ermessen des Gerichts. Behufs Glaubhaftmachung einer tatsächlichen Behauptung kann ein Beteiligter zur Versicherung an Eides Statt zugelassen werden (§ 15 FGG.).

c) Die Beteiligten können mit Beiständen erscheinen und, soweit nicht das Gericht das persönliche Erscheinen anordnet, sich durch Bevollmächtigte vertreten lassen (§ 13 FGG.).

d) Einsicht der Gerichtsakten und Erteilung von Abschriften aus denselben kann jedem gestattet werden, der ein berechtigtes Interesse glaubhaft macht (§ 34 FGG.). Es entscheidet diesbezüglich das vernünftige Ermessen des Gerichts (vgl. JKG. 20 A 8). Gegen die Ablehnung ist Beschwerde zulässig.

3. Wenn auch im § 7 auf das FEVerfahren die Vorschriften über die durch Landesgesetz den ordentlichen Gerichten übertragenen Angelegenheiten der freiwilligen Gerichtsbarkeit für anwendbar erklärt sind, so folgt daraus keineswegs, daß das FEVerfahren zu diesen Angelegenheiten gehört. Das Kammergericht hat zutreffend ausgeführt, daß bereits durch Reichsgesetze das Verfahren in FE-Sachen den ordentlichen Gerichten übertragen sei, nämlich durch Art. 135 EG. z. BGB. und § 55 RStGB., und daß somit für eine Übertragung durch Landesgesetz kein Raum mehr geblieben sei (JKG. 31 A 51).

4. Von dem in Anm. 3 hervorgehobenen Gesichtspunkt aus hat das Kammergericht aus Gründen allgemeiner Art eine Reihe von Bestimmungen des FGG. auf das FEVerfahren für anwendbar erklärt, obwohl dieselben nicht zu den im PrFGG. für anwendbar erklärten gehören. Dies ist geschehen

a) bezüglich des § 12 FGG., welcher lautet:

„Das Gericht hat von Amts wegen die zur Feststellung der Tatsachen erforderlichen Ermittelungen zu veranstalten und die geeignet erscheinenden Beweise aufzunehmen."

Es handle sich in FESachen um ein Amtsverfahren mit einer vom Gericht zu führenden Untersuchung; deshalb müsse das Offizialprinzip des § 12 FGG. auch hier zur Anwendung kommen, nur mit der sich aus § 4 Abs. 2 FEG. ergebenden Modifikation, daß bestimmte Personen zu hören sind, gleichgültig ob dies nach der konkreten Sachlage erforderlich erscheine oder nicht (JKG. 32 A 12).

b) bezüglich des § 18 Abs. 2 FGG., welcher lautet:

„Zu der Änderung einer Verfügung, die der sofortigen Beschwerde unterliegt, ist das Gericht nicht befugt."

Das VG. könne nach Zustellung seines Beschlusses über die FE. diesen nicht wieder aufheben, nach dem sich aus § 4 FEG. ergebenden Willen des Gesetzgebers sei dazu nur das höhere Gericht berechtigt (JKG. 23 A 183, 33 A 78).

c) bezüglich des § 44 FGG. für die örtliche Zuständigkeit des VG., in dessen Bezirke das Bedürfnis der Fürsorge hervortritt, bei der Anordnung der vorläufigen Unterbringung (JKG. 37 A 97, 39 A 28). Vgl. Anm. 5 zu § 5.

d) bezüglich der §§ 46, 199 FGG. über die Zuständigkeit des Kammergerichts bei einem Streite betr. Zuständigkeit oder Abgabe einer FESache zwischen Gerichten verschiedener preußischer Oberlandesgerichte (JKG. 31 A 51). Vgl. Anm. 8 zu § 3.

5. Ganz allgemein hat das Kammergericht in einer Entscheidung vom 25. Mai 1905 (JKG. 30 A 60) ausgeführt, daß die Regelung des Verfahrens im FEG., FGG. und PrFGG. keinen erschöpfenden kodifikatorischen Charakter habe. Es erscheine gerechtfertigt und geboten, überall da, wo es an ausdrücklichen Vorschriften fehlt und es dem Geiste der erwähnten Gesetze entspricht, bei ihrer Handhabung und Ausgestaltung im einzelnen dem Ermessen der Gerichte zugunsten der von ihnen zu schützenden sachlichen Interessen einen tunlichst weiten Spielraum zu gewähren und nicht etwa alles, was nicht besonders gestattet ist, schon um deswillen als verboten anzusehen. Von diesem Gesichtspunkte aus hat das Kammergericht insbesondere die Aussetzung des FEVerfahrens auf festbestimmte Frist für zulässig erachtet (vgl. Anm. 26 zu § 4).

§ 8

Die gerichtlichen Verhandlungen sind gebühren- und stempelfrei; die baren Auslagen fallen der Staatskasse zur Last[1-2]). Ist nach dem Ermessen des Vormundschaftsgerichts die Vernehmung der nach § 4 Abs. 2 zu hörenden Personen erforderlich gewesen[3]), so haben sie Anspruch auf Erstattung der notwendigen baren Auslagen[4]) aus der Staatskasse; dies gilt jedoch nicht für die Eltern des Minderjährigen[5]).

Verträge über die Unterbringung von Zöglingen sind stempelfrei[6]).

1. Entsprechend dem § 11 ZwEG. ist für das gesamte gerichtliche Verfahren betr. die FE. für alle Beteiligten vollständige Kostenfreiheit eingeführt. Die Kostenfreiheit erstreckt sich auf alle gerichtlichen Verhandlungen und Entscheidungen; es dürfen also auch bei Zurückweisung unbegründeter Beschwerden Kosten nicht erhoben werden (JKG. 8 S. 10). Dagegen ist, falls eine Vertretung durch Bevollmächtigte stattgefunden hat (vgl. Anm. 2o zu § 7), die Vollmacht stempelpflichtig, da die Vollmachtserteilung nicht zu dem gerichtlichen Verfahren gehört; der Vollmachtsstempel ist mit 1 ℳ 50 Pf. zu erheben.

2. Kosten ärztlicher Untersuchung des Minderjährigen trägt die Staatskasse nur insoweit, als die Ermittelung über die Gesundheitsverhältnisse für die Beschlußfassung über die FE. erforderlich ist, andernfalls fallen sie nach § 15 FEG. dem Kommunalverbande zur Last. Der Justizminister hat bezüglich Ermittelungen über den geistigen und körperlichen Gesundheitszustand die in den Anlagen abgedruckte Verfügung vom 24. Juni 1909 sowie eine weitere Verfügung vom 9. Jan. 1911 (JMBl. 1911 S. 119) erlassen.

3. Die nach § 4 Abs. 2 zu hörenden Personen werden, wenn sie vor Gericht erscheinen, regelmäßig nicht als Zeugen oder Sachverständige vernommen, sondern in ihrer Eigenschaft als am Wohlergehen des Minderjährigen kraft ihres Amtes interessierte Personen. Da im AbgH. Zweifel entstanden, ob und inwieweit diese Personen nach Maßgabe der Gebührenordnung für Zeugen und Sachverständige vom 30. Juni 1878 Gebühren zu beanspruchen haben würden, und da es billig erschien, ihnen wenigstens dann, wenn ihre Vernehmung erforderlich gewesen, ihre Auslagen zu erstatten, wurde der Satz 2 in Abs. 1 eingefügt. Darüber, ob das persönliche Erscheinen vor Gericht behufs Vernehmung erforderlich gewesen und ob nicht die Abgabe einer schriftlichen Äußerung genügt haben würde, entscheidet das freie Ermessen des Gerichts. Die betr. Personen werden hiernach auf Erstattung ihrer Auslagen mit Sicherheit nur dann rechnen können, wenn sie vom Gerichte vor-

geladen worden sind, weil dann bereits vom Gerichte geprüft ist, daß das persönliche Erscheinen erforderlich ist.

4. Nur die baren Auslagen, soweit sie notwendig waren, sind erstattungsfähig. Eine Entschädigung für Versäumnis wird also nicht gewährt. Die Auslagen sind durch Belege nachzuweisen. Die Liquidationen sind mit besonderer Sorgfalt aufzustellen; im AbgH. wurde vom Regierungstisch die Befürchtung ausgesprochen, daß die Bestimmung im Satze 2 eine Fundgrube für Monita der Oberrechnungskammer werden würde.

5. Den Eltern ist mit Rücksicht darauf, daß sie ein großes eigenes Interesse haben, sich über die beantragte FE. zu äußern, im allgemeinen ein Anspruch auf Erstattung der Auslagen nicht gegeben worden. Wenn aber das Vormundschaftsgericht die Eltern ausdrücklich als Zeugen oder Sachverständige vorladet, so dürften sie, wie andere Personen, Anspruch auf Gebühren gemäß der Gebührenordnung für Zeugen und Sachverständige haben.

6. Verträge über die Unterbringung werden häufig mit anderen Verträgen (Lehr- oder Dienstverträgen) verbunden sein. Auch in diesem Falle genießen die Verträge die Stempelfreiheit, die mit Rücksicht auf das öffentliche Interesse an einer geeigneten Unterbringung der Zöglinge im Abs. 2 eingeführt ist. In den Anlagen sind als Muster für derartige Verträge die Formulare für einen Erziehungs- und Pflegevertrag, für einen Lehr- und Erziehungsvertrag sowie für einen Erziehungs- und Dienstvertrag, wie sie in Berlin gebräuchlich sind, zum Abdruck gebracht worden.

§ 9

Die Ausführung der Fürsorgeerziehung[1]) liegt dem verpflichteten Kommunalverband[2]) ob (§ 14)[3–12]); er entscheidet darüber, in welcher Weise der Zögling untergebracht werden soll[13–17]). Im Falle der Anstaltserziehung ist der Zögling, soweit möglich[18]), in einer Anstalt seines Bekenntnisses unterzubringen[19]).

Im Falle der Familienerziehung muß der Zögling mindestens bis zum Aufhören der Schulpflicht[20]) in einer Familie seines Bekenntnisses untergebracht werden[21]).

Der Kommunalverband hat dem Vormundschaftsgerichte von der Unterbringung und von der Entlassung des Zöglings Mitteilung zu machen[22–24]).

Die Überführung des Zöglings liegt der Polizeibehörde des Aufenthaltsorts ob[25–28]).

Übersicht: Der § 9 bildet die Grundlage für die Ausführung der FE. Es werden deshalb hier behandelt:

1. in Anm. 1—6 die Verpflichtung des Kommunalverbands zur Ausführung im allgemeinen,
2. in Anm. 7—12 wichtige rechtliche Folgen aus der Überweisung zur FE. (Übergang des Züchtigungsrechts, die gesetzliche Vertretung des FZ., die Mitwirkung des gesetzlichen Vertreters bei gewissen Rechtshandlungen, das Verhältnis von FE. und Strafvollstreckung, die Versicherungspflicht der FZ.),
3. in Anm. 13—17 die Frage der Familien- oder Anstaltserziehung,
4. in Anm. 18—28 besondere Vorschriften hinsichtlich der FE.
   a) wegen der religiösen Erziehung Anm. 18—21,
   b) wegen der an andere Behörden zu machenden Mitteilungen Anm. 22—24,
   c) wegen der Überführung des FZ., der Zurückführung bei Entweichung, der Vorführung zu gerichtlichen Terminen Anm. 25—28.

1. Das FEG. gibt keine ins einzelne gehende Bestimmungen darüber, was zur Ausführung der FE. zu geschehen hat, sondern beschränkt sich diesbezüglich auf die Hervorhebung einiger Punkte, nämlich a) Berücksichtigung des religiösen Bekenntnisses des Minderjährigen (§ 9 Abs. 1 Satz 2 u. 3) und seine religiöse Erziehung (§ 18), b) Sorge für den erforderlichen Schulunterricht (§ 19),

c) Verbot resp. Einschränkung der Unterbringung in gewissen Anstalten (§ 10), d) Anordnung der Bestellung eines Fürsorgers für die in einer Familie Untergebrachten (§ 11), e) Sorge für ein angemessenes Unterkommen bei der Beendigung der FE. (§ 14 Abs. 1 Satz 2). Im übrigen wird zu beachten sein, was in den Motiven zum BGB. IV S. 750 über den Begriff „Erziehung" ausgeführt ist: „Erziehung umfaßt das Recht und die Pflicht, in einer dem Interesse, den Fähigkeiten und Anlagen sowie den sonstigen Verhältnissen des Kindes entsprechenden Weise für die körperliche, geistige und sittliche Ausbildung des Kindes zu sorgen, dasselbe zu einem bestimmten Lebensberufe fähig zu machen und zur Erreichung dieser Ziele überhaupt die Handlungen des Kindes zu leiten."

2. Die nähere Bestimmung darüber, welcher Kommunalverband verpflichtet ist, enthält § 14, vgl. insbes. Abs. 3: „Zur Unterbringung verpflichtet ist derjenige Kommunalverband, in dessen Gebiete der Ort liegt, als dessen Vormundschaftsgericht das Gericht Beschluß gefaßt hat."

3. Die Verpflichtung des KV. tritt ein mit der Rechtskraft des Überweisungsbeschlusses, von diesem Zeitpunkte ab hat er das Recht und die Pflicht zum Zugriff (bezüglich der Kostenfrage vgl. Anm. 13 zu § 15). Rechtskräftig wird der Beschluß nach allgemeinen Grundsätzen mit dem Ablauf der Beschwerdefrist ohne Einlegung eines Rechtsmittels oder mit dem Augenblick, wo ein weiteres Rechtsmittel nicht mehr zulässig ist. Der kammergerichtliche Beschluß auf Anordnung der FE. oder auf Verwerfung der gegen die Anordnung eingelegten weiteren Beschwerde wird deshalb schon mit seinem Erlasse rechtskräftig, ohne daß es dazu noch einer Zustellung an die Beteiligten bedarf (JKG. 34 A 65). Die Erteilung des Rechtskraftzeugnisses (Anm. 43 zu § 4) stellt nur die Rechtskraft in formellverbindlicher Weise von zuständiger Seite fest.

4. Der rechtskräftige Gerichtsbeschluß auf Unterbringung zur FE. ist für den Kommunalverband bindend (§ 14 Satz 1); er kann sich der Ausführung des Beschlusses nicht mit dem Einwand entziehen, daß der Beschluß sachlich nicht gerechtfertigt sei. Diesen

Einwand konnte er, da ihm (anders als nach dem ZwEG.) gemäß § 4 Abs. 3 u. 4 ein selbständiges Beschwerderecht gegeben ist, nur im gerichtlichen Beschwerdeverfahren geltend machen. Würde sich der Kommunalverband weigern, einen vollstreckbar gewordenen Beschluß auf Unterbringung zur FE. auszuführen, so müßte er im Wege des staatlichen Aufsichtsrechts (§ 20) durch eine vom Oberpräsidenten erfolgende Zwangsetatisierung gemäß § 121 Provinzialordnung vom 22. März 1881 (GS. S. 233) dazu angehalten werden (JKG. 34 A 65).

5. Wegen etwaiger Krankheit des Minderjährigen darf die Ausführung der FE. nicht abgelehnt werden. In solchem Falle muß der KV. den FZ. in eine Krankenanstalt bringen (§ 10) oder, wenn er sich zur Zeit der Rechtskraft in einer solchen befindet, dort bis zu einer möglichen Überführung belassen. Die in manchen Reglements enthaltene Vorschrift, wonach die Übernahme kranker Zöglinge von der vorherigen Heilung auf Kosten des Ortsarmenverbandes abhängig gemacht wird, ist rechtlich unverbindlich. Der Ortsarmenverband kann die dadurch veranlaßten Aufwendungen auf Grund §§ 677 ff. BGB. von dem KV. ersetzt verlangen (vgl. das in der Statistik 1904 S. 61 abgedruckte Urteil des OLG. Cöln vom 27. Juni 1905, vgl. auch das ebenda S. 62 abgedruckte Urteil des Oberverwaltungsgerichts vom 6. Okt. 1905, sowie ein Urteil des Bundesamts für Heimatwesen, abgedruckt im PrVBl. 26 S. 470).

6. Den Personalbogen (vgl. Anm. 30 zu § 4) hat der KV. unter Benutzung der gerichtlichen Akten auf seine Richtigkeit und Vollständigkeit zu prüfen und etwa erforderliche Ergänzungen herbeizuführen. Seite 3 und 4 des Personalbogens soll den Gang der FE. darstellen, die erforderlichen Eintragungen sind vom KV. spätestens am Schlusse eines jeden Etatsjahres zu bewirken.

7. Der rechtskräftige Überweisungsbeschluß, der zunächst nur öffentlichrechtliche Wirkungen herbeiführen soll, bringt zugleich auch wichtige privatrechtliche Folgen mit sich. Dadurch, daß dem KV. die Erziehungsgewalt über den FZ. übertragen wird, wird dem Inhaber der elterlichen Gewalt oder dem Vormunde von dem

ihm zustehenden Rechte der Sorge für die Person des Kindes (§§ 1631, 1800 BGB.) der wichtigste Teil ohne weiteres genommen. Aber der Natur der Sache nach muß die FE. auch auf die sonstigen Bestandteile des Rechts der Sorge für die Person des Kindes von Einfluß sein. Wenn § 1631 Abs. 1 BGB. sagt „die Sorge für die Person des Kindes umfaßt das Recht und die Pflicht, das Kind zu erziehen, zu beaufsichtigen und seinen Aufenthalt zu bestimmen", so ist es klar, daß all diese Rechte während der Dauer der FE. tatsächlich von niemanden anders, als dem KV. ausgeübt werden können. Es entfällt auch für die Dauer der FE. das Recht der Eltern, mit dem Kinde zu verkehren, und die diesbezüglich im § 1636 BGB. vorgesehene Regelung durch das VG. Der KV. oder sein Beauftragter hat auch den brieflichen Verkehr des FZ. zu überwachen, Postsendungen an den FZ. werden auf Antrag an die Postbehörde dem Pflegevater oder dem Anstaltsleiter ausgehändigt, die sie zu öffnen haben. Das Züchtigungsrecht als Ausfluß der Erziehungsgewalt (§ 1631 Abs. 2 BGB.) geht auf den KV. über, der seinerseits die Person des Züchtigungsberechtigten (Pflegevater, Anstaltsleiter) zu bestimmen hat. Über die in den Anstalten zulässigen Strafmittel, die Innehaltung der in die Hausordnung aufzunehmenden „Strafordnung" und die Führung eines Strafbuchs sind in den im Anhange abgedruckten Erlassen vom 25. Dez. 1910 und 31. Okt. 1911 eingehende Bestimmungen gegeben (vgl. über das Züchtigungsrecht auch die Entscheidungen des Reichsgerichts RGStraff. 40 S. 91, 41 S. 99).

8. Dagegen wird durch die Anordnung der FE. an der gesetzlichen Vertretung des Minderjährigen nichts geändert, und zwar weder in den das Vermögen noch in den die Personenfrage betreffenden Angelegenheiten. Es muß dies hier scharf hervorgehoben werden, weil vielfach die Ansicht verbreitet ist, daß durch das FEG. die gesetzliche Vertretung des FZ., was die Sorge für seine Person betrifft, dem KV. übertragen worden sei. Darüber enthält aber das FEG. nichts (im Gegenteil ist § 13 Abs. 2, wonach dem gesetzlichen Vertreter des Minderjährigen ein Recht zum Antrag auf Aufhebung der FE. beim KV. eingeräumt

ist, ein zwingender Beweis dafür, daß der KV. nicht der gesetzliche Vertreter sein soll), und nach Art. 135 EG. z. BGB. wäre das Landesrecht auch gar nicht in der Lage gewesen, die reichsrechtlichen Normen über die gesetzliche Vertretung abzuändern (ebenso Kipp in der Jugendfürsorge vom 15. Aug. 1916 S. 1 ff.). Die unrichtige Auffassung ist darauf zurückzuführen, daß das Kammergericht in einem Beschlusse vom 7. Nov. 1904 (JKG. 28 A 179), in dem es den Abschluß eines Lehrvertrags für den FZ. durch den KV. ohne Mitwirkung des gesetzlichen Vertreters für zulässig erklärte (vgl. darüber Anm. 6 zu § 14), die leicht mißzuverstehende Wendung gebraucht hat, es werde „dem KV. das Recht, namens und als gesetzlicher Vertreter des Zöglings im Sinne des § 126b Abs. 2 Gewerbeordnung den Vertrag zu schließen, zuerkannt". Leider hat das Kammergericht erst in einer 10 Jahre später ergangenen Entscheidung (JKG. 46 A 83) den Grundsatz klar ausgesprochen „die Anordnung und Durchführung der FE. durch Unterbringung des Minderjährigen in einer Familie ändern an der gesetzlichen Vertretung des Minderjährigen nichts", und dabei ausdrücklich bemerkt „soweit aus dem Beschlusse des KG. vom 7. Nov. 1904 etwas von der vorstehenden Auffassung Abweichendes entnommen werden kann, wird es nach den obigen Ausführungen nicht aufrechterhalten".

9. In der zuletzt angeführten Entscheidung zählt das Kammergericht eine Reihe von Angelegenheiten auf, welche die Personensorge betreffen und in denen die Mitwirkung des gesetzlichen Vertreters des FZ. in Frage kommt: Einwilligung zur Eheschließung (§ 1304 Abs. 1 BGB.), Ehelichkeitserklärung (§ 1728 BGB.), Annahme an Kindes Statt (§ 1750 BGB.), Begründung und Aufhebung des Wohnsitzes (§ 8 BGB.), Beistand in einem Strafverfahren (§ 149 StPO.), Einlegung von Rechtsmitteln im Strafprozeß (§ 340 StPO.), Stellung eines Strafantrags (§ 65 StGB.); Erhebung einer Privatklage (§ 414 StPO.), Auftreten als Nebenkläger (§ 435 StPO.), Antrag auf Zuerkennung einer Buße (§ 443 StPO.). Kipp l. c. bemerkt zutreffend, daß diese Liste keineswegs vollständig ist. Ich möchte als jetzt in Kriegszeiten wichtig hinzu-

fügen: das Aufgebotsverfahren zum Zwecke der Todeserklärung bei Kriegsverschollenheit (§ 15 BGB., § 962 ZPO.). Kipp nennt u. a. noch den Antrag auf Volljährigkeitserklärung (§ 56 FGG. und §§ 3—5 BGB.). Diesbezüglich hat das Kammergericht zutreffend ausgeführt, daß gegen die Volljährigkeitserklärung eines FZ. dem KV. ein Beschwerderecht nicht zusteht, obwohl dieselbe nach § 13 Abs. 1 die Beendigung der FE. zur Folge hat (JKG. 34 A 72). Diese Entscheidung zeigt, daß die Ansicht von Gordan Anm. 4 zu § 9, dem KV. müsse ein Einspruchsrecht gegen die Vornahme von Rechtsgeschäften gewährt werden, „deren Ausführung den Entscheidungen der FEBehörde innerhalb ihrer Erziehungsgewalt präjudizieren würde", unrichtig ist.

10. Unzweifelhaft können Kollisionen zwischen dem Rechte des gesetzlichen Vertreters des Minderjährigen und der Erziehungsgewalt der Kommunalbehörden eintreten. Das kann aber überall da vorkommen, wo die Sorge für die Person von der gesetzlichen Vertretung in den die Person betreffenden Angelegenheiten getrennt ist, z. B. § 1633 oder § 1634 oder § 1676 Abs. 2 BGB. Mangels einer gesetzlichen Bestimmung kann ich es keineswegs für „selbstverständlich" erachten (wie dies Gordan, Anm. 4 zu § 9, tut), daß die Meinung des KV. vorgeht. Ein derartiger Kollisionsfall ist z. B. möglich bei erforderlich werdender Einwilligung zu ärztlicher Operation des FZ. Ich nehme mit Gordan Anm. 47 zu § 9 an, daß es dem gesetzlichen Vertreter in den die Person betreffenden Angelegenheiten zusteht, das Recht des Kindes auf Wahrung der Integrität seines Körpers wahrzunehmen (anderer Ansicht Schmitz Anm. 32 zu § 9). Daneben aber gehört es unzweifelhaft in den Bereich der Erziehungsgewalt des KV., den FZ. zu einem geistig und körperlich gesunden Menschen zu machen. Wie ist nun zu verfahren, wenn Meinungsverschiedenheit darüber besteht, ob der Heileingriff zur Wiederherstellung der Gesundheit des FZ. vorgenommen werden soll? Gordan will auch hier die Meinung des KV. entscheiden lassen, Noelle Anm. 1 C c γ zu § 9 macht die Einschränkung, daß der KV. selbstverständlich nur im äußersten Notfalle gegen den Willen des gesetzlichen Vertreters

handeln werde. Nach Angabe von Gordan ist der Fall schon vielfach praktisch geworden und eine Anzahl von KB. hat sich dadurch geholfen, daß ein Pfleger zur Ersetzung der Einwilligung des gesetzlichen Vertreters bestellt wurde. Ein gesetzlicher Grund zur Bestellung eines Pflegers wird aber nur ausnahmsweise gegeben sein.

11. Von Wichtigkeit ist auch das Verhältnis zwischen FE. und Strafvollstreckung. Die darüber ergangenen Bestimmungen der Erlasse des Justizministers vom 6. Febr. 1901 und 1. Okt. 1904 in Verbindung mit dem Allerhöchsten Erlaß vom 23. Okt. 1895 haben zu mancherlei Zweifelsfragen Anlaß gegeben. Jetzt ist die Sache durch den im Anhang abgedruckten Erlaß des Justizministers vom 1. Nov. 1910 in klarer Weise geordnet. Im wesentlichen stellt sich das Verhältnis folgendermaßen: Wenn FE. rechtskräftig angeordnet ist oder der Minderjährige sich bereits in FE. befindet, sollen sich die Strafvollstreckungsbehörden zunächst mit dem KB. oder dem Anstaltsvorstand in Verbindung setzen und prüfen, ob die Voraussetzungen für eine bedingte Strafaussetzung vorliegen, insbesondere mit Rücksicht auf den von der FE. zu erwartenden günstigen Erfolg. Besteht hierüber Einverständnis, so ist das Weitere von der Strafvollstreckungsbehörde zu veranlassen, anderenfalls hat sie vor Einleitung der Strafvollstreckung an den Justizminister zu berichten, insbesondere ob nach der Persönlichkeit des Verurteilten und der Art der Straftat sofortige Vollstreckung geboten erscheint. Befindet sich der Minderjährige bei Anordnung der FE. bereits in Strafhaft, so kann auf Antrag des KB. eine vorläufige Unterbrechung des Strafvollzugs angeordnet werden, um demnächst Strafaussetzung eintreten zu lassen; eine derartige Unterbrechung ist natürlich dann nicht angebracht, wenn nach den Umständen des Falles doch eine Fortsetzung der Strafvollstreckung zu erwarten ist.

Dem gleichen Zwecke, der FE. soweit tunlich den Vorrang vor strafrechtlichen Maßnahmen einzuräumen, dient auch der Erlaß des Ministers des Innern vom 29. Juni 1904 (MBl. 1904 S. 222). Danach sind Minderjährige, die auf Grund der §§ 181a, 362 RStGB. der Landespolizeibehörde überwiesen und von dieser in ein Arbeitshaus oder eine Besserungsanstalt gebracht sind, alsbald nach rechtskräftiger Anordnung der FE. unter Aufhebung der korrektionellen Nachhaft dem zuständigen KV. zuzuführen.

12. Was die Frage der Versicherungspflicht der FZ. betrifft, so bestand vielfach die Ansicht, daß FZ. den Arbeiterversicherungsgesetzen nicht unterlägen, weil diese im allgemeinen nur auf freie Arbeiter Anwendung fänden und das Spezialgesetz vom 30. Juni 1900, betr. die Unfallfürsorge für Gefangene, sich nicht auf FZ. bezöge. Demgegenüber hat aber das Reichsversicherungsamt in ständiger Rechtsprechung angenommen, daß FZ. versicherungspflichtig sind, soweit bei ihnen die allgemeinen, aus den einzelnen Versicherungsgesetzen sich ergebenden Voraussetzungen für die Versicherungspflicht vorliegen. Der Umstand, daß bei ihnen die Beschäftigung erzieherischen Zwecken dient, bilde kein Hindernis für die Versicherungspflicht, wenn die Beschäftigung nur sonst wirtschaftlicher Natur sei (vgl. die in der DJZ. 1905 S. 73 mitgeteilte Entscheidung des RVA. vom 7. Okt. 1904). Nach der Reichsversicherungsordnung vom 19. Juli 1911 ist die Rechtslage kurz folgende: a) der Krankenversicherung unterliegt ein FZ., der als Arbeiter, Gehilfe, Geselle, Lehrling oder Dienstbote gegen Entgelt beschäftigt ist, wobei es gleichgültig ist, ob der FZ. selbst oder sein Fürsorger oder der KV. das Entgelt in Empfang nimmt. b) Die Unfallversicherung findet auf FZ., gleichgültig ob sie in einer Anstalt oder in einer Familie untergebracht sind, Anwendung, soweit sie als Arbeiter, Gehilfen, Gesellen, Lehrlinge in einem Betriebe beschäftigt sind, der nach dem Gesetze zu den versicherungspflichtigen gehört. Letzteres ist insbesondere der Fall bei landwirtschaftlichen Betrieben, auch wenn sie nur landwirtschaftliche Nebenbetriebe sind. c) Der Invaliden- und Hinterbliebenenversicherung unterliegen FZ., auf die sich die Krankenversicherung erstreckt, soweit sie das 16. Lebensjahr vollendet haben.

13. Die Regierungsvorlage hatte die Entscheidung darüber, ob Familien- oder Anstaltserziehung stattfindet, ohne Einschränkung in die Hand des KV. gelegt, wobei nur bezüglich der Benutzung gewisser Anstalten § 10 Abs. 1 zu beachten war. Durch

die vom AbgH. dem § 9 Abs. 1 hinzugefügten Sätze 2 u. 3 ist insofern eine Beschränkung eingetreten, als ein schulpflichtiger Zögling, für den sich keine geeignete Familie seines Bekenntnisses zur Aufnahme bereit findet, in einer Anstalt untergebracht werden muß. Im übrigen aber ist der KV. völlig frei, welche Art der Unterbringung des FZ. er wählen will. Generelle Vorschriften darüber lassen sich auch gar nicht geben; es muß hier individualisiert werden: die Eigenart des FZ., die Ursachen der Verwahrlosung und der Grad, den die Verwahrlosung bereits erreicht hat, sind zu berücksichtigen.

14. Bei der Wichtigkeit der Entscheidung über die Art der Unterbringung haben viele KV. jetzt die Einrichtung getroffen, daß die Neu-Überwiesenen zumeist in eine „Aufnahmestation" oder „Verteilungsstation" gebracht werden, wo sie beobachtet und ihre Eigenart festgestellt werden kann, um daraufhin die für sie geeignete Unterbringung zu bestimmen. Es handelt sich hierbei nicht nur um die Frage: Familien- oder Anstaltserziehung? sondern weiter darum, ob die Unterbringung auf dem Lande oder in der Stadt, in einer größeren oder kleineren Anstalt usw. für die Erziehung des Betreffenden das Geeignete ist. Diese Einrichtung ist als ein wichtiger Fortschritt in der praktischen Erziehungsarbeit zu betrachten. Die Erkennung der Eigenart eines Kindes bedeutet vielfach den Anfang zu seiner richtigen Erziehung, und es kommt sicherlich nicht selten vor, daß die KV. auf Grund des Aktenmaterials allein nicht in der Lage sind, zu wissen, was sie mit dem FZ. anfangen sollen. Bewährt hat sich auch die Einrichtung von Beobachtungsstationen oder -anstalten für FZ., deren Zustand eine besondere ärztliche Beobachtung erwünscht erscheinen läßt, nicht nur um ihnen hier eine geeignete Pflege zuteil werden zu lassen, sondern vor allem um sie einer eingehenden psychiatrischen Untersuchung zu unterwerfen (vgl. Dietrich im ZVW. 8 S. 238). Die Zahl der geistig Minderwertigen ist unter den FZ. eine außerordentlich große (vgl. Statistik 1911 S. 101).

15. Die AB., die sich näher über die Frage: Familien- oder Anstaltserziehung auslassen, enthalten sich bestimmter Direktiven. Es heißt dort nur ganz allgemein:

„Solange die Zwecke der Fürsorgeerziehung durch Unterbringung in einer Familie nur irgend erreicht werden können, ist dieser der Vorzug zu geben. Sie wird von vornherein zur Anwendung zu bringen sein, wenn der Zögling das schulpflichtige Alter noch nicht überschritten hat und ein erhebliches sittliches Verderbnis nicht vorliegt, oder nach voraufgegangener Anstaltserziehung, wenn der Zögling durch sie an Zucht und Ordnung gewöhnt, körperlich, geistig und sittlich gekräftigt ist."

„Die Unterbringung in Anstalten erscheint vorzugsweise angebracht für Minderjährige, die zu geschlechtlichen Ausschweifungen, zum Landstreichen und Verbrechen neigen oder in anderer Weise sittlich verwahrlost sind, sowie solche, deren körperlicher Zustand eine besondere Pflege unter ärztlicher Aufsicht fordert. Die Zöglinge sollen aber in der Anstalt nur so lange bleiben, als unbedingt notwendig ist, um sie an Zucht und Ordnung zu gewöhnen, leiblich und geistig zu kräftigen."

16. Wie aus den eben mitgeteilten Äußerungen der AB. hervorgeht, wird im Laufe der FE. ein Wechsel in der Art der Unterbringung häufig angezeigt sein. Vgl. auch die folgende Ausführung in den AB.:

„Zöglinge, die nicht mehr im schulpflichtigen Alter stehen, oder Zöglinge, deren sittliche Verwahrlosnng weiter vorgeschritten ist, werden zunächst in einer Anstalt unterzubringen sein, um hier einen körperlichen und moralischen Reinigungsprozeß durchzumachen. Sobald dieser beendet ist, sind sie in Familien unter Aufsicht des Anstaltsvorstehers unterzubringen, die schulpflichtigen in Pflege, die schulentlassenen als Lehrlinge und Dienstboten. Führen sie sich schlecht, oder erweist die Familie sich als ungeeignet, so sind sie in die Anstalt zurückzunehmen, um nach einiger Zeit einen erneuten Versuch mit der Familienerziehung zu machen."

Beide Arten der Unterbringung haben eben Licht- und Schattenseiten: die Familienerziehung, als die an sich naturgemäße, wird häufig gegenüber Verwahrlosten unzureichend sein; die Anstalt mit ihrer planmäßigen, zielbewußten Erziehung durch berufsmäßige Pädagogen, mit ihrer strengen Zucht und Ordnung kann bei diesen

Elementen Ersprießliches leisten, aber das Leben in der Anstalt hat immer etwas Gekünsteltes, die Zöglinge lernen das wirkliche Leben nicht kennen und sind, wenn sie die Anstalt verlassen, dafür unzureichend gerüstet. Der in den obigen Ausführungen der AB. enthaltene Gedanke: die Anstalt als Durchgang zur Familienerziehung, ist deshalb durchaus zutreffend.

17. Über die von den KV. zur Ausführung der Familienerziehung und der Anstaltserziehung getroffenen Veranstaltungen vgl. die Anm. 4—7 bei § 14.

Bezüglich der Erziehung in der eigenen Familie vgl. die Anm. 5 bis 8 bei § 10.

18. Im AbgH., das die Sätze 2 u. 3 des Abs. 1 eingefügt hat, ging man davon aus, daß der FE. eine religiöse Grundlage gegeben werden müsse und daß deshalb der Zögling möglichst in eine Umgebung seines Bekenntnisses unterzubringen sei. Da eine solche Unterbringung nicht immer durchzuführen ist, jedenfalls nicht ohne unverhältnismäßige Kosten, sind Einschränkungen von der Regel gemacht worden: in Satz 2 bei der Anstaltserziehung „soweit möglich", in Satz 3 bei der Familienerziehung „mindestens bis zum Aufhören der Schulpflicht". Auch mit diesen Einschränkungen ergibt sich aus der gesetzlichen Regelung vielfach in der Praxis die Notwendigkeit, FZ. außerhalb des Bezirkes des verpflichteten KV. unterzubringen. Übrigens steht die Überwachung der Anwendung der gesetzlichen Bestimmungen über die religiöse Erziehung der FZ. ausschließlich der staatlichen Aufsichtsbehörde (§ 20 FEG.) zu, das VG. ist für eine Beschwerde dieserhalb nicht zuständig (JKG. 29 A 37).

Hinsichtlich der Frage, welchem Bekenntnisse der FZ. angehört, vgl. Anm. 2 zu § 18.

19. Hierzu bemerken die AB.:

„Der Zögling ist, soweit irgend möglich, in einer Anstalt seines Bekenntnisses unterzubringen. Ist eine solche Anstalt, die zugleich den Aufgaben der Fürsorgeerziehung gewachsen ist, im Bezirke des verpflichteten Kommunalverbandes nicht vorhanden, so ist die Unterbringung in einer geeigneten Anstalt im Bezirke eines anderen Kommunalverbandes anzustreben. Läßt sich die Unterbringung eines Zöglings in einer geeigneten Anstalt seines Bekenntnisses nicht ermöglichen, so ist der Religionsunterricht und die regelmäßige Teilnahme am Gottesdienste nach den Ordnungen seines Bekenntnisses sicherzustellen."

20. Das zum Besuche der Volksschule verpflichtende Alter, auf das es hier ankommt, ist in den einzelnen Provinzen Preußens nicht überall das gleiche; meistenteils beginnt es mit dem vollendeten 6. und dauert bis zum vollendeten 14. Lebensjahr; vgl. ALR. II, 12 § 43, Kabinettsorder vom 14. Mai 1825.

21. Hierzu sagen die AB.:

„Die Familie muß dem religiösen Bekenntnisse des Zöglings angehören. Bei nicht mehr schulpflichtigen Kindern kann von dieser Bestimmung ausnahmsweise abgesehen werden, wenn eine geeignete Familie ihres Bekenntnisses überhaupt nicht oder nur an solchen Orten gefunden werden kann, wo die Beaufsichtigung des Zöglings besondere Schwierigkeiten bietet. Dann ist jedoch die regelmäßige Teilnahme des Zöglings am Gottesdienste seines Bekenntnisses sicherzustellen."

Es sei hier übrigens bemerkt, daß die Vorschrift in Satz 3 über die sonst in Preußen an die religiöse Erziehung gestellten Anforderungen hinausgeht, da die religiöse Erziehung eines Mündels sonst nicht dessen Unterbringung in einer Familie gleichen Bekenntnisses erfordert (JKG. 37 A 75).

22. Wenngleich ausdrücklich vorgeschrieben nur die Mitteilung „von der Unterbringung und von der Entlassung" ist, so wird doch auch jeder Wechsel in der Unterbringung und die nur widerrufliche Entlassung dem VG. mitzuteilen sein. Denn als der Zweck des vom AbgH. hinzugefügten Abs. 2 wurde angeführt, daß „es zweckmäßig sei, eine Aufsicht über die Unterbringung eines Zöglings herbeizuführen" (KB. des AbgH. S. 19); dazu aber ist es erforderlich, daß das VG. über den Ort der Unterbringung dauernd unterrichtet ist. Falls das VG. gegen die Art, in welcher die FE. ausgeführt wird, Bedenken hat, wird es dieselben zunächst dem Kommunalverbande,

erforderlichenfalls aber auch der Aufsichtsbehörde (§ 20) mitzuteilen haben. Vgl. dagegen Horion, welcher in einem Aufsatze „die Abgrenzung der Befugnisse zwischen Provinzialverband, Vormundschaftsgericht und dem Inhaber der elterlichen Gewalt bzw. Vormund während der Dauer der Fürsorgeerziehung" in Gruchots Beiträgen zur Erläuterung des deutschen Rechts 47 S. 67—80 ausführt, das VG. sei nicht berechtigt, irgendwelche Aufsicht über die Unterbringung, sei es selbst, sei es durch den Pfleger des FZ., auszuüben, deshalb sei dem VG. auch keine Mitteilung von einem Wechsel in der Unterbringung des FZ. zu machen. Ebenso Gordan Anm. 25 zu § 9 und Noelle Anm. 9 zu § 9; dagegen stimmt Schmitz Anm. 57 zu § 9 mit meiner Ansicht überein. Auf die Ausführungen von Horion möchte ich bemerken, daß auch ich nicht annehme, daß dem VG. im Gesetze Machtbefugnisse zu einer eigentlichen Aufsicht über die Unterbringung gegeben sind, daß es sich vielmehr immer nur um Vorstellungen von Behörde zu Behörde handeln kann. Um solche Vorstellungen zu ermöglichen, muß das VG. in Kenntnis von dem Ort der Unterbringung gehalten werden; das hat der Gesetzgeber bei der Einfügung des Abs. 2 beabsichtigt, und da der Abs. 2 ganz allgemein Mitteilung von der Unterbringung vorschreibt, so liegt kein Anlaß zu einer einschränkenden Interpretation dahin vor, daß dabei nur die erste Unterbringung zu verstehen sei.

23. Die AB. schreiben ferner vor:

„Von der Unterbringung des Zöglings in einer Familie ist vorher dem Gemeindevorstande, sowie dem zuständigen Geistlichen Anzeige zu machen. Ist der Zögling schulpflichtig, so ist auch die Schulbehörde zu benachrichtigen und festzustellen, daß die Aufnahme des Zöglings in die Volksschule gesichert ist (§ 19)."

24. Im AbgH. war angeregt worden, eine gleiche Mitteilung dem Waisenrate zugehen zu lassen, wie dies nach § 9 Abs. 2 ZwEG. vorgeschrieben war. Nachdem sich der Minister des Innern dagegen ausgesprochen hatte, ist hiervon abgesehen worden (KB. des AbgH. S. 19). Man kann im Zweifel sein, ob die Zurücksetzung des Waisenrats, wie sie sich gegenüber dem bisherigen Rechte auch sonst in dem Gesetze findet (vgl. Anm. 32 zu § 4 und Anm. 2 zu § 11), gerecht-

fertigt war; die an das AbgH. gerichtete Petition der Gemeindewaisenräte der Stadt Königsberg (Anlagen zu dem KB. des AbgH. S. 10/12) ist ohne Berücksichtigung geblieben. Sofern es sich um bevormundete Zöglinge handelt, wird übrigens das BG. dem Waisenrate gemäß § 1851 BGB. Mitteilung von dem Aufenthalte des Mündels zu machen haben.

25. Hier, wie bei § 15 Abs. 1 Satz 1, ist an die Stelle des Wortes „Einlieferung" in der Regierungsvorlage der Ausdruck „Überführung" gesetzt, um klarzustellen, daß es sich nicht um einen Verbrecher handelt, der zur Strafverbüßung eingeliefert wird, sondern um einen Erziehungsbedürftigen, der einer anderweitigen Erziehung zugeführt wird. Daraus folgt aber nicht, daß der Minderjährige auf dem Wege zur Anstalt in seiner persönlichen Freiheit grundsätzlich nicht beschränkt sei und nicht beschränkt werden dürfe. Damit würde die Durchführung der Maßregel leicht vereitelt werden können. Es ist vielmehr dem Ermessen der Polizeibehörde überlassen, in welcher Weise sie im Einzelfalle sich sachgemäß der ihr gesetzlich übertragenen Aufgabe der Überführung des Minderjährigen entledigt und inwieweit sie dabei von der ihr zustehenden Exekutivgewalt (§ 6 des Gesetzes vom 12. Febr. 1850 und § 11 der Geschäftsordnung für die preußischen Regierungen vom 23. Okt. 1817) Gebrauch macht. Ermächtigt sie den Transporteur zur Anwendung von Sicherungsmaßregeln, so ist damit der Zögling in seiner persönlichen Freiheit kraft obrigkeitlicher Anordnung in einem Maße beschränkt, daß er als Gefangener im Sinne des § 121 RStGB. anzusehen ist (RGStraff. 37 S. 366).

26. Die AB. schreiben vor:

„Die Überführung des Zöglings in die von dem Kommunalverbande zu seiner Aufnahme bestimmte Familie oder Anstalt hat die Polizeibehörde des Aufenthaltsorts zu veranlassen. Die Begleiter sind mit besonderer Sorgfalt auszuwählen; weibliche Zöglinge sind in der Regel durch weibliche Begleiter zu überführen."

Nach einem Erlasse des Ministers des Innern vom 29. April

1902 (MBl. S. 82) sollen die Begleiter bürgerliche Kleidung anhaben.

Die Benutzung der Sammeltransportwagen für Gefangene (JMBl. 1904 S. 80) ist nach einem Erlasse des Ministers des Innern vom 23. Febr. 1906 (MBl. S. 37) bei der Überführung von FZ. verboten.

Die Kosten der Überführung fallen nach § 15 Abs. 1 Satz 1 dem Ortsarmenverband, in dem der FZ. seinen Unterstützungswohnsitz hat, eventuell dem KV. zur Last.

27. Abs. 3 bezieht sich nur auf die erstmalige Überführung. Für den Fall einer Entweichung des FZ. aus der Anstalt oder der Dienst- oder Lehrstelle hatte der Minister des Innern in einem Erlasse vom 23. Febr. 1906 sich dahin ausgesprochen, daß die Zurückführung zweckmäßigerweise durch ein geeignetes Mitglied des Anstaltspersonals, gegebenenfalls auch durch den Dienstherrn, ausgeführt werden könne, und daß die Mitwirkung der Polizei bei solchen Transporten auf die Fälle der Unentbehrlichkeit beschränkt bleiben möge. Praktisch hat sich aber die Mitwirkung der Polizei bei dem Rücktransporte nicht häufig entbehren lassen. Deshalb hat der Minister durch den im Anhang abgedruckten Erlaß vom 14. März 1910 seinen früheren Erlaß dahin ergänzt, daß die KV., sofern die Zurückführung durch das Anstaltspersonal oder die Dienstherrschaft nicht ausführbar ist, berechtigt sind, die Hilfe der Polizei in Anspruch zu nehmen. Die durch die Zurückführung entstehenden Kosten sind Kosten der FE. Steckbriefe oder Anzeigen in öffentlichen Blättern sollen gegen entwichene FZ. nicht erlassen werden. Vielmehr ist durch einen gemeinsamen Erlaß des Finanzministers und des Ministers des Innern vom 21. Mai 1906 (MBl. S. 211) vorgeschrieben, daß zunächst Nachfragen an die Eltern und Verwandte, an die Behörden des Heimatsorts und des Wohnorts der Eltern usw. zu richten sind, und daß, falls diese tunlichst unauffällig vorzunehmenden Ermittelungen zu keinem Erfolge führen, der Polizeipräsident in Berlin mittels eines vorgeschriebenen Formulars um weitere Veranlassung zu ersuchen ist. Dieser stellt die eingegangenen Ersuchen zu einer „Nachweisung von Personen, die zu ermitteln sind" zusammen, die vervielfältigt und den Regierungspräsidenten halbmonatlich zugesandt wird; letztere haben für die Verteilung an die ihnen unterstellten Polizeibehörden zu sorgen.

28. Nach einer gemeinschaftlichen Verfügung des Justizministers, des Finanzministers und des Ministers des Innern vom 14. Juli 1905 (MBl. S. 129) haben die KV. dafür zu sorgen, daß FZ., die zu gerichtlichen Terminen geladen sind, vor Gericht erscheinen. Abschriften der Ladungen haben die Gerichte den KV. zugehen zu lassen. Den FZ. ist regelmäßig ein Begleiter beizugeben, welcher die durch die FE. gebotene Aufsicht gewährleistet. Die durch das Verbringen des FZ. vor Gericht erwachsenden Kosten sind Kosten der FE.

§ 10

Die Zöglinge dürfen nicht[1]) in Arbeitshäusern und nicht in Landarmenhäusern[2]), in Anstalten, welche für Kranke, Gebrechliche, Idioten, Taubstumme oder Blinde bestimmt sind, nur solange untergebracht werden, als es ihr körperlicher oder geistiger Zustand erfordert[3–6]).

In Ausführung einer eingeleiteten Fürsorgeerziehung kann die Erziehung in der eigenen Familie des Zöglings unter Aufsicht des Kommunalverbandes widerruflich angeordnet werden[7–9]).

1. In der Begr. wurde bezüglich des Verbots der Unterbringung von Zöglingen in diesen Anstalten nur angeführt: „daß die Unterbringung der Zöglinge nicht in einem Arbeits- oder Landarmenhause erfolgen darf, entspricht dem § 8 des bisherigen Gesetzes". Einer weiteren Begründung des Verbots bedurfte es in der Tat auch nicht. Daß die Unterbringung der Zöglinge in Anstalten, wo sich dem Verbrechen bereits anheimgefallene Personen befinden, den Zweck der FE. ernstlich gefährden müßte, und daß weiter die Unterbringung eines Minderjährigen in solchen Anstalten

demselben einen für sein späteres Fortkommen hinderlichen Makel anheften würde, liegt so auf der Hand, daß es keiner besonderen Hervorhebung bedurfte. Dies um so weniger, als die landesgesetzliche Zulassung der Unterbringung der zur FE. überwiesenen Minderjährigen in Arbeitshäusern den reichsgesetzlichen Bestimmungen zuwider gewesen wäre; denn nach Art. 135 EG. z. BGB. und § 1666 BGB. muß die Unterbringung erfolgen in einer Erziehungs- oder Besserungsanstalt, und als solche kann nach der Auffassung der Reichsgesetzgebung, wie sich aus der dem § 362 RStGB. durch die Novelle vom 25. Juni 1900 gegebenen Fassung ganz zweifelsfrei ergibt, eine Arbeitsanstalt, in der die nach § 361 Ziff. 3 bis 9 RStGB. verurteilten Personen gebracht werden, nicht angesehen werden. Erst nach lebhaftem Kampfe, über den in der Einleitung berichtet ist, ist es gelungen, den Beschluß des HH., welcher die Unterbringung in Arbeitshäusern und Landarmenhäusern dann zulassen wollte, wenn die Zöglinge das schulpflichtige Alter zurückgelegt haben und wenn Einrichtungen getroffen werden, welche eine vollständige und dauernde Trennung von den übrigen Häuslingen sicherstellen, zu beseitigen und die Regierungsvorlage wieder herzustellen. Nur wurde für eine Übergangszeit von drei Jahren die Benutzung der fraglichen Anstalten unter gewissen Voraussetzungen zugelassen (§ 23 Abs. 3).

2. Arbeitshäuser sind die von den Landarmenverbänden zur Unterbringung von Korrigenden (§§ 181a, 361 Nr. 3—8, 362 RStGB.) errichteten Anstalten; Landarmenhäuser sind die von den Landarmenverbänden zur Unterbringung von Landarmen gemäß § 1 AG. z. Unterstützungswohnsitzgesetz benutzten Anstalten. Es kann fraglich sein, ob es dem Wortlaute und der Entstehungsgeschichte des § 10 entspricht, wenn im unmittelbaren Anschlusse an diese Anstalten Erziehungs- und Besserungsanstalten für FZ. eingerichtet werden, die in wirtschaftlicher Beziehung eine Einheit mit dem Arbeitshause oder dem Landarmenhause bilden. Die AB. haben dies zugelassen; es heißt dort:

„Den Kommunalverbänden ist gestattet, zur Errichtung eigener Erziehungsanstalten Gebäude, die bei Landarmen- und Arbeitshäusern überflüssig werden, zu benutzen. Diese Gebäude müssen jedoch von den zur Aufnahme der Landarmen und Korrigenden bestimmten vollständig abgeschlossen werden; die Erziehungsanstalt muß ihren eigenen pädagogisch gebildeten Leiter und ein besonderes Lehr- und Aufsichtspersonal haben; das Personal des Landarmen- und Arbeitshauses darf bei den Zöglingen nicht zur Verwendung kommen. Die Zöglinge müssen unter allen Umständen, auch bei der Arbeit, von den Insassen des Landarmenhauses oder Korrektionshauses so getrennt gehalten werden, daß irgendeine Berührung zwischen ihnen nicht stattfindet.

Dagegen kann die wirtschaftliche Verwaltung beider Anstalten unter der Oberleitung des Vorstehers des Arbeitshauses gemeinsam sein."

Demgemäß ist von vielen KV. verfahren. Die Entscheidung, ob derartige, in einem gewissen Zusammenhange mit Arbeits- und Armenhäusern stehende Anstalten den Anforderungen entsprechen, steht den staatlichen Aufsichtsbehörden, in letzter Instanz dem Minister des Innern, zu.

3. Nach § 8 des ZwEG. war die Unterbringung in derartigen Krankenanstalten direkt verboten. Mit Recht hebt die Begr. hervor, daß ein solches Verbot durchaus nicht immer im Interesse der Zöglinge liegt, und daß es daher gerechtfertigt ist, die Unterbringung in derartigen Anstalten insoweit und so lange zuzulassen, als der körperliche oder geistige Zustand des Zöglings dies erfordert. Die Bestimmung hat jetzt, wo auch körperliche Verwahrlosung einen Grund für die Überweisung zur FE. abgibt, eine erhöhte Bedeutung. In der Entscheidung des Oberverwaltungsgerichts vom 27. Mai 1904 (OVG. 45 S. 430) ist ausgesprochen, daß der Kommunalverband verpflichtet ist, auch einen Minderjährigen, der zur Zeit der Beschlußfassung des VG. mit ansteckender und selbst unheilbarer Krankheit behaftet war, nach Rechtskraft des Beschlusses in geeigneter Weise unterzubringen, und daß auch eine dauernde Unterbringung eines Zöglings in einem Krankenhause nicht unzulässig ist, wenn sein Zustand dies erfordert.

4. Die Unterbringung in Krankenanstalten ist selbstverständlich auch zulässig, wenn erst im Laufe der FE. Krankheitsfälle eintreten. In den AB. heißt es:

„Zöglinge, die wegen ihres krankhaften Zustandes in Anstalten, welche für Kranke, Gebrechliche, Idiote, Epileptische, Taubstumme oder Blinde bestimmt sind, untergebracht werden müssen, fallen dadurch nicht ohne weiteres aus der Fürsorgeerziehung. Für die Aufhebung dieser Maßregel gelten auch bei diesen Zöglingen die Bestimmungen des § 13 Abs. 2."

Ob in den Krankenanstalten die dort untergebrachten FZ. von den erwachsenen Insassen getrennt werden, ist dem pflichtmäßigen Ermessen des KB. überlassen.

5. Die Irrenanstalten sind nicht besonders genannt, sie fallen unter den allgemeinen Begriff „Anstalten für Kranke". Die Zahl der psychisch Abnormen wie der geistig Minderwertigen unter den FZ. ist eine sehr große. Prof. Cramer fand bei seinen psychiatrischen Untersuchungen der in hannoverschen Anstalten untergebrachten FZ. 53 % erblich Belastete. Dr. H. W. Gruhle (Ursachen der jugendlichen Verwahrlosung und Kriminalität, Berlin 1912) bei den in der badischen Anstalt Flehingen Untergebrachten 28,57 % Psychopaten und 23,18 %, die er als psychisch auffällig und merkwürdig bezeichnete (vgl. auch Kluge, Die FE. schwachsinniger und psychisch abnormer Minderjähriger in Aschaffenburgs Monatsschrift für Kriminalpsychologie 4 S. 593 ff.). Es ergibt sich daraus, wie notwendig vielfach die Mitwirkung eines Psychiaters bei der FE. ist. Einige KB. haben auch besondere Anstalten für geistig minderwertige FZ. bestimmt, wo der Eigenart der Insassen Rechnung getragen werden kann. Es sei hier auch auf den Erlaß des Ministers des Innern vom 23. Nov. 1916 (MBl. 1917 S. 7) hingewiesen, in dem die Oberpräsidenten ersucht werden, für rechtzeitige Entmündigung derjenigen FZ. Sorge zu tragen, die wegen geistiger Gebrechen außerstande sind, selbständig und ohne zu straucheln durch das Leben zu gehen. (Vgl. auch Hartmann, Die Entmündigung von Fürsorgezöglingen, in ZBW. 4 S. 160.)

6. Über die Beschulung blinder und taubstummer Kinder vgl. das Gesetz vom 7. Aug. 1911, in dem auch die Verpflichtung der KV. geregelt ist, solche Kinder vom Beginn der Schulpflicht an in einer Blinden- oder Taubstummenanstalt oder an einem Orte unterzubringen, von dem aus sie die unterrichtlichen Veranstaltungen dieser Anstalten besuchen können.

7. Die in Abs. 2 zugelassene Unterbringung in der eigenen Familie des FZ. stellt gegenüber dem früheren Recht eine Neuerung dar, die in der Begr. S. 19 folgendermaßen gerechtfertigt wird:

„Daß, ohne die Fürsorgeerziehung aufzuheben, der Zögling unter Aufsicht der Behörde der eigenen Familie zurückgegeben werden kann, wenn die Fürsorgeerziehung auf das Kind soweit gewirkt hat, daß eine sittliche Besserung und Festigung des Zöglings zu erkennen ist und die Verhältnisse der Familie durch Verbesserung der wirtschaftlichen Lage, durch Ausscheiden des Elternteiles, der die Verwahrlosung verschuldete, durch Verziehen der Familie in eine andere, sozial gesundere Umgebung die Gefahr für die Verwahrlosung gemindert, aber eine endgültige Aufhebung der Maßregel doch noch bedenklich scheint. So notwendig die Fürsorgeerziehung unter unseren sozialen Verhältnissen ist, so segensreich sie wirken kann, so ist doch nicht zu verkennen, daß diese Maßregel die Gefahr in sich birgt, das Gefühl der Verantwortlichkeit der Eltern für ihre Kinder abzuschwächen, wenn es ihnen zu leicht gemacht wird, die Sorge und Kosten der Erziehung auf Staat und Kommunalverbände abzuwälzen. Die Maßregel der Zurückgabe der unter Fürsorgeerziehung Stehenden an die Eltern, um sie durch die öffentliche Aufsicht zu einer sorgfältigeren Erziehung und Überwachung ihrer Kinder anzuhalten, kann dazu beitragen, dem Schwinden des Verantwortlichkeitsgefühls entgegenzuwirken."

8. Durch die Worte „in Ausführung einer eingeleiteten FE." ist in dem Gesetze zum Ausdruck gebracht, daß die Unterbringung in der eigenen Familie erst zulässig ist, nachdem vorher eine Unterbringung in einer Anstalt oder in einer fremden Familie

stattgefunden hat. Ich habe hierzu bereits in der ersten Auflage bemerkt, „es ist nicht etwa zulässig, den Beschluß auf Unterbringung zur FE. von vornherein durch Anordnung der Erziehung in der eigenen Familie auszuführen, was praktisch auf eine Nichtausführung hinauslaufen würde". Übereinstimmend Schmitz Anm. 8 zu § 10 und Noelle Anm. 5 zu § 10. Es ist schwer zu begreifen, wie Gordan Anm. 3 zu § 10 trotz des Wortlauts des Abs. 2 und des in der Begr. klar dargelegten Willens des Gesetzgebers zu der Auslegung kommen kann, daß der Zögling in Ausführung der FE. einfach ohne weiteres in seiner Familie belassen werden darf. Ein näheres Eingehen auf die gekünstelte Auslegung Gordans erübrigt sich; doch sei darauf hingewiesen, daß die Novelle vom 7. Juli 1915 ausdrücklich in Ziff. 1 des § 1 für die Anordnung der FE. die Notwendigkeit anderweiter Unterbringung als Voraussetzung aufstellt.

9. Die AB. bemerken zum Abs. 2:

„Auch die Unterbringung des Zöglings in der eigenen Familie ist zulässig. Vorbedingung dafür ist, daß die Erziehung in einer fremden Familie oder in einer Anstalt den Zögling sittlich gebessert hat, und daß die Verhältnisse der eigenen Familie, durch welche die Verwahrlosung des Zöglings verschuldet ist, beseitigt sind, etwa durch Verbesserung der wirtschaftlichen Lage, durch Ausscheiden des schuldigen Elternteils, durch Verziehen der Familie in eine andere sozial gesundere Umgebung. Durch diese Maßregel wird die Fürsorgeerziehung nicht aufgehoben, der Zögling untersteht der vom Kommunalverbande angeordneten Aufsicht und kann der Familie jederzeit genommen und anderweit untergebracht werden, wenn sie sich ungeeignet erweist."

Die Unterbringung in der eigenen Familie charakterisiert sich hiernach als eine im Verlaufe der FE. unter Vorbehalt des Widerrufs zugelassene Art der Unterbringung in einer geeigneten Familie (§ 2) und nähert sich damit der widerruflichen Entlassung. Ein wesentliches Moment ist es dabei, daß der nach § 11 FEG. „zur Überwachung der Erziehung und Pflege" des FZ. bestellte Fürsorger weiter in Tätigkeit bleibt; er wird, wie es Landsberg ZVW. 5 S. 159 zutreffend ausgedrückt hat, „Schutzaufsichtsbeamter". Eine Erziehungsschutzaufsicht kann auch als eine vormundschaftsgerichtliche Maßregel auf Grund des § 1666 BGB. zur Vermeidung der FE. angeordnet werden, und es geschieht dies, seitdem an vielen Orten die „Jugendhilfe" ihre segensreiche Tätigkeit aufgenommen hat, in zahlreichen Fällen. Während sie aber dann dazu dient, die Einleitung einer FE. gegenstandslos zu machen, bezweckt die vom KV. angeordnete Maßregel des § 10 Abs. 2 eine eingeleitete FE. in geeigneter Weise zum Abschluß zu bringen.

§ 11

Für jeden in einer Familie untergebrachten Zögling[1]) ist zur Überwachung seiner Erziehung und Pflege[2]) von dem Kommunalverband[3]) ein Fürsorger[4]) zu bestellen[5–6]). Hierzu können auch Frauen bestellt werden[7]).

1. Die Einrichtung des „Fürsorger" ist eine Neuerung des FEG.; das ZwEG. begnügte sich damit, über die nicht bevormundeten Zöglinge eine Aufsicht durch den Waisenrat ausüben zu lassen (§ 9 ZwEG.). Die Aufgaben des Fürsorgers sind aber sehr viel weitergehende, als es früher die des Waisenrats gewesen waren. Der Fürsorger soll als Organ des KV. die Familienerziehung des FZ. überwachen; er ist aber nicht nur das Bindeglied zwischen dem KV. auf der einen Seite und dem FZ. sowie den Pflegeeltern (Dienstherren usw.), bei denen der FZ. untergebracht ist, auf der anderen Seite, sondern ihm steht auch eine Mittlerrolle zwischen dem FZ. und dessen Pflegeeltern zu.

Jeder in einer Familie untergebrachte Zögling erhält einen Fürsorger, gleichgültig ob der FZ. vom KV. von vornherein in einer Familie untergebracht wird oder aber die Unterbringung zunächst in einer Anstalt erfolgt und deren Vorstand, der nach § 12 zugleich Vormund des FZ. ist, später seinerseits eine Familie auswählt, in welcher der FZ. nach seiner Entlassung aus der Anstalt untergebracht wird.

2. Durch den Fürsorger soll eine wirksame Überwachung des Zöglings wie der Familie, in welcher der Zögling untergebracht worden ist, sichergestellt werden. Bezüglich der sich hieraus ergebenden Aufgaben des Fürsorgers bemerken die AB.:

„Die noch nicht schulentlassenen Zöglinge hat er von Zeit zu Zeit persönlich in der Familie aufzusuchen, sich von der Art der Unterkunft, Verpflegung, Erziehung, Beschäftigung zu überzeugen, durch Benehmen mit dem Ortsgeistlichen und der Schulbehörde sich zu vergewissern, daß Schul- und Kirchenbesuch regelmäßig ist und die vertraglichen Bestimmungen gewissenhaft erfüllt werden und für Abstellung etwaiger Mängel zu sorgen."

„Bei den in Dienst oder Lehre Stehenden hat er darauf zu achten, daß der Verdienst der Zöglinge in angemessener Weise verwendet und ein Teil desselben auf der Sparkasse belegt wird. Halbjährlich hat der Fürsorger an den vom Kommunalverbande bezeichneten Beamten über seine Wahrnehmungen kurz zu berichten."

3. Der Fürsorger ist ein Organ des Kommunalverbandes; zu dem VG. steht er in gar keiner Beziehung. Daraus folgt, daß der Gemeindewaisenrat über ihn irgendwelche Aufsicht nicht auszuüben hat; die §§ 1850, 1851 BGB. sind nicht anwendbar (vgl. den Aufsatz „Waisenrat und Fürsorger" in „Jugendfürsorge" 1902 S. 1—8).

Bei bevormundeten FZ. können Konflikte zwischen dem Fürsorger als Organ des KV. und den Organen des VG. (Vormund, Pfleger) entstehen. Es liegt im dringendsten Interesse des Zöglings und des an ihm durchzuführenden Erziehungswerks dem vorzubeugen. Das geschieht am besten durch eine Vereinigung der Ämter in einer Person. Die AB. schreiben deshalb vor, daß, wenn der Vormund (Pfleger) am Orte der Unterbringung des FZ. oder in dessen Nähe wohnt, er „zunächst" als Fürsorger zu bestellen ist. Mit dem Worte „zunächst" soll wohl ausgedrückt sein, daß die hier als Regel angeordnete Bestellung des Vormunds zum Fürsorger dann nicht eintritt, wenn der KV. ihn begründeterweise für ungeeignet zu dem Amt des Fürsorgers hält, etwa weil er sich wenig oder gar nicht um sein Mündel kümmert (vgl. Gordan Anm. 4 zu § 11). Andrerseits hat der Oberlandesgerichtspräsident in Kiel durch eine in der Statistik 1904 S. 43 abgedruckte Verfügung vom 15. Juni 1905 die VG. darauf hingewiesen, sich vor Bestellung eines Vormunds für einen in einer Familie untergebrachten FZ. mit dem KV. in Verbindung zu setzen, um möglichst eine Verschiedenheit in der Person des Vormundes und des Fürsorgers zu vermeiden.

4. Das Amt des Fürsorgers ist ein Ehrenamt. Eine Verpflichtung zur Übernahme des Amtes besteht nicht. Notwendige bare Auslagen des Fürsorgers sind zu erstatten. Die Gewährung einer Pauschalsumme zur Begleichung kleiner Auslagen ist unbedenklich. Der Landesdirektor der Provinz Brandenburg bemerkt in seinem (Statistik 1904 S. 17 abgedruckten) Bericht zutreffend, „durch das Verlangen kleinlicher Einzelberechnungen ihrer Auslagen soll man den ehrenamtlichen Mitarbeitern nicht die Freude an ihrer schönen Aufgabe verderben“.

5. Über die Auswahl der Fürsorger enthalten die AV. folgende Anordnungen:

„Der Fürsorger ist so zu wählen, daß er am Orte selbst, wo der Zögling untergebracht ist, oder doch so nahe wohnt, daß die persönliche Aufsicht nicht erschwert wird, und daß er, wenn irgend möglich, dem religiösen Bekenntnisse des Zöglings angehört. Um die Übernahme des Amtes sind in erster Linie die zuständigen Ortsgeistlichen, Lehrer, Mitglieder von Waisenräten oder Erziehungsvereinen zu ersuchen; andere geeignete Persönlichkeiten sind mit Hilfe der Geistlichen und Gemeindevorstände zu ermitteln.“

Auf die Auswahl des richtigen Fürsorgers ist große Sorgfalt zu verwenden; der Erfolg der Familienerziehung ist zu einem nicht geringen Teil gerade davon abhängig. Sein Amt erfordert nicht nur viel Liebe zur Sache, sondern auch besonders in seiner Mittlerrolle zwischen FZ. und Pflegeeltern viel Takt. Beide sollen in ihm den Berater sehen, an den sie sich stets wenden können.

Es steht nichts entgegen, dieselbe Person für eine größere Anzahl von FZ. zum Fürsorger zu bestellen. Das geschieht z. B. in der Praxis bei den sog. Fürsorgekolonien; die kolonienweise an kleineren Orten Untergebrachten erhalten in der Person des Leiters der Kolonie einen gemeinschaftlichen Fürsorger.

6. Die AB. schreiben vor, daß dem Fürsorger für die Ausübung seines Amtes eine gedruckte Anweisung zu geben ist. Da der Fürsorger im Auftrage des KV. handelt, so muß sich aus der Dienstanweisung klar ergeben, welche Rechte ihm übertragen werden. Die Dienstanweisungen weichen hierin vielfach voneinander ab, z. B. in der Frage, ob, wenn sich Mängel in der Erziehung herausstellen und die Ermahnung des Fürsorgers, sie abzustellen, erfolglos geblieben ist, der Fürsorger berechtigt ist, den FZ. anderweit unterzubringen, oder ob darüber die Entscheidung des KV. einzuholen ist. Als Muster einer Dienstanweisung ist im Anhang die neue Anweisung der Berliner Waisendeputation vom März 1913 abgedruckt.

7. Es ist zweckmäßig, dem Fürsorger zu seiner Legitimation eine Bestallung zu erteilen; sie kann, wie dies in Berlin geschieht, mit der Dienstanweisung verbunden werden. Bei Beendigung des Fürsorgeramts ist sie zurückzugeben. Der Fürsorger kann jederzeit sein Amt niederlegen; andererseits ist der KV. jederzeit berechtigt, den Fürsorger zu entlassen.

8. Frauen erscheinen besonders für weibliche FZ. geeignet, aber auch vielfach für noch im Kindesalter stehende männliche FZ. Nicht nur verheiratete Frauen können zu Fürsorgern bestellt werden, sondern auch Unverheiratete. Zur Annahme des Amts bedarf die Frau keiner ehemännlichen Genehmigung (vgl. Schlosser, Die Frau in der FE., im ZBW. 3 S. 73).

§ 12[1])

Auf Antrag des verpflichteten Kommunalverbandes kann, unbeschadet der Vorschriften des Artikel 78 § 1 des Ausführungsgesetzes zum Bürgerlichen Gesetzbuche[2]), der Vorstand einer unter staatlicher Aufsicht stehenden Erziehungsanstalt[3]) vor den nach § 1776 des Bürgerlichen Gesetzbuchs[4]) als Vormünder berufenen Personen zum Vormunde der auf Grund der §§ 3 ff. in der Anstalt untergebrachten Zöglinge bestellt werden[5–6]).

Das gleiche gilt für Zöglinge, die unter der Aufsicht des Vorstandes der Anstalt in einer von ihm ausgewählten Familie erzogen werden[7]); liegt die Beaufsichtigung der Zöglinge einem von dem verpflichteten Kommunalverbande bestellten Beamten ob, so kann dieser auf Antrag des Kommunalverbandes statt des Vorstandes der Anstalt zum Vormunde bestellt werden[8]).

Neben dem nach den Vorschriften der Abs. 1, 2 bestellten Vormund ist ein Gegenvormund nicht zu bestellen[9]). Dem Vormunde stehen die nach § 1852 des Bürgerlichen Gesetzbuchs zulässigen Befreiungen zu[10]).

1. Die im § 12 behandelte Anstaltsvormundschaft kommt nur in Frage bei solchen FZ., welche gemäß § 1773 BGB. der vormundschaftlichen Fürsorge bedürfen, also wenn der FZ. nicht unter elterlicher Gewalt steht oder wenn die Eltern weder in den die Person noch in den das Vermögen betreffenden Angelegenheiten zu seiner Vertretung berechtigt sind.

2. Art. 78 AG. z. BGB. macht von der in Art. 136 EG. z. BGB. der Landesgesetzgebung eingeräumten Befugnis der Einrichtung von Generalvormundschaften Gebrauch. Der § 1 des Art. 78 bestimmt:

„Der Vorstand einer unter der Verwaltung des Staates oder einer Gemeindebehörde stehenden Erziehungs- oder Verpflegungsanstalt hat für die in der Anstalt untergebrachten Minderjährigen die Rechte und Pflichten eines Vormundes.

Die Rechte und Pflichten des Anstaltsvorstandes bestehen nur, solange das Vormundschaftsgericht nicht einen anderen Vormund bestellt hat. Der Vorstand behält die Rechte und Pflichten des Vormundes auch nach der Beendigung der Erziehung oder Verpflegung bis zur Volljährigkeit des Mündels."

Wird hiernach der Zögling in eine unter der Verwaltung des Staats oder einer Gemeindebehörde stehende Erziehungs- oder Besserungsanstalt gebracht, so erlangt der Vorstand der Anstalt von selbst kraft Gesetzes die Rechte und Pflichten eines Vormundes, und zwar eines befreiten Vormundes, neben dem ein Gegenvormund nicht bestellt werden darf (§ 3 des Art. 78). Das Amt des bisherigen Vormundes endigt mit der Aufnahme in die Anstalt. Dies jedoch nur dann, wenn die Aufnahme in die Anstalt zur dauernden Erziehung, also nicht nur vorübergehend, erfolgt (JKG. 38 A 38), also nicht schon bei der Aufnahme in eine Verteilungs- oder Aufnahmestation (vgl. Anm. 14 zu § 9). Erfolgt die Aufnahme auf Grund der Anordnung einer vorläufigen Unterbringung gemäß § 5 FEG. (vgl. Anm. 17 Absatz 2 zu § 5), so bleibt zunächst der bisherige Vormund im Amte; der Anstaltsvorstand erlangt die Rechte und Pflichten des gesetzlichen Vormunds alsdann erst, wenn der KV. nach rechtskräftiger Überweisung zur FE. die endgültige Aufnahme in die Anstalt anordnet (JKG. 41 A 18). Der Anstaltsvorstand — darunter ist die Person oder Personenmehrheit zu verstehen, welche die Anstalt in erzieherischer Hinsicht leitet (JKG. 31 A 26) — hat von der Aufnahme in die Anstalt dem VG. (und dem Gemeindewaisenrat) Anzeige zu erstatten (§ 3 des Art. 78) und dem VG. auf Erfordern die Person, welche die gesetzliche Vormundschaft führt, namhaft zu machen, damit das VG. imstande ist, über die Tätigkeit des Anstaltsvormunds nach Maßgabe der §§ 1837ff. BGB. die Aufsicht zu führen (JKG. 27 A 9). Der Anstaltsvormund behält seine Rechte und Pflichten auch nach dem Austritt des FZ. aus der Anstalt bis zu dessen Großjährigkeit. Jedoch kann das VG. jederzeit einen anderen Vormund bestellen, mit dessen Bestellung das Amt des Vorstandes endigt. Ein anderer Vormund ist zu bestellen, wenn nach § 1792 BGB. die Bestellung eines Gegenvormundes geboten ist, also bei einer nicht unerheblichen Vermögensverwaltung.

3. Von den in Anm. 2 behandelten öffentlichen Anstalten sind die unter anderweitiger Verwaltung, insbesondere unter der Verwaltung von kirchlichen Behörden, Stiftungen, Vereinen oder Privaten, aber unter staatlicher Aufsicht stehenden Erziehungsanstalten zu unterscheiden. Nach dem Gesetze vom 11. März 1872 (GS. S. 183 ff.) in Verbindung mit §§ 4, 9 ALR. II, 12 und der Kabinettsorder vom 10. Juni 1834 (GS. S. 135) unterstehen derartige Anstalten ohne weiteres staatlicher Aufsicht.

4. § 1776 BGB. lautet:

„Als Vormünder sind in nachstehender Reihenfolge berufen:

1. wer von dem Vater des Mündels als Vormund benannt ist;
2. wer von der ehelichen Mutter des Mündels als Vormund benannt ist;
3. der Großvater des Mündels von väterlicher Seite;
4. der Großvater des Mündels von mütterlicher Seite.

Die Großväter sind nicht berufen, wenn der Mündel von einem anderen als dem Ehegatten seines Vaters oder seiner Mutter an Kindes Statt angenommen ist. Das gleiche gilt, wenn derjenige, von welchem der Mündel abstammt, von einem anderen als dem Ehegatten seines Vaters oder seiner Mutter an Kindes Statt angenommen ist und die Wirkungen der Annahme sich auf den Mündel erstrecken."

5. Aus Zweckmäßigkeitsgründen wird in Abs. 1 auch für die in Anm. 3 gekennzeichneten Anstalten eine Anstaltsvormundschaft zugelassen. Der legislative Grund für diese Zulassung, zu der Art. 136 EG. z. BGB. die Berechtigung gab, liegt darin, daß durch die Anstaltsvormundschaft der Einfluß der betreffenden Anstalt auf ihre Zöglinge verstärkt und zugleich ein unter Umständen für die Erziehung nachteiliges Eingreifen des außerhalb der Anstaltsverwaltung stehenden Vormundes verhindert wird. Diese Anstaltsvormundschaft tritt aber nicht, wie die in Anm. 2 geschilderte, von selbst kraft Gesetzes ein, sondern sie ist bedingt

a) von einem diesbezüglichen Antrage des verpflichteten Kommunalverbandes,

b) von der, von dem VG. auf diesen Antrag hin erfolgenden Bestellung des Vorstandes zum Generalvormund.

Ob das VG. — es kommt das für den Minderjährigen zuständige VG., nicht etwa das Amtsgericht, in dessen Bezirk die Anstalt liegt, in Betracht (JKG. 27 A 155) — dem Antrage zu a stattgibt, ist ganz seinem freien Ermessen anheimgegeben. Es wird dabei nicht nur die Persönlichkeit des Vorstandes in Betracht ziehen, sondern auch den Charakter der Anstalt. Das VG. kann z. B. von der Bestellung des Anstaltsvorstandes zum Vormunde absehen, wenn es die Überzeugung hat, daß bei der Überfüllung der betreffenden Anstalt der Vorstand nicht in der Lage ist, sich um den einzelnen Zögling so zu kümmern, wie es ein Vormund tun soll. Das VG. wird auch erwägen müssen, daß es unter Umständen dem Interesse eines in einer Anstalt untergebrachten Minderjährigen dienlich ist, jemanden außerhalb derselben zu haben, an den er sich wenden kann.

6. Die Bestellung des Anstaltsvorstands als Vormund hat für jeden in der Anstalt untergebrachten FZ. besonders zu erfolgen; eine Gesamtbestellung für alle einer Vormundschaft bedürftigen Zöglinge der Anstalt wäre unzulässig. Von der gesetzlichen Anstaltsvormundschaft unterscheidet sich die im § 12 zugelassene Anstaltsvormundschaft dadurch, daß die erstere bis zur Großjährigkeit des Zöglings dauert, sofern nicht etwa das VG. einen anderen Vormund bestellt (vgl. Anm. 2), daß dagegen die Anstaltsvormundschaft aus § 12 ihr Ende erreicht, sobald der Zögling die Anstalt verläßt und auch nicht mehr in einer vom Anstaltsvorstande ausgewählten Familie unter dessen Aufsicht erzogen wird (Abs. 2 Satz 1). Die Ansicht von Gorban (Anm. 3 zu § 12), der sich auch Roelle (Anm. 4 zu § 12) angeschlossen hat, daß auch die Anstaltsvormundschaft aus § 12 FEG. fortbauert, bis einer der Beendigungsgründe der §§ 1882—1889 BGB. vorliegt, erscheint unzutreffend: denn der in der Kommission des AbgH. gestellte Antrag, eine Bestimmung aufzunehmen: „Der Vorstand behält diese Rechte und Pflichten (scil. eines Vormundes) auch nach Beendigung der FE.

bis zur Volljährigkeit des Mündels", ist, nachdem sich der Kommissar des Justizministeriums und der Minister des Innern dagegen ausgesprochen hatten, mit großer Mehrheit abgelehnt worden (KB. des AbgH. S. 23). Es fehlt also für den Fall des § 12 FEG. an einer Vorschrift betreffs der Fortdauer der Anstaltsvormundschaft über die Zeit der unter Aufsicht des Anstaltsvorstands stattfindenden Erziehung hinaus, während eine solche Vorschrift für den Fall der Anstaltsvormundschaft aus Art. 78 AG. z. BGB. im § 1 Abs. 2 Satz 2 des Art. 78 ausdrücklich getroffen ist. Gleicher Ansicht Schmitz Anm. 15 zu § 12.

7. Diese Bestimmung, die völlig überflüssig wäre, wenn die in Anm. 6 angeführte Ansicht von Gordan und Noelle über die Fortdauer der Anstaltsvormundschaft zutreffen würde, ist zu dem Zwecke getroffen, die Verbindung der Anstalt mit dem von ihr in einer Familie untergebrachten Zögling aufrechtzuerhalten.

8. Hier wird eine weitere Art Generalvormundschaft zugelassen: ist von dem KV. einem besonderen Beamten die Beaufsichtigung der FZ. übertragen, so kann dieser auf Antrag des KV. zum Vormund bestellt werden. Derartige Beamte finden sich in einer Reihe von Provinzen, vgl. z. B. über die in Hannover angestellten „Erziehungsinspektoren" Hartmann im ZVW. 8 S. 180. Die Bestimmung verfolgt den Zweck, Kollisionen zwischen dem Aufsichtsbeamten des KV. und einem privaten Vormunde vorzubeugen. Auch hier wird das VG. die in Anm. 5 angeführten Erwägungen anstellen müssen, ob nicht im Einzelfalle doch die Bestellung eines besonderen Vormundes angezeigt ist.

9. Es ist dies eine zwingende Vorschrift. Handelt es sich also bei einem Zöglinge um eine nicht unerhebliche Vermögensverwaltung oder erscheint sonst die Bestellung eines Gegenvormundes angezeigt, so wird das VG. einen privaten Vormund bestellen und von der Anstaltsvormundschaft absehen müssen. Das Württembergische FEG. vom 29. Dez. 1899/11. Nov. 1905 steht auf dem gerade entgegengesetzten Standpunkt: es macht in Art. 13 die Anstaltsvormundschaft davon abhängig, daß ein Gegenvormund bestellt ist,

welcher der immerhin möglichen Gefahr eines Mißbrauchs der vormundschaftlichen Gewalt des Anstaltsvorstandes entgegentreten könne.

10. § 1852 BGB. lautet:

„Der Vater kann, wenn er einen Vormund benennt, die Bestellung eines Gegenvormundes ausschließen.

Der Vater kann anordnen, daß der von ihm benannte Vormund bei der Anlegung von Geld den in den §§ 1809, 1810 bestimmten Beschränkungen nicht unterliegen und zu den im § 1812 bezeichneten Rechtsgeschäften der Genehmigung des Gegenvormundes oder des Vormundschaftsgerichts nicht bedürfen soll. Diese Anordnungen sind als getroffen anzusehen, wenn der Vater die Bestellung eines Gegenvormundes ausgeschlossen hat."

Auch in dieser Hinsicht hat das VG. der Individualität des Einzelfalles dadurch Rechnung zu tragen, daß es da, wo es die angeführten Befreiungen nicht für angezeigt erachtet, durch Bestellung eines privaten Vormundes von der Anstaltsvormundschaft Abstand nimmt.

§ 13

Die Fürsorgeerziehung endigt mit der Minderjährigkeit [1]).

Die frühere Aufhebung der Fürsorgeerziehung [2]) erfolgt durch Beschluß des Kommunalverbandes [3]) von Amts wegen [4]) oder auf Antrag der Eltern [5]) oder des gesetzlichen Vertreters des Minderjährigen [6]), wenn [7]) der Zweck der Fürsorgeerziehung erreicht [8]) oder die Erreichung des Zweckes anderweit sichergestellt ist [9]). Die Aufhebung kann unter Vorbehalt des Widerrufs beschlossen werden [10–11]).

Gegen den ablehnenden Beschluß des Kommunalverbandes [12]) kann der Antragsteller binnen einer Frist von zwei Wochen vom Tage der Zustellung ab die

Entscheidung des Vormundschaftsgerichts[13]) anrufen. Gegen den Beschluß des Vormundschaftsgerichts[14]) findet die Beschwerde statt[15]). Die Beschwerde des Kommunalverbandes hat aufschiebende Wirkung[16]).

Ein abgewiesener Antrag darf vor dem Ablaufe von sechs Monaten nicht erneuert werden[17]).

1. Also mit der Vollendung des 21. Lebensjahres. Nach dem bisherigen ZwEG. hörte die ZwE. bereits mit dem vollendeten 18. Lebensjahre auf und konnte nur in außergewöhnlichen Fällen auf Antrag des Kommunalverbandes durch Beschluß des VG. bis längstens zur Großjährigkeit ausgedehnt werden. Soweit sich Minderjährige bei Inkrafttreten des FEG. noch auf Grund des ZwEG. in ZwE. befanden, erstreckte sich nach § 23 FEG. der Abs. 1 des § 13 auf sie; die FE. endigte also nunmehr erst mit der Minderjährigkeit (JKG. 24 A 161).

Ist der FZ. ein Ausländer, so entscheidet das Recht seiner Heimat über den Zeitpunkt der Beendigung der Minderjährigkeit.

Da nach § 3 Abs. 2 BGB. der Minderjährige durch Volljährigkeitserklärung die rechtliche Stellung eines Volljährigen erlangt, endigt damit auch die FE. Der KV. hat gegen die Volljährigkeitserklärung, bei der er nicht mitzuwirken hat (vgl. Anm. 9 zu § 9), kein Beschwerderecht (JKG. 34 A 72).

2. Die Regelung der vorzeitigen Aufhebung der FE. ist im wesentlichen entsprechend den Bestimmungen des früheren ZwEG. erfolgt. In anderen Bundesstaaten ist die Sache anders geordnet. So ist v. a. die Entscheidung über die definitive Entlassung vielfach, z. B. in Bayern, Württemberg, Hessen, ausschließlich dem VG. übertragen. Wie ich in meiner Schrift „Die ZwE. Minderjähriger", Berlin 1900, S. 35 u. 55 näher ausgeführt habe, halte ich es auch für richtiger, das Recht der endgültigen Aufhebung dem VG. als derjenigen Behörde zu belassen, von der die Maßregel angeordnet worden ist (entsprechend dem Grundsatze des § 1671 BGB.), und der Verwaltungsbehörde nur das Recht der vorläufigen oder widerruflichen Entlassung zu geben. In Bayern steht nach Art. 10 des Gesetzes vom 10. Mai 1902 in der Fassung des Gesetzes vom 21. Aug. 1914 dem VG. sowohl das Recht zu, die Maßregel ganz aufzuheben, wie die Befugnis, dies unter dem Vorbehalte des Widerrufs zu tun, dagegen ist der Verwaltungsbehörde das Recht „vorläufiger Entlassung" gegeben. Dies wird damit begründet, daß die vom VG. getroffene Anordnung sowohl definitiv wie widerruflich nur von der anordnenden Behörde aufgehoben werden könne, daß sich aber häufig eine vorläufige Entlassung aus der FE. durch die Verwaltungsbehörde als „Probemaßregel" empfehlen dürfe, insbesondere wenn es noch zweifelhaft sei, ob der Zweck der FE. bereits erreicht sei; hier könne die Überweisung des Minderjährigen an seine eigene Familie unter entsprechender Aufsicht und Überwachung angezeigt sein. Das entspricht ganz den von mir l. c. gemachten Ausführungen.

2. Nach den AB. ist vor der Beschlußfassung der Fürsorger oder der Vorsteher der Anstalt, in welcher der FZ. untergebracht ist, zu hören. Der Beschluß ist mit Gründen zu versehen; denn er kann von der Aufsichtsbehörde nach den Bestimmungen der Provinzialordnung beanstandet werden (OVG. 45 S. 430, 55 S. 1), und zur Prüfung, ob eine Gesetzesverletzung vorliegt, ist eine Begründung des Beschlusses notwendig. Einer förmlichen Zustellung bedarf der Beschluß nicht. Dem VG. ist nach § 9 Abs. 2 Mitteilung zu machen. Dem FZ., dessen gesetzlichem Vertreter, den Eltern des FZ. ist der Beschluß bekanntzugeben.

3. Mit der Aufhebung der FE. erreicht die Verpflichtung des Kommunalverbandes zur Tragung der Unterhaltskosten ihr Ende. Befindet sich in diesem Momente ein FZ. im Krankenhause und gestattet sein Zustand nicht die Entlassung oder den Transport, so fallen die weiteren Kosten dem Ortsarmenverbande zur Last. Vgl. das in der Statistik 1903 S. 59 mitgeteilte Urteil des Bundesamts für Heimatwesen vom 10. Sept. 1905.

4. Der KV. ist, auch wenn kein Antrag vorliegt, zur vorzeitigen Aufhebung der FE. verpflichtet, sobald die gesetzlichen Voraussetzungen dafür gegeben sind (vgl. JKG. 47 A 74).

Die FE. wird nicht ohne weiteres dadurch aufgehoben, daß nachträglich auf ZwE. gemäß § 56 Abs. 2 RStGB. erkannt wird. Aber die ZwE. aus § 56 zit. geht der FE. vor (JKG. 25 A 29), und der KV. hat deshalb gemäß § 13 Abs. 2 von Amts wegen die Aufhebung der FE. zu beschließen (vgl. die in den Anlagen abgedruckten Erlasse des Ministers des Innern vom 3. Juli 1902 und 5. Mai 1903).

Die Vollstreckung einer Freiheitsstrafe ist auf die Fortdauer der FE. ohne Einfluß (vgl. im übrigen Anm. 11 zu § 9 über das Verhältnis zwischen FE. und Strafvollstreckung).

5. Antragsberechtigt sind die Eltern als solche, auch wenn sie nicht gesetzliche Vertreter des Minderjährigen sind. Antragsberechtigt ist auch die außereheliche Mutter, ferner der Elternteil, dem die Sorge für die Person des Minderjährigen entzogen ist. Die Großeltern, welche nach dem bisherigen ZwEG. für den Fall, daß die Eltern nicht mehr lebten, antragsberechtigt waren, haben dies Recht nicht mehr.

6. Der Zögling selbst, auch wenn er das 14. Lebensjahr vollendet hat, besitzt kein Antragsrecht, obwohl ihm nach § 4 Abs. 4 gegen den die FE. anordnenden Beschluß ein Beschwerderecht gegeben ist.

Die Befugnis des gesetzlichen Vertreters zur Stellung des Antrags auf Entlassung des FZ. ist vom Kammergericht zutreffend als ein Beleg für die Fortdauer der gesetzlichen Vertretung während der FE. angeführt (JKG. 46 A 83).

7. Das Gesetz gibt hier die Voraussetzungen für eine vorzeitige Aufhebung der FE. an. Sie ist nur zulässig, wenn entweder der Zweck der FE. erreicht ist oder wenn die Erreichung des Zwecks anderweit sichergestellt ist. Eine dieser beiden Bedingungen muß vorliegen; aus irgendwelchem anderen Grunde darf eine vorzeitige Aufhebung nicht stattfinden. Unzulässig ist deshalb eine vorzeitige Aufhebung mit der Begründung, daß sich deren Zweck als unerreichbar erwiesen habe oder daß die Erreichung des Zwecks aussichtslos sei; auch unheilbare Geisteskrankheit ist deshalb kein Aufhebungsgrund (OVG. 45 S. 430). Ebensowenig darf Aufhebung der FE. erfolgen, weil die Eltern des FZ. auswandern und bereit sind, den FZ. ins Ausland mitzunehmen (JKG. 10 S. 307).

Auf der anderen Seite ist es unrichtig, wenn die AB. vorschreiben, daß eine Aufhebung nur dann stattfinden soll, „wenn der Zögling in vollständig gesicherte Verhältnisse eingetreten ist, welche eine abermalige Verwahrlosung so gut wie ausgeschlossen erscheinen lassen". Gesicherte Verhältnisse können unter Umständen eine Gewähr dafür bieten, daß der Zweck der FE. erreicht oder sichergestellt ist, aber sie sind an sich keine Voraussetzung für die Aufhebung der FE. Zutreffend führt das Kammergericht (JKG. 47 A 74) aus, es genüge, daß der Minderjährige in seiner Entwickelung so gefestigt sei, daß er aus eigener Kraft Widerstand gegen Gefahren entgegensetzen kann; und das Oberverwaltungsgericht (OVG. 45 S. 430 und 55 S. 1) erklärt ausdrücklich, daß die Befähigung des FZ. zum selbständigen Erwerb seines Unterhalts nicht als der Zweck der FE., der bei vorzeitiger Aufhebung erreicht sein müsse, anzusehen sei.

8. Wann der Zweck der FE. erreicht ist, ist reine Tatfrage, die nur jeweilig nach den konkreten Verhältnissen entschieden werden kann. Allgemein kann man mit dem Kammergericht (JKG. 47 A 74) sagen, daß die Ursache, die zu der Anordnung der FE. geführt hat, nicht mehr bestehen darf. Diese Ursache kann eine sehr verschiedenartige sein, und je nachdem es sich um eine Anordnung aus Ziff. 1 oder 2 oder 3 des § 1 FEG. handelt, ist auch der Zweck der FE. ein verschiedener. Bei einer FE. aus Ziff. 1 wird man keineswegs sagen können, daß eine Besserung des FZ. eingetreten sein muß; denn für die Anordnung der FE. aus Ziff. 1 braucht eine Verwahrlosung des Minderjährigen noch gar nicht vorhanden zu sein. Bei der Entscheidung, ob der Zweck der FE. erreicht ist, kommt es eben auf die Lage des einzelnen Falles an. Die Gesamtpersönlichkeit des FZ. und die Verhältnisse, in die er bei Aufhebung der FE. übergehen würde, sind ins Auge zu fassen.

9. In gleicher Weise läßt sich die Frage, ob die Erreichung des Zwecks der FE. anderweit sichergestellt ist, nur nach der konkreten Sachlage beurteilen. Eine solche Sicherstellung kann vorliegen, wenn der FZ. nach dem Austritt aus der FE. in einer Erziehungsanstalt auf private Kosten oder bei zuverlässigen Ver-

wandten Unterkunft findet, wo er eine Erziehung erhält, welche der staatlichen FE. gleichwertig ist. Regelmäßig wird es sich aber hier empfehlen, die Aufhebung der FE. nur unter dem Vorbehalt des Widerrufs auszusprechen. Das gilt auch für den Fall, daß der FZ. in den aktiven Dienst des Heeres oder der Marine eintritt (vgl. Anm. 11); denn es liegt die Möglichkeit vor, daß er aus irgendeinem Grund vor Erreichung der Großjährigkeit wieder zur Entlassung gelangt. Das einfache Versprechen der Eltern, in Zukunft auf ihr Kind in strengerer und schärferer Weise erziehlich einzuwirken, genügt keinesfalls (JKG. 23 A 183). Auch die Heirat eines weiblichen FZ. dürfte nur sehr selten die Erreichung des Zwecks der FE. sicherstellen. Der Landesdirektor der Provinz Brandenburg hebt in seinem Bericht für 1904 hervor, daß häufig bei weiblichen FZ. die Aufhebung der FE. mit Rücksicht auf eine einzugehende Ehe beantragt werde und daß es sich dabei regelmäßig um leichtfertige Gesuche handle.

10. Über die widerrufliche Aufhebung der FE. sagen die AB.:

„Die Aufhebung der Fürsorgeerziehung unter Vorbehalt des Widerrufs soll erfolgen, wenn die Führung des Zöglings und die Verhältnisse, in welche er eintritt, zurzeit die Aufhebung rechtfertigen, es aber zweifelhaft erscheint, ob beide von Dauer sein werden.

Die Aufhebung der Fürsorgeerziehung auf Widerruf ist an die Bedingung zu knüpfen, daß sich der Minderjährige der vom Kommunalverbande über ihn angeordneten Aufsicht unterstellt. Entzieht er sich dieser Aufsicht, oder lassen seine Führung und Lebensverhältnisse eine abermalige Verwahrlosung befürchten, so ist er in die Fürsorgeerziehung zurückzunehmen. Die Überwachung des Minderjährigen wird am zweckmäßigsten dem bisherigen Fürsorger übertragen, sie darf nicht durch polizeiliche Organe ausgeübt werden."

Der widerruflich entlassene FZ. scheidet also aus der FE. nicht aus. Der KV. hat ihn weiter zu überwachen, und im Falle des Widerrufs, der formlos ausgesprochen werden kann und keinerlei Anfechtung unterliegt, tritt die FE. in vollem Umfange wieder ein. Man kann bezweifeln, ob es hiernach richtig ist, überhaupt den Ausdruck „Aufhebung" der FE. auf diese Maßregel anzuwenden; jedenfalls würde sie zutreffender als „vorläufige" (bedingte) Entlassung bezeichnet werden. Auch das Kammergericht spricht von einer „Maßregel der fortdauernden FE.", die „ihrem Wesen nach nur einer Beurlaubung aus der FE." gleichkomme (JKG. 24 A 37). Daraus folgt, daß, wie das Kammergericht ausdrücklich ausgesprochen hat, das im Beschwerdeverfahren angerufene VG. (Abs. 2 des § 13) diese Erziehungsmaßnahme nicht anordnen kann.

11. Eine sehr häufige Anwendung hat die Aufhebung unter Vorbehalt des Widerrufs jetzt während des Kriegs erfahren, wo zahlreiche FZ. in das Heer oder die Marine eingetreten sind. Die Aushebung zum Militärdienst erfolgt ohne Rücksicht auf die FE., dagegen bedarf es zum freiwilligen Eintritt in Heer oder Marine der Zustimmung des KV. (ebenso Noelle Anm. 7 zu § 13, Gorban Anm. 6 zu § 9). Mit Recht gehen dabei die meisten KV. in der Art vor, daß sie den zum Militär einberufenen oder freiwillig eingetretenen FZ. widerruflich aus der FE. entlassen; die Annahme, daß nunmehr in anderer erfolgversprechender Weise erziehlich auf den Minderjährigen eingewirkt wird, ist sicherlich begründet (vgl. Mönkemöller, FE. und Heeresdienst, im ZVW. 4 S. 3).

Doch sind auch Bedenken gegen dies Verfahren erhoben worden. So bemerkt der Landeshauptmann des Bezirksverbands Kassel in seinem Bericht an das Ministerium des Innern (Statistik 1915 S. 45): „Zunächst sprach ein formeller Grund dagegen, nämlich der, daß nach den AB. zum FEG. in einem solchen Falle seitens des KV. der Zögling einer bestimmten Aufsicht zu unterstellen ist. Bei einem, dem mobilen Heere zugeteilten Zöglinge ist eine derartige Maßnahme nicht nur ausgeschlossen, sondern keineswegs ratsam. Hauptsächlich hatte man aber gegen die widerrufliche Entlassung insofern Bedenken, als man damit rechnen mußte, daß eine große Zahl der eingezogenen Zöglinge nach einem mehr oder weniger langen Zeitraum aus den verschiedensten Gründen wieder aus dem Heeresverbande entlassen werden würde. Bei diesen Zöglingen, die einmal die Uniform getragen hatten, im Falle schlechter Führung die Aufhebung der FE. ausdrücklich zu widerrufen, erschien nicht ratsam." Der Bezirksverband Kassel hat es deshalb für zweckmäßig erachtet, „die Zöglinge, solange sie beim Militär blieben, ganz sich selbst zu überlassen". Diesem vom Bezirksverbande Kassel gewählten Verfahren steht entgegen, daß es jeder gesetzlichen Unterlage entbehrt: das Gesetz fordert, daß der KV. den FZ., solange die FE. nicht beendigt ist, überwacht und ihn nicht ganz sich selbst überläßt; das gilt selbst bei der Unterbringung in der eigenen Familie des Zöglings (vgl. Anm. 9 zu § 10). Was die Bedenken gegen die widerrufliche Aufhebung der FE. betrifft, so erscheinen sie nicht stichhaltig. Eine eigentliche „Aufsicht" über den widerruflich Entlassenen ist gar nicht nötig, es genügt eine gewisse „Überwachung", und diese kann bei taktvoller Handhabung auch gegenüber den im Heeresverbande stehenden Minderjährigen ausgeübt werden. Scheiden diese aus dem Heeresverbande wieder aus, so will sie „bei schlechter Führung" ja auch der Landeshauptmann in Kassel wieder in FE. nehmen (das ergeben die weiteren Ausführungen des Berichts); ich vermag keinen irgend erheblichen Unterschied darin zu sehen, ob dies gänzlich formlos, wie in Kassel, geschieht oder auf Grund eines ausdrücklichen Widerrufs der Aufhebung der FE., da auch dieser Widerruf keiner besonderen Form bedarf.

12. Nur gegen den Beschluß, welcher die Aufhebung der FE. gänzlich ablehnt, ist ein Rechtsbehelf gegeben, nicht gegen den Beschluß, welcher auf Aufhebung unter Vorbehalt des Widerrufs geht. Der Rechtsbehelf ist ferner nur demjenigen gegeben, welcher die Aufhebung der FE. beantragt hatte, und er ist endlich an eine Frist von 14 Tagen gebunden, welche von der Bekanntgabe des Beschlusses durch den Kommunalverband ab läuft. Der Antrag auf Entscheidung des VG. kann innerhalb der Frist bei dem Gericht oder bei dem Kommunalverbande eingereicht werden. Gegen die Versäumung der Frist ist eine Wiedereinsetzung in den vorigen Stand nicht gegeben (JKG. 34 A 68).

13. Zuständig ist dasjenige VG., das als das örtlich zuständige Gericht die FE. angeordnet hat. Durch die Anordnung

der FE. ist die Tätigkeit dieses Gerichts nicht abgeschlossen, das FE-Verfahren ist vielmehr ein einheitliches und deshalb nicht eher völlig beendet als die FE. selbst (JKG. 34 A 68).

14. Auf das Verfahren vor dem VG. kommen gemäß § 7 die allgemeinen Vorschriften über die durch Landesgesetz den ordentlichen Gerichten übertragenen Angelegenheiten der freiwilligen Gerichtsbarkeit zur Anwendung. Eine Mitwirkung der in § 4 Abs. 1 angeführten Antragsbehörden ist nicht vorgeschrieben.

Der Beschluß des VG. kann nur auf Aufhebung der FE. oder auf Ablehnung der beantragten Aufhebung lauten, nicht auf Aufhebung der FE. unter Vorbehalt des Widerrufs (JKG. 24 A 37, 34 A 68, vgl. auch oben Anm. 10). Er ist dem Antragsteller und dem Kommunalverbande zuzustellen.

15. Die Beschwerde ist die im FEG. (§ 4 Abs. 4) vorgesehene sofortige Beschwerde. Das VG. ist deshalb zu einer Abänderung seiner Entscheidung nicht befugt. Auch der weitere Instanzenzug ist derselbe wie im Falle des § 4, also gegen die Entscheidung des Beschwerdegerichts weitere sofortige Beschwerde an das Kammergericht (JKG. 25 A 34).

Nach dem in den Anlagen abgedruckten Erlasse des Justizministers vom 30. April 1902 ist der Beschluß des Landgerichts oder des Kammergerichts, durch welchen die Beschwerde der Eltern oder des gesetzlichen Vertreters zurückgewiesen worden ist, dem KV. mit den Akten zur Kenntnisnahme vorzulegen.

16. Nur der Beschwerde des KV. ist, um eine Unterbrechung der FE. zu vermeiden, aufschiebende Wirkung beigelegt, die der Antragsteller (der Eltern oder des gesetzlichen Vertreters des Minderjährigen) hat keine aufschiebende Wirkung.

17. Die Vorschrift, daß ein abgewiesener Antrag nicht vor Ablauf von sechs Monaten erneuert werden darf, ist aus dem früheren ZwEG. übernommen. Sie bezweckt, die Kommunalverbände und die Vormundschaftsgerichte vor einer Überschwemmung mit Entlassungsanträgen zu schützen. Der KV. ist zwar nicht gehindert, aus einem verfrüht gestellten Antrag die Anregung

zu entnehmen, sich von Amts wegen erneut mit der Sache zu beschäftigen; lehnt er aber die Aufhebung der FE. ab, so ist eine Anrufung des VG. dagegen nicht gegeben, da diese zur Voraussetzung hat, daß kein verfrüht gestellter Antrag beim KV. vorliegt (JKG. 38 A 88). Die Frist von sechs Monaten rechnet von der Rechtskraft desjenigen Beschlusses, durch den der frühere Aufhebungsantrag des betreffenden Antragstellers mit sachlicher Begründung abgewiesen ist. Ein lediglich als unzulässig verworfener Antrag ist nicht als abgewiesener Antrag im Sinne des Abs. 4 anzusehen. Steht nach Abs. 2 noch einer weiteren Person ein selbständiges Antragsrecht zu, so bildet der von dem anderen Berechtigten gestellte Antrag und dessen Abweisung für den neuen Antragsteller kein Hindernis (JKG. 32 A 70).

§ 14

Die Provinzialverbände, in der Provinz Hessen-Nassau die Bezirksverbände der Regierungsbezirke Wiesbaden und Kassel, der Lauenburgischen Landeskommunalverband, der Landeskommunalverband der Hohenzollernschen Lande sowie der Stadtkreis Berlin[1]) sind verpflichtet, die Unterbringung der durch Beschluß des Vormundschaftsgerichts zur Fürsorgeerziehung überwiesenen Minderjährigen in einer den Vorschriften dieses Gesetzes entsprechenden Weise[2]) zu bewirken[3]). Sie haben für die Errichtung von Erziehungs- und Besserungsanstalten zu sorgen[4]), soweit es an Gelegenheit fehlt, die Zöglinge in geeigneten Familien[5–6]) sowie in öffentlichen, kirchlichen oder privaten Anstalten[7]) unterzubringen, auch soweit nötig für ein angemessenes Unterkommen bei der Beendigung der Fürsorgeerziehung zu sorgen[8]).

Zur Unterbringung verpflichtet ist derjenige Kommunalverband, in dessen Gebiete der Ort liegt, als dessen Vormundschaftsgericht das Gericht Beschluß gefaßt hat[9]).

1. Hier werden die Träger der FE., für die im § 9 nur der Ausdruck „Kommunalverband“ gebraucht ist, näher bezeichnet. Der in dem früheren ZwEG. aufgeführte Stadtkreis Frankfurt a. M. ist mit Rücksicht auf die veränderte Sachlage, welche durch Einführung der Provinzialordnung in der Provinz Hessen-Nassau geschaffen ist, jetzt fortgefallen. Wer innerhalb des einzelnen Verbandes die Geschäfte der FE. führt, bestimmt sich nach den bestehenden Reglements. Die Stadt Berlin hat die Geschäfte der FE. der Städtischen Waisen-Deputation übertragen.

2. Hierüber vgl. die Anm. 1, 13—16, 18—21 zu § 9.

3. Über die zur Ausführung der FE. getroffenen Veranstaltungen soll in den folgenden Anmerkungen ein ganz kurzer Überblick gegeben werden, und zwar im Anschlusse an den Wortlaut des Satzes 2 des Abs. 1 des § 14, so daß die Veranstaltungen in der Reihenfolge der dort angeführten Unterbringungsarten erörtert werden.

4. Die Begr. (S. 17) ging davon aus, daß es der Errichtung neuer Anstalten seitens der KV. nur in sehr beschränktem Maße bedürfen würde, daß vielmehr in den bestehenden Anstalten, soweit die Unterbringung nicht in geeigneten Familien erfolgte, im allgemeinen ausreichende Gelegenheit zur Unterbringung gegeben sei. Diese Erwartung hat sich in der Praxis nicht erfüllt. Zunächst machte sich das Bedürfnis nach eigenen Anstalten für die schon arg verwahrlosten unter den FZ. geltend, mit denen die bestehenden Anstalten nach ihren Einrichtungen nur schwer fertig werden konnten. Dann trat ein gleiches Bedürfnis bei der großen Zahl geistig minderwertiger oder mit körperlichen Gebrechen behafteter FZ. hervor, die ärztlicher Beaufsichtigung und besonderer Pflege bedürftig waren. Und weiterhin überzeugte man sich, daß in den bestehenden Anstalten die FZ. vielfach nicht in geeigneter Weise zur Arbeit angehalten würden und nicht diejenige Berufsausbildung erhielten, die aus ihnen nützliche Glieder der menschlichen Gesell-

schaft machen konnte. Da gleichzeitig die Zahl der zur FE. Überwiesenen stark wuchs und sich als viel größer ergab, als man bei Erlaß des FEG. angenommen hatte, so entschlossen sich die KV. immer mehr zur Errichtung eigener Anstalten. Damit trat in stets wachsendem Maße eine Spezialisierung der Anstalten ein: die FZ. wurden je nach Geschlecht, Alter, Gesundheitszustand, Art und Grad der Verwahrlosung in verschiedenen Anstalten untergebracht. Mit der Vermehrung der eigenen Anstalten zeigte sich dann die Notwendigkeit, ein geeignetes Erzieherpersonal heranzubilden; es wurden Ausbildungskurse für Erzieher veranstaltet.

Eine kurz vor Ausbruch des Kriegs erschienene Denkschrift der städtischen Waisendeputation Berlin, „Reformvorschläge auf dem Gebiete der FE.", läßt die eifrigen Bestrebungen zur Verbesserung der Anstaltserziehung erkennen, wie sie mehr oder weniger bei allen KV. bestehen: Individualisierung der Erziehung und fachliche Ausbildung der FZ. bilden die Leitgedanken.

Ein Beleg dafür ist auch die Einrichtung, welche der Provinzialverband Westfalen zur Ausbildung von FZ. zum Seemannsberuf getroffen hat. Er ging dabei von der Erwägung aus, daß es unter den FZ. nicht wenige gäbe, welche sich für keinerlei seßhafte Beschäftigung eignen und die der Drang zu einem abenteuerlichen Leben auf die schiefe Bahn gebracht hat, und daß für diese Elemente der Seemannsberuf ganz geschaffen sei. Es wurden zwei ältere Schiffe, „Klar zum wenden" und „Germania" angekauft und auf ihnen finden rund 190 FZ. eine praktische und theoretische Ausbildung (Näheres bei Goeze S. 97 ff.).

5. Die Unterbringung der FZ. in geeigneten Familien hat die KV. vor eine Reihe schwieriger Aufgaben gestellt. Zunächst gilt es, Familien ausfindig zu machen, die zur Aufnahme von FZ. bereit sind und die wünschenswerten Garantien für eine gedeihliche Erziehung der Kinder bieten. Diesbezüglich enthalten die AB. folgende Anordnungen:

„Bei der Auswahl der Familien ist in erster Linie darauf zu sehen, daß sie für eine ernst religiös-sittliche Erziehung der Zöglinge Gewähr bieten. Es sind ferner nur solche Familien zu wählen, die in geordneten Verhältnissen leben und eine ausreichende Wohnung haben. Familien, die auf dem Lande oder in kleinen Städten wohnen und den Zöglingen Gelegenheit bieten, sich mit Land- und Gartenarbeit zu beschäftigen, sind besonders zu bevorzugen. Von Familien, die in großen Städten oder dichtbevölkerten Industriebezirken wohnen, wird möglichst abzusehen sein."

„Es ist möglichst darauf zu sehen, daß die Familie dem bisherigen Aufenthaltsorte des Zöglings nicht zu nahe wohnt, und daß nicht mehrere Zöglinge in derselben Familie untergebracht werden."

„Zur Ermittelung geeigneter Familien werden die Gemeindevorstände, die Pfarrämter und Waisenräte den Kommunalverbänden behilflich sein und die erforderliche Auskunft geben."

Die KV. haben zumeist einen besonderen Fragebogen aufgestellt, nach dem die Verhältnisse der in Frage kommenden Familien des Näheren von Vertrauenspersonen ermittelt werden, und durch dessen Ausfüllung sie eine Unterlage für die Entscheidung, ob sich die Familie zur Aufnahme von FZ. eignet, erhalten. (In den Anlagen ist der bei der städtischen Waisendeputation Berlin gebräuchliche Fragebogen abgedruckt.) Aber es gilt dann weiter, die richtige Familie für den richtigen FZ. auszuwählen, auch hier muß individualisiert werden. Das ist eine „Kunst", wie Isermeyer ZVW. 8 S. 225 zutreffend sagt.

Alsdann ist die vertragliche Vereinbarung mit der Familie zu treffen. Darüber sagen die AB.:

„Mit dem Familienhaupte ist über die Aufnahme des Zöglings ein Vertrag abzuschließen, in welchem sich derselbe verpflichtet, den Zögling in seinen Familienkreis aufzunehmen, ihn in religiös-sittlichem Sinne zu erziehen, zum regelmäßigen Besuche des Gottesdienstes und der Schule, und Anfertigung der in der Schule gegebenen Aufgaben, sowie zu Ordnung, Reinlichkeit und Arbeitsamkeit anzuhalten, ihm eine angemessene Unterkunft mit besonderem Bett, gesunde, ausreichende Beköstigung, den

Verhältnissen angemessene, reinliche Kleidung, in Krankheitsfällen Pflege und ärztliche Hilfe zu gewähren, ihn zu den für sein Alter und Geschlecht passenden häuslichen und ländlichen Arbeiten anzuleiten und zu verwenden, soweit dies ohne Schädigung der Gesundheit des Zöglings und des Schulunterrichts geschehen kann. Die Verwendung des Zöglings in Fabriken und ähnlichen Betrieben ist zu untersagen, bei der Hausindustrie nur mit Genehmigung des Fürsorgers zuzulassen."

Die KV. haben für die vertragliche Vereinbarung Formulare aufgestellt; in den Anlagen ist der Erziehungs- und Pflegevertrag abgedruckt, wie er von der Städtischen Waisen-Deputation in Berlin abgeschlossen wird.

Mit der Aufnahme des FZ. in einer geeigneten Familie ist aber die Aufgabe des KV. nicht abgeschlossen, er muß weiterhin eine Aufsicht darüber führen, daß der FZ. auch wirklich in der Familie die geeignete Erziehung erhält. Dabei hat sich die Einrichtung sehr bewährt, die Zöglinge kolonienweise in kleineren Städten oder ländlichen Ortschaften unterzubringen und der ganzen Kolonie einen Vertrauensmann, gewöhnlich einen Geistlichen oder Lehrer, als Fürsorger (§ 11) zu bestellen. Als vorbildlich kann hier der Bericht bezeichnet werden, welchen Pastor Rohr in Sieversdorf als Leiter der größten Fürsorgekolonie in der Provinz Brandenburg erstattet hat und der dem Verwaltungsberichte des Brandenburgischen Provinzialausschusses für das Rechnungsjahr 1904 beigegeben ist. Vgl. auch hier Näheres über die Einrichtung der Fürsorgekolonien bei Goeze S. 92 ff.

Wird durch die Fürsorgekolonien eine gewisse Zentralisation der Aufsicht erreicht, so dienen andere Einrichtungen mehr einer Dezentralisation. Dazu gehört die Anstellung besonderer Fürsorge-Inspektoren, wie sie sich besonders in der Provinz Hannover finden (vgl. Hartmann, ZVW. 8 S. 180). Auf ihren das ganze Jahr hindurch vorgenommenen Reisen prüfen sie alle örtlichen Unterbringungsstellen und bilden so „Augen und Ohren" des Provinzialverbands, der damit ein lebendiges Bild der Verhältnisse erhält. Einen andersartigen Versuch einer Dezentralisation hat der Provinzialverband Brandenburg unternommen: er hat örtliche Unterabteilungen des für die ganze Provinz bestimmten Fürsorgeerziehungsamts in den einzelnen Bezirken eingerichtet, die in ständiger Fühlung mit den dort untergebrachten Zöglingen und deren Fürsorgern den größten Teil der laufenden Geschäfte erledigen (vgl. Goeze, Das Brandenburgische Fürsorgeerziehungsamt, im ZVW. 7 S. 241).

6. Eine besondere Art der Familienerziehung bildet die Unterbringung des nicht mehr schulpflichtigen FZ. in Dienst und Lehre, mag diese nun von vornherein oder nach vorangegangener Anstaltserziehung erfolgen. Im allgemeinen gilt hier das, was in Anm. 5 über die Unterbringung in einer Familie gesagt ist. Die AB. schreiben vor:

„Als Dienst- oder Lehrherrn sollen nur durchaus zuverlässige und tüchtige Personen ausgewählt werden. Bei etwa abzuschließenden Lehrverträgen ist die tüchtige Ausbildung im Handwerk innerhalb einer bestimmten Zeit sicherzustellen.

Im übrigen sind bei Abschließung des Lehrvertrages die Bestimmungen der §§ 126—132a der Gewerbeordnung zu beachten. Die Unterbringung in Lehre und Dienst ist Familienerziehung, und finden dafür die bezüglichen Vorschriften dieser AB. insbesondere auch über die konfessionelle Erziehung sinngemäße Anwendung."

Die mit dem Lehr- oder Dienstherrn, der hier ja zugleich auch Erzieher des FZ. ist, abzuschließende vertragliche Vereinbarung bedarf hier besonderer Erörterung. Dies um so mehr, als in der Praxis über dies eigenartige Vertragsverhältnis unklare und vielfach juristisch unrichtige Auffassungen verbreitet sind. Sie sind zum großen Teil zurückzuführen auf den Beschluß des Kammergerichts vom 7. Nov. 1904 (JKG. 28 A 179), der indessen durch den späteren Beschluß JKG. 46 A 83 richtig gestellt worden ist (vgl. Anm. 8 zu § 9).

Was zunächst den Abschluß derartiger Verträge betrifft, so ist zweifellos der KV. auf Grund des durch die FE. auf ihn übergegangenen Erziehungsrechts berechtigt, sie im eigenen Namen völlig selbständig, ohne Mitwirkung des gesetzlichen Vertreters des Minderjährigen und ohne Genehmigung des VG., zu schließen. Dagegen ist die in der Praxis sehr häufig vorkommende Form, daß der KV. den Vertrag für sich und namens des FZ. abschließt, rechtlich unhaltbar, weil der KV. nicht gesetzlicher Vertreter des FZ. ist (vgl. Anm. 8 zu § 9 und JKG. 46 A 83) und also bei einem Abschluß namens des FZ. dessen gesetzlicher Vertreter mitwirken müßte. Inhaltlich ist der Vertrag, soweit es sich um die Unterbringung des FZ. in ein Dienst- oder Arbeitsverhältnis handelt, kein eigentlicher Dienstvertrag im Sinne des BGB., sondern ein Dienstverschaffungsvertrag, durch den sich der KV. verpflichtet, dem Dienstherrn die Dienste des FZ. zu verschaffen und durch die ihm zustehende öffentlich-rechtliche Gewalt den FZ. dazu anzuhalten. Horion (Gruchots Beiträge zur Erläuterung des deutschen Rechts 47 S. 77) hat dies scharf dahin ausgedrückt, daß bei dem Vertrage der FZ. „nicht Subjekt, sondern lediglich Objekt" sei. Daraus folgt, daß für den FZ. unmittelbar aus dem Vertrage weder Rechte noch Pflichten entstehen. Der FZ. erwirbt also kein Recht auf den vereinbarten Dienstlohn, dieser ist an den KV. oder nach seiner Weisung auszuzahlen. Damit ist aber noch nicht gesagt, daß der KV. den Dienstlohn einfach für sich vereinnahmen kann. Dem steht entgegen, daß der KV. die Arbeitskraft des FZ. nicht eigennützig verwenden darf. Dem FZ. gebührt vielmehr das, was etwa zur Deckung des Ersatzanspruchs, der dem KV. für die durch die FE. entstandenen Kosten zusteht (§ 16 FEG.), nicht verbraucht wird. Deshalb ist es rechtlich nicht haltbar, wenn, wie es vielfach geschieht, die KV. von der Auffassung ausgehen, daß sie das Sparguthaben, welches sich aus dem gezahlten Dienstlohn angesammelt hat, dem FZ. bei Beendigung der FE. lediglich im Falle seines Wohlverhaltens als Prämie auszuzahlen haben (ebenso Kipp in der Jugendfürsorge vom 15. Aug. 1916 S. 3). Da weiter der FZ. aus dem vom KV. abgeschlossenen Dienstvertrag unmittelbar nicht verpflichtet wird, so ist die in der Praxis häufig vorkommende Bestimmung, daß der Vertrag über die Dauer der Minderjährigkeit des FZ. hinaus Geltung haben solle, ohne rechtliche Wirkung. Die gegenteilige, vom Kammergericht in seinem früheren Beschlusse (JKG. 28 A 179) ausgesprochene Ansicht ist nicht mehr haltbar, sie wird aber immer noch von Schmitz Anm. 35 zu § 9 und von Noelle Anm. 1 C d zu § 9 (hier allerdings mit einer Einschränkung) vertreten.

In den Anlagen sind die jetzt bei der Städtischen Waisen-Deputation Berlin gebräuchlichen Formulare zu einem „Lehr- und Erziehungsvertrag" und zu einem „Erziehungs- und Dienstvertrag" zum Abdruck gebracht; sie lassen die Punkte, auf die es bei den Verträgen ankommt, gut erkennen.

7. Über die bereits bestehenden Anstalten hat Krohne in seinem 1901 erschienenen Buche „Erziehungsanstalten für die verlassene, gefährdete und verwahrloste Jugend in Preußen" ein sehr eingehendes Verzeichnis gegeben. Ein neues Verzeichnis nach dem Stande gegen Ende des Jahres 1909 ist in der Statistik 1908 veröffentlicht worden; dazu sind in der Statistik 1909, 1910 und 1911 Nachträge erschienen. In diesen Verzeichnissen sind nicht enthalten die staatlichen Erziehungsanstalten, welche zunächst für die Zwangszöglinge aus § 56 RStGB. bestimmt sind, in welche aber auch, soweit Platz ist, FZ. nach den näheren Bestimmungen der Erlasse des Ministers des Innern vom 16. Febr. und 19. April 1903 sowie vom 7. März 1905 und 27. Okt. 1908 (MBl. 1908 S. 229) aufgenommen werden können. Obwohl die Zahl der Zwangszöglinge aus § 56 RStGB. sich stark vermindert hat und infolgedessen Plätze in den staatlichen Anstalten unbesetzt sind, spielen doch diese Anstalten für die Unterbringung von FZ. nur eine untergeordnete Rolle. Es gibt in Preußen nur vier staatliche Anstalten für männliche und zwei für weibliche Zwangszöglinge. Von großer Bedeutung sind dagegen die Anstalten der freien Liebestätigkeit, die von kirchlichen Organen, Vereinen oder Privatpersonen ins Leben gerufen sind. Sie wurden insbesondere in den ersten Jahren des FEG., als die KV. über nur wenige eigene Erziehungsanstalten verfügten, sehr stark für die FE. in Anspruch genommen. Mit Recht wird dies von Köhne (Schmollers Jahrbuch für Gesetzgebung 30 S. 199 ff., bes. S. 217) bedauert,

weil die Privatanstalten dadurch „ihrer eigentlichen Aufgabe, freie Liebestätigkeit zu üben und den rauhen Eingriff des Staates entbehrlich zu machen, entzogen" wurden. Auch die erforderliche Aufsicht über diese Anstalten ließ, soweit darin FZ. untergebracht wurden, recht viel zu wünschen übrig. Jetzt ist diese Aufsicht durch einen Erlaß des Ministers des Innern vom 12. Mai 1910 (vgl. Anm. 4 u. 6 zu § 20) besser geregelt worden. Auch haben sich inzwischen die KV. eine Reihe dieser Privatanstalten in der einen oder anderen Form angegliedert, um sie für bestimmte Kategorien von FZ. als Spezialanstalten zu benutzen (vgl. Goeze, Die Fürsorgeerziehungs-Einrichtungen der preuß. KV., im ZVW. 3 S. 253 ff. und 265 ff.).

8. Nur die Sorge für das erste Unterkommen nach Beendigung der FE. liegt dem KV. ob, wobei sich die Vorschrift aber auf alle Fälle der Beendigung der FE. bezieht, also auch auf die vorzeitige Aufhebung und die Aufhebung unter Vorbehalt des Widerrufs (§ 13). Auf die Pflicht, eine angemessene Unterkunft und Beschäftigung des Zöglings nach beendeter FE. herbeizuführen, werden in dem, in den Anlagen abgedruckten Erlaß des Ministers des Innern vom 24. März 1909 die KV. eingehend hingewiesen, da sonst „das ganze Erziehungswerk in Frage gestellt werden" würde. Dem Zwecke, dem Zöglinge das weitere Fortkommen zu erleichtern, dient auch die Bestimmung in den Erlassen des Ministers des Innern vom 8. April 1908 und 25. März 1914 (MBl. 1914 S. 144), wonach die Bezeichnung als Fürsorgezögling in den Rekrutierungsstammrollen, auf Meldescheinen sowie in Dienst- und Arbeitsbüchern zu unterbleiben hat.

9. Nicht der Ort, wo sich das VG. befindet, sondern der Ort, „als dessen VG. das Gericht Beschluß gefaßt hat", ist maßgebend für die Frage, welcher KV. zur Unterbringung verpflichtet ist. Deshalb ist durch den Erlaß des Justizministers vom 10. Aug. 1910 eine hierauf bezügliche Angabe in dem Überweisungsbeschlusse vorgeschrieben (vgl. Anm. 11 zu § 3).

Die KV. haben ein besonderes Interesse, die Frage sorgfältig zu prüfen, ob das beschließende VG. örtlich zuständig war, und, falls sie diesbezügliche Bedenken haben, gegen den Beschluß die sofortige Beschwerde gemäß § 4 FEG. einzulegen. Ist der Beschluß rechtskräftig geworden, so können sie sich auch im Falle örtlicher Unzuständigkeit des VG. von ihrer Verpflichtung zur Ausführung nicht freimachen (JKG. 47 A 77).

§ 15[1])

Die Kosten[2]), welche durch die Überführung des Zöglinges in eine Familie oder Anstalt[3]), durch die dabei nötige reglementsmäßige erste Ausstattung[4]), durch die Beerdigung des während der Fürsorgeerziehung verstorbenen und durch die Rückreise des aus der Fürsorgeerziehung entlassenen Zöglings entstehen[5]), fallen dem Ortsarmenverband[6]), in welchem er seinen Unterstützungswohnsitz hat[7–8]), zur Last[9–10]). Ist ein solcher Ortsarmenverband nicht vorhanden, so fallen diese Kosten dem verpflichteten Kommunalverbande (§ 14 Abs. 2) zur Last[11]). Die übrigen Kosten des Unterhalts und der Erziehung sowie der Fürsorge für entlassene Zöglinge tragen in allen Fällen die Kommunalverbände.[12–14])

Die Kommunalverbände erhalten zu den nach Abs. 1 von ihnen zu tragenden Kosten[15]) aus der Staatskasse einen Zuschuß in Höhe von zwei Dritteln dieser Kosten[16]). Der Betrag des Zuschusses wird jährlich auf Liquidation der im Vorjahr aufgewendeten Kosten oder im Einverständnisse mit den einzelnen Kommunalverbänden periodisch als Pauschsumme von dem Minister des Innern festgesetzt[17]).

1. Der § 15, welcher die Frage regelt, wer die durch die Ausführung der FE. entstehenden Kosten zu tragen hat, ist, wie sich aus der in der Einleitung gegebenen Darstellung der Entstehung des Gesetzes ergibt, erst nach langen Kämpfen und mit

großen Schwierigkeiten zustande gekommen. Das mag es einigermaßen erklären, daß man, nachdem eine Einigung in der Sache erzielt war, davon abgesehen hat, den § 15 auch noch in formeller Beziehung zu ändern. So hat der Paragraph eine Fassung erhalten, die zu vielen Zweifeln und Rechtsstreitigkeiten Anlaß gegeben hat. Es ist recht milde ausgedrückt, wenn das Reichsgericht in der, eine dieser Zweifelsfragen behandelnden Entscheidung vom 19. Okt. 1905 (RG. 61 S. 381) von „der mehr oder minder strengen Übung der Kunst, dem gesetzgeberischen Gedanken stets einen unzweideutigen Ausdruck zu verleihen", spricht. Da Streitigkeiten über die Kostentragung — von der Spezialbestimmung im § 5 Abs. 3 FEG. abgesehen — im ordentlichen Rechtswege auszutragen sind, so sind divergierende Entscheidungen der mannigfachen zuständigen Gerichte ergangen, und es hat im Hinblick auf die zumeist geringe Höhe des Streitobjekts geraume Zeit gedauert, bis das Reichsgericht in der Lage war, zu den wichtigsten Streitfragen Stellung zu nehmen (vgl. außer RG. 61 S. 381 noch RG. 70 S. 363 und die in der Statistik 1914 abgedruckte Entscheidung des Reichsgerichts vom 30. April 1913). Bei dieser Sachlage möchte ich den nachfolgenden Anmerkungen, die sich an den Wortlaut des § 15 anschließen, folgendes vorausschicken.

Nach den §§ 9 u. 14 FEG. ist zur Ausführung der FE. verpflichtet der Kommunalverband; damit ist dieser grundsätzlich auch zum Träger der Kosten der FE. gemacht. Dieser Grundsatz erleidet durch § 15 FEG. zwei Modifikationen:

a) gewisse Kosten werden dem zuständigen Ortsarmenverbande zur Last gelegt; sie werden im Abs. 1 Satz 1 des § 15 aufgeführt;

b) zu anderen Kosten wird dem KV. aus der Staatskasse ein Zuschuß geleistet, und zwar nach Abs. 2 des § 15 in Höhe von zwei Dritteln. Der Abs. 2 unterläßt es aber, diese Kosten genauer aufzuführen, nimmt vielmehr dafür Bezug auf den Abs. 1. Daraus ergibt sich, daß sich die Zuschußpflicht des Staats beschränkt auf α. diejenigen Kosten, welche an sich dem Ortsarmenverbande auferlegt sind, die aber von diesem aus dem im Satze 2 des Abs. 1 angeführten Grunde im besonderen Falle nicht getragen werden, β. auf die im Satze 3 des Abs. 2 aufgeführten Kosten des Unterhalts und der Erziehung sowie der Fürsorge für entlassene Zöglinge.

2. Der Satz 1 des Abs. 1 regelt erschöpfend die Frage, welche Kosten dem Ortsarmenverband zur Last fallen. Er ist nur zu solchen Kosten verpflichtet, die entstehen

a) durch die Überführung des FZ. in eine Familie oder Anstalt,

b) die dabei nötige reglementsmäßige erste Ausstattung,

c) die Beerdigung des während der FE. verstorbenen Zöglings,

d) die Rückreise des aus der FE. entlassenen Zöglings.

Da nach § 5 Abs. 2 FEG. die durch die vorläufige Unterbringung erwachsenen Kosten in dem Falle, daß die Überweisung zur FE. demnächst endgültig angeordnet wird, Kosten der FE. sind, so erstreckt sich die Kostenlast des Ortsarmenverbands auch auf diesen Fall (RG. 70 S. 363). Die Überweisung zur FE. bildet in diesem Falle mit der vorausgegangenen vorläufigen Unterbringung ein einheitliches Ganzes (vgl. Anm. 23 zu § 5).

3. Zu den Kosten der Überführung gehören die Kosten für sichere Bewachung, Beköstigung auf dem Transporte, etwaiges Nachtquartier, auch etwa erforderliche notdürftige Bekleidung, da ohne eine solche die Überführung nicht möglich ist. Dagegen gehören nicht dazu die in manchen Reglements vorgeschriebenen ärztlichen Zeugnisse dahingehend, daß der Minderjährige nicht mit einer ansteckenden Krankheit behaftet oder einer solchen verdächtig ist. Die Kosten für derartige Zeugnisse hat der KV. zu tragen (vgl. das in der Statistik 1905 S. 40 abgedruckte Urteil des Kammergerichts vom 16. Mai 1906).

4. In Betracht kommt die Ausrüstung mit den nötigen Kleidern, Wäschestücken und sonstigen Gebrauchsgegenständen. Fehlt es in dem Reglement an den näheren Bestimmungen, so ist über die Angemessenheit der Ausstattung im Streitfalle im ordentlichen Rechtswege zu entscheiden.

5. Die im Satze 1 erwähnten Kosten können von dem Ortsarmenverbande bezüglich jedes Zöglings nur einmal gefordert

werden. Die im Falle eines Wechsels in der Unterbringung oder im Falle des Entweichens eines Zöglings entstehenden Überführungskosten sowie die Kosten erneuter Ausstattung treffen also nicht den Ortsarmenverband, sondern gehören zu den von dem Kommunalverbande zu tragenden Kosten. Zu diesen gehören auch die Kosten der Überführung, Ausstattung und Rückreise, welche im Falle des Widerrufs einer unter Vorbehalt des Widerrufs erfolgten Aufhebung der FE. notwendig werden.

6. Den Ortsarmenverbänden stehen die Gesamtarmenverbände (§§ 9—15 des preußischen Ausführungsgesetzes vom 8. März 1871) gleich.

7. In bezug auf den Unterstützungswohnsitz kommen die §§ 10—27 des Reichsgesetzes vom 6. Juni 1870 in der Fassung des Gesetzes vom 30. Mai 1908 in Betracht: eheliche Kinder teilen den Unterstützungswohnsitz des Vaters, uneheliche den der Mutter, im Falle des Todes des Vaters teilen auch die ehelichen Kinder den Wohnsitz der Mutter, desgleichen im Falle der Scheidung der Ehe, wenn der Mutter die Erziehung der Kinder zusteht. Seit der Novelle vom 30. Mai 1908 kann der Minderjährige nach Vollendung des 16. Lebensjahrs selbständig einen Unterstützungswohnsitz durch einjährigen Aufenthalt innerhalb eines Ortsarmenverbands erwerben. Während der FE. aber kann der Minderjährige, mag er in einer Anstalt oder in einer Familie untergebracht sein, selbständig einen Unterstützungswohnsitz nicht erwerben, da ihm die freie Selbstbestimmung bei der Wahl seines Aufenthalts fehlt.

8. Maßgebend ist der Unterstützungswohnsitz, welchen der Zögling zu der Zeit hat, in welcher die betreffenden Kosten gefordert werden können. Es ist also möglich, daß ein anderer Ortsarmenverband die Kosten der Rückreise des Zöglings zu tragen hat, als der Ortsarmenverband, dem die Kosten der Überführung des Zöglings obliegen, nämlich dann, wenn in der Zwischenzeit die Eltern ihren Unterstützungswohnsitz gewechselt haben.

9. Das Gesetz bestimmt nur, daß dem Ortsarmenverband die Kosten für die im Satze 1 bestimmten Leistungen zur Last

fallen, keineswegs aber, daß er diese Leistungen selbst zu bewirken hat. Wer die Leistungen zu bewirken hat, richtet sich nach sonstigen Vorschriften. So liegt nach § 9 Abs. 3 FEG. die Überführung des Zöglings der Polizeibehörde des Aufenthaltsorts ob; die erste Ausstattung wird häufig der KV. besorgen, ebenso die Beerdigung des während der FE. verstorbenen Zöglings, meistens auch die Rückreise des aus der FE. entlassenen Zöglings. Wegen der hierdurch entstandenen Kosten besteht dann ein Erstattungsanspruch an den Ortsarmenverband.

10. Die Kosten, die dem Ortsarmenverband zur Last fallen, sind nicht als Armenkosten im juristischen Sinne anzusehen. Daraus folgt, daß eine Klage auf Erstattung der von einem Ortsarmenverbande auf Grund des § 15 getragenen Kosten gegen einen anderen Ortsarmenverband in Gemäßheit des Reichsgesetzes vom 6. Juni 1870 nicht gegeben ist (vgl. Wohlers-Krech, Entscheidungen des Bundesamts für das Heimatwesen Heft 18 S. 126, Heft 19 S. 147, Heft 25 S. 79). Des weiteren ist bei Leistungsunfähigkeit eines Ortsarmenverbandes nicht der Landarmenverband zur Übernahme der Kosten verpflichtet, sondern der Ausfall ist von dem jeweiligen Gläubiger des Erstattungsanspruchs zu tragen, also von der Polizeibehörde bezüglich der Kosten der Überführung, von dem Kommunalverbande bezüglich der übrigen Kosten (Erlaß des Ministers des Innern und des Finanzministers vom 21. Aug. 1903, abgedruckt Statistik 1902 S. 153).

11. Nach dem bisherigen ZwEG. war es zweifelhaft, wen die Kosten treffen, wenn ein Ortsarmenverband des Unterstützungswohnsitzes nicht vorhanden ist; eine Frage, welche vor allem bei der Unterbringung von nichtpreußischen Zöglingen praktische Bedeutung hat. Um diesen Zweifel zu beseitigen, ist Satz 2 von der Kommission des AbgH. hinzugefügt worden: die Kosten fallen dem Kommunalverbande zur Last. Das gleiche gilt auch für den Fall, daß der Unterstützungswohnsitz nicht ermittelt werden kann (vgl. den in Anm. 10 angeführten Erlaß vom 21. Aug. 1903).

Macht die Ermittelung des zahlungspflichtigen Ortsarmenverbandes Schwierigkeiten, so liegt es, da durch solche Umstände die

Ausführung der FE. nicht aufgehalten werden darf, dem verpflichteten Kommunalverband ob, die Kosten der Überführung des Zöglings ebenso wie die seiner ersten Ausstattung einstweilen auszulegen und demnächst von dem verpflichteten Ortsarmenverbande einzuziehen (Entsch. 6 S. 187).

12. Der Satz 3 soll, wie der ganze Abs. 1 des § 15, zunächst nur die **Verteilung der Kosten zwischen Ortsarmenverband und Kommunalverband** regeln. Dadurch aber, daß in Abs. 2 des § 15 für den Zuschuß aus der Staatskasse auf den Abs. 1 hingewiesen wird, gewinnt der Satz 3 eine erhebliche Bedeutung für die Frage, zu welchen Kosten des KV. der Staat einen Zuschuß zu leisten hat (vgl. Anm. 15). Richtiger wäre es gewesen, an die Spitze des Paragraphen die Bestimmung zu setzen, daß der KV. die Kosten der FE. zu tragen hat, dann die Kostenlast des Ortsarmenverbands zu behandeln und endlich die Zuschußpflicht des Staats abgeschlossen für sich und ohne Bezugnahme zu regeln (vgl. die Anm. 1).

13. Von welchem Zeitpunkte ab der KV. die Kosten zu tragen hat, ist nirgends im Gesetze gesagt. Das Kammergericht hat sich in einem Urteile vom 2. Nov. 1907 (abgedruckt in der Statistik 1907 S. 75) dahin ausgesprochen, daß die Verpflichtung des KV. zur Tragung der Kosten der FE. nicht mit der Rechtskraft des Überweisungsbeschlusses beginnt, sondern erst wenn der KV. an die Ausführung des Beschlusses herangeht oder heranzugehen in der Lage ist, und daß er jedenfalls die vor erhaltener Kenntnis von dem Überweisungsbeschluß entstandenen Kosten nicht zu tragen hat. Ich habe große Bedenken gegen die Richtigkeit dieses Urteils, auf welches der Minister des Innern in dem, im Anhang abgedruckten Erlaß vom 8. April 1908 ausdrücklich hingewiesen hat. Der rechtskräftige Überweisungsbeschluß schafft einen neuen Rechtszustand, er begründet ohne weiteres die Verpflichtung des KV. zur Ausführung der Überweisung zur FE. (vgl. Anm. 3 zu § 9); ich sehe keinen rechtlichen Grund, die Kostenlast des KV. zu einem anderen, späteren Zeitpunkt eintreten zu lassen. Auch das Oberlandesgericht Cöln hat in einem, im Preuß. Verwaltungsblatt 26 S. 964 mitgeteilten Urteil vom 27. Juni 1905 die Rechtskraft des Überweisungsbeschlusses als den maßgebenden Zeitpunkt für die Kostenpflicht des KV. erklärt.

14. Die Kosten der FE. sind nicht Kosten der öffentlichen Armenpflege im Sinne des Reichsgesetzes vom 6. Juni 1870. Deshalb hat das Reichsversicherungsamt in einer in den Amtlichen Nachrichten des RVA. 1915 S. 533 Nr. 2035 mitgeteilten Entscheidung zutreffend dahin erkannt, daß den KV. wegen der von ihnen für einen FZ. gezahlten Unterhaltskosten kein Ersatzanspruch gegen die Versicherungsträger auf Grund der §§ 1531 ff. der Reichsversicherungsordnung zusteht. Flesch hat es (Jugendfürsorge 1 S. 284) als Ungerechtigkeit hingestellt, daß ein Vater, der infolge unverschuldeter Not zur Erziehung seines Kindes Armenunterstützung in Anspruch nehmen muß, damit seines Wahlrechts verlustig geht, während ein Vater, der sein Kind verwahrlosen läßt, so daß es der FE. überwiesen werden muß, in seinen öffentlichen Rechten nicht beschränkt wird (vgl. auch Archiv für soziale Gesetzgebung 1902 S. 21).

15. Der staatliche Zuschuß wird nur gezahlt zu den nach Abs. 1 von den KV. zu tragenden Kosten, nicht zu sonstigen Kosten, welche die KV. für die Zwecke der FE. aufzuwenden haben. Der Finanzminister und der Minister des Innern haben in dem, in den Anlagen abgedruckten gemeinsamen Erlasse vom 29. Sept. 1902 die Kosten aufgeführt, bei denen die Zuschußpflicht des Staats besteht und bei denen eine Zuschußpflicht nicht anerkannt wird. Die KV. haben die darin zum Ausdrucke gekommene Auffassung nicht durchweg für zutreffend erachtet und ihre abweichende Ansicht im Wege des ordentlichen Streitverfahrens geltend gemacht. Während über die Frage, was zu den im Satz 2 des Abs. 1 genannten Kosten gehört, kaum ein Zweifel möglich ist, ist der Begriff der im Satz 3 des Abs. 1 angeführten „Kosten des Unterhalts und der Erziehung" im FEG. selbst nicht geregelt. Er kann in der Tat wegen des Fehlens einer gesetzlichen festen Begrenzung zu Zweifeln Anlaß geben. Das Reichsgericht hat bei der Auslegung dieses Begriffes mit Recht auf die Entstehungsgeschichte des Gesetzes zurückgegriffen

und ist dadurch dazu gekommen, den Begriff erheblich weiter zu interpretieren, als es in dem erwähnten ministeriellen Erlasse geschehen war. Dieser Erlaß ist daher zu einem großen Teile durch die Rechtsprechung als überholt anzusehen.

16. Von den Kosten der FE., zu denen aus der Staatskasse den KV. ein Zuschuß von zwei Dritteln der wirklich gezahlten Kosten gewährt wird, spielen die Hauptrolle die Kosten des Unterhalts und der Erziehung. Auf Grund der Rechtsprechung des Reichsgerichts (RG. 61 S. 381, 70 S. 363 und das in Anm. 1 erwähnte Urteil vom 30. April 1913) gehören dazu nicht nur die Heilungskosten bei Erkrankung eines FZ., die Aufwendungen für die Ausbildung der FZ. zu einem Berufe, die Entschädigungen, welche an Fürsorger (§ 11) gezahlt werden, sondern auch die Kosten der allgemeinen Verwaltung der Fürsorgeerziehung, also vor allem die Gehälter und Pensionen, Reisekosten und Tagegelder der mit der Bearbeitung der FEAngelegenheiten betrauten oder in Anstalten der FE. angestellten Personen, desgleichen die Kosten der Ausbildungs- und Fortbildungskurse für das Erzieherpersonal.

Was die Baukosten für die Anstalten betrifft, so hat der Staat den Zweidrittelzuschuß zu den Kosten der baulichen Unterhaltung der Anstalten zu leisten. Dazu gehören auch solche Ausgaben, die eine „im Bereiche einer Bauunterhaltung gemachte sachentsprechende Verbesserung“ mit sich bringt, wie überhaupt alle Kosten, „die nach den allgemeinen Anschauungen im Wirtschaftsleben zu den mit dem Besitze solcher Anstalten verbundenen laufenden Ausgaben gerechnet werden“. Dagegen fallen bei Neuerrichtung von Anstalten oder bei Vergrößerung vorhandener Anstalten nicht nur die Grunderwerbskosten, sondern auch die Baukosten ganz und allein zu Lasten des Kommunalverbandes.

17. Bezüglich der Liquidation des Staatszuschusses enthalten die AB. folgende Anordnungen:

„Die Kostenaufstellungen sind am Schlusse jedes Etatsjahres den Oberpräsidenten einzureichen, welche dieselben prüfen und feststellen lassen und zur Zahlung bei einer Regierungshauptkasse anweisen. Mit der Zahlung ist stets dieselbe Regierungshauptkasse zu beauftragen. Die Kostenaufstellungen sind nach erfolgter Zahlung der Beträge dem Minister des Innern zur Prüfung einzureichen; sie gelangen hierauf zur Rechnungslegung an die Regierungspräsidenten zurück."

Mit Rücksicht auf § 16 Abs. 5 ist ferner bestimmt:

„In den Kostenanschlägen sind die von den Kommunalverbänden wieder eingezogenen Beträge besonders ersichtlich zu machen; zwei Drittel derselben sind auf den Beitrag des Staates anzurechnen."

§ 16

Die Kommunalverbände sind berechtigt[1]), die Erstattung der während der Fürsorgeerziehung entstandenen Kosten des Unterhalts[2]) eines Zöglinges von diesem selbst[3]) oder von dem auf Grund des Bürgerlichen Rechtes zu seinem Unterhalte Verpflichteten[4-5]) zu fordern[6]). Dieselbe Berechtigung steht den Ortsarmenverbänden hinsichtlich der ihnen nach § 15 Abs. 1 zur Last fallenden Kosten zu[7]).

Für die Erstattungsforderung der Kommunalverbände sind Tarife zugrunde zu legen, welche von dem Minister des Innern nach Anhörung der Kommunalverbände festgesetzt werden[8]). Die Kosten der allgemeinen Verwaltung der Fürsorgeerziehung, des Baues und der Unterhaltung der von den Kommunalverbänden errichteten Anstalten bleiben hierbei außer Ansatz[9]).

Wird gegen den Erstattungsanspruch Widerspruch erhoben, so beschließt darüber auf Antrag des Kommunalverbandes oder Ortsarmenverbandes der Bezirksausschuß[10]).

Der Beschluß ist vorbehaltlich des ordentlichen Rechtswegs endgültig[11]).

Zwei Drittel der durch die Kommunalverbände von den Erstattungspflichtigen eingezogenen Beträge sind auf den Beitrag des Staates (§ 15 Abs. 2) anzurechnen.

1. Die Gewährung eines Erstattungsanspruchs beruht auf dem Vorbehalte in Art. 103, 218 EG. z. BGB. Der Charakter des Erstattungsanspruchs ist ein öffentlichrechtlicher, es handelt sich nicht etwa um einen auf Grund einer cessio legis auf den KV. oder Ortsarmenverband übergegangenen Unterhaltsanspruch. Daraus folgt, daß eine Lohnbeschlagnahme auf Grund des § 4 Ziff. 3 des Gesetzes vom 21. Juni 1869 wegen des Anspruchs nicht zulässig ist.

§ 16 gibt nur eine Berechtigung, Erstattung von Kosten zu verlangen, spricht aber keine Verpflichtung aus, den Erstattungsanspruch geltend zu machen. Er regelt ferner nur den Höchstbetrag, bis zu welchem Erstattung von Kosten verlangt werden können, ohne den Anspruchsberechtigten zu hindern, einen geringeren Betrag zu fordern. Es bleibt dem pflichtmäßigen Ermessen des Berechtigten überlassen, ob und in welchem Umfange er nach Lage des Einzelfalles den Erstattungsanspruch geltend machen will. Diesbezüglich geben die AB. folgende Vorschrift:

> „Ist nach der Vermögenslage der Ersatzpflichtigen eine Beitreibung der vollen Kosten nicht angezeigt, so ist die Forderung auf einen Teil der Kosten zu ermäßigen; es muß aber Regel sein, einen wenn auch kleinen Teil der Kosten beizutreiben, um bei den zum Unterhalt Verpflichteten das Bewußtsein der Verantwortlichkeit für den Zögling aufrechtzuerhalten und ein frivoles Abschieben der Kinder zu verhindern."

2. Wenn für den Umfang des Erstattungsanspruchs des KV. hier die „Kosten des Unterhalts" genannt sind, so ist dies im weitesten Sinne zu verstehen; es fallen darunter auch Kosten der Erziehung (obwohl im § 15 Abs. 1 Satz 3 die Kosten der „Erziehung" neben den Kosten des „Unterhalts" angeführt sind). Von der Erstattung ausgeschlossen sind nur die im Abs. 2 Satz 2 des § 16 an-

gegebenen Kosten (RG. 61 S. 388, 75 S. 279). Auch die Kosten der vorläufigen Unterbringung können für den Fall, daß demnächst die endgültige Überweisung zur FE. angeordnet worden ist (§ 5 Abs. 2 Satz 1), erstattet verlangt werden.

3. Erstattungspflichtig ist zunächst der FZ. mit seinem Vermögen. Nach einer Verfügung des Ministers des Innern vom 12. Juli 1882 (MBl. 1882 S. 210) war bezüglich der bisherigen ZwE. angeordnet, daß das Vermögen der Kinder nur in Anspruch genommen werden sollte, wenn und soweit es den Betrag von 300 M. übersteigt. In den AB. wird empfohlen, dies auch in Zukunft hinsichtlich der Kosten der FE. beizubehalten. In der Tat erscheint es angemessen, ein den Kindern gehöriges kleines Vermögen, welches ihnen die Mittel zur Begründung einer Existenz gewähren könnte, nicht zur Erstattung der Kosten der FE. heranzuziehen. Von diesem Gesichtspunkt geht auch der gemeinsame Erlaß der Minister des Innern, der Finanzen und des Unterrichts vom 14. Mai 1904 (MBl. S. 131) aus, wenn er anordnet, daß Anfälle von Schenkungen und Erbschaften sowie fortlaufende Einkünfte des FZ. (Unfallrente, Waisengeld usw.) bis zum Betrage von 300 M. von der Verwendung zur Erstattung der Unterhaltskosten freizulassen sind. Im übrigen kann das Waisengeld für in FE. genommene Beamtenwaisen nach § 16 Abs. 1 des Gesetzes vom 20. Mai 1882 und der Ziff. 17 Abs. 1 der AB. vom 5. Juni 1882 unmittelbar an den KV. gezahlt werden; einer Pfändung ist das Waisengeld nach § 850 Ziff. 7 ZPO. nicht unterworfen.

4. Erstattungspflichtig sind weiter die auf Grund des bürgerlichen Rechts zum Unterhalt Verpflichteten; sie haften nur, wenn und soweit sie nach dem bürgerlichen Rechte unterhaltspflichtig sind. Voraussetzung für ihre Inanspruchnahme ist also, daß sie unterhaltspflichtig sind. Ein Rückgriff auf die nach öffentlichem Rechte zum Unterhalt Verpflichteten, insbesondere auf die zum Unterhalt Hilfsbedürftiger verpflichteten Ortsarmenverbände ist ausgeschlossen.

5. Über die Unterhaltspflicht enthalten die §§ 1601—1615, 1705—1718 BGB. die näheren Bestimmungen: bei ehelichen Kin-

dern sind unterhaltsverpflichtet zunächst die Eltern (sie müssen alle verfügbaren Mittel zu ihrem und der Kinder Unterhalte gleichmäßig verwenden; der Vater haftet vor der Mutter), dann die weiteren Verwandten der aufsteigenden Linie; bei unehelichen Kindern ist bis zum vollendeten 16. Lebensjahre der natürliche Vater der zunächst Verpflichtete, im übrigen sind die Mutter und deren Verwandte aufsteigender Linie verpflichtet. Die Geschwister sind nicht zum Unterhalte verpflichtet.

6. Die Beitreibung erfolgt im Verwaltungszwangsverfahren nach den Vorschriften der Verordnung vom 15. Nov. 1899 (GS. S. 545) und deren Abänderung durch die Verordnung vom 18. März 1904 (GS. S. 36).

7. Der Satz 2 des Abs. 1 ist vom Herrenhause hinzugefügt worden. Nach dem bisherigen ZwEG. hatten die Ortsarmenverbände wegen der von ihnen aufgewendeten Kosten keinen Erstattungsanspruch. Nach dem Berichte des Oberpräsidenten der Rheinprovinz (Statistik 1904 S. 58) ist von dem Oberbürgermeister in Essen angeregt worden, daß der Provinzialverband zusammen mit seinen Kosten auch die Kosten des Ortsarmenverbandes einziehe. Das erscheint durchaus praktisch.

8. Für die Erstattungsforderung der KV. werden im Interesse der Vereinfachung und zur Vermeidung von Streitigkeiten Tarife aufgestellt; diese Tarifsätze kommen zur Anwendung ohne Rücksicht darauf, welche Kosten tatsächlich im Einzelfalle aufgewendet worden sind. (Die Ortsarmenverbände, auf die sich der Abs. 2 des § 16 nicht bezieht, können immer nur die ihnen erwachsenen Kosten, diese aber ohne Einschränkung, ersetzt verlangen.) Die für die einzelnen KV. festgesetzten Tarife weichen erheblich voneinander ab. Es zeigt sich darin die Verschiedenheit der wirtschaftlichen Verhältnisse der einzelnen Provinzen, infolge deren auch die Ausgaben für die FE. sehr verschieden hohe sind. Z. B. beträgt nach den bei Gordan Anm. 8 zu § 16 gemachten Angaben der Tarifsatz für die jährliche Unterhaltung eines noch nicht schulpflichtigen FZ. in einer Anstalt in der Provinz Posen 150 M., in Berlin 435 M. 60 Pf., in einer Familie in der Provinz Hannover

120 M., im Bezirk Wiesbaden 240 M.; für einen schulpflichtigen FZ. in einer Anstalt in Ostpreußen 202 M. 80 Pf., in Berlin 349 M. 20 Pf., in einer Familie in Westfalen 108 M., in der Rheinprovinz 210 M.; für einen schulentlassenen FZ. in einer Anstalt in Westpreußen 300 M., im Bezirke Wiesbaden 540 M.

9. Die FE. erfolgt also immer teilweise auf öffentliche Kosten, auch wenn die vollen tarifmäßigen erstattungsfähigen Kosten von dem Zöglinge oder dessen Eltern gezahlt werden. Vgl. Anm. 3 zu § 1.

10. Der Widerspruch gegen den Erstattungsanspruch ist entweder bei dem KV. resp. Ortsarmenverband oder bei dem Bezirksausschuß, in dessen Bezirk der Widersprechende wohnt, zu erheben, eine besondere Form oder eine Begründung ist nicht vorgeschrieben. Der KV. resp. Ortsarmenverband hat, wenn er den Widerspruch nicht für gerechtfertigt erachtet, den Antrag auf Entscheidung beim Bezirksausschuß zu stellen. Auf den Fortgang des Beitreibungsverfahrens hat der Widerspruch keine aufschiebende Wirkung. Die Entscheidung ergeht ohne mündliche Verhandlung im Beschlußverfahren.

11. „Endgültig" nennt das FEG. den Beschluß, weil mit diesem das Verwaltungsverfahren abgeschlossen ist; die sonst gegen Beschlüsse des Bezirksausschusses zugelassene Beschwerde findet nicht statt, sondern nur die Klage im ordentlichen Rechtswege. Eine Frist zur Beschreitung des ordentlichen Rechtswegs ist nicht gesetzt. Ist der Beschluß des Bezirksausschusses zur Vollstreckung gelangt, so wird auf Zurückzahlung der beigetriebenen Kosten zu klagen sein.

12. Die Anrechnung der eingezogenen Beträge auf den Staatsbeitrag mußte vorgeschrieben werden, damit nicht eine doppelte Kostenerstattung eintritt.

§ 17

Die Kommunalverbände haben für die Ausführung der Fürsorgeerziehung und für die Verwaltung der von ihnen errichteten Erziehungs- und Besserungsanstalten Reglements zu erlassen[1]).

Die Reglements bedürfen der Genehmigung der Minister des Innern und der geistlichen, Unterrichts- und Medizinalangelegenheiten in betreff derjenigen Bestimmungen, welche sich auf die Aufnahme, die Behandlung, den Unterricht und die Entlassung der Zöglinge beziehen[2]).

Hinsichtlich der Privatanstalten[3]) behält es bei den bestehenden Vorschriften sein Bewenden[4]).

1. Die KV. sind zum Erlasse von Reglements über die Ausführung der FE. verpflichtet. Die Reglements, bei deren Abfassung die in den AB. gegebenen Anweisungen zu beachten sind, unterliegen zunächst der Beschlußfassung der kommunalen Vertretungen. Eine Beanstandung der Beschlüsse kann seitens der Oberpräsidenten nicht erfolgen (OVG. 24 S. 18).

2. Die Reglements, die den Ministern durch die Oberpräsidenten zur Genehmigung vorzulegen sind, erlangen rechtliche Wirkung erst mit der Genehmigung. Die genehmigten Reglements sind durch die Regierungs-Amtsblätter bekanntzumachen. Stehen die Reglements oder einzelne Teile mit dem Gesetze im Widerspruch, so erlangen sie nicht durch die ministerielle Genehmigung Gültigkeit (OVG. 45 S. 436). All das gilt auch von etwaigen Nachträgen zu den Reglements. Alle KV. haben nach Inkrafttreten des FEG. neue Reglements erlassen.

3. Die Benutzung von Privatanstalten für die Unterbringung von FZ. ist den KV. durch Satz 2 des Abs. 1 des § 14 gestattet. Dem in der Kommission des HH. vom Minister des Innern ausgesprochenen Wunsche, dem Staate ein Einspruchsrecht gegen die Benutzung einzelner Privatanstalten einzuräumen, ist im FEG. nicht entsprochen worden. Die KV. haben also freie Hand in der Benutzung. Sie sind bei Abschluß der Unterbringungsverträge mit den Privatanstalten in der Lage, sich einen Einfluß auf die Einrichtungen der betreffenden Anstalt, sowie ein Aufsichts- und Inspizierungsrecht auszubedingen. Von einigen KV. sind für die Be-

aufsichtigung besondere Inspektoren bestellt; auch kommt es vor, daß am Anstaltsorte wohnhafte Personen als Vertrauensmänner der KV. zur Führung der Aufsicht bestellt werden.

4. Die Privatanstalten bedürfen behördlicher Konzession. Maßgebend ist noch jetzt dafür die Regierungsinstruktion vom 23. Okt. 1817 (GS. 1817 S. 237 ff.) und die Allerhöchste Kabinettsorder vom 31. Dez. 1825 (GS. 1826 S. 5). Wegen der Beaufsichtigung der Anstalten vgl. auch noch die Staatsministerialinstruktion vom 31. Dez. 1839. Die Aufsicht wird jetzt nicht mehr von dem Regierungspräsidenten, sondern von der Abteilung 2 der Regierung für Kirchen- und Schulsachen ausgeübt. Die Aufsicht der Regierung beschränkt sich nicht auf die Schulaufsicht und die kirchliche Fürsorge für die Zöglinge, sondern umfaßt die Haltung und Verpflegung, die physische wie moralische Erziehung der Zöglinge. Vgl. im übrigen wegen der Beaufsichtigung die Anmerkungen zu § 20.

§ 18

Die gesetzlichen Bestimmungen über die religiöse Erziehung der Kinder finden auch auf die Fürsorgeerziehung Anwendung[1–5]).

1. Die dem Kommunalverbande obliegende Ausführung der FE. (§§ 9, 14) umfaßt auch die Anwendung der gesetzlichen Bestimmungen über die religiöse Erziehung der FZ. Der KV. hat für die Dauer der FE. die gesetzlichen Bestimmungen über die religiöse Erziehung anzuwenden und dabei die besonderen Vorschriften des § 9 Abs. 1 Satz 2 u. 3 zu beachten. Die Überwachung bei der Durchführung dieser Aufgabe geschieht durch den Oberpräsidenten und in höherer Instanz durch den Minister des Innern (§ 20). Das Vormundschaftsgericht hat darauf keinen Einfluß, es hat nur für eine gesetzliche Vertretung des FZ. für den Fall Sorge zu tragen, daß eine Beschwerde bei der staatlichen Aufsichtsbehörde oder dem Minister erforderlich werden sollte (JKG. 29 A 37). Vgl. auch Anm. 18 zu § 9.

2. Die Frage, in welcher Religion ein Kind zu erziehen ist, richtet sich nach Landesrecht; von einer reichsgesetzlichen Regelung dieser Frage ist bei Erlaß des BGB. Abstand genommen worden (Art. 134 EG. z. BGB.). „Vielfach leiden aber die landesgesetzlichen Bestimmungen an Unklarheit und Unvollständigkeit" (Motive zum BGB. IV, 757), und dies gilt insbesondere von Preußen, wo infolgedessen über die Frage eine sehr reiche Judikatur vorhanden ist. Ein Eingehen auf die mancherlei Streitfragen ist hier nicht am Platze. Ich verweise diesbezüglich auf folgende Spezialschriften: Hübler, Die religiöse Erziehung der Kinder aus gemischten Ehen 1888, Hinrichs im Archiv für die zivilistische Praxis 75 S. 100 ff., Tophoff in Gruchots Beiträgen 35 S. 377 ff., Bröse ebendaselbst 37 S. 835 ff., Kahl, Konfession der Kinder aus gemischten Ehen 1895, Güttler, Die religiöse Kindererziehung im Deutschen Reiche 1908. Auch die in den Drucksachen des Reichstags 1901 zu dem Antrage Lieber über die Freiheit der Religionsübung S. 102 ff. gegebene Zusammenstellung der in Deutschland geltenden Bestimmungen über die religiöse Erziehung der Kinder sei hier erwähnt.

3. Der Rechtszustand ist kurz folgender:

a) Für das Gebiet des ALR. kommen die im Art. 89 AG. z. BGB. unter 1c ausdrücklich aufrechterhaltenen §§ 77, 78, 81—84, 642 ALR. II, 2 sowie die Deklaration vom 21. Nov. 1803 in Betracht. Hiernach entscheiden bis zum zurückgelegten vierzehnten Lebensjahr bei ehelichen Kindern die Eltern, in welchem Glaubensbekenntnisse das Kind zu erziehen ist. Solange beide Eltern einig sind, hat kein Dritter das Recht, ihrer Bestimmung zu widersprechen. Bei Meinungsverschiedenheit geht, wenn die Eltern eines Glaubens sind, die Meinung des Vaters vor. Bei gemischten Ehen sind die Kinder ohne Unterschied des Geschlechtes stets in der Religion des Vaters zu erziehen. All dies gilt auch bei Auflösung der Ehe durch Scheidung (JKG. 36 A 48). Auch wenn der Vater das Recht der Sorge für die Person seines Kindes nach § 1635 BGB. verloren hat, ist auf sein Verlangen das Kind bis zum vollendeten 14. Lebensjahr in der Religion des Vaters zu erziehen (JKG. 45 A 78). Kein

Ehegatte darf den anderen zu Abweichungen von diesen gesetzlichen Vorschriften durch Verträge verpflichten; ein solcher Vertrag wäre nichtig. Die Religion des Vaters bleibt auch nach seinem Tode maßgebend, ohne Rücksicht auf eine in der letzten Krankheit erfolgte Religionsveränderung; nur wenn er das Kind wenigstens das ganze letzte Jahr vor seinem Tode in dem Glaubensbekenntnisse des anderen Ehegatten hat unterrichten lassen, so ist dieser Unterricht auch nach seinem Tode beizubehalten. Dagegen ist die Anordnung des Vaters, daß sein Kind nach seinem Tode in einer anderen Religion erzogen werden sollte, unwirksam (JKG. 33 A 81).

Uneheliche Kinder sind in der Religion der Mutter zu erziehen; wechselt diese ihr Glaubensbekenntnis, so folgt ihr bis zum zurückgelegten vierzehnten Lebensjahr das Kind. Die Mutter hat nicht die Befugnis, im Einverständnisse mit dem Vormunde das uneheliche Kind in einem, von ihrem eigenen Bekenntnisse abweichenden Glaubensbekenntnisse erziehen zu lassen (JKG. 25 A 21).

Nach zurückgelegtem 14. Lebensjahr können die Kinder selbst wählen, zu welcher Religion sie sich bekennen wollen.

b) Das unter a Angeführte gilt auch für die Rheinprovinz und Westfalen, nachdem dort die Deklaration vom 21. Nov. 1803 durch die Kabinettsorder vom 17. Aug. 1825 eingeführt worden ist (JKG. 23 A 26).

c) Für die Provinz Hannover gilt die Verordnung über die religiöse Erziehung der Kinder, deren Eltern verschiedener Konfession sind, vom 31. Juli 1826; für das frühere Kurfürstentum Hessen die Verordnung vom 13. April 1853 wegen Abänderung des Gesetzes vom 29. Okt. 1848, die Religionsfreiheit und die Einführung der bürgerlichen Ehe betreffend; für das frühere Herzogtum Nassau das Edikt vom 22. und 26. März 1808 über die Erziehung der Kinder aus gemischten Ehen; für Frankfurt a. M. die Verordnung vom 5. Sept. 1811 über die Religionsbestimmung der Kinder aus gemischten Ehen; für Holstein das Gesetz vom 14. Juli 1863 über Religionsübung; für

Schleswig die Verfügung der provisorischen Regierung vom 23. April 1864.

d) Für das Gebiet des gemeinen Rechts entscheidet bis zum Unterscheidungsalter, von dem ab das Kind selbst seine Konfession wählen kann, während des Bestehens der Ehe der gemeinsame Wille der Eltern, bei Meinungsverschiedenheit hat in gemischter Ehe der Vater die ausschlaggebende Stimme. Nach dem Tode des Vaters hat die Mutter das freie Bestimmungsrecht, ohne an die Willenserklärung des verstorbenen Mannes gebunden zu sein.

4. Was den Umfang der religiösen Erziehung anbetrifft, so hat das Kammergericht in einer Entscheidung vom 16. März 1885 (JKG. 5 S. 56) sich darüber folgendermaßen ausgesprochen:

„Die religiöse Erziehung der Kinder in einer bestimmten Konfession bedingt nicht den gänzlichen Ausschluß derselben aus den Schulen einer anderen Konfession, sondern nur die Erteilung des Religionsunterrichts in jenem Glaubensbekenntnis.“

Das Oberlandesgericht Celle hat dagegen bezüglich der Verhältnisse in der Provinz Hannover in einer Entscheidung vom 25. Juni 1889 (abgedruckt JKG. 13 S. 410) sich dahin ausgelassen:

„Unter der religiösen Erziehung ist eine ernstliche, das ganze innere Wesen der Kinder erfassende Heranbildung derselben in der betreffenden Religion zu verstehen. Für eine Erziehung in diesem Sinne ist der eigentliche Religionsunterricht allein keineswegs maßgebend; vielmehr kommt dabei besonders in Betracht, daß der gesamte den Kindern gebotene Unterricht in Übereinstimmung steht oder doch nicht in Widerspruch tritt mit den Lehren der Religion, welcher die Kinder zugeführt werden sollen. Deshalb hat in der Regel der Vormund darauf zu halten, daß die Mündel eine ihrer Konfession entsprechende Schule besuchen.“

Der Gegensatz dieser beiden Entscheidungen ist viel erörtert worden. Das KG. ist aber bei seiner Ansicht stehengeblieben. Nachdem das preuß. Gesetz, betr. die Unterhaltung der öffentlichen Volksschulen, vom 28. Juli 1906 (GS. S. 335) in Kraft getreten war, hat das KG. in einer Entscheidung vom 26. Nov. 1908 (JKG.

37 A 78) die Frage aufgeworfen, ob nicht mit Rücksicht darauf, daß nach dem neuen Gesetze (vgl. bes. § 33 Abs. 1) der Volksschulunterricht nunmehr grundsätzlich einen konfessionellen Charakter tragen solle, das Verhältnis des Volksschulunterrichts zur religiösen Erziehung der Kinder eine Änderung erfahre. In einer späteren Entscheidung (JKG. 40 A 14) hat es aber unter Verneinung dieser (in der früheren Entscheidung dahingestellt gelassenen) Frage an dem Grundsatze festgehalten, daß es nicht zum Wesen der religiösen Erziehung gehöre, daß das Kind eine seiner Konfession entsprechende Schule besuche, es genüge, daß das Kind den ihm gebührenden Religionsunterricht seines Bekenntnisses erhalte.

5. Soweit nach Landesrecht ein Recht der Eltern, über die religiöse Erziehung ihrer Kinder zu bestimmen, besteht (vgl. JKG. 25 A 21), hört dies durch die Überweisung zur FE. nicht auf, da durch die Anordnung der FE. die elterliche Gewalt an sich nicht aufgehoben, sondern nur in gewissen Beziehungen eingeschränkt wird.

§ 19

Wenn schulpflichtige Zöglinge der öffentlichen Volksschule[1]) ohne sittliche Gefährdung der übrigen die Schule besuchenden Kinder nicht zugewiesen werden können[2]), so hat der Kommunalverband dafür zu sorgen, daß diesen Zöglingen während des schulpflichtigen Alters der erforderliche Schulunterricht anderweitig zuteil wird[3]). Im Streitfalle entscheidet der Oberpräsident[4]).

1. Die Frage, ob für FZ., welche die Volksschule besuchen, Schulgeld zu zahlen ist, muß nach den allgemeinen Bestimmungen über die Unterhaltung der öffentlichen Volksschule entschieden werden, sie sind durch das FEG. nicht abgeändert.

In dem KB. des HH. wird diesbezüglich ausgeführt (S. 20): „Für solche Kinder, welche innerhalb des Bezirks der von ihnen besuchten Schule einheimisch sind, könne nach § 4 des Gesetzes vom 14. Juni 1888 ein Schulgeld nicht erhoben werden. Demnach sei auch für einheimische Zwangszöglinge ein Schulgeld nicht zu erheben. Zu den einheimischen Kindern gehörten aber auch alle diejenigen, welche sich innerhalb des Schulbezirks unentgeltlich in Kost und Pflege befinden, einschließlich derjenigen, die in einem Waisenhause, einer Erziehungs- oder Besserungsanstalt unentgeltlich in Pflege und Erziehung genommen sind (OVG. 26 S. 173). Daraus folge also, daß für ZwZ., die in einer Provinzialanstalt nach Lage der Dinge unentgeltlich Aufnahme gefunden haben, ein Schulgeld nicht erhoben werden dürfe, dagegen für ZwZ., welche durch die Provinz in einer Privatanstalt, naturgemäß gegen Entgelt, untergebracht sind, die Schulunterhaltungspflichtigen ein Schulgeld zu fordern berechtigt seien. Diesem Rechte der Schulunterhaltungspflichtigen gegenüber fehle es aber an einem zur Zahlung Verpflichteten, sofern der ZwZ. bzw. dessen Eltern, wie das in der Regel der Fall sei, vermögenslos sind, da diejenige Anstalt, welche auf Grund eines Statutes oder Gesetzes den Unterhalt und die Erziehung eines ZwZ. übernommen hat, ohne eine ausdrückliche, statutarische oder gesetzliche Vorschrift zur Zahlung des Schulgeldes für diese ZwZ. nicht herangezogen werden könne (OVG. 19 S. 197). Es bestehe also nach Lage des geltenden Rechts eine Verpflichtung der KV. zur Zahlung des Schulgeldes für ZwZ. überhaupt nicht."

Im Gegensatze zu dieser Auffassung wird in einem gemeinsamen Erlaß des Finanzministers, des Ministers des Innern und des Ministers der geistlichen usw. Angelegenheiten vom 23. Juli 1904 angeordnet, daß die Kommunalverbände für alle diejenigen FZ. Schulgeld zu zahlen haben, die von auswärts im Schulorte gegen Entgelt in Pflege und Erziehung genommen sind. „Dies trifft bei den in Familienpflege gegebenen FZ. durchweg zu. Das gleiche gilt von den in Privatanstalten oder in anderen, dem KV. nicht gehörigen Anstalten entgeltlich untergebrachten FZ. Dagegen darf für diejenigen FZ., welche in Anstalten des verpflichteten KV. untergebracht sind und die öffentliche Volksschule besuchen, Schulgeld nicht erhoben werden, weil diese Kinder als einheimische anzusehen sind.“ In der Regel werden FZ., die in Anstalten des KV. untergebracht sind, den Schulunterricht in der Anstaltsschule erhalten.

2. Da § 19 jede sittliche Gefährdung als Grund der Ablehnung der Einschulung eines FZ. zuläßt und nicht eine erhebliche Gefährdung verlangt, so wird in recht vielen Fällen, wenigstens soweit es sich um bereits verwahrloste Kinder, und nicht um bloß gefährdete Kinder, handelt, die Ablehnung als begründet angesehen werden müssen.

3. Die AB. ordnen bezüglich der in einer Familie untergebrachten Zöglinge an: „Ist der Zögling schulpflichtig, so ist die Schulbehörde zu benachrichtigen und festzustellen, daß die Aufnahme des Zöglings in die Volksschule gesichert ist.“ Soweit eine solche Sicherung nicht vorhanden ist, wird man von der Unterbringung in der Familie absehen und den Zögling einer Anstalt überweisen müssen, in welcher er den Volksschulunterricht erhält.

4. Gegen die Entscheidung des Oberpräsidenten ist nur Beschwerde an den Minister des Innern gegeben.

§ 20

Die zuständigen staatlichen Aufsichtsbehörden der Kommunalverbände[1]) und in höherer Instanz der Minister des Innern[2]) haben die Oberaufsicht über die zur Unterbringung von Zöglingen getroffenen Veranstaltungen[3]) zu führen[4]); sie sind befugt, zu diesem Zwecke Revisionen vorzunehmen[5–6]).

1. Die Aufsicht über die Kommunalverbände steht nach § 114 der Provinzialordnung in der Fassung vom 22. März 1881 dem Oberpräsidenten zu, welchem durch Allerhöchsten Erlaß vom 12. Mai 1897 auch die Ausübung der gesundheitspolizeilichen Aufsicht über die Provinzialanstalten und die Schulaufsicht über die Provinzialerziehungsanstalten übertragen ist (GS. 1897 S. 227). Die AB. enthalten folgende Anordnung:

„Die Oberpräsidenten führen die Aufsicht über die Ausführung dieses Gesetzes durch die Kommunalverbände und die Schulaufsicht über die von den letzteren errichteten Erziehungsanstalten nach den Bestimmungen des Allerhöchsten Erlasses vom 12. Mai 1897 und des Erlasses der Minister des Innern und der geistlichen usw. Angelegenheiten vom 15. Nov. 1897.

Alljährlich ist über die Ausführung der Fürsorgeerziehung von den Kommunalverwaltungen dem Oberpräsidenten ein Bericht nebst den erforderlichen Nachweisungen einzureichen und dem Minister des Innern vorzulegen."

2. Die Anrufung der höheren Instanz geschieht im Wege der Beschwerde, welche an eine Frist von zwei Wochen gebunden ist (§ 114 Abs. 2 der Provinzialordnung).

3. Das Aufsichtsrecht erstreckt sich nicht nur auf die Provinzialerziehungsanstalten, sondern auf alle Anstalten, in denen Fürsorgezöglinge untergebracht sind, mögen dies öffentliche, kirchliche oder private Anstalten sein; ferner aber auch auf die Unterbringung und Behandlung der in Familien untergebrachten FZ. Diesbezüglich sind in dem, im Anhang abgedruckten Erlaß vom 18. Dez. 1900 die Landräte angewiesen, Mißstände in der Unterbringung und Behandlung durch die Regierungspräsidenten zur Kenntnis des Oberpräsidenten zu bringen, damit dieser die KV. zur Abhilfe anhalten könne. Es sollen eben alle zur Ausführung der FE. getroffenen „Veranstaltungen" der staatlichen Aufsicht unterliegen, wie dies auch der Bestimmung über die FE. im § 2 entspricht.

4. An den bereits bestehenden Aufsichtsrechten anderer Behörden ist durch § 20 FEG. nichts geändert, sie bestehen neben dem jetzt dem Oberpräsidenten übertragenen Aufsichtsrechte fort. So vor allem das in Anm. 4 zu § 17 erwähnte Aufsichtsrecht der Königl. Regierungen Abteilung 2 für Kirchen- und Schulsachen, das sich nicht nur auf die privaten Erziehungsanstalten bezieht, sondern auch auf kirchliche und kommunale (nur über die staatlichen und die von den Provinzen gegründeten und geleiteten Anstalten führt der Oberpräsident allein die Aufsicht). Daneben kommt die

Beaufsichtigung der Anstalten in gesundheitlicher Beziehung durch den Kreisarzt (§ 94 der Dienstanweisung für die Kreisärzte vom 1. Sept. 1909), die Beaufsichtigung des Unterrichts in den Erziehungsanstalten durch den Kreisschulinspektor (Gesetz vom 11. März 1872) in Betracht. Die Aufsicht über den Fortbildungsschulunterricht in den Anstalten steht dem Regierungspräsidenten zu. Diese Vielgestaltigkeit der Aufsicht mag manches Gute haben, aber sicherlich sind damit auch Mängel und Gefahren verbunden. Es kann leicht unter den Aufsichtsinstanzen eine verschiedenartige Beurteilung von Fragen eintreten, voneinander abweichende Anordnungen sind möglich, ein planmäßiges Zusammenwirken wird häufig schwer sein. In Erkenntnis der Gefahr „einer gewissen Regellosigkeit in der Handhabung" des einer so großen Zahl von Behörden zustehenden Aufsichtsrechts sind die in den Anlagen abgedruckten Erlasse vom 12. Mai 1910 und 2. Okt. 1913 ergangen. Hier wird die Erwartung eines vertrauensvollen Zusammenarbeitens aller zur Aufsicht berufenen Behörden mit den der Aufsicht unterliegenden Stellen ausgesprochen, für die Auswahl der Dezernenten bei den Oberpräsidien wie den Regierungen werden die maßgebenden Gesichtspunkte aufgestellt, ein häufiger Wechsel der Dezernenten soll vermieden werden.

5. Der besonderen Hervorhebung des Rechts, Revisionen vorzunehmen, hätte es nicht bedurft, da das Recht in den, den Aufsichtsbehörden in den §§ 115—118 der Provinzialordnung eingeräumten Befugnissen mit enthalten ist. Die sämtlichen dort erwähnten Befugnisse bestehen auch für den Verwaltungszweig der FE.; die Aufsichtsbehörden können also diesbezüglich Auskünfte erfordern, Akten und Rechnungen einsehen usw.

In dem, in den Anlagen abgedruckten Erlasse vom 29. Sept. 1902 wird darauf hingewiesen, daß bei den vorzunehmenden Revisionen der Privatanstalten auf die rechtzeitige Entlassung der Zöglinge aus der Anstalt und deren alsbaldige Unterbringung in einer Familie, in einer Lehre oder in einem Gesindedienst in ganz besonderem Maße zu achten sei, da die Privatanstalten geneigt seien, Zöglinge, insbesondere die arbeitsfähigen, unverhältnismäßig lange in den Anstalten zu behalten.

6. Wenn die örtlichen Revisionen von den vielen dazu Berechtigten unabhängig voneinander zu den verschiedensten Zeiten vorgenommen werden, so kann daraus eine nachteilige Beunruhigung der Anstalten und des von ihnen ausgeübten Erziehungswerks entstehen. Deshalb werden in den, in Anm. 4 angeführten Erlassen vom 12. Mai 1910 und 2. Okt. 1913 gemeinsame Revisionen der Kommissare der verschiedenen Aufsichtsbehörden angeordnet. Ein Musterformular für die Verwendung bei den Revisionen wird vorgeschrieben. Als leitende Gesichtspunkte für die Revisionen werden angegeben: „ihr Zweck kann und darf nicht sein, den Anstalten durch kleinliche Erinnerungen die Erfüllung der ihnen obliegenden Aufgaben zu erschweren", „alles Schematisieren ist zu vermeiden", „es darf niemals aus dem Auge gelassen werden, daß in der Vielheit und Verschiedenheit der Anstalten ein wertvolles Mittel liegt, um den mannigfachen Forderungen, die namentlich die FE. stellt, gerecht zu werden". Die gemeinsame Revision jeder Anstalt soll in der Regel einmal im Jahre stattfinden, doch genügt bei solchen Anstalten, bei denen sich keine Anstände ergeben haben und bei denen die Persönlichkeit des Anstaltsleiters hinreichende Gewähr für eine ordnungsmäßige Fortführung und Durchführung der Anstaltsziele bietet, eine Revision in einem längeren, etwa zweijährigen Zeitraume. Stets aber sind die Revisionen unvermutet (auch für den Anstaltsleiter) vorzunehmen.

§ 21

Wer, abgesehen[1]) von den Fällen der §§ 120, 235 des Strafgesetzbuchs[2]), einen Minderjährigen, bezüglich dessen das gerichtliche Verfahren auf Unterbringung zur Fürsorgeerziehung eingeleitet[3]) oder die Unterbringung zur Fürsorgeerziehung angeordnet ist[4]), dem Verfahren oder der angeordneten Fürsorgeerziehung entzieht[5]), oder ihn verleitet[6]), sich dem Verfahren oder der Fürsorgeerziehung zu entziehen, oder wer ihm hierzu vorsätzlich behilflich ist[7]), wird mit

Gefängnis bis zu zwei Jahren und mit Geldstrafe bis zu eintausend Mark oder mit einer dieser Strafen[8]) bestraft[9–11]).

Der Versuch ist strafbar[12]).

1. Für die Einfügung der Strafbestimmung des § 21 wird in der Begr. folgendes angeführt:

„Die Erfahrung hat gezeigt, daß Eltern oder andere Personen häufig sich bemühen, Minderjährige, gegen welche das Verfahren auf Zwangserziehung eingeleitet ist, dem Richter zu entziehen oder vor ihm zu verbergen, Zwangszöglinge, die in Anstalten oder Familien, in Lehre oder Dienst untergebracht sind, zum Entlaufen anzureizen oder ihnen dazu behilflich zu sein, Handlungen, welche nach Lage der jetzigen Gesetzgebung, wenn nicht die Fälle der §§ 120, 235 des StGB. vorliegen, strafrechtlich nicht verfolgt werden können. Fast alle Staaten haben daher entweder ihre bestehenden Zwangserziehungsgesetze durch Bestimmungen, welche diese Handlungen unter Strafe stellen, ergänzt, oder in die neuen Zwangserziehungsgesetze solche Bestimmungen aufgenommen. Der Entwurf ist diesem Vorgange gefolgt."

Durch den § 21 soll eine Lücke, die sich bei der ZwE. gezeigt hat, ausgefüllt werden, es sollen Handlungen strafrechtlich getroffen werden, welche nicht unter die §§ 120 u. 235 RStGB. fallen. Ist im Einzelfalle der Tatbestand des § 120 oder des § 235 RStGB. erfüllt, so kommt der § 21 FEG. nach dem Willen des Gesetzgebers, wie er in § 21 durch die Worte „abgesehen von den Fällen der §§ 120, 235 RStGB." zum Ausdruck gekommen ist, überhaupt nicht zur Anwendung. Ebenso findet der § 21 FEG. keine Anwendung auf den Fall, daß auf Grund des § 56 Abs. 2 RStGB. in einem Strafurteile die Überweisung des Minderjährigen in eine Erziehungs- oder Besserungsanstalt ausgesprochen ist (RGStrafs. 38 S. 258).

2. Die angezogenen Bestimmungen des RStGB. lauten:

§ 120. „Wer einen Gefangenen aus der Gefangenanstalt oder

aus der Gewalt der bewaffneten Macht, des Beamten oder desjenigen, unter dessen Beaufsichtigung, Begleitung oder Bewachung er sich befindet, vorsätzlich befreit oder ihm zur Selbstbefreiung vorsätzlich behilflich ist, wird mit Gefängnis bis zu drei Jahren bestraft.

Der Versuch ist strafbar."

§ 235 in der Fassung der Novelle vom 19. Juni 1912: „Wer eine minderjährige Person durch List, Drohung oder Gewalt ihren Eltern, ihrem Vormunde oder ihrem Pfleger entzieht, wird mit Gefängnis bestraft. Geschieht die Handlung in der Absicht, die Person zum Betteln oder zu gewinnsüchtigen oder unsittlichen Zwecken oder Beschäftigungen zu gebrauchen, so tritt Zuchthaus bis zu zehn Jahren ein."

§ 120 RStGB. trifft für die Fürsorgeerziehung nicht zu, weil der FZ. als solcher kein Gefangener und auch die Erziehungsanstalt keine Gefangenanstalt ist (RGStraff. 37 S. 367, 48 S. 226). Wenn aber die Polizeibehörde, welcher nach § 9 Abs. 3 und § 5 Abs. 1 Satz 2 FEG. die Überführung des Minderjährigen obliegt, aus besonderen Gründen die Anwendung von Sicherungsmaßregeln für erforderlich hält und dementsprechend den Begleiter ermächtigt, so ist der Minderjährige als Gefangener im Sinne des § 120 RStGB. anzusehen, und es kann also Bestrafung aus § 120 in Frage kommen (RGStraff. 37 S. 367).

§ 235 RStGB. könnte bei der Fürsorgeerziehung nur in Betracht kommen, wenn man mit dem III. Strafsenat des Reichsgerichts (RGStraff. 37 S. 1, 48 S. 198) annimmt, daß zwischen dem FZ. und demjenigen, der an Stelle der Eltern zur Leitung seiner Erziehung berufen ist, ein Elternverhältnis im Sinne des § 235 begründet wird. Diese Annahme erscheint aber unzutreffend, wie das Kammergericht in einem DJZ. 1908 S. 1109 mitgeteilten Beschlusse mit guten Gründen dargetan hat; auch der I. Strafsenat des Reichsgerichts geht von einer anderen Auffassung, als der III. Strafsenat, aus (RGStraff. 40 S. 93).

3. Der § 21 FEG. bezweckt einmal einen Schutz der Durchführung des gerichtlichen Verfahrens auf Unterbringung zur

FE. und andererseits einen Schutz der Durchführung der FE. Bei der ersten Alternative beginnt der Schutz mit der Einleitung des förmlichen Verfahrens. Wann dieser Zeitpunkt eintritt, ist in den Anm. 2 u. 4 des § 4 erörtert worden, in Anm. 4 habe ich empfohlen, den Zeitpunkt aktenmäßig durch einen Vermerk „das Verfahren ist eingeleitet" festzustellen. Selbstverständlich ist ein solcher ausdrücklicher Einleitungsbeschluß nicht Vorbedingung für eine Bestrafung aus § 21 FEG. (JKG. 44 A 51); er dient nur dazu, Zweifeln über den Zeitpunkt der Einleitung vorzubeugen. Auch die Anordnung der vorläufigen Unterbringung aus § 5 FEG. steht unter dem strafrechtlichen Schutze, da sie erst nach Einleitung des förmlichen FEVerfahrens zulässig ist (RGStrafS. 41 S. 106). Zutreffend sagt das Kammergericht in dem DJZ. 1908 S. 83 mitgeteilten Beschlusse vom 23. Sept. 1907: Das Verfahren ist eingeleitet, „wenn der Vormundschaftsrichter eine Verfügung in der Sache selbst trifft, also eine Verfügung, welche die Entscheidung über die Unterbringung vorbereiten und ihr zur Grundlage dienen soll"; ebenso RGStrafS. 38 S. 123: „Erlaß einer sachlichen Verfügung". Zur Bestrafung aus § 21 FEG. ist erforderlich, daß der Täter das Bewußtsein von der Einleitung des Verfahrens hat, wobei aber dolus eventualis genügt.

4. Für die Durchführung der FE. beginnt der strafrechtliche Schutz mit der Rechtskraft des Beschlusses auf Anordnung der FE., bis zu welchem Zeitpunkte der in Anm. 3 behandelte Schutz des Verfahrens andauert. Ist die FE. angeordnet, so dauert der Schutz bis zur Beendigung der FE., also der Volljährigkeit des FZ. oder der vorzeitigen Aufhebung der FE. (§ 13).

5. Über den Begriff des Entziehens vgl. insbesondere RGStrafS. 37 S. 162 u. 416, 38 S. 123, 46 S. 25 und JKG. 23 C 67, 26 C 60, 31 C 54. Entziehen erfordert immer vorsätzliches Handeln. Im übrigen aber genügt jede Tätigkeit, welche geeignet ist, den Minderjährigen aus dem Machtbereiche des Vormundschaftsgerichts (im Falle der Anm. 3) oder aus dem Machtbereiche des verpflichteten Kommunalverbandes, der Anstalt oder der Familie,

welcher er überwiesen ist, (im Falle der Anm. 4) zu entfernen, vorausgesetzt, daß eine gewisse Dauer dieses Zustandes beabsichtigt ist. Eine Entfernung zum Zwecke eines Spazierganges, eines Wirtshausbesuches würde also den Tatbestand nicht erfüllen, wenn die demnächstige Rückkehr des Zöglings in die Anstalt oder Familie beabsichtigt ist. In RGStraff. 37 S. 162 wird der Begriff des „Entziehens aus der FE." dahin definiert: vorsätzliche Herbeiführung eines Zustandes, der die Ausübung des Aufsichts- oder Erziehungsrechts vereitelt.

Die Entziehung dauert so lange fort, als dieser Zustand besteht, als der Minderjährige der FE. entrückt ist (JKG. 23 C 67). Der Begriff „Entziehen" umfaßt also auch Handlungen, die darauf gerichtet und dafür ursächlich sind, daß die Entrückung aus der FE. fortbesteht, z. B. Verborgenhalten des entwichenen FZ., falsche Angaben über seinen Aufenthalt, um den nachforschenden Beamten auf eine falsche Spur zu locken. Auch eine bloße Unterlassung kann sich als ein „Entziehen" darstellen, nämlich dann, wenn eine Rechtspflicht zur Herstellung des dem Gesetze entsprechenden Zustandes besteht. Das ist z. B. angenommen worden bei der Mutter eines unehelichen Kindes, welche nach § 1707 BGB. die Pflicht hat, für dieses zu sorgen (RGStraff. 37 S. 162). Im allgemeinen geht aber die Erziehungspflicht der Eltern nicht so weit, daß sie die mit der FE. befaßte Behörde bei der Wiederergreifung des aus der FE. entwichenen Kindes durch positive Mitwirkung zu unterstützen und zu diesem Zwecke auf das Kind einzuwirken hätten, damit es in die FE. zurückkehrt (RGStraff. 46 S. 25).

6. Unter „Verleiten" ist jede Einwirkung auf den Willen des Minderjährigen zu verstehen, die diesen bestimmt, sich dem Verfahren oder der FE. zu entziehen. Welcher Mittel sich der Täter bedient, ist gleichgültig. Es dürfte insbesondere schon die einfache Aufforderung der Eltern an den Zögling, sich der FE. zu entziehen, genügen, vorausgesetzt nur, daß diese Aufforderung wirklich bestimmend gewesen ist, daß also der Minderjährige ohne diese Einwirkung auf seinen Willen sich der FE. nicht entzogen haben würde.

7. Der Begriff des vorsätzlichen Behilflichsein ist gleichbedeutend mit dem der Beihilfe im § 4 9RStGB. Die Beihilfe kann durch „Rat oder. Tat“ geleistet werden. Jede vorsätzliche Tätigkeit, welche darauf abzielt, die Vereitelung der FE. oder das Bestehenbleiben des dem FEG. widersprechenden Zustandes zu fördern, kann ein vorsätzliches Behilflichsein darstellen. Dahin gehört: Verbergen der Kleidung des entwichenen FZ., Verwischung der Spuren seines wirklichen Aufenthalts vor dem verfolgenden Beamten, Verschaffung von Ausweispapieren, um das Fortkommen außerhalb der FE. zu erleichtern, Aufnahme in die Wohnung, um die Wiederergreifung des FZ. zu behindern oder zu erschweren. Die Strafbarkeit ist aber ausgeschlossen, wenn sich die Handlung nicht als ein vorsätzliches Entgegenarbeiten gegenüber den mit der FE. befaßten Behörden darstellt, sondern aus Mitleid erfolgt, oder wenn ein Notstand im Sinne des § 54 RStGB. vorliegt (RGStraff. 38 S. 123, 41 S. 214).

In dem bloßen Verschweigen des Aufenthaltsorts des Minderjährigen kann weder ein „Entziehen“ noch ein „Behilflichsein“ dazu gefunden werden (JKG. 26 C 20). Doch kann in der Weigerung, den ihm bekannten Aufenthalt eines entwichenen FZ. anzugeben, falls diese Weigerung gegenüber einer Behörde erfolgt, welche ein Recht auf Kenntnis des Aufenthalts hat (KV. oder von diesem beauftragte Polizeibehörde), eine strafbare Handlung liegen (RGStraff. 37 S. 162, vgl. Anm. 5 am Ende). Eine strafbare Handlung kann ferner nicht einfach in der Tatsache gefunden werden, daß der Hauseigentümer die Aufnahme eines entwichenen FZ. durch einen Mieter in seinem Hause nicht verhindert (vgl. das in der DStZ. 1917 S. 168 mitgeteilte Urteil des Reichsgerichts vom 7. Juli 1916).

8. Das Maximum der Strafe ist so hoch bemessen, als es nach § 5 EG. z. RStGB. überhaupt durch die Landesgesetzgebung angedroht werden kann. In den anderen deutschen Bundesstaaten, die den strafrechtlichen Tatbestand im wesentlichen gleichlautend mit § 21 FEG. formuliert haben, hat man sich zumeist mit erheblich niedrigeren Strafandrohungen begnügt, so drohen Württemberg

nur Geldstrafe oder Haft, Bayern und Sachsen ausschließlich Geldstrafe an. Braunschweig und Waldeck haben dieselben Strafsätze wie Preußen.

9. Die Selbstentziehung des FZ. ist nicht nach § 21 FEG. strafbar, sondern kann nur disziplinarisch geahndet werden. Wenn mehrere FZ. zusammen entweichen, so kann derjenige, der den anderen zum Entweichen veranlaßt oder ihm vorsätzlich dazu behilflich ist, aus § 21 bestraft werden.

10. Der Strafschutz des § 21 FEG. beschränkt sich nicht auf das nach dem preußischen FEG. eingeleitete FEVerfahren oder die nach dem preußischen FEG. angeordnete Fürsorgeerziehung, findet vielmehr auch dann Anwendung, wenn das Verfahren in einem anderen deutschen Bundesstaate eingeleitet oder dort die FE. angeordnet war. Vgl. das von Feisenberger im ZVW. 8 S. 115 mitgeteilte Urteil des Reichsgerichts vom 3. April 1916; dies Urteil behandelt zwar nur den Fall, daß ein aus einer preußischen Anstalt entwichener FZ. auf Braunschweiger Gebiet ergriffen und nach dem braunschweigischen FEG. bestraft wurde, doch dürfte darin ein allgemeines Prinzip zum Ausdruck gebracht sein. Das preußische Gericht kann nach dem Territorialitätsprinzip des § 3 RStGB., der analog auch für das Landesstrafrecht gilt, nur das inländische Strafgesetz zur Anwendung bringen. Vgl. über die nicht unbestrittene Frage Haldy in DStZ. 1914 S. 425.

11. Zur Aburteilung zuständig ist die Strafkammer (§ 73 GVG.), doch kann, wenn der Täter unter 18 Jahren ist, Überweisung an das Schöffengericht gemäß § 75 Ziff. 14a GVG. erfolgen.

12. Der Begriff des Versuchs ist im § 43 RStGB. gegeben, die Bestrafung des Versuchs ist nach § 44 RStGB. zu bemessen, Straflosigkeit des Versuchs tritt unter den Voraussetzungen des § 46 RStGB. ein.

Strafbar ist sowohl der Versuch der Entziehung wie der Versuch der Verleitung zur Entziehung wie endlich der Versuch des Behilflichseins zur Entziehung. Verleitung und Behilflichsein sind hier zu selbständigen strafbaren Handlungen erhoben; es sind deshalb in ähnlicher Weise wie bei § 141 RStGB. die Ausdrücke „Anstiftung" und „Beihilfe", denen nach Maßgabe der §§ 48, 49 RStGB. eine technische Bedeutung zukommt, im § 21 vermieden worden.

§ 22

Der Minister des Innern ist mit der Ausführung dieses Gesetzes beauftragt[1–2]).

1. Auf Grund dieses Paragraphen hat der Minister des Innern unter dem 18. Dez. 1900 die AB. erlassen, wie sie im Anhang vollständig abgedruckt sind. Seitdem sind eine große Anzahl weiterer Erlasse zur Ausführung der FEG. ergangen, und zwar nicht nur vom Minister des Innern, sondern auch vom Justizminister, Finanzminister und dem Minister der geistlichen usw. Angelegenheiten. Die wichtigsten dieser Erlasse werden in chronologischer Reihenfolge ebenfalls im Anhange abgedruckt.

2. Aus dem Wesen der Erlasse als bloßer Ausführungsbestimmungen folgt, daß sie nur insoweit rechtswirksam sind, als sie mit dem Gesetze nicht in Widerspruch stehen; sie unterliegen der Nachprüfung auf ihre Gesetzmäßigkeit im Rechtswege.

§ 23

Dieses Gesetz tritt mit dem 1. April 1901 in Kraft.[1])

Mit dem gleichen Zeitpunkte wird das Gesetz vom 13. März 1878, betreffend die Unterbringung verwahrloster Kinder, aufgehoben[2]).

Kommunalverbände, welche zur Zeit des Inkrafttretens dieses Gesetzes über geeignete Anstalten nicht in ausreichendem Maße verfügen, sollen bis zum 1. April 1903 bei der Unterbringung der Zöglinge den im § 10 Abs. 1 dieses Gesetzes ausgesprochenen Beschränkungen nicht unterliegen[3]).

1. Das Gesetz vom 7. Juli 1915, durch das das FEG. vom 2. Juli 1900 abgeändert worden ist, enthält über den Zeitpunkt seines Inkrafttretens keine Bestimmung. Da das Stück der GS., in dem dies Gesetz abgedruckt ist, in Berlin am 20. Juli 1915 ausgegeben worden ist, ist die allein in Frage kommende Abänderung der Ziff. 1 des § 1 FEG. gemäß dem Ges. v. 16. Febr. 1874 mit dem 3. Aug. 1915 in Kraft getreten. Darüber, daß die Novelle keine rückwirkende Kraft hat, vgl. Anm. 17 zu § 1.

2. Da das Gesetz vom 13. März 1878 ausdrücklich aufgehoben worden ist, so waren die auf Grund dieses aufgehobenen Gesetzes zur ZwE. überwiesenen Kinder vom 1. April 1901 nach den Vorschriften des neuen Gesetzes zu behandeln, wie dies auch in den AB. durch den Satz:

„Die Bestimmungen dieses Gesetzes finden vom 1. April 1901 ab auch Anwendung auf die nach dem Gesetze vom 13. März 1878 in Zwangserziehung befindlichen Personen."

vorgeschrieben worden ist. Praktische Bedeutung hat dies nicht mehr; denn, nachdem das FEG. jetzt über 16 Jahre in Geltung ist, kann von den auf Grund des früheren ZwEG. überwiesenen Zöglingen sich keiner mehr in Fürsorgeerziehung befinden (vgl. Anm. 7 zu § 1).

3. Der Abs. 3 ist von der Kommission des HH. hinzugefügt, weil es zweifelhaft erschien, ob alle Kommunalverbände schon über eine genügende Zahl geeigneter Anstalten zur Unterbringung der Zöglinge verfügten, man aber andrerseits ein möglichst baldiges Inkrafttreten des Gesetzes wünschte. Die Übergangsbestimmung ist jetzt gegenstandslos geworden.

Anlagen.

Anlage a.

Ausführungsbestimmungen

zu dem Gesetze vom 2. Juli 1900 über die Fürsorgeerziehung Minderjähriger.

Das Fürsorgeerziehungsgesetz ist eine Erweiterung des Gesetzes vom 13. März 1878 über die Unterbringung verwahrloster Kinder, wie sie durch die §§ 1666 und 1838 des BGB. und Art. 135 des Einführungsgesetzes zum BGB. angeregt und bedingt ist. Das neue Gesetz verfolgt denselben Zweck wie das alte: gesetzliche Grundlagen zu schaffen, um der Verwahrlosung jugendlicher Personen und ihrem Verfall in Verbrechen vorzubeugen oder verwahrloste und verbrecherische Jugendliche vor weiterem oder völligem sittlichen Verderben zu bewahren. Die Fürsorgeerziehung auf Grund dieses Gesetzes ist nur eine der mannigfachen gesetzlichen und Verwaltungsmaßregeln zur Sicherung einer geordneten Erziehung Jugendlicher. Sie greift so tief in das Verhältnis des Jugendlichen zu seinen Eltern und seiner Familie ein, daß sie in vielen Fällen eine vollständige Loslösung von der Familie zur Folge hat; sie soll daher nur zur Anwendung kommen, wenn alle anderen zur Verfügung stehenden Maßregeln, eine geordnete Erziehung herbeizuführen, versagen. Bevor die Maßregel in Aussicht genommen wird, ist daher sorgfältig zu prüfen, ob nicht durch Anwendung anderer Maßnahmen, der kirchlichen Einwirkung, der Schulzucht, der Armenpflege, freiwilliger Liebestätigkeit oder vormundschaftlicher Anordnungen, für welche der § 1666 BGB. den weitesten Spielraum gewährt, der Verwahrlosung vorgebeugt oder ihr

Fortgang aufgehalten werden kann. Hat die Verwahrlosung ihren Grund in wirtschaftlicher Not der Eltern oder Erzieher oder in mangelhafter Fürsorge für ein verwaistes Kind, so sind die verpflichteten Armenbehörden von Aufsichts wegen anzuhalten, ihre Schuldigkeit zu tun.

I. Personen, die in Fürsorgeerziehung genommen werden können (§ 1).

Der Kreis der Personen, welche in Fürsorgeerziehung genommen werden können, ist gegenüber dem Gesetze vom 13. März 1878 wesentlich erweitert. Jenes beschränkte sie auf Kinder, die nach Vollendung des sechsten und vor Vollendung des zwölften Lebensjahres eine nach Reichs- oder Landesrecht mit Strafe bedrohte Handlung begangen hatten, wegen deren sie strafrechtlich nicht verfolgt werden konnten (§ 55 StGB.), und ließ die Unterbringung in einer Familie oder Besserungsanstalt auch dann nur zu, wenn die Fürsorgeerziehung mit Rücksicht auf die Beschaffenheit der strafbaren Handlung, auf die Persönlichkeit der Eltern oder sonstigen Erzieher des Kindes und dessen übrige Lebensverhältnisse zur Verhütung weiterer sittlicher Verwahrlosung erforderlich war. Das neue Gesetz behält diese Bestimmung bei (§ 1 Nr. 2), hat jedoch eine erste Erweiterung dadurch eingeführt, daß in Übereinstimmung mit § 55 des StGB. die untere Altersgrenze beseitigt ist.

Eine weit größere Ausdehnung gewinnt jedoch die Fürsorgeerziehung durch die vollständig neuen Bestimmungen der Nr. 1 u. 3 des § 1.

Danach ist die Überweisung zur Fürsorgeerziehung zulässig gegen Minderjährige bis zum vollendeten 18. Lebensjahre:

1. wenn Kinder, die unter elterlicher Gewalt stehen, durch schuldhaftes Verhalten der Eltern in Gefahr geraten, zu verwahrlosen.

Ein schuldhaftes Verhalten liegt vor, wenn das geistige oder leibliche Wohl des Kindes dadurch gefährdet wird, daß der Vater (§ 1666 BGB.) oder die Mutter, wenn dieser die elterliche Gewalt oder deren Ausübung zusteht (§§ 1684 bis 1686 BGB.), das Recht der Sorge für die Person des Kindes mißbraucht, das Kind vernachlässigt oder sich eines ehrlosen oder unsittlichen Verhaltens schuldig macht;

2. wenn bei bevormundeten Minderjährigen die Fürsorgeerziehung zur Verhütung der Verwahrlosung notwendig ist.

   Steht dem Vater oder der Mutter die Sorge für die Person des Bevormundeten zu, so muß ihnen jedoch ein schuldhaftes Verhalten, wie unter Nr. 1, nachgewiesen werden;

3. wenn Minderjährige, auch ohne daß ein Verschulden der Eltern vorliegt, verwahrlosen und die erziehliche Einwirkung der Eltern oder sonstigen Erzieher oder der Schule nicht ausreichen, um ein völliges sittliches Verderben des Minderjährigen zu verhüten, § 1 Nr. 3 (Art. 135 des Einführungsgesetzes zum BGB.).

Da unter Verwahrlosung nicht nur die sittliche, sondern auch die geistige und körperliche zu verstehen ist, so gehören unter die Nr. 1 alle die Fälle, in denen Eltern ihre Kinder mißhandeln, ihnen die körperliche Pflege versagen, sie zu überanstrengenden, der leiblichen und geistigen Entwicklung schädlichen Arbeiten zwingen, sie in einer die Zwecke der Schule gefährdenden Weise vom Schulbesuche abhalten, die ihnen gebotene Gelegenheit zur Pflege und zum Unterrichte ihrer nicht vollsinnigen Kinder hartnäckig zurückweisen oder sie vom Verkehr mit verbrecherischen Personen und der Begehung von Straftaten nicht abhalten. Das gleiche gilt, wenn der Vater oder die Mutter der Trunksucht, Landstreicherei, Bettelei, des gewohnheitsmäßigen Diebstahls, der Gewerbsunzucht, Kuppelei oder eines anderen ehrlosen Verhaltens sich schuldig machen. Für Nr. 3 werden besonders die Minderjährigen in Frage kommen, die sich der Aufsicht der Eltern und Erzieher entziehen oder widersetzen, gegen deren Willen in schlechter Gesellschaft sich bewegen, wo sie Anreizung zu liederlichem Leben und zur Begehung von Straftaten finden; weibliche Minderjährige, die der Gewerbsunzucht sich ergeben haben oder ihr zu verfallen drohen.

Da durch eine untere Altersgrenze die Anordnung der Fürsorgeerziehung nicht beschränkt ist, so können ihr auch Kinder, die das schulpflichtige Alter noch nicht erreicht haben, überwiesen werden. Von dieser Befugnis wird aber nur dann Gebrauch zu machen sein, wenn keine andere Maßnahme sich finden läßt, um der Verwahrlosung des Kindes vorzubeugen.

Durch die Bestimmung in § 2, daß die Erziehung auf öffentliche Kosten erfolgt, ist nicht ausgeschlossen, Kinder vermögender Eltern oder vermögende Minderjährige in Fürsorgeerziehung zu nehmen, auch wenn sie die dadurch entstehenden Kosten ersetzen (§ 16).

II. Das Verfahren für die Anordnung der Fürsorgeerziehung (§§ 3 und 4).

Die Fürsorgeerziehung kann nur vom Vormundschaftsgerichte im Beschlußverfahren angeordnet werden, und zwar sowohl von Amts wegen, wenn ihm Tatsachen bekannt werden, welche die Voraussetzungen des § 1 des Gesetzes begründen, als auf Antrag.

Recht und Pflicht zur Stellung des Antrages ist beschränkt: in Landkreisen auf den Landrat (in den Hohenzollernschen Landen der Oberamtmann), die Gemeindevorstände der Städte mit mehr als 10000 Einwohnern sowie der diesen gleichgestellten Städte der Provinz Hannover, in Stadtkreisen auf den Gemeindevorstand und die Vorsteher Königlicher Polizeibehörden.

Die Beschränkung hat den Zweck, eine zuverlässige und gleichmäßige Handhabung des Gesetzes sicherzustellen. Damit ist nicht ausgeschlossen, daß auch andere Behörden, Beamte und Privatpersonen beim Vormundschaftsgerichte unter Mitteilung von Tatsachen die Fürsorgeerziehung eines Minderjährigen in Anregung bringen können.

Die Anträge sind bei dem Vormundschaftsgerichte zu stellen, in dessen Bezirke der Minderjährige zur Zeit der Einleitung des Verfahrens seinen Wohnsitz (§§ 7, 11 BGB.) oder in Ermangelung eines Wohnsitzes seinen Aufenthalt hat. Ist für den Minderjährigen eine Vormundschaft oder Pflegschaft anhängig, oder ist der Mutter, unter deren elterlicher Gewalt er steht, ein Beistand bestellt, so ist der Antrag bei dem Gerichte zu stellen, bei welchem die Vormundschaft, Pflegschaft oder Beistandschaft anhängig ist (Reichsgesetz über die Angelegenheiten der freiwilligen Gerichtsbarkeit vom 17./20. Mai 1898, §§ 36, 43).

Die nachgeordneten Polizei- und Gemeindeorgane, die Waisenräte und Armenpfleger sind anzuweisen, den zur Stellung des Antrags verpflichteten Behörden (§ 4) alle die Fälle zur Kenntnis zu bringen, in denen Kinder von Eltern und Erziehern mißhandelt, vernachlässigt oder körperlich oder geistig verwahrlost werden, wenn Minderjährige eine strafbare Handlung begangen haben oder sich einem ungeordneten, liederlichen Lebenswandel ergeben, dem zu wehren die Kirche, die Schule und das Elternhaus machtlos sind. Ganz besonders sind Geistliche, Ärzte und Lehrer berufen, da, wo ihnen auf Grund dieses Gesetzes die Anordnung der Fürsorgeerziehung notwendig erscheint, die geeigneten Anträge zu stellen.

Es ist dahin zu wirken, daß bei den Anzeigen und Mitteilungen die den Antrag begründenden Tatsachen bestimmt bezeichnet und, soweit möglich, die erforderlichen Beweismittel und Zeugen angegeben werden. Die Anzeigen und Mitteilungen sind rechtzeitig, d. h. nicht erst bei vorgeschrittener, sondern schon bei beginnender Verwahrlosung zu machen, weil dann die Fürsorgeerziehung am meisten Aussicht auf Erfolg hat.

Die Vorsteher der Gefängnisse, in denen jugendliche Verurteilte ihre Strafe verbüßen, haben mit der Konferenz der Oberbeamten, zu denen der Geistliche, der Arzt und der Lehrer gehören, oder, wo solche Konferenzen nicht bestehen, mit dem Anstaltsgeistlichen und Lehrer zu erörtern, ob die Fürsorgeerziehung für einen Jugendlichen nach verbüßter Strafe notwendig erscheint. Bejahendenfalls ist der Konferenzbeschluß oder das Gutachten mit den Akten der zuständigen Behörde (§ 4) so rechtzeitig mitzuteilen, daß womöglich das Verfahren vor Ablauf der Strafe beendigt sein und die Unterbringung zur Fürsorge sich unmittelbar an die Verbüßung der Strafe anschließen kann.

Die Staatsanwaltschaften werden die zu ihrer Kenntnis kommenden Fälle, in denen nach ihrer Ansicht ein Anlaß zur Fürsorgeerziehung vorliegt, den zur Antragstellung berechtigten Behörden (§ 4) unter Beifügung der Akten mitteilen.

Werden Minderjährige vor vollendetem 18. Lebensjahre auf Grund der Bestimmungen des durch das Reichsgesetz vom 25. Juni 1900 (RGBl. S. 301) abgeänderten § 362 des StGB. und des § 361 des StGB. der Landespolizeibehörde überwiesen, so haben die Regierungspräsidenten die zuständigen Behörden (§ 4) anzuweisen, den Antrag auf Fürsorgeerziehung zu stellen, wenn in anderer Weise die Unterbringung des Minderjährigen in einer Erziehungs- oder Besserungsanstalt oder in einem Asyle nicht sichergestellt werden kann.

Der Landrat (Oberamtmann, Gemeindevorstand, Vorsteher der Königlichen Polizeibehörde) hat, sobald ihm der Beschluß des Vormundschaftsgerichts auf Überweisung zur Fürsorgeerziehung zugestellt ist, dem Landesdirektor (Landeshauptmann) des zur Unterbringung verpflichteten Kommunalverbandes (in Berlin dem Magistrate) unverzüglich eine Mitteilung über die persönlichen, häuslichen und wirtschaftlichen Verhältnisse des Überwiesenen zu machen, worin er sich zugleich gutachtlich darüber äußert, ob die Unterbringung in einer Familie oder in einer Anstalt zweckmäßiger erscheint.

III. Vorläufige Unterbringung (§ 5).

Das Vormundschaftsgericht kann bei Gefahr im Verzuge eine vorläufige Unterbringung des Minderjährigen anordnen. Bei ihren Anträgen haben die zuständigen Behörden (§ 4) anzugeben, ob sie eine solche Gefahr für vorliegend erachten. Da diese vorläufige Unterbringung sich häufig als notwendig erweisen wird, namentlich in solchen Fällen, wo gegen den die Fürsorgeerziehung anordnenden Beschluß des Vormundschaftsgerichts Beschwerde eingelegt wird, so ist mit geeigneten, im Kreise oder in den Städten belegenen Anstalten über die Aufnahme solcher Minderjährigen ein Abkommen zu treffen, damit die Polizeibehörde in der Lage ist, die Anordnung des Gerichts ohne Verzug und zutreffend auszuführen. Dabei ist besonders darauf zu achten, daß der Minderjährige sich nicht aus eigenem Antriebe oder durch Vermittlung seiner Angehörigen dem vormundschaftsgerichtlichen Verfahren entzieht. Die letzteren sind von der Polizeibehörde auf die Strafbestimmungen des § 21 ausdrücklich aufmerksam zu machen. Gefängnisse dürfen zur Unterbringung solcher Minderjährigen unter keinen Umständen benutzt werden.

VI. Überführung (§ 9 Abs. 3).

Die Überführung des Zöglings in die von dem Kommunalverbande zu seiner Aufnahme bestimmte Familie oder Anstalt hat die Polizeibehörde des Aufenthaltsorts zu veranlassen. Die Begleiter sind mit besonderer Sorgfalt auszuwählen;*) weibliche Zöglinge sind in der Regel durch weibliche Begleiter zu überführen.

V. Ausführung der Fürsorgeerziehung (§§ 9, 10, 14).

Die Ausführung der Fürsorgeerziehung liegt wie bisher den Kommunalverbänden ob; sie bestimmen darüber, ob der Zögling in einer Familie oder in einer Erziehungsanstalt untergebracht werden soll und führen über ihn die Aufsicht bis zur Beendigung der Fürsorgeerziehung. Bei der Fürsorgeerziehung ist das Hauptaugenmerk darauf zu richten, daß die Zöglinge, der Verwahrlosung entnommen, zu religiös-sittlichen Menschen erzogen und zu brauchbaren Arbeitern, vorzugsweise für die Landwirtschaft, ausgebildet werden.

a) Familienerziehung.

So lange die Zwecke der Fürsorgeerziehung durch Unterbringung in einer Familie nur irgend erreicht werden können, ist dieser der Vorzug zu geben. Sie wird von vornherein zur Anwendung zu bringen sein, wenn der Zögling das schulpflichtige Alter noch nicht überschritten hat und ein erhebliches sittliches Verderbnis nicht vorliegt, oder nach voraufgegangener Anstaltserziehung, wenn der Zögling durch sie an Zucht und Ordnung gewöhnt, körperlich, geistig und sittlich gekräftigt ist. Bei der Auswahl der Familien ist in erster Linie darauf zu sehen, daß sie für eine ernst religiös-sittliche Erziehung der Zöglinge Gewähr bieten. Es sind ferner nur solche Familien zu wählen, die in geordneten Verhältnissen leben und eine ausreichende Wohnung haben. Familien, die auf dem Lande oder in kleinen

*) Nach dem Erlaß des Ministers d. Innern v. 29. 4. 02 (MBl. S. 82) müssen die Begleiter bürgerliche Kleidung tragen.

Städten wohnen und den Zöglingen Gelegenheit bieten, sich mit Land- und Gartenarbeit zu beschäftigen, sind besonders zu bevorzugen. Von Familien, die in großen Städten oder dicht bevölkerten Industriebezirken wohnen, wird möglichst abzusehen sein. Die Familie muß dem religiösen Bekenntnisse des Zöglings angehören. Bei nicht mehr schulpflichtigen Kindern kann von dieser Bestimmung ausnahmsweise abgesehen werden, wenn eine geeignete Familie ihres Bekenntnisses überhaupt nicht oder nur an solchen Orten gefunden werden kann, wo die Beaufsichtigung des Zöglings besondere Schwierigkeiten bietet. Dann ist jedoch die regelmäßige Teilnahme des Zöglings am Gottesdienste seines Bekenntnisses sicherzustellen.

Mit dem Familienhaupte ist über die Aufnahme des Zöglings ein Vertrag abzuschließen, in welchem sich derselbe verpflichtet, den Zögling in seinen Familienkreis aufzunehmen, ihn in religiös-sittlichem Sinne zu erziehen, zum regelmäßigen Besuche des Gottesdienstes und der Schule, und Anfertigung der in der Schule gegebenen Aufgaben, sowie zu Ordnung, Reinlichkeit und Arbeitsamkeit anzuhalten, ihm eine angemessene Unterkunft mit besonderem Bett, gesunde ausreichende Beköstigung, den Verhältnissen angemessene, reinliche Kleidung, in Krankheitsfällen Pflege und ärztliche Hilfe zu gewähren, ihn zu den für sein Alter und Geschlecht passenden häuslichen und ländlichen Arbeiten anzuleiten und zu verwenden, soweit dies ohne Schädigung der Gesundheit des Zöglings und des Schulunterrichts geschehen kann. Die Verwendung des Zöglings in Fabriken und ähnlichen Betrieben ist zu untersagen, bei der Hausindustrie nur mit Genehmigung des Fürsorgers zuzulassen.

Es ist möglichst darauf zu sehen, daß die Familie dem bisherigen Aufenthaltsorte des Zöglings nicht so nahe wohnt und daß nicht mehrere Zöglinge in derselben Familie untergebracht werden.

Zur Ermittelung geeigneter Familien werden die Gemeindevorstände, die Pfarrämter und Waisenräte den Kommunalverbänden behilflich sein und die erforderliche Auskunft geben.

Auch die Unterbringung des Zöglings in der eigenen Familie ist zulässig. Vorbedingung dafür ist, daß die Erziehung in einer fremden Familie oder in einer Anstalt den Zögling sittlich gebessert hat und daß die Verhältnisse der eigenen Familie, durch welche die Verwahrlosung des Zöglings verschuldet ist, beseitigt sind, etwa durch Verbesserung der wirtschaftlichen Lage, durch Ausscheiden des schuldigen Elternteils, durch Verziehen der Familie in eine andere sozial gesundere Umgebung. Durch diese Maßregel wird die Fürsorgeerziehung nicht aufgehoben, der Zögling untersteht der vom Kommunalverbande angeordneten Aufsicht und kann der Familie jederzeit genommen und anderweit untergebracht werden, wenn sie sich ungeeignet erweist.

Von der Unterbringung des Zöglings in einer Familie ist vorher dem Gemeindevorstande, sowie dem zuständigen Geistlichen Anzeige zu machen. Ist der Zögling schulpflichtig, so ist auch die Schulbehörde zu benachrichtigen und festzustellen, daß die Aufnahme des Zöglings in die Volksschule gesichert ist (§ 19).

b) Anstaltserziehung.

Die Unterbringung in Anstalten erscheint vorzugsweise angebracht für Minderjährige, die zu geschlechtlichen Ausschweifungen,*) zum Landstreichen und Verbrechen neigen oder in anderer Weise sittlich verwahrlost sind, sowie solche, deren körper-

---

*) Vgl. den Erlaß des Ministers d. Innern v. 11. 9. 02 über das Vorgehen gegen liederliche weibliche Minderjährige (abgedruckt als Anlage b 11).

licher Zustand eine besondere Pflege unter ärztlicher Aufsicht fordert. Die Zöglinge sollen aber in der Anstalt nur so lange bleiben, als unbedingt notwendig ist, um sie an Zucht und Ordnung zu gewöhnen, leiblich und geistig zu kräftigen. Sobald dieser körperliche und sittliche Reinigungsprozeß beendet ist, sind sie in Familien, wenn möglich unter Aufsicht des Anstaltsvorstehers, der ihren Charakter kennt, unterzubringen, die Schulpflichtigen in Pflege, die Schulentlassenen im Gesindedienst oder als Lehrlinge. Führen sie sich schlecht oder erweist sich die Familie als ungeeignet, so sind sie in die Anstalt zurückzunehmen, um geeigneten Falles nach einiger Zeit einen erneuten Versuch mit der Familienerziehung zu machen. Für die Anstaltserziehung sind geeignete kirchliche oder Privatanstalten zu benutzen und, soweit diese nicht vorhanden, von den Kommunalverbänden eigene Anstalten zu errichten. Als geeignet werden nur solche Anstalten anzusehen sein, die Sicherheit für eine Erziehung der Zöglinge auf religiös-sittlicher Grundlage bieten und deren Leiter für die Lösung der Aufgabe der Fürsorgeerziehung befähigt sind.

Die Anstalten müssen durch ihre Lage, baulichen und gesundheitlichen Einrichtungen und die Gelegenheit, die Zöglinge mit Feld-, Garten-, Haus- und anderen geeigneten Arbeiten außerhalb der Unterrichtsstunden zu beschäftigen, den besonderen Anforderungen der Fürsorgeerziehung entsprechen und den Zöglingen einen ausreichenden, den Vorschriften für die Volksschule gemäßen Unterricht gewähren. Die Anstalten sollen nicht zu klein sein, weil dann die wirtschaftliche Lage meist nicht gestattet, einen pädagogisch geschulten Leiter an die Spitze zu stellen und einen ausreichenden Schulunterricht einzurichten, und nicht zu groß, weil dann der Leiter nicht imstande ist, die Eigenart jedes Zöglings genau kennen zu lernen und ihn dementsprechend zu behandeln. Erfahrungsgemäß ist für nicht öffentliche Anstalten die Einrichtung für 50—100 Zöglinge die zweckmäßigste.

Es empfiehlt sich, nur solche Anstalten zu benutzen, die auf konfessioneller Grundlage stehen und entweder nur für Knaben oder nur für Mädchen bestimmt sind. Zöglinge, die das schulpflichtige Alter noch nicht überschritten haben, können unter Umständen auch in Anstalten, die für Kinder beiderlei Geschlechts bestimmt sind, untergebracht werden, wenn die Aufenthaltsräume für Tag und Nacht, und die Spielplätze vollständig voneinander getrennt sind. Von der Benutzung solcher Anstalten, die inmitten großer Städte oder industrieller Bezirke liegen, wird möglichst abzusehen sein. Die Staats- und Gemeindebehörden werden angewiesen, den Kommunalverbänden bei der Ermittelung von Anstalten behilflich zu sein und ihnen jede gewünschte Auskunft über deren Einrichtung und Verwaltung nach bestem Vermögen zu erteilen.

Für die den Kommunalverbänden gehörenden Anstalten wird es sich empfehlen, sie auf eine Zahl von 80—200 Zöglingen konfessionell und entweder nur für männliche oder nur für weibliche Zöglinge einzurichten. Als Leiter der für männliche Zöglinge bestimmten Anstalt ist ein pädagogisch gebildeter Geistlicher oder im öffentlichen Schuldienste bewährter Lehrer zu wählen, dem die erforderliche Zahl von Lehrern und Führern beizugeben ist, um unter den Zöglingen zur besseren Übersicht und Erziehung verschiedene Abteilungen bilden zu können. Ein ausreichendes Gelände, um darauf die Zöglinge mit Garten-, Feldarbeit und Viehwartung zu beschäftigen, einige Werkstätten, um männliche Zöglinge in Handfertigkeiten, welche für ihr späteres Fortkommen von Wert sind, durch fachkundige Beamte unterweisen zu lassen, dürfen nicht fehlen.

In den Erziehungsanstalten für weibliche Zöglinge sollen außer dem Geistlichen und dem Arzte nur weibliche Beamte tätig sein. Die Anstalt muß die Möglichkeit bieten, die Zöglinge in der Haus-, Garten-, Feld- und Viehwirtschaft gründlich zu beschäftigen. Außerdem sind sie in den gewöhnlichen weiblichen Handarbeiten: Nähen, Stricken, Flicken usw. auszubilden.

Die Anstalten müssen den schulpflichtigen Zöglingen den vorschriftsmäßigen Volksschulunterricht gewähren. Die Schulentlassenen sind in den Zeiten, wo sie nicht mit Arbeiten in der Haus- und Feldwirtschaft beschäftigt werden, in den Unterrichtsgegenständen der Volksschule weiter zu fördern.

Den Kommunalverbänden ist gestattet, zur Errichtung eigener Erziehungsanstalten Gebäude, die bei Landarmen- und Arbeitshäusern überflüssig werden, zu benutzen. Diese Gebäude müssen jedoch von den zur Aufnahme der Landarmen und Korrigenden bestimmten vollständig abgeschlossen werden; die Erziehungsanstalt muß ihren eigenen pädagogisch gebildeten Leiter und ein besonderes Lehr- und Aufsichtspersonal haben; das Personal des Landarmen- und Arbeitshauses darf bei den Zöglingen nicht zur Verwendung kommen. Die Zöglinge müssen unter allen Umständen, auch bei der Arbeit, von den Insassen des Landarmenhauses oder Korrektionshauses so getrennt gehalten werden, daß irgendeine Berührung zwischen ihnen nicht stattfindet.

Dagegen kann die wirtschaftliche Verwaltung beider Anstalten unter der Oberleitung des Vorstehers des Arbeitshauses gemeinsam sein.

Bis zum 1. April 1903 ist es den Kommunalverbänden, welche zur Zeit des Inkrafttretens dieses Gesetzes über geeignete Anstalten nicht in ausreichendem Maße verfügen, gestattet, Fürsorgezöglinge auch in Arbeitshäusern und Landarmenhäusern unterzubringen. Es wird jedoch vorausgesetzt, daß diese Maßregel nur zur Anwendung kommt bei Minderjährigen, welche das schulpflichtige Alter überschritten haben; daß den Zöglingen besondere Aufenthaltsräume für den Tag und die Nacht angewiesen werden, so daß sie mit den Häuslingen nicht in Berührung kommen und daß für sie ein besonderes Aufsichtspersonal, das der erziehlichen Aufgabe gewachsen ist, bestimmt wird.

Der Zögling ist soweit irgend möglich in einer Anstalt seines Bekenntnisses unterzubringen. Ist eine solche Anstalt, die zugleich den Aufgaben der Fürsorgeerziehung gewachsen ist, im Bezirke des verpflichteten Kommunalverbandes nicht vorhanden, so ist die Unterbringung in einer geeigneten Anstalt im Bezirke eines anderen Kommunalverbandes anzustreben. Läßt sich die Unterbringung eines Zöglings in einer geeigneten Anstalt seines Bekenntnisses nicht ermöglichen, so ist der Religionsunterricht und die regelmäßige Teilnahme am Gottesdienste nach den Ordnungen seines Bekenntnisses sicherzustellen. Zöglinge, die wegen ihres krankhaften Zustandes in Anstalten, welche für Kranke, Gebrechliche, Idiote, Epileptische, Taubstumme oder Blinde bestimmt sind, untergebracht werden müssen, fallen dadurch nicht ohne weiteres aus der Fürsorgeerziehung. Für die Aufhebung dieser Maßregel gelten auch bei diesen Zöglingen die Bestimmungen des § 13 Abs. 2.

VI. Dienst oder Lehre.

Vor Ablauf des schulpflichtigen Alters ist rechtzeitig für eine den Fähigkeiten und Verhältnissen des Zöglings passende und tunlichst seinen Wünschen entsprechende Dienst- oder Lehrstelle zu sorgen.

Als Dienst- oder Lehrherren sollen nur durchaus zuverlässige und tüchtige Personen ausgewählt werden. Bei etwa abzuschließenden Lehrverträgen ist die tüchtige Ausbildung im Handwerk innerhalb einer bestimmten Zeit sicherzustellen.

Im übrigen sind bei Abschließung des Lehrvertrages die Bestimmungen der §§ 126—132a der Gewerbeordnung, Reichsgesetz vom 26. Juni 1897 (Reichsgesetzblatt S. 633) zu beachten.

Die Unterbringung in Lehre und Dienst ist Familienerziehung und finden dafür die bezüglichen Vorschriften dieser Ausführungsbestimmungen, insbesondere auch über die konfessionelle Erziehung, sinngemäße Anwendung (Nr. Va).

VII. Fürsorger (§ 11).

Für jeden in einer Familie untergebrachten Zögling ist von dem verpflichteten Kommunalverbande ein Fürsorger zu bestellen, dessen Aufgabe es ist, sowohl die Führung als auch die Erziehung und Behandlung der ihnen zugewiesenen Zöglinge zu überwachen.

Die noch nicht schulentlassenen Zöglinge hat er von Zeit zu Zeit persönlich in der Familie aufzusuchen, sich von der Art der Unterkunft, Verpflegung, Erziehung, Beschäftigung zu überzeugen, durch Benehmen mit dem Ortsgeistlichen und der Schulbehörde sich zu vergewissern, daß Schul- und Kirchenbesuch regelmäßig ist und die vertraglichen Bestimmungen gewissenhaft erfüllt werden und für Abstellung etwaiger Mängel zu sorgen. Den Anordnungen des Fürsorgers müssen der Familienvorstand und der Zögling vorbehaltlich der Beschwerde an den Kommunalverband nachkommen.

Bei den in Dienst oder Lehre Stehenden hat er darauf zu halten, daß der Verdienst der Zöglinge in angemessener Weise verwendet und ein Teil desselben auf der Sparkasse belegt wird. Halbjährlich hat der Fürsorger an den vom Kommunalverbande bezeichneten Beamten über seine Wahrnehmungen kurz zu berichten.

Dem Fürsorger ist für die Ausübung seines Amtes vom Kommunalverbande eine gedruckte Anweisung zu geben; Abschriften der über die Unterbringung der Zöglinge abgeschlossenen Verträge sind ihm auszuhändigen. Der Fürsorger ist so zu wählen, daß er am Orte selbst, wo der Zögling untergebracht ist, oder doch so nahe wohnt, daß die persönliche Aufsicht nicht erschwert wird und daß er, wenn irgend möglich, dem religiösen Bekenntnisse des Zöglings angehört. Um die Übernahme des Amtes sind in erster Linie die zuständigen Ortsgeistlichen, Lehrer, Mitglieder von Waisenräten oder Erziehungsvereinen zu ersuchen; andere geeignete Persönlichkeiten sind mit Hilfe der Geistlichen und Gemeindevorstände zu ermitteln. Ist der Zögling bevormundet und wohnt der Vormund am Orte oder in der Nähe, so ist dieser zunächst als Fürsorger zu bestellen. Für Kinder im Alter unter 12 Jahren und weibliche Zöglinge sind vorzugsweise Frauen als Fürsorger zu bestellen.

VIII. Vormundschaft (§ 12).

Das Amt des Fürsorgers ist ein Ehrenamt, notwendige bare Auslagen werden erstattet. Der Vorstand einer unter Verwaltung des Kommunalverbandes stehenden Erziehungsanstalt übt nach Art. 78 § 1 des Ausführungsgesetzes zum BGB. ohne weiteres die Rechte und Pflichten eines Vormundes über die Anstaltszöglinge aus; der Vorstand einer kirchlichen oder Privatanstalt kann ebenfalls auf Antrag des Kommunalverbandes zum Vormunde der Zöglinge bestellt werden. In beiden Fällen darf dem Vormund dieses Amt auch über die Zeit der Entlassung des Zöglings aus der Fürsorgeerziehung bis zu dessen Volljährigkeit belassen werden.

IX. Entlassung aus der Fürsorgeerziehung.

Die Fürsorgeerziehung endigt mit der Minderjährigkeit. Vorher kann die Aufhebung angeordnet werden durch Beschluß des Kommunalverbandes von Amts wegen oder auf Antrag der Eltern oder des gesetzlichen Vertreters des Zöglings. Bedingung dafür ist, daß der Zweck der Fürsorgeerziehung erreicht oder anderweit sichergestellt ist. Vor der Beschlußfassung ist der

Fürsorger oder Vorsteher der Anstalt, in welcher der Zögling untergebracht ist, zu hören. Die Entlassung erfolgt endgültig oder auf Widerruf. Die erstere soll nur dann statthaben, wenn der Zögling in vollständig gesicherte Verhältnisse eingetreten ist, welche eine abermalige Verwahrlosung so gut als ausgeschlossen erscheinen lassen. Die Aufhebung der Fürsorgeerziehung unter Vorbehalt des Widerrufs soll erfolgen, wenn die Führung des Zöglings und die Verhältnisse, in welche er eintritt, zur Zeit die Aufhebung rechtfertigen, es aber zweifelhaft erscheint, ob beide von Dauer sein werden.

Die Aufhebung der Fürsorgeerziehung auf Widerruf ist an die Bedingung zu knüpfen, daß sich der Minderjährige der vom Kommunalverbande über ihn angeordneten Aufsicht unterstellt. Entzieht er sich dieser Aufsicht oder lassen seine Führung und Lebensverhältnisse eine abermalige Verwahrlosung befürchten, so ist er in die Fürsorgeerziehung zurückzunehmen. Die Überwachung des Minderjährigen wird am zweckmäßigsten dem bisherigen Fürsorger übertragen, sie darf nicht durch polizeiliche Organe ausgeübt werden.

X. Kosten (§ 15).

Die Ortsarmenverbände und die denselben gleichstehenden Gesamtarmenverbände (Pr. Ges. betr. Ausführung des Reichsgesetzes über den Unterstützungswohnsitz vom 8. März 1871 §§ 9 bis 15), in denen der Zögling seinen Unterstützungswohnsitz hat, haben wie bisher die Kosten der Überführung des Zöglings in eine Familie oder Anstalt, der ersten Ausstattung, der Beerdigung des während der Fürsorgeerziehung verstorbenen und der Rückreise des aus der Fürsorgeerziehung entlassenen Zöglings zu tragen. Ist ein solcher Ortsarmenverband nicht vorhanden, so fallen die Kosten dem verpflichteten Kommunalverbande zur Last.

Die Kommunalverbände tragen die übrigen Kosten des Unterhalts und der Erziehung sowie die Fürsorge für entlassene Zöglinge. Der Staat gibt zu diesen Kosten einen Zuschuß in Höhe von zwei Dritteln derselben.

Die Kostenaufstellungen sind am Schlusse jedes Etatsjahres den Oberpräsidenten einzureichen, welche dieselben prüfen und feststellen lassen und zur Zahlung bei einer Regierungshauptkasse anweisen. Mit der Zahlung ist stets dieselbe Regierungshauptkasse zu beauftragen. Die Kostenaufstellungen sind nach erfolgter Zahlung der Beträge dem Minister des Innern zur Prüfung einzureichen; sie gelangen hierauf zur Rechnungslegung an die Regierungspräsidenten zurück.

Die Erstattung der Kosten des Unterhalts eines Zöglings während der Fürsorgeerziehung kann der Kommunalverband von dem Zöglinge selbst oder von dem auf Grund bürgerlichen Rechts zu seinem Unterhalte Verpflichteten fordern. Es wird sich empfehlen, wie bisher das Vermögen des Zöglings nur dann in Anspruch zu nehmen, wenn und insoweit es den Betrag von 300 *M* übersteigt. Dagegen wird die Rückforderung der Kosten des Unterhalts der Zöglinge von den zu ihrem Unterhalte Verpflichteten, insbesondere von den Eltern mit voller Strenge zu betreiben sein. Ist nach der Vermögenslage der Ersatzpflichtigen eine Beitreibung der vollen Kosten nicht angezeigt, so ist die Forderung auf einen Teil der Kosten zu ermäßigen; es muß aber Regel sein, einen wenn auch kleinen Teil der Kosten beizutreiben, um bei den zum Unterhalt Verpflichteten das Bewußtsein der Verantwortlichkeit für den Zögling aufrechtzuerhalten und ein frivoles Abschieben der Kinder zu verhindern. Dieselben Grundsätze finden auch auf die Einziehung der von den Ortsarmenverbänden verauslagten Kosten Anwendung. Die Beitreibung geschieht im Verwaltungszwangsverfahren.

In den Kostenaufstellungen sind die von den Kommunalverbänden wieder eingezogenen Beträge besonders ersichtlich zu machen; zwei Drittel derselben sind auf den Beitrag des Staates anzurechnen.

XI. Aufsicht über die Fürsorgeerziehung (§§ 17—20).

Von den Kommunalverbänden sind für die Ausführung der Fürsorgeerziehung und für die von ihnen errichteten Erziehungs- und Besserungsanstalten neue Reglements zu erlassen und durch die Oberpräsidenten dem Minister des Innern und dem Minister der geistlichen usw. Angelegenheiten zur Genehmigung vorzulegen. Bei Abfassung der Reglements sind die in diesen Ausführungsbestimmungen gegebenen Anweisungen zu beachten.

Die Oberpräsidenten führen die Aufsicht über die Ausführung dieses Gesetzes durch die Kommunalverbände und die Schulaufsicht über die von letzteren errichteten Erziehungsanstalten nach den Bestimmungen des Allerhöchsten Erlasses vom 12. Mai 1897 und des Erlasses der Minister des Innern und der geistlichen usw. Angelegenheiten vom 15. November 1897.

Alljährlich ist über diese Ausführung der Fürsorgeerziehung von den Kommunalverbänden dem Oberpräsidenten ein Bericht nebst den erforderlichen Nachweisungen einzureichen und dem Minister des Innern vorzulegen.

Die Bestimmungen dieses Gesetzes finden vom 1. April 1901 ab auch Anwendung auf die nach dem Gesetze vom 13. März 1878 in Zwangserziehung befindlichen Personen.

Von der Sorgfalt und der Umsicht der bei der Ausführung dieses Gesetzes beteiligten Behörden und Personen, insbesondere der zur Stellung des Antrags berechtigten und verpflichteten, wird wesentlich der Erfolg des Gesetzes abhängen. Es darf daher zuversichtlich gehofft werden, daß sie sich dieser neuen Aufgabe, die von hoher sittlicher und sozialer Bedeutung ist, mit voller Hingebung widmen. Sie werden ihr um so eher gerecht werden, wenn sie sich der Mitwirkung der an dem Werke interessierten Kreise der Bevölkerung, insbesondere der Geistlichen, Lehrer und Ärzte, der Vereine zum Jugendschutz und geeigneter Privatpersonen versichern.

Berlin, den 18. Dezember 1900.

Freiherr von Rheinbaben.

Anlage b.

Ministerielle Erlasse

1. des UM. und des MJ. vom 18. Dezember 1900.

Überwachung der Handhabung des FEG.;
Festetzung des Staatszuschusses;
Beitreibung der Kosten von den Erstattungspflichtigen.

Das Gesetz vom 2. Juli 1900 über die Fürsorgeerziehung Minderjähriger ist für den Schutz der heranwachsenden Jugend gegen Verwahrlosung und die Gefahr, einem verbrecherischen Leben zu verfallen, von weittragender Bedeutung. Wenn auch die Ausführung der Fürsorgeerziehung den Kommunalverbänden obliegt, so ist es doch die Aufgabe des Staates, die ordnungsmäßige und zweckentsprechende Handhabung des Gesetzes auf das sorgfältigste zu überwachen. Diese Überwachung liegt wesentlich in der Hand der Herren Oberpräsidenten. Wie sie gesetzlich berechtigt und verpflichtet sind, die gesamte Verwaltung der Kommunalverbände zu beaufsichtigen, so gilt dies besonders von dem in Rede stehenden Zweig der Verwaltung, an welchem der Staat ein hohes sittliches und soziales Interesse hat und bei dem er sich wegen dieses Interesses in so erheblichem Umfange finanziell beteiligt.

Ew. Exzellenz ersuchen wir daher, dieser Aufgabe Ihre ganz besondere Fürsorge zu widmen, vor allem dafür zu sorgen, daß die Staats- und Gemeindebehörden den Kommunalverbänden ihre Mitwirkung bereitwilligst gewähren. Sie werden ferner persönlich oder durch Kommissare von der praktischen Ausführung der Fürsorgeerziehung Kenntnis nehmen müssen und zu dem Zwecke sowohl die kommunalständischen als auch die nichtöffentlichen Anstalten, in denen Fürsorgezöglinge untergebracht sind, besichtigen oder besichtigen lassen.

Ew. Exzellenz werden daraus Veranlassung nehmen können,

die Kommunalverwaltung auf etwa vorgefundene Mängel hinzuweisen und auf deren Abhilfe zu dringen. Die Landräte werden anzuweisen sein, Mißstände in der Unterbringung und Behandlung der in Familien untergebrachten Fürsorgezöglinge durch die Regierungspräsidenten zu Ew. Exzellenz Kenntnis zu bringen, damit Sie auch hier die Kommunalverbände zur Abhilfe anhalten können. Für die nächsten Jahre wird der nach § 15 Abs. 2 vom Staate an die Kommunalverbände zu zahlende Beitrag auf Grund einer Zusammenstellung der aufgewendeten Kosten erfolgen müssen, es ist aber schon jetzt in Aussicht zu nehmen, sobald ausreichende Erfahrungen gesammelt sind und der Beharrungszustand eingetreten ist, für diese Entschädigung Pauschsummen festzusetzen und von 5 zu 5 Jahren neu zu regeln.

Besonderer Wert muß darauf gelegt werden, daß die zum Unterhalt der Zöglinge Verpflichteten die Kosten des Unterhalts ersetzen oder dazu einen, wenn auch nur geringen, Beitrag leisten. Abgesehen davon, daß dadurch die sehr erheblichen öffentlichen Kosten wenigstens in etwas gemindert werden, liegt es im öffentlichen Interesse, den Eltern und auch weiteren Kreisen zum Bewußtsein zu bringen, daß die, welche für die Erziehung des Minderjährigen verantwortlich sind, auch haftpflichtig gemacht werden für die Kosten, welche aus der Vernachlässigung dieser Pflicht erwachsen.

Den von den Kommunalverbänden über die Ausführung der Fürsorgeerziehung alljährlich zu erstattenden Berichten wollen Ew. Exzellenz Ihre Äußerung über den Stand dieses Verwaltungszweiges in der dortigen Provinz beifügen.

An die Herren Oberpräsidenten.

2. des JM. vom 6. Februar 1901.

Sicherung rechtzeitiger Herbeiführung der FE.;
Aussetzung der Strafvollstreckung;
Mitteilungen der Gefängnisvorsteher.

Zu dem am 1. April d. J. in Kraft tretenden Gesetz über die Fürsorgeerziehung Minderjähriger vom 2. Juli 1900 hat der Herr

Minister des Innern unter dem 18. Dez. 1900 Ausführungsbestimmungen für die beteiligten Verwaltungsbehörden erlassen, welche den Vormundschaftsgerichten zur Kenntnisnahme zugehen werden. Im Anschlusse hieran und im Einverständnisse mit dem Herrn Minister des Innern bestimme ich, um eine rechtzeitige Herbeiführung der Fürsorgeerziehung in den geeigneten Fällen nach Möglichkeit zu sichern, folgendes:

I. Die Beamten der Staatsanwaltschaft haben von den zu ihrer amtlichen Kenntnis gelangenden Fällen, in welchen Minderjährige, die das achtzehnte Lebensjahr noch nicht vollendet haben,

a) der Verwahrlosung verfallen oder von der nahen Gefahr einer solchen bedroht erscheinen,

b) oder einer vor dem vollendeten zwölften Lebensjahre begangenen strafbaren Handlung verdächtig sind,

dem zur Stellung des Antrags auf Einleitung der Fürsorgeerziehung nach § 4 des Gesetzes vom 2. Juli 1900 zuständigen Landrat (Oberamtmann, Gemeindevorstand, Vorsteher der Königlichen Polizeibehörde), bei Gefahr im Verzug auch dem Vormundschaftsgerichte, Mitteilung zu machen.

Die Mitteilung hat so zeitig wie möglich und, wenn angängig, unter Übersendung der Akten zu erfolgen. Das Benachrichtigungsschreiben ist zu den Akten zu bringen.

Ob die Voraussetzungen der unter Ia vorgeschriebenen Mitteilungen vorliegen, ist mit besonderer Sorgfalt zu prüfen. Diese Prüfung hat insbesondere auch dann einzutreten, wenn gegen den Minderjährigen gerichtete Handlungen anderer Personen (Mißhandlung von seiten der Eltern, Vornahme unzüchtiger Handlungen, Kuppelei u. dgl.) zur Kenntnis der Staatsanwaltschaft gelangen, welche seine Verwahrlosung oder die Gefahr einer solchen erkennen lassen. Schon die Tatsache, daß verbrecherische Personen ihre Kinder oder andere Minderjährige in ihrem Haushalte beherbergen, kann genügen, die Besorgnis einer Verwahrlosung dieser Jugendlichen nahezulegen.

II. Die Strafvollstreckungsbehörden haben in den geeigneten Fällen zu erwägen, ob eine Aussetzung der Strafvollstreckung auf

Grund des Allerhöchsten Erlasses vom 23. Okt. 1895 (JMBl. S. 348)*) in Erwartung des günstigen Erfolges einer einzuleitenden Fürsorgeerziehung in Aussicht genommen werden kann. Zutreffendenfalls sind die Akten alsbald dem zuständigen Vormundschaftsgerichte (§ 4 des Gesetzes vom 2. Juli 1900) unter Hinweis auf die Tatsachen, welche eine Verwahrlosung oder die Gefahr einer Verwahrlosung des Verurteilten erkennen lassen, zur Entschließung über die Einleitung der Fürsorgeerziehung, geeignetenfalls auch über eine vorläufige Unterbringung des Minderjährigen (§ 5 des Gesetzes), vorzulegen. Steht die FE. in Aussicht, so ist bei Befürwortung des Strafaufschubes auf diese Tatsache Bezug zu nehmen.

III. Die Vorsteher der Justizgefängnisse haben, wenn sie die Einleitung einer Fürsorgeerziehung gegen einen jugendlichen Gefangenen nach verbüßter Strafe für notwendig erachten, hiervon nach Anhörung des Anstaltsgeistlichen und des Lehrers, sowie der bei dem Gefängnis etwa bestehenden Beamtenkonferenz dem nach § 4 des Gesetzes vom 2. Juli 1900 zuständigen Landrat (Oberamtmann, Gemeindevorstand, Vorsteher der Königlichen Polizeibehörde) unter Hinweis auf die Tatsachen, welche eine Verwahrlosung oder die Gefahr einer Verwahrlosung des Gefangenen erkennen lassen, Mitteilung zu machen. Die Mitteilung wird dadurch nicht ausgeschlossen, daß eine solche schon nach der Vorschrift unter I dieser Verfügung von seiten der Staatsanwaltschaft erfolgt ist.

Die Mitteilung ist so zu beschleunigen, daß die Unterbringung zur Fürsorgeerziehung oder die vorläufige Unterbringung (§ 5 des Gesetzes) möglichst im Anschluß an die Strafverbüßung erfolgen kann. Bei Gefahr im Verzug ist die Mitteilung auch unmittelbar an das Vormundschaftsgericht zu richten.

Ist der Gefängnisvorsteher zugleich Vormundschaftsrichter und leitet er als solcher die Fürsorgeerziehung von Amts wegen ein, so bedarf es der hier vorgeschriebenen Mitteilung nicht.

---

*) Abgeändert durch Allerhöchsten Erlaß vom 6. Nov. 1912 (JMBl. S. 359) und vom 9. März 1917 und die dazu ergangene Allg. Verfügung vom 14. März 1917 (JMBl. S. 85).

3. des MJ. vom 22. Februar 1901.

Aufgaben der Verwaltungsbehörden bei der Durchführung des FEG.; Zusammenwirken von Justiz und Verwaltung.

In dem Gesetze vom 2. Juli 1900 über die Fürsorgeerziehung Minderjähriger ist durch § 4 Abs. 1 den Landräten (in den Hohenzollernschen Landen den Oberamtmännern) Recht und Pflicht zur Stellung des Antrags auf Fürsorgeerziehung für die in ihren Kreisen der Fürsorgeerziehung bedürftigen Minderjährigen zugewiesen. Nach den Ausführungsbestimmungen vom 18. Dezember 1900 haben sie darauf zu halten, daß die nachgeordneten Polizei- und Gemeindeorgane, die Waisenräte, Armenpfleger ihnen stets Kenntnis geben, wenn Kinder von Eltern und Erziehern mißhandelt, vernachlässigt oder körperlich oder geistig verwahrlost werden, wenn Minderjährige eine strafbare Handlung begangen haben oder sich einem ungeordneten, liederlichen Lebenswandel ergeben, dem zu wehren die Kirche, die Schule und das Elternhaus machtlos sind. Sie haben ferner nach S. 18 der Ausführungsbestimmungen dem zuständigen Landesdirektor (Landeshauptmanne) unverzüglich eine Mitteilung über die persönlichen, häuslichen und wirtschaftlichen Verhältnisse des Überwiesenen zu machen und dabei sich zugleich darüber gutachtlich zu äußern, ob die Unterbringung in einer Familie oder in einer Anstalt zweckmäßiger erscheint.

Sie haben ferner dahin zu wirken, daß die seitens des Vormundschaftsgerichts angeordnete vorläufige Unterbringung solcher Minderjähriger, für welche der Antrag auf Fürsorgeerziehung gestellt ist (§ 5 des Gesetzes), ohne Verzug und zutreffend ausgeführt werden kann (Ausführungsbestimmungen S. 19).

Vermöge ihrer Stellung sind die Landräte verpflichtet, den Landesdirektoren auf Anfrage Auskunft zu geben über Familien, in denen Zöglinge untergebracht werden können, über Personen, die zu Fürsorgern bestellt werden sollen.

Durch die Anordnung, daß die Fürsorgezöglinge vorzugsweise auf dem Lande oder in kleinen Städten untergebracht werden sollen

(AB. S. 19, 20, 22), wird sich ergeben, daß in den Landkreisen sich eine ziemlich große Zahl solcher Zöglinge ansammelt, deren Behandlung und Führung einer gewissen Überwachung bedarf, damit etwaige Mißstände dem Kommunalverbande, der sie untergebracht hat, mitgeteilt werden können.

Aus alledem ergibt sich, daß die Landräte in ganz hervorragender Weise zur Mitarbeit an der Durchführung dieses hochwichtigen Gesetzes berufen sind und daß die an dieses Gesetz geknüpften Hoffnungen sich zum großen Teil nicht erfüllen würden, wenn die Mitwirkung der Landräte versagte.

Es liegt auf der Hand, daß diese neue Aufgabe neben der ohnehin großen Arbeitslast, die den Landräten aufgelegt ist, von ihnen nur gelöst werden kann, wenn sie nicht nur die ihnen nachgeordneten Organe zur Hilfe heranziehen, sondern sich auch der Mitarbeit aller Personen, die für diese Sorge um die gefährdete, verlassene, verwahrloste Jugend ein Herz und ein Verständnis haben, insbesondere Geistliche, Ärzte, Lehrer, Mitglieder von Vereinen für Kindererziehung und Jugendschutz versichern. Die Aufgabe des Landrats ist, nicht sowohl die Arbeit zur Durchführung des Gesetzes im einzelnen selbst zu tun, als sie in seinem Kreise zu organisieren. Es gilt vor allem zu verhindern, daß die mannigfachen Kräfte, welche auf diesem Gebiete schon tätig sind, sich nicht zersplittern, sondern dahin zu wirken, daß sie zu einmütigem, planmäßigem Zusammenwirken gebracht werden. Die Organisation wird den eigenartigen Verhältnissen der einzelnen Kreise entsprechend zu gestalten sein.

Wie die Landräte, sind auch die Gemeindevorstände der Städte mit mehr als 10000 Einwohnern, sowie der nach der Kreisordnung für die Provinz Hannover diesen gleichgestellten Städte und in Stadtkreisen die Gemeindevorstände und die Vorsteher der Königlichen Polizeibehörden zur Stellung des Antrags auf Fürsorgeerziehung berechtigt und verpflichtet. Auch hier wird es darauf ankommen, Einrichtungen zu treffen, daß die der Fürsorgeerziehung bedürftigen Minderjährigen zum Zwecke der Antragsstellung sicher ermittelt werden.

Bei den Maßnahmen zur Durchführung des Fürsorgeerziehungsgesetzes wird aber nicht außer acht zu lassen sein, daß es nicht Zweck des Gesetzes ist, jeden in seiner Erziehung gefährdeten, verlassenen oder verwahrlosten Minderjährigen in Fürsorgeerziehung zu bringen. Wie die Ausführungsbestimmungen S. 12 in Übereinstimmung mit der Begründung des Gesetzes und den Verhandlungen des Landtags dartun (S. 12), soll diese Fürsorgeerziehung erst dann zur Anwendung kommen, wenn alle zur Verfügung stehenden Maßregeln, eine geordnete Erziehung herbeizuführen, versagen. Bevor die Fürsorgeerziehung in Aussicht genommen wird, ist daher sorgfältig zu prüfen, ob nicht durch Anwendung anderer Maßnahmen, der kirchlichen Einwirkung, der Schulzucht, der Armenpflege, freiwilliger Liebestätigkeit oder vormundschaftlicher Anordnungen, für welche der § 1666 BGB. den weitesten Spielraum gewährt, der Verwahrlosung vorgebeugt oder ihr Fortgang aufgehalten werden kann. Hat die Verwahrlosung ihren Grund in wirtschaftlicher Not der Eltern oder Erzieher oder in mangelhafter Fürsorge für ein verwaistes Kind, so sind die verpflichteten Armenbehörden von Aufsichts wegen anzuhalten, ihre Schuldigkeit zu tun. Solche Maßregeln im Einzelfalle ausfindig zu machen, ist ebensosehr Aufgabe der zur Stellung des Antrags berechtigten und verpflichteten Personen, Behörden und der unter ihrer Mitwirkung geschaffenen Organisationen, als die Stellung des Antrages selbst.

Der zweite wesentliche Faktor in der Durchführung des Gesetzes ist das die Fürsorgeerziehung anordnende Vormundschaftsgericht. Es liegt auf der Hand, daß nur von einem einträchtigen Zusammenwirken der Verwaltungsbehörden mit den Vormundschaftsgerichten ein durchgreifender Erfolg des Gesetzes erwartet werden kann. Auf wenigen Gebieten des Staatslebens ist ein so enges Zusammenwirken von Justiz und Verwaltung geboten, als auf diesem, und daraus ergibt sich, daß sie in regem Meinungsaustausch untereinander stehen und über gemeinsame Grundsätze in der Handhabung des Gesetzes sich einigen müssen. —

Um nach allen Seiten hin Aufklärung über die Bedeutung des Gesetzes, sowie über die zweckmäßig zu ergreifenden Maßregeln zu schaffen, ist es notwendig, daß unter dem Vorsitz [Euerer Exzellenz oder des Regierungspräsidenten] für jeden Regierungsbezirk eine eingehende Beratung der Angelegenheit mit den Landräten und den Vertretern der sonst zur Stellung des Antrags berechtigten und verpflichteten Behörden stattfindet. Es wird sich empfehlen, zu diesen Beratungen nach Benehmen mit dem Oberlandesgerichtspräsidenten, Vormundschaftsrichter, sowie Vertreter der Kirchen- und Schulbehörden und solcher Persönlichkeiten des Bezirks, welche schon bisher auf dem Gebiete der Jugendfürsorge eine umfangreichere Tätigkeit entfaltet haben, einzuladen. Für die Erörterung geben folgende Schriften wertvolles Material:

1. Schmitz, Ludwig, Landgerichtsdirektor, Mitglied des Hauses der Abgeordneten, „Die Fürsorgeerziehung Minderjähriger; Gesetz vom 2. Juli 1900", Düsseldorf 1901.
2. Nölle, Landgerichtsrat, Mitglied des Hauses der Abgeordneten, „Das Gesetz, betreffend die Fürsorgeerziehung Minderjähriger, vom 2. Juli 1900", Berlin, Verlag von Franz Vahlen.
3. von Massow, Geheimer Oberregierungsrat, „Das Preußische Fürsorgeerziehungsgesetz vom 2. Juli 1900 und die Mitwirkung der bürgerlichen Gesellschaft bei seiner Ausführung", Berlin, Nicolaische Buchhandlung 1901.

Auf Grund dieser Beratungen werden dann die erforderlichen Anordnungen [für die dortige Provinz von Euerer Exzellenz] zu treffen sein.

Vor allem wird es darauf ankommen, in den einzelnen Kreisen diejenigen Minderjährigen zu ermitteln, bei denen die Fürsorgeerziehung in Frage kommen könnte, sowie ferner die Familien und Anstalten, welche zur Aufnahme von Fürsorgezöglingen geeignet sind und diejenigen Personen, welche zur Übernahme des Fürsorgeamtes bereit und befähigt sind.

Euere Exzellenz wollen hiernach das Weitere veranlassen und bis zum 1. Juli d. Js. über die getroffenen Anordnungen berichten.

Zusatz für den Oberpräsidenten zu Potsdam.

Wie in der Stadt Berlin das Zusammenwirken des Magistrats und des Polizeipräsidenten bei der Ermittelung der der Fürsorgeerziehung bedürftigen Minderjährigen und der Stellung der Anträge bei dem Vormundschaftsgerichte zu regeln sein wird, wollen Euere Exzellenz nach Anhörung des Magistrats und des Polizeipräsidenten besonders erwägen und darüber berichten.

An die Herren Oberpräsidenten.

4. des MJ. vom 19. März 1901.

Mitteilungen der Gefängnisvorsteher.

Unter Bezugnahme auf Seite 17 zweiter Absatz der Ausführungsbestimmungen vom 18. Dezember v. J. zu dem Gesetz über die Fürsorgeerziehung Minderjähriger vom 2. Juli v. J. ersuche ich ergebenst, die Vorsteher der Gefängnisse meines Geschäftsbereichs anzuweisen, wenn sie nach Anhörung der Konferenz, oder wo eine solche nicht besteht, nach Erörterung mit dem Anstaltsgeistlichen und Lehrer, die Einleitung der Fürsorgeerziehung gegen einen jugendlichen Gefangenen nach verbüßter Strafe für notwendig erachten, dem nach § 4 des Gesetzes zuständigen Landrat (Oberamtmann, Gemeindevorstand, Vorsteher der Königlichen Polizeibehörde) unter Hinweis auf die Tatsachen, welche eine Verwahrlosung oder die Gefahr einer Verwahrlosung des Gefangenen erkennen lassen, Mitteilung zu machen. Die Mitteilung wird dadurch nicht ausgeschlossen, daß eine solche schon von der Staatsanwaltschaft erfolgt ist.

Die Mitteilung ist so zu beschleunigen, daß die Unterbringung zur Fürsorgeerziehung oder die vorläufige Unterbringung (§ 5 des Gesetzes) möglichst im Anschluß an die Strafverbüßung erfolgen kann. Bei Gefahr im Verzuge ist die Mitteilung auch unmittelbar an das Vormundschaftsgericht zu richten.

An die Herren Regierungspräsidenten.

5. des JM. vom 19. März 1901.

Mitteilungen der VG. an die KV.

Nach § 4 Abs. 3 des Gesetzes über die Fürsorgeerziehung Minderjähriger vom 2. Juli 1900 (Gesetz-Samml. S. 264) ist der die Unterbringung zur Fürsorgeerziehung aussprechende Beschluß außer den dort aufgeführten, am Verfahren beteiligten Personen und Behörden auch dem verpflichteten Kommunalverband alsbald zuzustellen. Zu diesem Zeitpunkt ist der Beschluß noch nicht vollstreckbar, da nach Abs. 4 des § 4 die sofortige Beschwerde mit aufschiebender Wirkung zugelassen ist. Um die unverzügliche Ausführung des vollstreckbaren Beschlusses sicherzustellen, bestimme ich, daß die Vormundschaftsgerichte von dem Eintritte der Vollstreckbarkeit dem verpflichteten Kommunalverband ungesäumt Mitteilung zu machen haben.

6. des JM. vom 7. Juni 1901.

Ergänzung des Erlasses vom 19. März 1901.

Mit Bezug auf die allgemeine Verfügung vom 19. März 1901, betreffend Ausführung des Gesetzes über die Fürsorgeerziehung Minderjähriger vom 2. Juli 1900 (Just.-Min.-Bl. S. 73) bestimme ich nachträglich, daß die Vormundschaftsgerichte der an die Kommunalverbände zu machenden Mitteilung von dem Eintritte der Vollstreckbarkeit der Entscheidung die Akten und Verhandlungen beizufügen haben, auf Grund deren die Beschlußfassung erfolgt war.

7. des MJ. und des UM. vom 17. Juni 1901.

Aufstellung von Personalbogen und Nachweisungen.

Bei der weittragenden Bedeutung des Gesetzes über die Fürsorgeerziehung Minderjähriger vom 2. Juli 1900 für den Schutz der heranwachsenden Jugend gegen Verwahrlosung und Verfall ins Verbrechen, ist es durchaus erforderlich, über die Ursachen, welche die Fürsorgeerziehung erforderlich machen, über die Durchführung des Gesetzes und über die erzielten Erfolge genaue Auskunft zu erhalten, um sie bei weiteren Maßnahmen der Fürsorgeerziehung zu verwerten.

Die Auskunft muß so beschaffen sein, daß sie mit den statistischen Erhebungen über die Kriminalität, Volks- und Berufszählung in Vergleich gesetzt werden kann.

Zu diesem Zwecke ist für jeden der Fürsorgeerziehung überwiesenen Minderjährigen ein Personalbogen nach anliegendem Muster A*) aufzustellen und fortzuführen.

Der Landrat (Oberamtmann), in Stadtkreisen, in den Städten mit mehr als 10000 Einwohnern sowie in den diesen gleichgestellten Städten der Provinz Hannover die Gemeindevorstände, die Vorsteher der Königlichen Polizeibehörden haben, wenn ihnen der die Fürsorgeerziehung eines Minderjährigen anordnende Beschluß des Vormundschaftsgerichts zugegangen ist (§ 4 des Gesetzes), den Personalbogen — Seite 1 und 2 — unverzüglich aufzustellen**) und diesen dem Kommunalverbande (Abschnitt II letzter Absatz, Seite 18 der Ausführungsanweisung vom 18. Dezember 1900) einzureichen. Der Kommunalverband hat unter Mitbenutzung der gerichtlichen Akten die Vollständigkeit der Angaben zu prüfen und wenn erforderlich, etwaige Ergänzungen herbeizuführen. Da die Angaben auf Seite 1 und 2 sich nur auf die persönlichen Verhältnisse des Minderjährigen und dessen Angehörigen beziehen, wie sie zur Zeit der Überweisung in die Fürsorgeerziehung vorgelegen haben, so sind die späteren, im Laufe der Fürsorgeerziehung eintretenden Änderungen nicht nachzutragen. Seite 3 und 4 hat den Gang der Fürsorgeerziehung darzustellen. Die Eintragungen sind von dem Kommunalverbande bei der jedesmaligen Veränderung der Unterbringung des Zöglings, oder aber spätestens nach dem Schlusse eines jeden Etatsjahres, vorzunehmen. Die Eintragungen über Führung und Ge-

*) Da der Personalbogen durch den nachfolgenden Erlaß des MJ. vom 31. März 1908 einige Änderungen erfahren hat, so ist hier von dem Abdruck dieses Musters abgesehen worden. Der jetzt gültige Personalbogen ist bei dem Erlaß vom 31. März 1908 abgedruckt.

**) Zur Vermeidung von Doppelaufstellungen des Personalbogens bestimmten die Erlasse der beiden Minister vom 10. Mai 1902 und 11. Juli 1902, daß die Aufstellung derjenigen Behörde obliege, welche den Antrag auf FE. gestellt hat, und bei einem von Amts wegen ergangenen Beschlusse auf FE. dem Landrat, in den größeren Städten dem Gemeindevorstande, in Berlin stets der Polizeibehörde. Des weiteren sind über die Ausfüllung des Personalbogens noch in den Erlassen vom 11. April 1903, 27. März 1905 und 12. Mai 1906 einige nähere Bestimmungen getroffen worden.

sundheit des Zöglings (Seite 4) sind von dem Kommunalverbande am Schlusse jeden Etatsjahres zu bewirken.

Den Kommunalverbänden bleibt überlassen, eine zweite Ausfertigung des Personalbogens für die Personalakten des Zöglings anzufertigen.

Um den Kommunalverbänden die statistische Aufbereitung der Personalbogen zu ersparen, wird diese hier bewirkt werden.

Die Kommunalverbände haben nur:

1. die vorbezeichneten Personalbogen, jahrgangsweise und nach Geschlechtern geordnet,
2. zu jedem Jahrgange und für jedes Geschlecht eine besondere Ordnungsliste,
3. die Nachweisung über den Bestand der auf Grund des Gesetzes vom 2. Juli 1900 der Fürsorgeerziehung überwiesenen Minderjährigen und über die Kosten der Fürsorgeerziehung mit dem über die Ausführung der Fürsorgeerziehung zu erstattenden Berichte (Ausführungsanweisung vom 18. Dezember 1900, Abschnitt XI, Absatz 3, Seite 32) an Euere Exzellenz alljährlich einzureichen.

Die Nachrichten über die Führung und etwaige gerichtliche Bestrafung der aus der Fürsorgeerziehung entlassenen, nicht über 25 Jahre alten Zöglinge, sind, soweit sie zur Kenntnis der Kommunalverbände gelangen, von diesen, unter Beilegung der betreffenden Personalbogen, in den Jahresberichten niederzulegen.

Euere Exzellenz ersuchen wir ergebenst, diese Schriftstücke mit Ihrer nach dem Erlasse vom 18. Dezember v. J. einzureichenden Äußerung über den Stand der Fürsorgeerziehung bis zum 5. Juli jeden Jahres zum erstenmal im Jahre 1902, mir, dem Minister des Innern, vorzulegen.

8. des JM. vom 30. April 1902.

Die in dem Überweisungsbeschluß zu machenden Angaben.
Die Zustellung des Beschlusses.
Die Mitteilungen von der Rechtskraft des Beschlusses.

Nach den bei der Ausführung des Gesetzes über die Fürsorgeerziehung Minderjähriger vom 2. Juli 1900 gemachten Erfahrungen ist es angezeigt, den zuständigen Kommunalverbänden (§ 9) eine schnelle und sachgemäße Unterbringung der Fürsorgezöglinge und einen dauernden Überblick über deren gesamte persönliche Verhältnisse mehr als bisher zu erleichtern. Im Einverständnisse mit dem Herrn Minister des Innern bestimme ich zu diesem Zwecke sowie im Interesse einer gleichmäßigen Handhabung der bestehenden Vorschriften — unbeschadet der Zuständigkeit der Gerichte, darüber zu befinden, welche der auf Grund des Gesetzes vom 2. Juli 1900 ergehenden Beschlüsse nach dem Gesetze der Zustellung bedürfen, — folgendes:

1. In den nach § 4 a. a. O. ergehenden Beschlüssen, desgleichen in den auf Grund des § 5 getroffenen Anordnungen ist das religiöse Bekenntnis des Minderjährigen anzugeben (§ 9 Abs. 1 letzter Satz).
2. Das Amtsgericht hat dem zuständigen Kommunalverbande
   a) den nach § 4 ergehenden Beschluß, auch wenn er die Unterbringung zur Fürsorgeerziehung ablehnt, zuzustellen (vgl. § 4 Abs. 3 u. 4),
   b) die auf Grund des § 5 getroffene Anordnung abschriftlich oder nach ihrem wesentlichen Inhalte mitzuteilen,
   c) in dem Falle des § 13 Abs. 3 den Beschluß des Landgerichts oder des Kammergerichts, durch welchen die Beschwerde der Eltern oder des gesetzlichen Vertreters des Minderjährigen zurückgewiesen worden ist, mit den Akten zur Kenntnisnahme vorzulegen.
3. Das Amtsgericht hat dem Landrat (Oberamtmann, Gemeindevorstande, Vorsteher der Königlichen Polizeibehörde) von dem Eintritte der Rechtskraft des nach § 4 ergangenen Beschlusses alsbald Mitteilung zu machen.

Im Anschlusse hieran weise ich darauf hin, daß eine genaue Kenntnis der Tatsachen und Erwägungen, auf welche das Gericht in den Fällen des § 4 seine Entscheidung gestützt hat, dem mit dem Akteninhalte bis dahin nicht bekannten Kommunalverbande sowohl für die Frage, ob der Beschluß anzufechten, als auch für die zu seiner Ausführung zu ergreifenden Maßnahmen von Bedeutung sein muß.

Bei der Begründung des Beschlusses wird diesen Gesichtspunkten Rechnung zu tragen und zum Ausdrucke zu bringen sein, auf welche der unter Ziffer 1 bis 3 des § 1 des Gesetzes aufgestellten Voraussetzungen die Entscheidung sich gründet.

9. des MJ. vom 3. Juli 1902.

Das Verhältnis der Zwangserziehung aus § 56 RStGB. zur FE.*)

Im Einvernehmen mit dem Herrn Justizminister bin ich der Ansicht, daß das Bestehen einer Fürsorgeerziehung den Erlaß eines Urteils auf Unterbringung des Fürsorgezöglings in eine Erziehungs- oder Besserungsanstalt gemäß § 56 Abs. 2 StGB. nicht ausschließt.

Die Fürsorgeerziehung fällt aber nicht etwa, sobald nachträglich die Zwangserziehung angeordnet wird, von selbst fort, da das Gesetz vom 2. Juli 1900 die Arten der Beendigung der Fürsorgeerziehung erschöpfend regelt und als einzigen Fall einer ohne Beschluß eintretenden Erledigung denjenigen behandelt, in dem der Zögling das Alter der Großjährigkeit erreicht. Gemäß § 13 Abs. 2 l. c. wird vielmehr die Aufhebung der Fürsorgeerziehung der Kommunalverband mit der Begründung zu beschließen haben, daß durch die Anordnung der Zwangserziehung die Erreichung des Zweckes der Fürsorgeerziehung anderweit sichergestellt ist. Dabei kann durch einen Vorbehalt des Widerrufs (§ 13 Abs. 2 letzter Satz l. c.) die Möglichkeit gewahrt bleiben, die Fürsorgeerziehung nach der mit dem vollendeten zwanzigsten Lebensjahre des Zöglings endenden Zwangserziehung noch für die Dauer eines Jahres bis zur Erreichung der Großjährigkeit wieder eintreten zu lassen.

10. des FM. und des MJ. vom 27. August 1902.

Die Kosten der vorläufigen Unterbringung.

Nach § 5 des Gesetzes vom 2. Juli 1900 über die Fürsorgeerziehung Minderjähriger hat die Polizeibehörde des Aufenthaltsorts für die vom Vormundschaftsgericht angeordnete vorläufige

---

*) Vgl. auch den weiteren Erlaß hierüber vom 5. Mai 1903.

Unterbringung des Minderjährigen in einer Anstalt oder in einer geeigneten Familie zu sorgen. Die durch die vorläufige Unterbringung erwachsenden Kosten fallen, sofern die Überweisung zur Fürsorgeerziehung demnächst endgültig angeordnet wird, dem verpflichteten Kommunalverbande, anderenfalls demjenigen zur Last, welcher die Kosten der örtlichen Polizeiverwaltung zu tragen hat.*)

Der § 15 des Gesetzes bestimmt, daß die Kosten, welche durch die Überführung des Zöglings in eine Familie oder Anstalt, durch die dabei nötige reglementsmäßige erste Ausstattung, durch die Beerdigung des während der Fürsorgeerziehung verstorbenen und durch die Rückreise des aus der Fürsorgeerziehung entlassenen Zöglings entstehen, dem Ortsarmenverbande, oder wenn ein solcher nicht vorhanden, dem Kommunalverbande zur Last fallen. Die übrigen Kosten des Unterhalts und der Erziehung sowie der Fürsorge für entlassene Zöglinge tragen in allen Fällen die Kommunalverbände.

Zur Behebung von Zweifeln bemerken wir, daß die Bestimmungen des § 15 des Gesetzes auf die nach § 5 vorläufig untergebrachten, später aber nicht endgültig der Fürsorgeerziehung überwiesenen Minderjährigen nicht zutreffen. Die Kosten der Überführung, der Beschaffung der dabei nötigen reglementsmäßigen ersten Ausstattung und der Rückreise aus der vorläufigen Unterbringung der Minderjährigen sind daher — wenn es zu einer endgültigen Überweisung zur Fürsorgeerziehung nicht kommt — nicht von dem Ortsarmenverbande und in Ermangelung eines solchen nicht von dem Kommunalverbande, sondern wie die übrigen Kosten der vorläufigen Unterbringung, von den örtlichen Polizeiverwaltungen zu tragen. Soweit Städte mit Königlicher Polizeiverwaltung in Frage kommen, sind diese Kosten als unmittelbare Polizeikosten auf die Staatskasse zu übernehmen und bei Kap. 95 Tit. 5 des Etats von der Verwaltung des Innern zu verrechnen.

Die Kosten der Beerdigung der während der vorläufigen Unter-

*) Durch Erlaß der beiden Minister vom 12. Dez. 1901 wurde bestimmt, daß diese Kosten in den Städten mit Kgl. Polizeiverwaltung als unmittelbare Polizeikosten auf die Staatskasse zu übernehmen seien.

bringung Verstorbenen sind Kosten der Armenpflege und fallen als solche den Armenverbänden zur Last.

Euere Hochwohlgeboren ersuchen wir, das hiernach Erforderliche gefälligst zu veranlassen.

An die Herren Regierungspräsidenten.

11. des MJ. vom 11. September 1902.

Vorgehen gegen liederliche weibliche Minderjährige.

Nachdem das Bürgerliche Gesetzbuch für das Deutsche Reich und das preußische Gesetz für die Fürsorgeerziehung Minderjähriger seit einiger Zeit in Kraft sind, hat sich das Bedürfnis ergeben, die Erlasse vom 11. Febr. 1899, II 18866, und vom 28. Mai 1901, S 1705, über das Vorgehen gegen liederliche weibliche Minderjährige unter Berücksichtigung der Bestimmungen der genannten Gesetze zusammenzufassen. Unter Aufhebung dieser beiden Erlasse bestimme ich daher folgendes:

1. Machen sich minderjährige weibliche Personen der gewerbsmäßigen Unzucht verdächtig, so ist an die Eltern oder die Vormünder die Aufforderung zu richten, dem unsittlichen Treiben Einhalt zu tun.

2. Bleibt diese Aufforderung erfolglos, so ist bei Minderjährigen unter 18 Jahren auf Grund des Gesetzes vom 2. Juli 1900 der Antrag auf Fürsorgeerziehung durch die dazu berechtigten und verpflichteten Behörden (§ 4 des Gesetzes) zu stellen. Die sittenpolizeiliche Kontrolle darf erst angewendet werden, wenn das Vormundschaftsgericht die Anordnung der Fürsorgeerziehung abgelehnt hat und die dagegen eingelegte Beschwerde erfolglos geblieben ist.

3. Bei Minderjährigen über 18 Jahren ist, wenn die an die Eltern oder Vormünder gerichtete Aufforderung erfolglos bleibt, die Verhängung der sittenpolizeilichen Kontrolle zwar zulässig. Es ist aber unverzüglich dem Vormundschaftsgericht unter Mitteilung der an die Eltern oder Vormünder gerichteten fruchtlosen Aufforderung und der sonstigen bei der Polizeibehörde vorhandenen Vorgänge von der Sachlage Kenntnis zu geben, um dessen Ein-

schreiten unter den Voraussetzungen der §§ 1666 oder 1838 des Bürgerlichen Gesetzbuches herbeizuführen.

Die Anordnungen des Vormundschaftsgerichts können sowohl seitens der Kommunalverwaltungen, wie seitens der zahlreichen kirchlichen und sonstigen für die Hebung der Sittlichkeit und die Erziehung der Jugend tätigen Vereine wesentlich unterstützt werden, wenn diese dem Gemeindewaisenrat oder dem Vormundschaftsgericht für solche Fälle zur Führung der Vormundschaft oder Pflegschaft geeignete mit ihnen in Verbindung stehende Personen allgemein benennen, sich dem Vormundschaftsgericht gegenüber bereit erklären, für die Unterbringung der Minderjährigen in geeigneten Anstalten und Familien zu sorgen, und namentlich die Kosten dieser Unterbringung zu übernehmen, wenn, was häufig der Fall sein wird, die zunächst Verpflichteten hierzu nicht imstande sind.

Der Herr Justizminister hat sich bereit erklärt, die Vormundschaftsgerichte entsprechend zu verständigen.

Euere Hochwohlgeboren ersuche ich ergebenst, hiervon den in Betracht kommenden Gemeindeverwaltungen und Vereinen der gedachten Art Kenntnis zu geben und mir über das Verfügte Mitteilung zu machen.

An die Herren Regierungspräsidenten.

12. des FM. und des MJ. vom 29. September 1902.

Kosten der FE. und der Zuschuß des Staats dazu.
Revision der Privatanstalten auf rechtzeitige Entlassung von FZ.

Auf die zufolge Abschnitt X Abs. 3 der Ausführungsbestimmungen vom 18. Dezember 1900 zu dem Gesetze vom 2. Juli 1900 über die Fürsorgeerziehung Minderjähriger vorgelegten Berichte und Kostenzusammenstellungen erwidern wir folgendes:

1. Die Kosten, welche durch die Überführung des Zöglings in eine Familie oder Anstalt, durch die dabei nötige reglementsmäßige erste Ausstattung, durch die Beerdigung des während der Fürsorgeerziehung Verstorbenen und durch die Rückreise des aus der Fürsorgeerziehung entlassenen Zöglings ent-

stehen, fallen, bei dem Mangel eines verpflichteten Orts-(Gesamt-)Armenverbandes, mit zwei Drittel dem Staate zur Last.

2. Die Reisekosten der Provinzialbeamten zum Besuch der Anstalten und der bei den Familien, in der Lehre und in dem Gesindedienst untergebrachten Zöglinge sind, soweit diese Kosten sich in den Grenzen der zur Erfüllung des Erziehungszweckes notwendigen Ausgaben halten, ebenfalls anteilig vom Staate zu tragen.

Die Kommunalverbände sind darauf hinzuweisen, daß die Revisionsreisen unter den Begriff „Behandlung der Zöglinge" fallen und daß deshalb über ihre Ausführung gemäß § 17 des Gesetzes in den Reglements über die Ausführung der Fürsorgeerziehung Minderjähriger Bestimmung getroffen werden muß.

Wenn derartige Bestimmungen in die Reglements nicht aufgenommen werden, muß künftig die anteilige Erstattung der Reisekosten abgelehnt werden.

Kosten, welche entstanden, weil die Provinzen eine unverhältnismäßig große Zahl von Beamten reisen ließen, oder weil sie von ihren Beamten mehr Reisen vornehmen ließen, als tatsächlich erforderlich waren, werden nicht erstattet.

Bei künftiger Vorlage der festgesetzten Liquidation an mich, den Minister des Innern, ist eine besondere Zusammenstellung der Reisekosten beizufügen.

3. Die Kosten:

a) der allgemeinen Verwaltung der Fürsorgeerziehung, zu denen insbesondere zu rechnen sind: die Besoldung usw. und die Pension der mit der Bearbeitung der Fürsorgeerziehung betrauten Provinzial-Ober-, mittleren-, Kanzlei- usw. Beamten, die Pensionen und die Beiträge zur Witwen-Pensionskasse für die in pensionsberechtigten Stellen befindlichen Beamten, Lehrer usw. der Erziehungsanstalten, die Porto-, Druck- und sonstigen Bureaukosten der Provinzialverbände —

b) die Kosten des Grunderwerbes für die Anstalten, des Baues und der baulichen Unterhaltung derselben — wozu auch die Feuerversicherungsbeiträge und ähnliche Kosten gehören —

sind nicht vom Staate anteilig zu tragen, wie dies bereits in der Rundverfügung vom 2. Januar d. Js. S 3834 zum Ausdruck gekommen ist.

4. Ebenso ist der Wert der Dienstwohnung und Dienstgärten der in den Provinzialanstalten wohnenden Beamten nicht anteilig vom Staate zu übernehmen.

5. Da die Feststellung der Rechnung durch Euere Exzellenz erfolgt, bleibt Ihnen zunächst überlassen, über die formelle Einrichtung und Justifizierung der Rechnungen Bestimmung zu treffen. Die zurückerstatteten Kosten (§ 16 des Gesetzes) sind künftig am Schlusse der Liquidation ersichtlich zu machen.

Euere Exzellenz ersuchen wir daher ergebenst, die Kostenrechnungen unter Beachtung des Vorstehenden einer nochmaligen Prüfung zu unterziehen und etwa hiernach zu viel gezahlte Beträge zurückzufordern.

Die Kosten der Unterbringung der Zöglinge in Privatanstalten kommen ausnahmslos, neben sonstigen etwaigen Nebenkosten, in Gestalt eines Pflegegeldes in Ansatz. Die Privatanstalten sind geneigt, Zöglinge, insbesondere die arbeitsfähigen, unverhältnismäßig lange in den Anstalten zu behalten, wodurch wesentlich höhere Kosten, gegenüber den Kosten der billigeren Unterbringung in der Familie, Lehre oder in dem Gesindedienst, entstehen.

Unter Bezugnahme auf den Abschnitt IX Abs. 2 der Ausführungsbestimmungen vom 18. Dezember 1900 ersuchen wir daher ergebenst, bei den dortseits vorzunehmenden Revisionen der Privatanstalten auf die rechtzeitige Entlassung der Zöglinge aus der Anstalt und deren alsbaldige Unterbringung in einer Familie, in einer Lehre oder in einem Gesindedienst in ganz besonderem Maße zu achten.

Über die Ergänzung des Reglements ist bis zum 1. August 1903 an den Herrn Minister der geistlichen, Unterrichts- und Medizinalangelegenheiten und an mich, den Minister des Innern, zu berichten.

An die Herren Oberpräsidenten.

13. des MJ. vom 5. Mai 1903.

Das Verhältnis der Zwangserziehung aus § 56 RStGB. zur FE.

Der erste Zivilsenat des Königlichen Kammergerichts hat durch Beschluß vom 27. Oktober 1902 den § 135 des Einführungsgesetzes zum Bürgerlichen Gesetzbuche dahin ausgelegt, daß die durch § 56 des Strafgesetzbuches geregelten Befugnisse des Strafrichters durch die landesrechtliche Regelung der Zwangserziehung nicht beeinträchtigt werden, und daß Maßregeln des Landesrechts hinter diejenigen des § 56 StGB. zurücktreten müssen.

Danach geht in Fällen, in denen die Überweisung zur Fürsorgeerziehung erfolgt ist und nachträglich auf Unterbringung gemäß § 56 Abs. 2 des StGB. erkannt wird, die Unterbringung auf Grund des StGB. der Unterbringung auf Grund des Fürsorgeerziehungsgesetzes vor, derart, daß eine bereits angeordnete Fürsorgeerziehung der Vollstreckung des strafgerichtlichen Urteils weichen muß.

Die Benachrichtigung der Kommunalverbände erfolgt durch die Herren Oberpräsidenten, denen Abschrift dieses Erlasses zugehen wird.

14. des JM. vom 26. Januar 1905.

Beschleunigung des Verfahrens in FESachen;
Gesichtspunkte, auf welche bei den Geschäftsrevisionen zu achten ist.

I. Um eine Beschleunigung der formellen Behandlung der Fürsorgeerziehungssachen herbeizuführen, bestimme ich folgendes:

1. Die allgemeine Verfügung vom 27. April 1881 (Just.-Minist.-Bl. S. 81), durch welche die Behandlung der Zwangserziehungssachen als schleunige Sachen, insbesondere auch als Feriensachen angeordnet ist, wird auf die Fürsorgeerziehungssachen

ausgedehnt. Der Gerichtsschreiber hat daher bei der Bezeichnung der Akten und bei der Vorlegung der Eingänge nach § 7 Nr. 12 und § 14 Nr. 2 der Geschäftsordnung für die Gerichtsschreibereien der Amtsgerichte zu verfahren.

2. Die Behandlung als Eilsache ist insbesondere auch der Kanzlei gegenüber bei der Fertigung der zur Zustellung an die Beteiligten bestimmten Abschriften des Beschlusses (§ 4 Abs. 3 des Gesetzes vom 2. Juli 1900) zur Geltung zu bringen, damit diese Zustellungen — insoweit ihnen nicht äußere Umstände, wie die zeitweise Unauffindbarkeit von Beteiligten, entgegenstehen — stets unverzüglich erfolgen können.

3. Auch die durch die allgemeine Verfügung vom 19. März 1901 (Just.-Minist.-Bl. S. 73) vorgeschriebene Mitteilung an den Kommunalverband, daß der die Unterbringung zur Fürsorgeerziehung aussprechende Beschluß die Rechtskraft beschritten habe, ist tunlichst zu beschleunigen. Mit Bezug hierauf werden die Gerichtsschreiber der Amtsgerichte angewiesen, mit der an die Gerichtsschreiberei der oberen Instanz zu richtenden Anfrage, ob dort Beschwerde erhoben sei, nicht bis nach dem Ablaufe der Beschwerdefrist zu warten, sondern diese Anfrage stets alsbald nach dem Eingange der Zustellungsurkunden unter Mitteilung der Zustellungstage abgehen zu lassen, die Anfrage ist sodann stets unmittelbar nach dem Ablaufe der hiernach zweifelsfrei erkennbaren Rechtsmittelfrist zu beantworten.

II. Aus den mir erstatteten Berichten habe ich aber auch die Überzeugung gewonnen, daß die Gerichte es bei der sachlichen Bearbeitung der Fürsorgeerziehungssachen nicht selten an der energischen und schleunigen Behandlung fehlen lassen, die — unbeschadet der bei der einschneidenden Bedeutung der Entscheidung für die Beteiligten gebotenen Sorgfalt und Gründlichkeit — dringend wünschenswert erscheint.

Im einzelnen bemerke ich hierzu folgendes:

1. Häufig wird dadurch viel Zeit verloren, daß manche Amtsgerichte die Akten in jedem Falle bei den gemäß § 4 Abs. 2 des Fürsorgeerziehungsgesetzes anzuhörenden Auskunftspersonen — Gemeindevorstehern, Geistlichen, Schulleitern — nacheinander herum-

senden und sich bei verzögerter Rückgabe auf mehr oder weniger dringende Mahnschreiben beschränken. Wenn ein solches Herumschicken der Akten mit Rücksicht auf deren Inhalt im einzelnen Falle angezeigt erscheint, so wird die Sache stets mit kurzer Frist im Auge zu behalten und auf eine prompte Erledigung des Ersuchens hinzuwirken sein.

2. Im übrigen ist es angezeigt, daß die erforderlichen Ermittelungen, soweit tunlich, von vornherein durch eine einheitliche, alle wesentlichen Punkte umfassende Verfügung in die Wege geleitet und daß die einzelnen Ermittelungshandlungen nicht stückweise nacheinander, sondern möglichst nebeneinander vorgenommen werden. Insbesondere empfiehlt es sich, die Vernehmungstermine mit kurzen Fristen anzuberaumen und auf eine Zusammenfassung der Vernehmungen in möglichst wenigen Terminen Bedacht zu nehmen. Daraus erwächst zugleich der Vorteil, daß bei vorliegenden Widerspruch eine sofortige Gegenüberstellung der Auskunftspersonen veranlaßt und so ein geschlossenes, einheitliches Gesamtbild gewonnen werden kann.

3. In manchen Fällen haben die Gerichte das bei ihnen anhängige Verfahren auf einige Zeit ausgesetzt, weil eine Besserung der Verhältnisse des Kindes zu erhoffen war oder weil es angezeigt erschien, vorerst den Erfolg anderweit angeordneter Erziehungsmaßregeln abzuwarten.

Wenngleich ein solches Verfahren nach meiner Auffassung nicht als gesetzlich unzulässig zu erachten ist, so wird es doch nur dann anzuwenden sein, wenn besondere sachliche Gründe diese Maßnahme empfehlen; dabei wird es aber stets angezeigt sein, die Aussetzung nicht „bis auf weiteres", sondern nur für eine fest bestimmte Frist auszusprechen und dem Antragsteller von dem Aussetzungsbeschluß und dessen Begründung alsbald Kenntnis und damit Gelegenheit zu geben, seine etwa abweichende Auffassung an der zuständigen Stelle zur Geltung zu bringen.*)

*) Vgl. über die Aussetzung des Verfahrens die Beschlüsse des Kammergerichts JKG. 30 A 60, 37 A 91, 44 A 56, 48 A 48.

4. Der Hinweis am Schlusse der allgemeinen Verfügung vom 30. April 1902 (Just.-Minist.-Bl. S. 91) scheint häufig nicht beachtet zu werden, denn es sind Fälle zu meiner Kenntnis gelangt, in denen die Entscheidung offensichtlich nur auf eine der im § 1 des Gesetzes unter Nr. 1 bis 3 aufgeführten Voraussetzungen gegründet werden konnte, aber gleichwohl im Beschluß auf zwei, in einzelnen Fällen sogar auf alle drei Ziffern des gedachten § 1 verwiesen worden war. Es darf erwartet werden, daß die Gerichte künftig solche Ungenauigkeiten vermeiden und nur die wirklich maßgebende Nummer des § 1 zur Begründung heranziehen werden.

Ich ersuche, bei den Geschäftsrevisionen auf die Beachtung der vorstehend angedeuteten Gesichtspunkte Ihr Augenmerk zu richten.

An den Herrn Kammergerichtspräsidenten
und an sämtliche Herren Oberlandesgerichtspräsidenten.

15. des MJ. vom 8. April 1905.

Beschleunigung des Verfahrens in FESachen: Empfehlung eines Antragsformulares.

Eurer Exzellenz lasse ich beifolgend Abschrift einer seitens des Herrn Justizministers im Interesse der möglichsten Beschleunigung des gerichtlichen Verfahrens in Fürsorgeerziehungssachen an alle beteiligten Justizbehörden erlassenen Rundverfügung vom 26. Januar d. Js. zur gefälligen Kenntnisnahme und Mitteilung an die Kommunalverbände ergebenst zugehen. Ich bemerke hierbei, daß nach den vom Herrn Justizminister zur Sache erforderten Berichten der Oberlandesgerichtspräsidenten die unerwünscht lange Dauer des gerichtlichen Verfahrens in zahlreichen Fällen darin ihren Grund haben soll, daß die Anträge auf Überweisung zur Fürsorgeerziehung nicht genügend vorbereitet sind und daher die tatsächlichen Grundlagen für das Verfahren erst bei der gerichtlichen Bearbeitung durch umfangreiche und zeitraubende Ermittelungen gewonnen werden müssen. Ferner wird Klage darüber geführt, daß die Gemeinde- und Polizeibehörden die Ersuchen der Gerichte um Auskunftserteilung oder Anstellung von Ermittelungen häufig nicht mit der durch den

Zweck des Verfahrens gebotenen Beschleunigung erledigen, sich vielmehr Verzögerungen zu Schulden kommen lassen, die wiederum zu einer bedauerlichen Verlängerung des gerichtlichen Verfahrens Anlaß bieten. Schließlich ist noch geltend gemacht worden, daß die Anträge häufig die für das weitere Verfahren notwendigen Angaben über die Person und die Wohnung der nach § 4 Absatz 2 des Fürsorgeerziehungsgesetzes anzuhörenden Beteiligten vermissen lassen, wodurch zuweilen Weiterungen verursacht werden.

Um derartigen Klagen von vornherein den Boden zu entziehen, empfiehlt es sich in erster Linie, daß die Anträge auf Unterbringung Minderjähriger zur Fürsorgeerziehung unter Benutzung eines Formulars, in dem alle für die Begründung des Antrages in Betracht kommenden Tatsachen und Verhältnisse übersichtlich dargestellt werden können, bei den Gerichten anhängig gemacht werden. Ferner muß es den Gemeinde- und Polizeibehörden zur Pflicht gemacht werden, die an sie ergehenden Ersuchen der Gerichte um Anstellung von weiteren Ermittelungen usw. mit der größten Beschleunigung zu erledigen.

Eurer Exzellenz übersende ich ergebenst ein Antragsformular*), wie solches mit geringer Abänderung bereits in der Provinz Westfalen gebräuchlich ist, mit dem Ersuchen, nach Benehmen mit den Kommunalverbänden auf dessen allgemeine Benutzung und sorgfältige Ausfüllung seitens der Antragsbehörden gefälligst hinzuwirken. Zugleich bitte ich, die Gemeinde- und Polizeibehörden mit entsprechender Anweisung versehen zu lassen.

An die Herren Oberpräsidenten.

16. des JM., des FM. und des MJ. vom 14. Juli 1905.

Wahrnehmung gerichtlicher Termine durch Fürsorgezöglinge.

Zur Beseitigung von Zweifeln bei der Auslegung des Runderlasses vom 29. August 1903 — Fürsorgestatistik 1902 Seite 154 —,

*) Das Antragsformular ist hier nicht zum Abdruck gebracht worden, da durch den späteren Erlaß des MJ. vom 14. August 1907 ein anderes Antragsformular zur allgemeinen Benutzung eingeführt worden ist.

betreffend die Wahrnehmung gerichtlicher Termine durch Fürsorgezöglinge und zur Ergänzung dieses Erlasses wird folgendes bestimmt:

1. Die Kommunalverbände haben dafür zu sorgen, daß Fürsorgezöglinge, welche vor Gericht geladen sind, dort erscheinen. Die Gerichte werden den Kommunalverbänden Abschrift der Ladung oder eine entsprechende Benachrichtigung zugehen lassen, sofern ihnen bekannt ist, daß der Geladene sich in Fürsorgeerziehung befindet. Die Vorsteher der Erziehungsanstalten und die Pflegeeltern sind mit Weisung dahin zu versehen, daß die Zöglinge von einer Person begleitet werden, welche die durch die Fürsorgeerziehung gebotene Aufsicht gewährleistet. (Vgl. Abschnitt IV der zum Fürsorgeerziehungsgesetz erlassenen Ausführungsbestimmungen vom 18. Dezember 1900 und Erlaß vom 29. April 1902 — Verordn.-Bl. f. d. Strafanst.-Verw. S. 93.) Von der Beigabe eines Begleiters kann ausnahmsweise abgesehen werden, wenn daraus Nachteile für die Fürsorgeerziehung nicht zu befürchten sind.

2. Die durch das Verbringen des Zöglings vor Gericht erwachsenden Kosten sind Kosten der Fürsorgeerziehung. Die Kommunalverbände haben dafür zu sorgen, daß die aus Anlaß des Erscheinens des Zöglings vor Gericht auf Grund der Gebührenordnung für Zeugen und Sachverständige (RGBl. 1898 S. 689) aus der Gerichtskasse gezahlten Beträge auf die Kosten der Fürsorgeerziehung in Anrechnung gebracht werden.

3. Wird die Vorführung eines Zöglings vor Gericht angeordnet, so sind die Kosten des Verbringens des Zöglings bis zur Gerichtsstelle Gerichtskosten. Die Kosten der Zurückführung, sowie die Entschädigung für den neben dem Polizeibeamten im Interesse der Fürsorgeerziehung beigegebenen Begleiter sind Kosten der Fürsorgeerziehung.

4. Muß der Zögling eine Freiheitsstrafe verbüßen, so ist es Sache der Polizei, ihn in die bestimmte Anstalt zu überführen, wobei die Bestimmungen des Erlasses vom 29. April 1902 (Verordn.-Bl. f. d. Strafanst.-Verw. S. 93) zu beachten sind. Die dadurch verursachten Kosten sind Kosten der Strafvollstreckung. Die Rückführung

des Zöglings nach verbüßter Strafe in die Fürsorgestelle liegt dem Kommunalverbande ob. Die entstehenden Ausgaben sind Kosten der Fürsorgeerziehung. Die Gefängnisverwaltungen werden Anweisung erhalten, den Kommunalverband rechtzeitig vor Ablauf der Strafzeit zwecks Abholung des Zöglings zu benachrichtigen.

5. Weigern sich die Fürsorgeorgane, die Zöglinge vor Gericht zu bringen, so werden die Gerichtsbehörden Euerer Exzellenz davon Mitteilung machen, damit Sie den Kommunalverband auffordern, die Zöglinge in geeigneter Begleitung vor Gericht zu stellen. Kommt der Kommunalverband dieser Anweisung nicht nach, so wollen Euere Exzellenz Ihrerseits den Zögling durch einen geeigneten Begleiter vor Gericht bringen lassen und die erwachsenden Kosten im Wege der Zwangsetatisierung von dem Kommunalverbande beitreiben.

6. Die vorstehenden Bestimmungen finden auf die nach § 5 des Fürsorgeerziehungsgesetzes vorläufig Untergebrachten sinngemäße Anwendung, auch dann, wenn der Minderjährige in dem gegen ihn anhängigen Fürsorgeerziehungsverfahren geladen wird. Die Polizeiverwaltung, der die vorläufige Unterbringung des Minderjährigen obliegt, ist verpflichtet, ihn vor Gericht zu bringen. Die daraus erwachsenden Kosten sind Kosten der vorläufigen Unterbringung. Weigert sich die Polizeibehörde, den Minderjährigen vor Gericht zu bringen, so wollen Euere Exzellenz auf ergangene Anzeige der Gerichtsbehörde die Polizeiverwaltung durch die zuständige Aufsichtsbehörde anweisen lassen, daß der Minderjährige in geeigneter Begleitung vor Gericht erscheint.

Euere Exzellenz ersuchen wir ergebenst, hiernach das Weitere gefälligst zu veranlassen.

An die Herren Oberpräsidenten.

17. des JM. vom 31. August 1905.

Ladung und Vorführung von FZ. zu gerichtlichen Terminen sowie zum Strafantritt.

Zur Beseitigung von Zweifeln bei der Auslegung des Runderlasses vom 29. August 1903 (M. d. J. S 3090; JM. I 5914; FM.

I 13399) und zur Ergänzung dieses Erlasses ist die anliegende gemeinschaftliche Verfügung der Herren Minister der Finanzen und des Innern sowie des Justizministers vom 14. Juli d. Js. erlassen.*) Zu ihrer Ausführung durch die Justizbehörden wird folgendes angeordnet:

1. Wird eine Person vor Gericht geladen, von der bei der die Ladung anordnenden Justizbehörde bekannt ist, daß sie sich in Fürsorgeerziehung befindet, so ist in allen Fällen gleichzeitig mit der an den Fürsorgezögling zu richtenden Ladung der zuständige Kommunalverband, regelmäßig durch Mitteilung einer Abschrift der Ladung, unter dem Hinweis auf Nr. 1 der Verfügung vom 14. Juli d. Js. zu benachrichtigen, ohne daß hiermit ein besonderes Ersuchen um Vorführung zu verbinden ist. Um dem Kommunalverbande die rechtzeitige Anordnung der für die Gestellung des Fürsorgezöglings erforderlichen Maßnahmen zu erleichtern, empfiehlt es sich, die Ladungsfrist geräumig zu bemessen.
2. Kommen die Fürsorgeorgane ihrer Verpflichtung, den geladenen Fürsorgezögling vor Gericht zu gestellen, nicht nach, so ist von einem weiteren Schriftwechsel mit ihnen abzusehen, vielmehr unverzüglich — nötigenfalls unter Anberaumung eines anderen Termins — dem zuständigen Oberpräsidenten gemäß Nr. 5 der Verfügung vom 14. Juli d. Js. Anzeige von dem Sachverhalte zu erstatten und ihm das Weitere zu überlassen.
3. Ein Anlaß zur gerichtlichen Anordnung der Vorführung eines Fürsorgezöglings wird sich bei der Beachtung dieser Vorschriften nur in seltenen Fällen ergeben. Tritt ein solcher Fall ausnahmsweise ein, so ist von dem Erlasse des Vorführungsbefehls unverzüglich dem zuständigen Kommunalverband unter dem Hinweis auf Nr. 3 der Verfügung vom 14. Juli d. Js. und mit dem Anheimstellen Mitteilung zu machen, für die der Justizbehörde nicht obliegende Zurückführung des Zöglings

*) Vgl. den unter Nr. 16 abgedruckten Erlaß.

Sorge zu tragen. Die Entschädigung des dem Zögling außer dem vorführenden Polizeibeamten etwa im Interesse der Fürsorgeerziehung beigegebenen besonderen Begleiters ist auf Justizfonds ebensowenig zu übernehmen wie die Kosten der Zurückführung.

4. Muß der Zögling eine gerichtlich erkannte Freiheitsstrafe verbüßen, so ist er zunächst, unter abschriftlicher Mitteilung der Ladung an den zuständigen Kommunalverband, mit geräumiger Frist zu laden. Hat die Ladung keinen Erfolg, so ist ein Vorführungs- oder Haftbefehl zu erlassen und um dessen Ausführung die Polizeibehörde zu ersuchen. Die Kosten der polizeilichen Überführung in das Gefängnis sind Kosten der Strafvollstreckung. Die Abholung des Zöglings aus dem Gefängnisse nach der Verbüßung der Strafe liegt den Fürsorgeorganen ob. Zu diesem Zwecke hat die Gefängnisverwaltung den Kommunalverband rechtzeitig von dem Ablaufe der Strafzeit zu benachrichtigen.

5. In Ansehung der nach § 5 des Fürsorgeerziehungsgesetzes vorläufig Untergebrachten (Nr. 6 der Verfügung vom 14. Juli d. Js.) tritt diejenige Polizeiverwaltung, welcher die vorläufige Unterbringung der Minderjährigen obliegt, an die Stelle des Kommunalverbandes.

An den Herren Kammergerichtspräsidenten und den Herrn Oberstaatsanwalt bei dem Kammergericht sowie an sämtliche Herren Oberlandesgerichtspräsidenten und die Herren Oberstaatsanwälte bei den Oberlandesgerichten.

18. des JM. vom 29. November 1905.

Mitteilungen und Gestattung von Akteneinsicht an den zuständigen Geistlichen.

Von kirchlicher Seite ist es als erwünscht bezeichnet worden, daß dem im Fürsorgeerziehungsverfahren gehörten zuständigen Geistlichen (§ 4 Abs. 2 des Gesetzes vom 2. Juli 1900) von einer Ablehnung des Antrags auf Fürsorgeerziehung möglichst bald Kenntnis gegeben werde, damit er unverzüglich mit der unmittelbaren seelsorgerlichen Einwirkung einsetzen könne. Unter Bezugnahme hierauf bestimme ich folgendes:

1. Sobald von dem Vormundschaftsgericht ein Beschluß auf Ablehnung der Fürsorgeerziehung gefaßt ist, hat der Gerichtsschreiber den im Verfahren gehörten Geistlichen hiervon durch eine kurz gefaßte Mitteilung in Kenntnis zu setzen.
2. Wird ein auf Unterbringung zur Fürsorgeerziehung lautender Gerichtsbeschluß in der Beschwerdeinstanz aufgehoben und die Unterbringung abgelehnt, so hat der Gerichtsschreiber des Beschwerdegerichts dem genannten Geistlichen eine entsprechende Mitteilung zu machen.

Im übrigen vertraue ich, daß die Gerichte in den Fällen, in welchen der zuständige Geistliche behufs näherer Kenntnisnahme von dem Verlaufe der Sache um Einsicht der Gerichtsakten oder um Erteilung einer Abschrift des ergangenen Beschlusses ersucht, von dem ihnen zustehenden freien Ermessen (vgl. Artikel 1 Satz 2 des preußischen Gesetzes über die freiwillige Gerichtsbarkeit, § 34 des Reichsgesetzes über die Angelegenheiten der freiwilligen Gerichtsbarkeit) — und zwar einerlei, ob die Unterbringung des Minderjährigen angeordnet oder abgelehnt worden ist — in wohlwollendem Sinne Gebrauch machen werden, sofern dem Gesuch ohne sachliche Verzögerung des Verfahrens stattgegeben werden kann.

An den Herrn Kammergerichtspräsidenten und an sämtliche Herren Oberlandesgerichtspräsidenten.

19. des MJ. vom 14. August 1907.

Einführung eines allgemein zu benutzenden Antragsformulars.

Mit Rücksicht auf Klagen, die während der letzten Session in der Budgetkommission des Hauses der Abgeordneten über die in zahlreichen Fällen immer noch lange Dauer des gerichtlichen Verfahrens in Fürsorgeerziehungssachen vorgebracht sind, habe ich den Herrn Justizminister um eine Feststellung darüber ersucht, ob dieser Mißstand etwa auf eine unvollkommene Gestaltung oder auf eine lückenhafte Ausfüllung des durch Erlaß vom 8. April 1905 eingeführten Antragsformulars seitens der Antragsbehörden zurückzuführen sei, sowie ob das Formular sich überhaupt bewährt habe.

Nach den hierauf von den Oberlandesgerichtspräsidenten erstatteten Berichten wird das bezeichnete Formular von den Antragsbehörden zurzeit noch nicht allgemein zur Anwendung gebracht. Nur die Oberlandesgerichtspräsidenten in Düsseldorf und Hamm bestätigen für ihre Bezirke, daß die Formulare von fast allen Antragsbehörden benutzt werden; dagegen ist in den Oberlandesgerichtsbezirken Kassel, Celle, Cöln, Frankfurt a. M. und namentlich Kiel die Zahl der Amtsgerichte, nach deren Wahrnehmung das Formular bisher nicht verwendet worden ist, eine erhebliche, im Oberlandesgerichtsbezirke Kiel erreicht sie fast die Gesamtzahl der zum Bezirk gehörigen Amtsgerichte.

Soweit das Formular tatsächlich in Anwendung gebracht ist, stimmen sämtliche Oberlandesgerichtspräsidenten darin überein, daß es sich als durchaus zweckmäßig bewährt habe und daß auch die Ausfüllung im allgemeinen sachgemäß und sorgfältig bewirkt sei. Die hinsichtlich der Ausfüllung erhobenen Klagen betreffen hauptsächlich die Beantwortung der Fragen zu B (Begründung des Antrages) und zu C (Beweismittel). Die Beantwortung der Fragen zu B enthalte nicht selten statt bestimmter konkreter Tatsachen allgemein gehaltene Urteile, teilweise seien diese Fragen nur mit „Ja" oder „Nein" beantwortet; zu C des Formulars seien die Beweismittel vielfach nicht genau genug angegeben. Diese Mängel werden in den Berichten namentlich darauf zurückgeführt, daß die betreffenden Antragsbehörden die Beantwortung der erwähnten Fragen untergeordneten Organen ohne die erforderliche Überwachung überlassen hätten, welche die Bedeutung der Fragen nicht hätten übersehen können.

Durch solche Mängel werden naturgemäß Rückfragen seitens der Vormundschaftsgerichte verursacht, die das gerichtliche Verfahren in unerwünschter Weise verzögern und erschweren und dadurch die Wirkung der Fürsorgeerziehung hemmen.

Da von den Oberlandesgerichtspräsidenten noch eine Reihe beachtenswerter Abänderungsvorschläge zu dem Antragsformular gemacht worden sind, habe ich dieses einer Revision unterzogen und darin neben entsprechenden Hinweisen zwecks tunlichster Beseitigung der erörterten Mängel einige Ergänzungen vorgenommen.

Euerer Exzellenz übersende ich einen Abdruck des neuen Formulars (hierunter abgedruckt) und bestimme zugleich, daß dasselbe fortan bei Stellung von Anträgen auf Unterbringung von Minderjährigen zur Fürsorgeerziehung allgemein zu benutzen ist. Die Formulare, von denen eine Anzahl Exemplare beiliegen, können kostenfrei von der Strafanstalt Moabit bezogen werden.

Euere Exzellenz wollen hiernach die Antragsbehörden der dortigen Provinz gefälligst mit entsprechender Weisung versehen und ihnen eine erschöpfende sorgfältige Beantwortung namentlich der Fragen unter B und C des Formulars besonders zur Pflicht machen.

An die Herren Oberpräsidenten.

J.-Nr. ...., den ....

Antrag *)

des .... zu .... auf Unterbringung de ....
....
zur Fürsorgeerziehung auf Grund des § 1 des Gesetzes vom 2. Juli 1900.

A. Persönliche Verhältnisse.

I. Der Minderjährige:
Familien- und Vorname?
Tag, Jahr, sowie Ort der Geburt?
Ehelich oder unehelich?

---

*) Anmerkungen:

1. Zur Vermeidung unnötiger Verzögerung und Erschwerung des Verfahrens ist eine genaue und erschöpfende Beantwortung sämtlicher Fragen, auch unter B, D und E des Formulars und eine vollständige Angabe der Beweismittel (zu C) unbedingt erforderlich.

2. Wird gegen mehrere Geschwister die Fürsorgeerziehung

Wohnsitz?
Erwerbs- (Dienststellung nach Entlassung aus der Schule) und Vermögensverhältnisse?
Zeitiger und früherer Aufenthalt?
Ist er schon vorbestraft, der Landespolizeibehörde überwiesen?

II. Die Eltern:
Name, Stand, Wohnung, Geburtsort, Erwerbs- und Vermögensverhältnisse, Leumund und Bestrafungen
des Vaters?
der Mutter?

III. Namen, Stand, Leumund, Vorstrafen sonstiger dem Hausstande des Minderjährigen angehörigen Personen (Geschwister, Stiefvater, Stiefmutter)?

IV. Glaubensbekenntnis:
des Minderjährigen?
des Vaters?
der Mutter?

V. Ist Vormundschaft, Beistandschaft, Pflegschaft eingeleitet? Von welchem Amtsgericht?

VI. Hat Entziehung des Erziehungsrechtes stattgefunden?
Von welchem Amtsgericht?

VII. Name, Stand, Wohnung, Glaubensbekenntnis des Vormundes, Beistandes, Pflegers:

VIII. Name und Wohnung des zuständigen Geistlichen, sowie des Leiters oder Lehrers der Schule, welche der Minderjährige besucht:

B. Begründung des Antrages.

Die Beantwortung der Fragen unter Abschnitt B darf nicht allgemein gehalten, insbesondere nicht auf „Ja" oder „Nein" beschränkt sein, sondern muß die in Betracht kommenden besonderen Tatsachen enthalten.

I. Ist Fürsorgeerziehung erforderlich zur Verhütung der Verwahrlosung wegen Ge-

---

gleichzeitig beantragt, so ist nur für den ältesten Minderjährigen das Formular zu benutzen und es sind für die jüngeren Geschwister lediglich die Personalien und sonstige Abweichungen hinzuzufügen.

fährdung des geistigen oder leiblichen Wohles des Minderjährigen seitens der Eltern oder sonstiger Erzieher, und zwar.*)

1. Wird das Recht der Sorge für die Person des Minderjährigen mißbraucht durch Mißhandlung, Überschreitung des Züchtigungsrechts, übermäßige Ausnutzung der Arbeitskraft, Anleitung oder Zwang zu unredlichen oder unsittlichen Handlungen oder durch welche sonstige Handlungen?
2. Wird der Minderjährige vernachlässigt durch die Nichtgewährung der erforderlichen Wohnung, Schlafstelle, Kost, Kleidung, oder durch Mangel an Sauberkeit oder wodurch sonst?
   Wird der Minderjährige nicht abgehalten von schlechtem Umgange und von der Begehung von Straftaten?
   Wird er nicht genügend zum Besuche der Kirche, Schule oder zur Erfüllung der ihm sonst obliegenden Pflichten angehalten?
3. Machen die Eltern oder sonstigen Erzieher der Trunksucht, Landstreicherei, Bettelei, des gewohnheitsmäßigen Diebstahls, der Gewerbsunzucht oder Kuppelei oder sonst eines ehrlosen oder unsittlichen Verhaltens sich schuldig?
4. Weisen die Eltern die ihnen gebotene Gelegenheit zur Pflege und zum Unterricht ihrer nicht vollsinnigen Kinder hartnäckig zurück?

II. Falls der Minderjährige vor vollendetem 12. Lebensjahre eine strafbare Handlung begangen hat:**)

1. Welcher Art war die strafbare Handlung?
2. War er zur Zeit der strafbaren Handlung schon sittlich verwahrlost?
   Aus welchen Gründen?
3. Wie ist die strafbare Handlung aus den Lebensverhältnissen des Kindes, der Persönlichkeit der Eltern, Pflegeeltern, sonstiger Erzieher zu erklären, und aus welchen Gründen ist eine *weitere* sittliche Verwahrlosung zu befürchten?

---

*) Vgl. § 1 Nr. 1 FEG., §§ 1666, 1684—1686, 1838 BGB.
**) Vgl. § 1 Nr. 2 des FEG., § 55 StGB.

III. Ist Fürsorgeerziehung notwendig zur Verhütung des völligen sittlichen Verderbens des Minderjährigen wegen Unzulänglichkeit der erziehlichen Einwirkung der Eltern oder sonstigen Erzieher?*)

1. Entzieht oder widersetzt sich der Minderjährige der Aufsicht der Eltern, Erzieher, der Schule?
Sind deren Zuchtmittel erschöpft oder aussichtslos?
2. Bewegt er sich gegen den Willen seiner Erzieher in schlechter Gesellschaft, in der er Anreizung zu liederlichem Leben und zur Begehung von Straftaten findet?
3. Hat er sich bei Verbüßung einer Freiheitsstrafe schlecht geführt, in gröblicher Weise gegen die Hausordnungen der Gefängnisse oder anderer Zwangsanstalten und dergl. verstoßen?
4. Droht die Minderjährige der Gewerbsunzucht zu verfallen?
Gibt sie sich der Gewerbsunzucht bereits hin?
Steht sie unter Sittenkontrolle?
Seit wann?
Ist sie wegen Übertretung sittenpolizeilicher Vorschriften bereits bestraft?

C. Beweismittel.

Es ist genau anzugeben, zu welchen einzelnen Fragen der Abteilung B die Beweismittel benannt werden und darauf zu achten, daß für alle zu B aufgestellten Behauptungen die geeigneten Beweismittel vorgebracht werden.

I. Ergeben die Akten des Gemeinde-Waisenrats, der Armenverwaltung, Polizeiverwaltung, des Vormundschafts-Strafprozeßgerichts, der Staatsanwaltschaft die Richtigkeit obiger Angaben?

II. Werden die Eltern, Angehörige, Erzieher oder welche sonstigen Personen, die aus eigener Wissenschaft Auskunft zu geben vermögen, als Zeugen vorgeschlagen?

III. Wird Bezug genommen auf die anliegende Auskunft des Vormundes, Beistandes, Pflegers, der zuständigen Lehrpersonen, oder Schul-

*) Vgl. § 1 Nr. 3 FEG., Art. 135 EG. z. BGB.

leiter, der zuständigen Geistlichen, des Gemeinde-Waisenrats?*)

D. 1. Ist durch Einwirkung der Eltern, Kirche, Schule, Armen- und Waisenpflege, freiwillige Liebestätigkeit oder sonstige Maßnahmen versucht worden, der Verwahrlosung vorzubeugen und eine geordnete Erziehung herbeizuführen?

2. Welche Maßnahmen sind versucht und mit welchem Erfolge?

3. Aus welchen Gründen erscheint der Versuch aussichtslos, der Verwahrlosung durch eines der oben erwähnten Mittel zu steuern?

4. Fallen der Minderjährige oder seine Eltern der öffentlichen Armenpflege zur Last?
Welches ist der verpflichtete Armenverband?
Kann der Verwahrlosung nicht durch Einwirkung der Armenpflege gesteuert werden, insbesondere durch Trennung des Minderjährigen von den Eltern und anderweite Unterbringung durch den Armenverband mit Zustimmung der Eltern?
Sind schon Schritte in dieser Richtung geschehen?

5. Sind schon vormundschaftsgerichtliche Anordnungen nach § 1666 BGB. angeregt? Kann insbesondere eine gedeihliche Erziehung noch durch Unterbringung in einer geeigneten Familie auf Beschluß des Vormundschaftsgerichts ohne Fürsorgeerziehung erhofft werden?
Warum nicht?

E. Liegt Gefahr im Verzuge vor:
Aus welchen Gründen?
Wird Antrag auf vorläufige Unterbringung des Minderjährigen gestellt?
(§ 5 des FEG.)

F. Sonstige Bemerkungen.

An
d....... Königliche Amtsgericht,
Abt. für Vormundschaftssachen ....
(Landratsamt, d..... Magistrat) (Unterschrift)
zu
....

*) Wird die Auskunft dem Antrage nicht gleich beigefügt, so sind Name und Wohnung der betreffenden Auskunftspersonen anzugeben.

20. des MJ. vom 31. März 1908.

Neues Formular für den Personalbogen.

Bei Aufbereitung der Statistik über die Fürsorgeerziehung Minderjähriger hat sich ergeben, daß der ihr als Unterlage dienende Personalbogen, welcher gemäß dem Erlasse vom 17. Juni 1901 für jeden der Fürsorgeerziehung überwiesenen Minderjährigen aufzustellen ist, nicht mehr in dem Umfange Auskunft über die in Betracht kommenden Verhältnisse des Jugendlichen und seiner Angehörigen gibt, wie solche bei der weittragenden Bedeutung der Frage wünschenswert erscheint. Der Personalbogen ist deshalb diesseits an der Hand der gemachten Erfahrungen berichtigt bzw. ergänzt worden, namentlich hat der ihm angegliederte Teil „Nachrichten über den Zögling während der Fürsorgeerziehung" durch Bildung eines besonderen, für sich abgeschlossenen Abschnittes, der auch auf Nachrichten über die Entlassung aus der Fürsorgeerziehung ausgedehnt worden ist, eine umfassende Erweiterung erfahren. Um ferner die neuen Personalbogen für männliche und weibliche Zöglinge äußerlich in augenscheinlicherer Weise als bisher zu kennzeichnen, haben solche für männliche Zöglinge weißes, solche für weibliche grünes Papier erhalten. Die neuen Personalbogen sind für alle vom 1. April 1908 ab der Fürsorgeerziehung überwiesenen Minderjährigen zu benutzen, so daß die ausgefüllten Bogen erstmalig Anfang Juli 1909 hier vorzulegen sein werden. Die in den Erlassen vom 17. Juni 1901: M. d. J. S. 1958, M. d. g. A. U. III A. 1650, 27. Dezember 1901: M. d. J. S. 3605, M. d. g. A. U. III A. 3154, 11. April 1903: M. d. J. S. 1223, M. d. g. A. U. III A. 1049, 27. März 1905: S 1328 und vom 12. Mai 1906: S 133 enthaltenen Vorschriften über das Ausfüllen usw. der Personalbogen bleiben, soweit sie nicht durch den vorliegenden Erlaß oder in dem neuen Fragebogen selbst ausdrücklich eine Änderung erleiden, auch fernerhin bestehen.*)

Indem ich Euerer Exzellenz eine Anzahl der neuen Formulare

*) Über das Ausfüllen des neuen Personalbogens sind weitere Erlasse unter dem 23. März 1909, 21. April 1910 und 16. Mai 1912 ergangen.

zugehen lasse, ersuche ich ergebenst, hiernach das Erforderliche an die in Betracht kommenden Behörden mit dem Hinweise baldgefälligst zu verfügen, daß der Bedarf an neuen Personalbogen von der Strafanstalt Moabit zu beziehen ist.

An die Herren Oberpräsidenten.

(Die Seiten 1 und 2 sind nach dem Stande der Übernahme in die Fürsorgeerziehung auszufüllen.)

Bei den Knaben*) Nummer der Ordnungsliste: ....

Aus derselben Familie sind gleichzeitig überwiesen worden:

Kommunalverband............

Aktenzeichen des Komm.-Verb.....

Jahrgang (Etatsjahr der Übernahme in die Fürsorgeerziehung 190....

Lfd. Nr. der Ordnungsliste .... für Knaben und Mädchen besondere Nummerfolge, die unverändert bleibt.

Personalbogen

über den männlichen Fürsorgezögling (Vor- und Zuname) ......
aus .... Kreis ..... (Hier ist der Wohnort der Eltern einzutragen!)
Letzter Wohnort des Zöglings .....; Einwohnerzahl nach der letzten Volkszählung ......
Aufenthaltsort des Zöglings in den letzten 2 Jahren ....

Überweisung zur Fürsorgeerziehung: Ursache: § 1 Absatz 1 — Absatz 2 — Absatz 3 des Gesetzes vom 2. Juli 1900, (Zutreffendes ist zu unterstreichen!)
durch Beschluß des Vormundschaftsgerichts zu ..... vom .....
Aktenzeichen ....

1. Geburt: Ort ..... Kreis ...... Regierungsbezirk .... deutscher Bundesstaat .... Ausland .... Tag ..... Monat .... Jahr .... Alter: (In vollen Jahren) ... Jahre. Ehelich: Unehelich: (Zutreffendes ist zu unterstreichen!
2. Religion: ....
3. Erziehung bis zur Überweisung: im Elternhause; bei der Mutter; in fremden Familien; durch die Großeltern; durch andere Verwandte; in öffentlichen Anstalten; in Privatanstalten;

*) Der Personalbogen für Mädchen (auf grünem Papier) stimmt wörtlich hiermit überein, nur ist bei Nr. 9 hinzugefügt „Angabe, ob es geboren hat oder schwanger ist“.

in kirchlichen Anstalten; (Zutreffendes ist zu unterstreichen!)
Wechsel in der Erziehung; (wodurch hervorgerufen): ......
Der Zögling ist noch nicht schulpflichtig; schulpflichtig; schulentlassen; (Zutreffendes ist zu unterstreichen!)

4. Welche Schule hat der Zögling vor der Überweisung besucht:

(Auch für die Schulentl. auszufüllen.)
- Volksschule (Welche und wo?) ....
- Höhere Schule (Welche und wo?) ....
- Privatschule (Welche und wo?) ....
- Regelmäßig, unregelmäßig, (Zutreffendes ist zu unterstreichen!) Aus welchem Grunde unregelmäßig: ....

5. Schulbildung: Ohne Schulbildung: Nicht fertig lesen, schreiben, rechnen im Zahlenkreise von 1—100; Fertig lesen, schreiben, rechnen im Zahlenkreise von 1—100; volle Volksschulbildung; höhere Schulbildung. (Zutreffendes ist zu unterstreichen!)
(Bei Beantwortung der obigen Fragen ist für die Zöglinge aller Altersgruppen derselbe Maßstab anzulegen.)

6. Sprache: Deutsch; Polnisch und Deutsch; nur Polnisch: (Zutreffendes ist zu unterstreichen!)
Andere Sprachen: (Welche?) ....

7. Dienststellung: I. Im schulpflichtigen Alter: a) Verrichtung häuslicher Dienste; b) Beschäftigung in der Landwirtschaft: .... c) Beschäftigung im Gewerbebetriebe: ..... d) Ohne Beschäftigung; (Zutreffendes ist zu unterstreichen, bei b) und c) außerdem die Art der Beschäftigung auszufüllen.)
(I. Auch für die Schulentl. auszufüllen.)
II. Nach Entlassung aus der Schule: a) Verrichtung häuslicher Dienste; b) Beschäftigung in der Landwirtschaft: ...... c) Beschäftigung im Gewerbebetriebe: .... d) Lehrling (In welchem Handwerk?) .... e) Ohne Beschäftigung. (Zutreffendes ist zu unterstreichen, bei b) und c) außerdem die Art der Beschäftigung auszufüllen.)

8. Gerichtliche Strafen: Verweis: ....mal; Haft: Wie oft?..; Gesamtdauer der Haft: ..... Gefängnis? Wie oft? ...... Gesamtdauer der Gefängnisstrafen: .... Straftaten: ....
Erste Strafe: Art: ..... Straftat: .... Alter: (bei Begehung der strafbaren Tat) .... Jahre.
Letzte Strafe: Art: ..... Straftat: .... Alter: ..... Jahre.

9. Der Zögling war ergeben: dem Landstreichen; dem Betteln; der Trunksucht; der Unzucht. (Zutreffendes ist zu unterstreichen!)

10. Gesundheitszustand: I. Geistiger: gesund; beschränkt; schwachsinnig; idiotisch; epileptisch.

II. Körperlicher: a) Angeborene Mißbildungen: (Hasenscharte, entstellende Mäler, Verbildung der Geschlechtsteile usw. ....) b) Verkrümmungen: (Verwachsen, Buckel, Klumpfuß usw. ....): Verstümmelungen: (einarmig, einbeinig usw. ....) c) Sinnesfehler: (stotternd, schwerhörig, taub, taubstumm, schwachsinnig, blind: auf einem Auge, auf beiden Augen ....) d) Krankheiten: Allgemeine Tuberkulose, Tuberkulose der Lungen, der Knochen, anderer Organe, tuberkuloseverdächtig, Skrofulose, Rachitis, Blutarmut, Bettnässen, ansteckende Geschlechtskrankheiten, darunter Syphilis: erworbene, ererbte ...... (Zutreffendes ist zu unterstreichen, bei jedem Gebrechen einzeln, auch wenn mehrere zu gleicher Zeit vorhanden sind, andererseits ist unter den betreffenden Buchstaben die Bezeichnung des besonderen, hier nicht aufgeführten Gebrechens nachzutragen.)

11. Frühere schwere Krankheiten: (Benennung) ....

12. Körpergewicht: ....kg; Körperlänge ....mm

13. Vermögen des Zöglings: (Betrag) ....ℳ.

14. Bevormundet: In Pflegschaft:
(Zutreffendes ist zu unterstreichen!)

15. Eltern: Vater: Gestorben; wann? ....
Stiefvater erhalten; wann? ....
Mutter: Gestorben; wann? ....
Stiefmutter erhalten; wann? ....
der Vater, die (Mutter) hat die Familie seit wann verlassen? ....

16. Beruf der Eltern oder der Stiefeltern:

a) des Vaters oder Stiefvaters: ....
selbständig; Gehilfe; (Zutreffendes ist zu unterstreichen!)

b) der Mutter oder Stiefmutter: ....
selbständig; Gehilfe; (Zutreffendes ist zu unterstreichen!)

(Hier ist der Erwerbszweig einzutragen, z. B. ländlicher Tagelöhner; Maurer; Gastwirt usw. Geht die Mutter oder Stiefmutter einer Beschäftigung gegen Entgelt nach, so ist auch die Frage 16b zu beantworten.)

17. Häusliche Verhältnisse der Eltern oder der Stiefeltern:

a) Der Vater oder Stiefvater ist bestraft mit: Haft, Gefängnis, Zuchthaus, Arbeitshaus.

b) Die Mutter oder Stiefmutter ist bestraft mit: Haft, Gefängnis, Zuchthaus, Arbeitshaus.

c) Die Eltern oder Stiefeltern leben getrennt, sind geschieden.

d) Der Vater oder Stiefvater ist ergeben: der Trunksucht, der Unzucht, ist arbeitsscheu.

e) Die Mutter oder Stiefmutter ist ergeben: der Trunksucht, der Unzucht, ist arbeitsscheu. Steht sie unter Sittenkontrolle?
f) Wurden bei dem Vater oder bei der Mutter bemerkt: Geisteskrankheit, Geistesschwäche, Epilepsie?
(Zutreffendes ist zu unterstreichen!)

18. Einkommensverhältnisse der Eltern: Orts- oder Landarmer; Einkommen bis 900 ℳ, über 900 bis 3000 ℳ*), über 3000 bis 6000 ℳ, über 6000 ℳ. (Zutreffendes ist zu unterstreichen.!)

19. Häusliche Verhältnisse der Geschwister: Der Zögling besaß zur Zeit der Überweisung lebende Brüder ....., lebende Schwestern ...... Außerdem waren gestorben: .... Brüder, ... Schwestern. Anzahl der bestraften: .... Brüder,.... .... Schwestern. Von den Brüdern waren bestraft; mit Haft: (Anzahl) ..... mit Gefängnis: (Anzahl) .... mit Zuchthaus: (Anzahl) ..... mit Arbeitshaus: (Anzahl) ..... Von den Schwestern waren bestraft; mit Haft: (Anzahl) .... mit Gefängnis: (Anzahl) ..... mit Zuchthaus: (Anzahl) ...... mit Arbeitshaus: (Anzahl) ...... Von den Schwestern waren außerdem der Gewerbsunzucht ergeben: (Anzahl) ....

20. Sind bereits andere Maßnahmen gegen den Zögling getroffen worden, ehe auf Überweisung zur Fürsorgeerziehung erkannt wurde, und zwar bejahendenfalls auf Grund des § 1631 Abs. 2 Satz 2; § 1666 Abs. 1; § 1800; § 1838 des BGB. (Zutreffendes ist zu unterstreichen!)

(Zu diesen Nachrichten gehört ein die gleiche Nummer tragender Personalbogen.)

Kommunalverband .... Jahrgang 19........

(Rechnungsjahr bei der Übernahme in die Fürsorgeerziehung)

Lfde. Nr. der Ordnungsliste ....

Nachrichten

während der Fürsorgeerziehung und über die Entlassung aus derselben.

Über den Fürsorgezögling (Vor- und Zuname): ....
....

*) Nach dem späteren Erlasse vom 21. April 1910 sind hier drei Untergruppen gebildet: 900—1500 ℳ, 1500—2100 ℳ, 2100 bis 3000 ℳ.

aus: .... Kreis: ....
Alter: (In vollen Jahren) ...., Religion ....

1. Wann ist der Antrag auf Fürsorgeerziehung gestellt worden? ...
2. Wann ist der die Fürsorgeerziehung anordnende vormundschaftsrichterliche Beschluß ergangen? ....
3. Haben die Angehörigen oder der Kommunalverband Beschwerde gegen den Beschluß des Vormundschaftsgerichts eingelegt? Ja oder nein? (Zutreffendes unterstreichen).
4. Wann wurde der die Fürsorgeerziehung anordnende Gerichtsbeschluß rechtskräftig? ....
5. Wann erfolgte die endgültige Unterbringung des Zöglings? ....
6. Aus welchen Gründen verzögerte sich gegebenenfalls die Unterbringung des Zöglings in eine Pflegestelle? ....
7. Warum konnte bei der erstmaligen Unterbringung des Zöglings Familienerziehung nicht zur Anwendung kommen? .....
8. War eine vorläufige Unterbringung angeordnet? Ja oder nein? (Zutreffendes unterstreichen).
9. Bestrafungen während der Fürsorgeerziehung:

Straftaten:	Wo und in welchem Jahre begangen:	Art und Höhe der Strafen:	Strafen verbüßt von .... bis	Strafvollzug ausgesetzt bis .....

10. Wann wurde der Zögling aus der Fürsorgeerziehung entlassen? ....
11. Ist eine vorzeitige Entlassung erfolgt? ....
— auf Widerruf — endgültig? ....
(Zutreffendes unterstreichen).
12. Aus welchem Grund erfolgte die Entlassung? ....
13. Wer verfügte die Entlassung? ....
14. Wohin ist der Zögling entlassen worden? Zu den Eltern; in die Lehre; in den Gesindedienst oder wohin sonst? ....
(Zutreffendes unterstreichen).
15. Wann erfolgte bei voraufgegangener widerruflicher Entlassung die endgültige Entlassung? ....

Arten der Unterbringung während der Fürsorgeerziehung, Schulbesuch, Unter-

In der Zeit von... bis ...	Ort und Kreis der Unterbringung	In fremden Familien					In der eigenen	
		Name, Stand oder Gewerbe	Religionsbekenntnis	Ist der Zögling als Pflegling, Lehrling, Geselle oder Dienstbote untergebracht	Bei Pfleglingen Höhe d. monatlichen Pflegeldes ℳ	Bei Dienstboten Höhe d. monatl. Lohnes b. freier Station ℳ	Name, Stand oder Gewerbe des Familienoberhauptes (Angabe ob Vater, Mutter, Stiefvater oder Stiefmutter)	Ist der Zögling als Pflegling, Lehrling, Geselle oder Dienstbote untergebracht
		des Familienoberhauptes						

haltungskosten. (Religionsbekenntnis des Zöglings: ....).

Familie	In Anstalten				Der Zögling besuchte die			Gründe für den Wechsel in den Pflegestellen	Beiträge zu den Kosten der Unterhaltung sind jährlich geleistet worden	
Bei Pfleglingen Höhe des monatlichen Pflegegeldes ℳ	Name und Sitz der Anstalt (Ort und Kreis)	Art der Anstalt Prov. = pr. Gem. = g. Privat-od. kirchl. = pk. staatl. = st.	Konfessioneller Charakter Ev. = E. Kath. = K. Jüd. = J. Sim. = S.	Höhe des monatlichen Pflegegeldes ℳ	Volksschule	Anstaltsschule	Fortbildungsschule		aus dem Vermögen des Zöglings ℳ	von den Unterhaltungsverpflichtet. ℳ

Bemerkungen über die Führung und den Gesundheitszustand des Zöglings während der Fürsorgeerziehung.

Im Jahre der Fürsorgeerziehung (vom 1. April bis 31. März)	Führung	Gerichtliche Strafen. Strafe verbüßt, ausgesetzt	Gesundheitszustand
ersten (19)			
zweiten (19)			
dritten (19)			
vierten (19)			
fünften (19)			
sechsten (19)			
siebenten (19)			
achten (19)			
neunten (19)			
zehnten (19)			
elften (19)			
zwölften (19)			
dreizehnten (19)			
vierzehnten (19)			
fünfzehnten (19)			

Entlassung aus der Fürsorgeerziehung:*) (Datum, endgültig, widerruflich, Ursache, wohin, zu den Eltern, in welchen Beruf?)

Bemerkungen über die weitere Führung nach der Entlassung aus der Fürsorgeerziehung, soweit sie zur Kenntnis kommen.

---

*) In dem späteren Erlasse vom 23. März 1909 ist angeordnet worden, daß hier weiter zu vermerken ist, ob bei der Entlassung der Zweck der FE. als erreicht oder als nicht erreicht anzusehen ist oder ob die FE. mit zweifelhaftem Erfolge abgeschlossen hat.

21. des MJ. vom 8. April 1908.

Handhabung der FE., insbesondere Bemerkungen über Familienerziehung, vorläufige Unterbringung, Kosten, Unterlassung der Kennzeichnung als Fürsorgezögling.

Die über die Ausführung des Gesetzes über die Fürsorgeerziehung Minderjähriger erstatteten Berichte geben mir zu nachstehenden Bemerkungen Veranlassung.

1. Familienerziehung.

Die Ausführungsbestimmungen zum Fürsorgeerziehungsgesetz gehen davon aus, daß der Familienerziehung der Vorzug zu geben ist, solange die Zwecke der Fürsorgeerziehung durch die Unterbringung in einer Familie nur irgend erreicht werden können. Wie sich die Verteilung der zur Fürsorgeerziehung überwiesenen Minderjährigen auf Anstalten und Familien tatsächlich gestaltet hat, ergeben die anliegenden statistischen Übersichten, von welchen ich je ein Exemplar für die mit der Ausführung der Fürsorgeerziehung befaßten Kommunalverbände anschließe. Die Nachweisung A läßt erkennen, wie die in den einzelnen Jahren überwiesenen Zöglinge erstmalig untergebracht worden sind, und aus der Nachweisung B ist zu entnehmen, wie sich die Art der Unterbringung des einzelnen Jahrgangs von Jahr zu Jahr verändert hat. Während die letztere innerhalb der einzelnen Kommunalverbände nicht allzugroße Unterschiede zeigt, muß aus der Nachweisung A festgestellt werden, daß bis auf wenige Provinzen, in denen das Verhältnis der Anstalts- zu den Familienzöglingen in den einzelnen Jahren ungefähr dasselbe geblieben ist (Brandenburg, Berlin, Schleswig-Holstein und Kassel), die Zahl der erstmalig in Familienerziehung gebrachten Zöglinge teilweise recht erheblich zurückgegangen ist. Ich bin weit entfernt davon, hieraus gegen die beteiligten Kommunalverbände den Vorwurf herzuleiten, daß sie sich in der Gewinnung geeigneter Familien lässig gezeigt und die bequemere Unterbringung in Anstalten vorgezogen hätten, nehme vielmehr an, daß sie zu ihren Entschließungen auf Grund gewissenhafter Prüfung des Einzelfalles gelangt sind und daß für den Rückgang der Zahl der Familienzöglinge in erster Linie der Grad der Verwahrlosung und vorgeschrittenes Alter der überwiesenen Zöglinge in Betracht kommen. Bei der hohen Bedeutung, die der Familienerziehung zukommt, nehme ich indessen Veranlassung, noch einmal besonders auf die Vorschriften unter V a der Ausführungsbestimmungen hinzuweisen und Euere Exzellenz zu ersuchen, den Kommunalverbänden zu empfehlen, sich die Gewinnung geeigneter Familien und Fürsorger fortgesetzt besonders angelegen sein zu lassen, damit diese Art der Unterbringung von Zöglingen so bald als irgend angängig zur Anwendung gebracht werden kann. Dabei ist nichts dagegen einzuwenden, wenn bewährten Familien mehr als ein Zögling überwiesen wird; sofern frühere Anstaltszöglinge in Betracht kommen, ist darauf zu halten, daß sie nicht aus verschiedenen Anstalten stammen.

Was insbesondere die Ermittelung geeigneter Lehrstellen für Zöglinge betrifft, so mache ich darauf aufmerksam, daß der Landeshauptmann der Provinz Brandenburg von dem Erbieten der Handwerkskammer zu Frankfurt a. O. Gebrauch gemacht hat, die Lehrstellen ihres Bezirks den für die Unterbringung von Lehrlingen in Frage kommenden Erziehungsanstalten mitzuteilen. Diese Mitteilungen erfolgen halbjährlich und sind mit näherer Auskunftserteilung über die Verhältnisse der einzelnen Stellen verbunden. Es wird zu erwägen sein, ob sich nicht auch in den anderen Provinzen ein derartiges Zusammenwirken mit den Handelskammern empfiehlt.

2. Vorläufige Unterbringung gemäß § 5 des Fürsorgeerziehungsgesetzes.

In der Provinz Brandenburg hat sich zur Beschleunigung der Ausführung der Anordnung einer vorläufigen Unterbringung ein Verfahren bewährt, nach welchem alsbald nach Eingang eines derartigen Gerichtsbeschlusses der zur Unterbringung verpflichteten Polizeibehörde, ohne daß eine Anfrage oder weitere Unterlagen abgewartet werden, die für den Zögling geeignete Familie oder Anstalt mit dem Anheimstellen der Überführung namhaft gemacht wird. Die Anwendung dieses Verfahrens setzt allerdings voraus, daß die Gerichtsbeschlüsse über die Personalien und das Vorleben des Zöglings ausreichende Angaben für die Bestimmung der Erziehungsstelle enthalten. Fehlen solche Angaben, so wird durch Benehmen mit den Präsidenten der Oberlandesgerichte seitens Euerer Exzellenz auf die Beseitigung dieses Mangels hinzuwirken sein.

3. Kosten.

a) Das Honorar für die bei der Überführung der Zöglinge von den Polizeibehörden beizubringenden ärztlichen Zeugnisse über das Fehlen ansteckender Krankheiten ist nach dem Urteil des Königl. Kammergerichts vom 16. Mai 1906 von den Kommunalverbänden und nicht von den Ortsarmenverbänden zu tragen.

b) Dagegen fallen nach einer Entscheidung desselben Gerichtshofes vom 23. Februar 1907 die Kosten der Überführung und der reglementsmäßigen ersten Ausstattung eines vorläufig zur Fürsorgeerziehung überwiesenen Minderjährigen im Falle nachfolgender endgültiger Überweisung dem Ortsarmenverbande des Unterstützungswohnsitzes zur Last.

c) Die Verpflichtung zur Tragung der Kosten der Fürsorgeerziehung beginnt für den beteiligten Kommunalverband nicht mit der Rechtskraft des Überweisungsbeschlusses, sondern erst von dem Zeitpunkte an, wo er an die Ausführung des Beschlusses herangeht, oder heranzugehen in der Lage ist. Er hat also nicht die vor empfangener Kenntnis des Unterbringungsbeschlusses entstandenen Kosten zu tragen. (Entsch. des Kammergerichts vom 2. Nov. 1907.)

4. Seitens des Landeshauptmanns der Provinz Hannover ist es beklagt worden, daß die Fürsorgezöglinge in den Rekrutierungsstammrollen bisweilen als „Fürsorgezöglinge" oder „Zöglinge" und nicht nach ihrer jeweiligen Beschäftigung als Dienstknecht, landwirtschaftlicher Arbeiter oder Lehrling bezeichnet seien. Da es nicht ausgeschlossen sei, daß diese Bezeichnung aus der Stammrolle später in den bei dem betreffenden Truppenteile auszustellenden Militär-

paß übernommen würde, so könnten sich daraus unter Umständen Unzuträglichkeiten in dem ferneren Lebensgange des früheren Fürsorgezöglings ergeben.

Die gleiche Beobachtung sei auch in den Fällen gemacht, wo es sich um Anträge auf Ausstellung von Dienst- und Arbeitsbüchern für Fürsorgezöglinge handelte.

Um den Zöglingen nachteilige Folgen für ihr späteres wirtschaftliches Fortkommen zu ersparen, ersuche ich Euere Exzellenz ergebenst, die zuständigen Behörden darauf aufmerksam zu machen, daß die Kennzeichnung der in Fürsorgeerziehung stehenden Militärpflichtigen und Inhaber von Dienst- und Arbeitsbüchern als Fürsorgezöglinge zu unterbleiben habe.

An die Herren Oberpräsidenten.

22. des MJ. vom 24. März 1909.

Fürsorge für das Weiterkommen der FZ. bei Beendigung der FE.

Es ist zur Sprache gebracht worden, daß zuweilen Fürsorgezöglinge nach ihrer Entlassung aus der Fürsorgeerziehung und Rückkehr in die Heimat wochenlang ohne Arbeit und feste Unterkunft geblieben und dadurch in kürzester Zeit wieder gänzlicher Verwahrlosung anheimgefallen sind. Nach § 14 des Fürsorgeerziehungsgesetzes liegt es den Kommunalverbänden ob, auch soweit nötig für ein angemessenes Unterkommen der Zöglinge bei der Beendigung der Fürsorgeerziehung zu sorgen. Diese Fürsorge ist unbedingt erforderlich, wenn nicht unter Umständen das ganze Erziehungswerk in Frage gestellt werden soll. Der Zögling, der jahrelang unter Aufsicht gestanden hat, kann, namentlich wenn er unmittelbar aus der Anstalt zur Entlassung kommt, mit dem Zeitpunkte des Eintritts in das freie Leben sich nicht selbst überlassen bleiben. Es muß, da es sich meist um unerfahrene junge Menschen handelt, insbesondere in der ersten Zeit nach der Entlassung für sie weiter gesorgt werden. Ich halte es deshalb für geboten, daß die Kommunalverbände vor der Entlassung eines Fürsorgezöglings sich mit der Heimatsbehörde und dem Fürsorger ins Benehmen setzen, um eine ordentliche Unterkunft und Beschäftigung des Zöglings nach beendeter Fürsorgeerziehung herbeizuführen. Es werden ferner private Fürsorgevereine zu ersuchen sein, sich der Zöglinge nach der Entlassung aus der Fürsorgeerziehung besonders anzunehmen und deren Weiterkommen zu fördern.

Euere Exzellenz ersuche ich ergebenst, hiernach das Weitere zu veranlassen.

An die Herren Oberpräsidenten.

23. des JM. vom 24. Juni 1909.

Ermittelungen über die Gesundheitsverhältnisse der zur FE. Überwiesenen durch die Vormundschaftsgerichte.

Bei der Ausführung der Fürsorgeerziehung wird der Erfolg des Erziehungswerkes wesentlich bedingt durch die richtige Auswahl der ersten Erziehungsstelle. Um eine solche treffen zu können, ist es für die mit der Ausführung der Fürsorgeerziehung betrauten Kommunalverbände von Wichtigkeit, auf Grund zuverlässiger Unterlagen über den geistigen und körperlichen Gesundheitszustand des zur Fürsorgeerziehung überwiesenen Minderjährigen rechtzeitig unterrichtet zu werden.

In Fällen, in denen geistige oder körperliche Verwahrlosung die Anordnung der Fürsorgeerziehung erforderlich macht, wird das Vormundschaftsgericht sich in Gemäßheit des § 3 FEG. der Feststellung des geistigen und körperlichen Gesundheitszustandes des Minderjährigen unterziehen müssen. Die Kommunalverbände können daher in diesen Fällen das für ihre Entschließung erforderliche Material den die Fürsorgeerziehung anordnenden Beschlüssen entnehmen. In den zahlreichen übrigen Fällen sind die Vormundschaftsgerichte zwar in der Lage, ohne vorherige Feststellung des Gesundheitszustandes des Minderjährigen die Fürsorgeerziehung anzuordnen. Mit Rücksicht auf die hohe Bedeutung, welche die Kommunalverbände einer zuverlässigen und rechtzeitigen Erforschung des Gesundheitszustandes der zur Fürsorgeerziehung Überwiesenen mit Recht beimessen, muß ich es jedoch als erwünscht bezeichnen, daß auch in denjenigen Fällen, in welchen es die Beschlußfassung über die Fürsorgeerziehung an sich nicht erfordert, die Vormundschaftsgerichte ihre Ermittelungen auf die Gesundheitsverhältnisse des Minderjährigen ausdehnen.*) Hierdurch dürfen indessen weder der Staatskasse Kosten erwachsen, die nach § 15 FEG. der Kommunalverband zu tragen hat, noch darf dadurch eine Verzögerung des gerichtlichen Verfahrens eintreten. Demgemäß wird es Aufgabe der Vormundschaftsgerichte sein, auch in den zuletzt bezeichneten Fällen die Vernehmung der Auskunftspersonen, die nach den gesetzlichen Vorschriften gehört werden müssen oder aus anderen Gründen tatsächlich vernommen werden, auf die Gesundheitsverhältnisse des

---

*) Hierzu hat der JM. noch in einem Erlasse vom 9. Jan. 1911 folgendes bemerkt:

„Um die aus der Kostenfrage sich ergebende Beschränkung tunlichst zu beseitigen und eine möglichst allgemeine Feststellung des Geisteszustandes der Minderjährigen zu erreichen, haben sich nach Mitteilung des Herrn Ministers des Innern die sämtlichen zur Ausführung der Fürsorgeerziehung verpflichteten Kommunalverbände Preußens bereit erklärt, in allen geeigneten Fällen dem Vormundschaftsgericht einen zur Vornahme der Untersuchung befähigten Arzt zu benennen und die dem Kommunalverbande von dem Arzte unmittelbar einzusendende Kostenrechnung zu begleichen. Die Zahlung soll auch dann erfolen, wenn es nicht zur Anordnung der Fürsorgeerziehung kommen sollte.

Indem ich diese Entschließung der Kommunalverbände zur Kenntnis der Justizbehörden bringe, spreche ich die Erwartung aus, daß mit Rücksicht auf die in der Allgemeinen Verfügung vom 24. Juni 1909 dargelegte hohe Bedeutung einer zuverlässigen und rechtzeitigen Erforschung des Gesundheitszustandes der zur Fürsorgeerziehung Überwiesenen die Vormundschaftsgerichte nunmehr in allen geeigneten Fällen eine ärztliche Untersuchung des Geisteszustandes der Minderjährigen im Laufe eines gerichtlichen Fürsorgeerziehungsverfahrens herbeiführen werden. Eine Verzögerung des gerichtlichen Verfahrens darf dadurch zwar nicht eintreten: eine solche wird sich jedoch, wenn rechtzeitig die geeigneten Anordnungen getroffen werden, regelmäßig vermeiden lassen.

Ist die ärztliche Untersuchung zur Beschlußfassung über die Fürsorgeerziehung erforderlich, so fallen, wie zur Vermeidung etwaiger Mißverständnisse ausdrücklich bemerkt wird, die Kosten der Untersuchung, wie bisher, den Justizfonds zur Last."

Minderjährigen in geistiger und körperlicher Beziehung zu erstrecken und dabei die bezeichneten Personen über die Vergangenheit der Minderjährigen, namentlich über etwaige Erkrankungen und Verletzungen, über besonders auffällige Erscheinungen in seinem Verhalten, über das Maß seiner Schulleistungen, sowie über die in seiner Familie etwa erblichen Leiden zu hören und das Ergebnis aktenkundig zu machen.

24. des MJ. vom 14. März 1910.

Zurückführung entwichener FZ.

In dem Erlasse vom 23. Februar 1906 ist zum Ausdruck gebracht, daß sich der § 9 Abs. 3 des Fürsorgeerziehungsgesetzes nur auf die erstmalige Überführung des Fürsorgezöglings in eine Familie oder Anstalt beziehe. Der Erlaß hat aber die Mitwirkung der Polizeibehörden bei der Zurückführung entwichener Fürsorgezöglinge in die Anstalt usw. keineswegs grundsätzlich ausgeschlossen, vielmehr auf die Fälle der Unentbehrlichkeit beschränkt. Wird diese Anordnung allerdings einschränkend ausgelegt und die erbetene Rechtshilfe von der Polizei in der Regel abgelehnt, so kann die Zurückführung entlaufener Fürsorgezöglinge in die Anstalt oder die Dienst- oder Lehrstelle den Kommunalverbänden unter Umständen nicht nur große Schwierigkeiten verursachen, sondern für kleinere Anstalten, denen es an dem zur Abholung erforderlichen und geeigneten Personal fehlt, direkt unmöglich sein. In Ergänzung des Erlasses vom 23. Februar 1906 bestimme ich daher, daß die Kommunalverbände bei Entweichungen von Fürsorgezöglingen aus der Anstalt oder dem Dienst usw., sofern die Zurückführung durch das Anstaltspersonal oder die Dienst- usw. Herrschaft nicht ausführbar ist, berechtigt sind, die Hilfe der Polizei in Anspruch zu nehmen. Bei der Überführung sind die Vorschriften der Nr. IV der Ausführungsbestimmungen zum Fürsorgeerziehungsgesetz und des Erlasses vom 29. April 1902 (Min.-Bl. S. 82) zu beachten. Die durch die Zurückführung entstehenden Kosten sind Kosten der Fürsorgeerziehung.

Euere Exzellenz ersuche ich ergebenst, den dortigen Kommunalverband hiervon mit dem Hinzufügen in Kenntnis zu setzen, daß die Polizeibehörden durch die Regierungspräsidenten entsprechende Anweisung erhalten werden.

An die Herren Oberpräsidenten.

25. des MJ. und des UM. vom 12. Mai 1910.*)

Ausübung der Staatsaufsicht über Erziehungsanstalten.

Durch unseren Erlaß vom 18. Dezember 1900 ist darauf hingewiesen worden, daß es die Aufgabe des Staates sei, die ordnungsmäßige und zweckentsprechende Handhabung des Gesetzes über die Fürsorgeerziehung Minderjähriger vom 2. Juli 1900 auf das sorgfältigste zu überwachen und daß diese Überwachung wesentlich in der Hand der Herren Oberpräsidenten liege. Da die überwiegende Mehrzahl der Zöglinge, welche einer Anstaltserziehung bedürftig sind, nicht in Provinzialerziehungsanstalten, sondern in sonstigen kommunalen, in kirchlichen oder privaten Erziehungsanstalten vielfach mit anderen auf öffentliche Kosten zu erziehenden oder von der freien Liebestätigkeit dort versorgten Jugendlichen untergebracht worden ist, so haben bei der Beaufsichtigung dieser Anstalten neben den Oberpräsidenten noch verschiedene andere Behörden mitzuwirken. Es kommen folgende gesetzliche Vorschriften in Betracht:

1. Die Aufsicht über die Provinzialanstalten liegt den Oberpräsidenten auf Grund der Bestimmungen der Provinzialordnungen und des § 20 des Fürsorgeerziehungsgesetzes ob. Durch den Allerhöchsten Erlaß vom 12. Mai 1897 (Gesetzsamml. S. 227) ist den Oberpräsidenten auch die gesundheitspolizeiliche Aufsicht über alle Provinzialanstalten und die Schulaufsicht über die Provinzialzwangserziehungsanstalten übertragen worden.
2. Die übrigen Erziehungsanstalten, ohne Rücksicht darauf, ob sie kommunale, kirchliche oder private sind, unterliegen nach § 2 Nr. 6 und § 18d der Regierungsinstruktion vom 23. Ok-

*) Dieser Erlaß hat einige Änderungen durch den nachfolgenden Erlaß vom 2. Okt. 1913 erfahren.

tober 1817 in Verbindung mit D II Nr. 2 der Allerhöchsten Kabinettsorder vom 31. Dezember 1825 der Aufsicht der Königlichen Regierung, Abteilung für Kirchen- und Schulwesen.

Bei der Beaufsichtigung sind die Vorschriften der Allerhöchsten Kabinettsorder vom 10. Juni 1834 und der Staatsministerialinstruktion vom 31. Dezember 1839 zu beachten. (Vgl. auch § 1 Abs. 3 des Fürsorgeerziehungsgesetzes und Entsch. des OVG. Bd. 48 S. 423 ff.)

Neben den Regierungen haben noch folgende Behörden staatliche Aufsichtsbefugnisse auszuüben:

a) wenn es sich um die von katholischen Orden und Kongregationen geleiteten Waisenanstalten, Rettungsanstalten, Asyle usw. handelt, der Regierungspräsident. (Artikel 6 des Gesetzes, betreffend Abänderung der kirchenpolitischen Gesetze vom 14. Juli 1880 [Gesetzsamml. S. 285], Artikel 13 des Gesetzes, betreffend Abänderung der kirchenpolitischen Gesetze vom 21. Mai 1886 [Gesetzsamml. S. 147] und Artikel 5 des Gesetzes, betreffend die Abänderung der kirchenpolitischen Gesetze vom 29. April 1887 [Gesetzsamml. S. 127]);

b) wenn es sich um katholisch-kirchliche Einrichtungen oder Stiftungen handelt, deren Verwaltung den Kirchenvorständen zusteht (§ 3 Nr. 2 und 4 des Gesetzes vom 20. Juni 1875, Gesetzsamml. S. 241) der Regierungspräsident (Artikel 1 Nr. 3 der Allerhöchsten Verordnung vom 30. Januar 1893, Gesetzsamml. S. 13);

c) wenn es sich um katholisch-kirchliche Einrichtungen oder Stiftungen handelt, welche unter § 1 des Gesetzes vom 5. Juni 1876, Gesetzsamml. S. 149 fallen, der Oberpräsident (Allerhöchste Verordnung vom 30. Januar 1893 Artikel 1 Nr. 4);

d) wenn es sich um Anstalten mit besonderer juristischer Persönlichkeit handelt, die jeweilige staatliche Aufsichtsbehörde.

Die Aufsicht über den Fortbildungsschulunterricht steht in allen Anstalten dem Regierungspräsidenten zu.

Über die unter 2 genannten Anstalten steht auch den Oberpräsidenten ein Aufsichts- und Revisionsrecht zu, soweit sich Fürsorgezöglinge in ihnen befinden. (§ 20 FEG.)

In der Lokalinstanz unterliegen die Waisenhäuser, Rettungsanstalten und Kleinkinderbewahranstalten in gesundheitlicher Beziehung der Überwachung durch den Kreisarzt. Die Zwangserziehungsanstalten der Provinzialverbände hat er nur auf Grund besonderen Auftrags einer Besichtigung zu unterziehen (§ 94 der Dienstanweisung für die Kreisärzte vom 1. September 1909).

Endlich haben die Kreisschulinspektoren das Recht und die Pflicht, in den Erziehungsanstalten den Unterricht zu revidieren.

Bei dieser großen Zahl von Behörden, die zur Wahrnehmung der Staatsaufsicht berechtigt und verpflichtet sind, liegt die Gefahr einer gewissen Regellosigkeit in der Handhabung dieses Rechts und einer Beunruhigung der Anstalten jedenfalls dann vor, wenn die örtlichen Revisionen von den dazu Berechtigten unabhängig voneinander zu den verschiedensten Zeiten vorgenommen werden. Um dies zu verhüten und die Revisionen einheitlicher und nutzbringend zu gestalten, bestimmen wir folgendes:

1. Die Oberpräsidenten nehmen das ihnen zustehende Aufsichts- und Revisionsrecht über die kommunalständischen Anstalten wie bisher unter zeitweiser Heranziehung der Regierungs- und Medizinalräte, Regierungs- und Schulräte und Regierungs- und Gewerbeschulräte wahr.
2. Die Revisionen der übrigen Anstalten ist in der Regel von dem Kommissar der Regierungen und des Regierungspräsidenten vorzunehmen. Befinden sich in solchen Anstalten Fürsorgezöglinge, so ist dem Oberpräsidenten von der beabsichtigten Revision Mitteilung zu machen, damit er seinen Kommissar beteiligen kann. Dem Oberpräsidenten bleibt überlassen, die Provinzialverwaltung zu benachrichtigen, damit auch deren Referent der Revision beiwohnen kann.

   Die Revision hat regelmäßig, mindestens aber einmal im Jahre stattzufinden.
3. Die den Kreisärzten und Kreisschulinspektoren obliegenden Revisionen sind von diesen einmal im Jahre allein vorzuneh-

men. Sie haben, soweit nicht Gefahr im Verzuge ist, sich selbständiger Anordnungen möglichst zu enthalten und über das Ergebnis ihrer Besichtigung dem Regierungspräsidenten bzw. der Königlichen Regierung Bericht zu erstatten. Von diesen Stellen wird die Abstellung etwaiger als begründet anerkannter Erinnerungen veranlaßt. Sofern die Berichte hierzu Anlaß bieten, sind der Regierungs- und Medizinalrat, der Regierungs- und Schulrat oder der Regierungs- und Gewerbeschulrat mit einer örtlichen Nachprüfung zu beauftragen.

4. Im Bedarfsfalle ist zur Prüfung baulicher Mängel der Anstalten der Kreisbauinspektor heranzuziehen.

5. Es wird sich empfehlen, die Bearbeitung der Fürsorgeerziehungssachen, der Fortbildungsschulsachen, soweit sie dem Verwaltungsreferenten obliegt, sowie der Angelegenheiten der katholischen Orden und Kongregationen, die zur Zuständigkeit des Regierungspräsidenten gehört, und die Bearbeitung der Angelegenheiten der Erziehungsanstalten, die bei den zweiten Abteilungen der Regierungen erfolgt, soweit angängig, in die Hand eines Dezernenten zu legen. Ihm würden auch die, die Fürsorge für die nicht gefährdete Jugend betreffenden Sachen zu überweisen sein. Ob es sich empfiehlt, demselben Dezernenten auch die Bearbeitung der Strafanstaltssachen (Fürsorge für entlassene Sträflinge) zu übertragen, bitte ich zu erwägen.

Mit der Bearbeitung sind sowohl bei den Oberpräsidien, wie bei den Regierungen Beamte zu betrauen, die möglichst bereits Erfahrungen auf dem Gebiete der Jugendfürsorge gesammelt haben, für dasselbe Interesse besitzen und von denen angenommen werden kann, daß sie längere Zeit bei der Behörde verbleiben.

Für die Handhabung des Aufsichtsrechts bleiben die Vorschriften des Fürsorgeerziehungsgesetzes nebst Ausführungsbestimmungen und der Staatsministerialinstruktion vom 31. Dezember 1839 maßgebend. Als leitender Gesichtspunkt für die stets unvermutet vorzunehmenden Revisionen ist festzuhalten, daß sie zwar sorgfältig und gründlich zu erfolgen haben, daß ihr Zweck aber nicht sein kann und darf, den Anstalten durch kleinliche Erinnerungen die Erfüllung der ihnen obliegenden Aufgaben zu erschweren, sondern daß auch der Revisor zur Förderung der von ihm zu überwachenden Tätigkeit berufen ist. Alles Schematisieren ist zu vermeiden. Es darf niemals aus dem Auge gelassen werden, daß in der Vielheit und Verschiedenheit der Anstalten ein außerordentlich wertvolles Mittel liegt, um den mannigfachen Forderungen, die namentlich die Fürsorgeerziehung stellt, gerecht zu werden. Die der einzelnen Anstalt zugewiesene Spezialaufgabe und die zu ihrer Lösung angewendeten Mittel zu erkennen, muß das Streben der Revisoren sein. Werden Gesetzwidrigkeiten oder sonstige Mißstände festgestellt, so ist ihre Abstellung mit Nachdruck zu fordern und wenn nötig, eine ungeeignete Anstalt zu schließen.

Sofern die Schließung einer Ordensanstalt in Frage kommt, ist vor weiterem den Ministern des Innern und der geistlichen Angelegenheiten Bericht zu erstatten. Die Mittel zu diesen Maßnahmen bieten die Staatsministerialinstruktion von 1839 (§ 7) und der § 48 der Verordnung wegen verbesserter Einrichtung der Provinzial-Polizei- und Finanzbehörden vom 26. Dezember 1808 (Gesetzsammlung 1817 S. 282). Besondere Aufmerksamkeit ist der Handhabung der disziplinaren Strafgewalt und dem Erziehungspersonal zuzuwenden. In ersterer Hinsicht ist die Führung von Strafregistern, die Zahl, Art und Dauer der verhängten Disziplinarstrafen enthalten, zu fordern. In letzterer Hinsicht sind die Vorbildung und Brauchbarkeit der Erzieher, Lehrer und Leiter namentlich bei der Neugenehmigung von Anstalten sorgsam zu prüfen (§ 7 der Staatsministerialinstruktion vom 31. Dezember 1839).

In gleicher Weise muß der Berufsbildung der Schulentlassenen eingehende Beachtung geschenkt werden.

Als Anhaltspunkte für die Revisionen kann das anliegende Muster verwendet werden. In dem Anhang dazu sind einige Normalforderungen aufgestellt, deren Erfüllung bei den einzelnen Anstalten allmählich anzustreben ist.

Wir erwarten, daß alle dazu berufenen Behörden sich eine zweckentsprechende Handhabung des Aufsichtsrechts angelegen sein lassen und durch vertrauensvolles Zusammenarbeiten mit den der Aufsicht unterliegenden Stellen dazu beitragen, der schutzbedürftigen Jugend die Wege zu einem geordneten Leben zu ebnen.

Unberührt bleibt, wie wir noch besonders bemerken, das Recht der zur Ausführung des Fürsorgeerziehungsgesetzes verpflichteten Kommunalverbände, die Anstalten, Familien, Dienst- oder Lehrstellen, in denen sie Fürsorgezöglinge untergebracht haben, selbständig zu besichtigen.

An die Herren Oberpräsidenten, die Herren Regierungspräsidenten und die Königlichen Regierungen, Abteilungen für Kirchen- und Schulsachen.

Muster für Niederschrift über die Revision der Fürsorgeerziehungsanstalt

in .... Kreis .... durch die Herren.........

A. Allgemeines.

I. Art der Anstalt:
(Unterhaltspflicht, Staats-, Kommunal-, Provinzial-, Vereinsanstalt, Zusammensetzung des Vorstandes).

II. Größe der Anstalt:
- a) Aufnahmefähigkeit,
- b) Zahl der vorhandenen Zöglinge überhaupt,
- c) der Fürsorgezöglinge.

III. Art der Zöglinge (zu a und b in Klammern die Zahl der Fürsorgezöglinge):
- a) dem Alter nach. Zahl der
  1. schulpflichtigen,
  2. schulentlassenen,
- b) dem Geschlecht nach. Zahl der
  1. männlichen,
  2. weiblichen,
- c) der Konfession nach,
- d) nach den unterbringenden Kommunalverbänden.

IV. Lage der Anstalt:

V. Bei Kommunalanstalten:
Ist die räumliche und sachliche Trennung von Landarmen- und Arbeitshäusern gewahrt?

VI. Höhe des Pflegegeldes?

B. Äußere Beschaffenheit und Einrichtung der Anstalt.

I. Baulicher Zustand.

a) Wohn-, Schlaf- und Schulräume.
1. Zustand der Fußböden, Wände, Decken, Fenster usw.
2. Kubischer Durchschnittsluftraum pro Kopf der Bewohner.
3. Heizung und Lüftung.
4. Ausstattung der Räume, insbesondere
Sauberkeit.
Behaglichkeit.
5. Isolierräume für ansteckende Kranke.
6. Feuersicherheit.
7. Sind die Räume für männliche und weibliche Zöglinge getrennt?

b) Waschgelegenheit und Badeeinrichtung.
c) Küchenanlagen.
d) Aborte und Entfernung der Abfallstoffe.
e) Wasserversorgung und Entwässerung.
f) Spielplätze. Lage, Größe, Zweckmäßigkeit usw.

II. Landwirtschaft und Werkstätten.
a) Größe von Garten und Feld.
b) Viehstand.
c) Art und Einrichtung der Werkstätten.

III. Betten, Kleider u. Wäschebestände.

IV. Prüfung des Essens.
a) Wochenspeisezettel.
b) Zubereitung der Speisen und Kostprobe.
c) Prüfung der vorhandenen Vorräte.

C. Innere Einrichtung und Organisation der Anstalt

I. Beamte u. Angestellte der Anstalt.
a) Leiter; Vorbildung desselben.
b) Arzt und Geistlicher.
c) Weiteres Erziehungs- und Aufsichtspersonal:

1. Zahl, Geschlecht, Alter.
2. Vorbildung usw.

d) Wirtschaftspersonal.

II. Organisation der Anstalt.

a) Instruktionen allgemeiner Art an Beamte oder Zöglinge.
b) Tageseinteilung im Sommer.
im Winter.
c) Unterricht.
1. Volksschulunterricht für schulpflichtige, für schulentlassene Zöglinge.
2. Handfertigkeit bzw. Handarbeits- und hauswirtschaftlicher Unterricht.
d) Beschäftigung außerhalb d. Unterrichts.
1. in der Landwirtschaft,
2. im Gewerbe.
e) Freistunden.
1. Turnen und Spielen.
2. Singen und Musizieren.
f) Gottesdienst und Seelsorge.
g) Lektüre und deren Benutzung.
Ist namentlich auch gute weltliche Lektüre in ausreichendem Maße vorhanden?
h) Maßregeln zur Gesundheitspflege.
1. Ärztliche Kontrolle.
2. Zahnpflege.
3. Baden
im Sommer,
im Winter.
i) Strafen und Straflisten.
(Strafarten, wer verhängt sie?)
k) Ist bei gerichtlichen Strafen Strafaufschub bewilligt?
l) Behandlung der Briefe.
Fluchtversuche.

D. Die Zöglinge.

I. Äußerer Eindruck, insbesondere:

a) Ernährungszustand,
Gewichtstabellen.
b) Kleidung und Reinlichkeit.
c) Gesundheitszustand, namentlich Tuberkulose.
Ergebnis der Prüfung im einzelnen, ob notwendig:

1. Trennung von den anderen Zöglingen, wenigstens hinsichtlich der Schlafräume.
2. Behandlung durch Spezialärzte, namentlich etwaige Untersuchung geistig anormaler Zöglinge.
3. Klinische Behandlung.
4. Zusätze zur Nahrung.
5. Aufnahme in ein Bad.

II. Geistige und Gemütsverfassung der Zöglinge:

a) allgemeines Verhalten der Zöglinge, (offen, scheu, gedrückt usw.)
b) Wissenszustand.
c) Mängel im einzelnen und eventuelle Abhilfe.
d) Ist bei den Zöglingen Familienpflege am Platze?
Durchschnittliche Dauer des Anstaltsaufenthalts?

6. Wieviel Zöglinge sind außerhalb der Anstalt untergebracht?

a) in Familienpflege,
b) im Landwirtschafts- und Gesindedienst,
c) im Handwerk
als Lehrlinge,
als Gesellen,
d) im Handel,
e) Lohnverhältnisse,
(bleiben die Löhne hinter denen anderer Arbeiter zurück?)

7. Verbindung mit den Auswärtigen, (Teilnahme an Anstaltsfesten, Besuche, Briefe usw.)
8. Etwaige Erfahrungen hinsichtlich der Erfolge.
9. Aus welchen Kreisen werden die Fürsorger genommen?
10. Werden sie durch Besprechungen für ihr Amt interessiert?
(etwa gelegentlich der Waisenratsversammlungen?)

E. Besondere Vorkommnisse und Bemerkungen.

Anhang.

Bei Besichtigung der Erziehungsanstalten, in denen Fürsorgezöglinge untergebracht sind, ist vor allem zu prüfen, ob den Vorschriften in Nr. Vb der Ausführungsbestimmungen zum Fürsorgeerziehungsgesetz genügt ist.

Für die Besichtigung aller der staatlichen Aufsicht unterliegenden Anstalten im einzelnen können folgende Grundsätze als Anhalt dienen:

1. Gebäude.

Die bau- und feuerpolizeilichen Vorschriften müssen genau beachtet sein.

2. Benutzung der Räume.

Kellergeschosse dürfen weder als Wohn- und Schlafräume für die Zöglinge, noch als Arrestlokale benutzt werden; als Arbeitsräume nur ausnahmsweise und wenn sie den gewerbepolizeilichen Vorschriften entsprechen. Waschküchen darin anzulegen, ist zu vermeiden.

3. Wohn-, Schlaf- und Schulräume.

Für die Zöglinge müssen besondere Räume für den Aufenthalt bei Tage und besondere Schlafräume vorhanden sein. In den Tagräumen können die Zöglinge auch mit staubfreien Arbeiten beschäftigt werden; für Handwerksarbeiten müssen besondere Werkstätten eingerichtet sein. Die Größe der Tagräume muß so bemessen sein, daß auf den Zögling mindestens 3 qm und 10 cbm entfallen.

Schlafräume dürfen in Dachgeschossen nur angelegt sein, wenn diese vollständig ausgebaut und feuersicher sind; die Größe muß auf mindestens 3 qm und 10 cbm für den Zögling bemessen sein. Öfen in den Schlafräumen müssen so aufgestellt sein, daß sie von außen geheizt werden und Kohlengase in den Schlafraum nicht entweichen lassen.

Schulräume müssen vorhanden sein, wenn die Zöglinge Unterricht in der Anstalt erhalten; sie sollen den für die Volksschule bestehenden Vorschriften entsprechen.

4. Nebenanlagen.

Aborte liegen am zweckmäßigsten außerhalb des Hauptgebäudes, aber von diesem zugänglich. Zahl der Abortsitze und Abortstände ist nach den für die Volksschule gegebenen Vorschriften zu bemessen. In jedem Schlafsaal muß ein Abortsitz für den Gebrauch während der Nacht vorhanden sein. Sind Spülaborte nicht vorhanden, so muß auf Anlage, Dichtung und Entleerung der Gruben besondere Sorgfalt verwendet werden.

Wasch- und Badeeinrichtung. Sind feststehende Waschbecken

mit Wasserzufluß und Abfluß vorhanden, so genügt eins für höchstens je 5 Zöglinge, andernfalls soll jeder Zögling sein eigenes Waschbecken haben. Ferner muß jeder Zögling sein eigenes Handtuch, Seifenstück und Lappen, Wasserglas zum Mundspülen, Zahnbürste und Kamm haben.

Jede Anstalt muß mindestens eine Badewanne und soviel Brausen haben, daß sämtliche Zöglinge in einem oder zwei Tagen gebadet werden können. Jede Woche erhält jeder Zögling mindestens ein Bad. Es ist erwünscht, daß die Zöglinge im Sommer Freibäder nehmen.

5. Wirtschaftliche Anlagen.

Viehställe müssen in angemessener Entfernung vom Hauptgebäude liegen, Düngerstellen gedichtet und soweit von den Brunnen entfernt sein, daß diese nicht verunreinigt werden.

Ist die Anstalt nicht an die Ortswasserleitung angeschlossen, so ist eine Hauswasserleitung, deren Behälter durch Pumpen mit Handbetrieb aus den Anstaltsbrunnen gefüllt werden, schon mit Rücksicht auf die Feuersicherheit, erwünscht.

Feld- und Gartenland soll so ausreichend vorhanden sein, daß die Zöglinge wenigstens für einige Stunden am Tage im Freien beschäftigt werden können.

Koch- und Waschküchen nebst Zubehör sollen so eingerichtet sein, daß sie namentlich für Mädchen zum hauswirtschaftlichen Unterricht dienen können.

6. Verpflegung.

Für jede Anstalt soll eine Kostordnung gelten, für welche die der staatlichen oder Provinzialerziehungsanstalten als Anhalt dienen kann. Die Zöglinge sollen 5 mal am Tage Essen bis zur Sättigung bekommen. Kranke oder schwächliche Kinder erhalten besondere Kost nach Anordnung des Arztes.

7. Kleidung, Lagerung.

Die Zöglinge sollen doppelte Kleidung haben für Sonntag und Werktag; im Winter wärmer als im Sommer. Leibwäsche und Handtuch wird wöchentlich, Bettwäsche mindestens alle 3 Wochen gewechselt.

8. Spiel- und Turnplatz.

Ein ausreichend bemessener Spielplatz mit einfachen Turngeräten, wie sie für die Volksschule üblich sind, muß vorhanden sein.

9. Erziehung.

Außer dem Leiter der Anstalt soll auf etwa 10 bis 15 Zöglinge ein Erzieher vorhanden sein. Für den Unterricht gelten die Lehrpläne der Volksschule, oder die für die Fortbildungsschulen aufzustellenden besonderen Lehrpläne. Die Zöglinge müssen regelmäßig am Gottesdienst teilnehmen, für Konfirmandenunterricht oder Vorbereitung zur ersten heiligen Kommunion durch Geistliche muß gesorgt sein.

10. Gesundheitspflege.

Die Anstalt muß unter ärztlicher Überwachung stehen; Räume zur Unterbringung erkrankter Zöglinge müssen vorgesehen sein. Es ist erwünscht, daß von den Erziehern einer in der Krankenpflege ausgebildet ist.

26. des MJ. vom 4. August 1910.

Ausbildung und Fortbildung des Erzieherpersonals.

Mehrfache Vorkommnisse in neuerer Zeit haben ergeben, daß das an den Fürsorgeerziehungsanstalten wirkende Erzieherpersonal nicht immer den Anforderungen entspricht, die an seine sittlichen und praktischen Fähigkeiten gestellt werden müssen. Es braucht kaum hervorgehoben zu werden, daß nur ein von ernstem Pflichtbewußtsein durchdrungenes und mit den schwierigen Aufgaben seines Berufs vollkommen vertrautes Personal eine erfolgreiche Erziehungstätigkeit entfalten kann. Es hierzu durch eine gründliche praktische und theoretische Unterweisung vorzubilden und das in der Arbeit stehende mit den besonders bei der Erziehung der schulentlassenen älteren Zöglinge neu auftretenden Problemen und den Mitteln zu ihrer Lösung bekanntzumachen, erscheint als eine unabweisbare Pflicht aller mit der Ausführung der Fürsorgeerziehung befaßten Behörden. In unmittelbarem Zusammenhange damit steht die Regelung der Gehaltsverhältnisse der Anstaltsbeamten, die z. Z. als befriedigend nur bei den staatlichen und Provinzialanstalten, sowie einigen größeren Privatanstalten bezeichnet werden kann.

Über die geeigneten Mittel zur Abhilfe habe ich eine Aussprache zwischen Vertretern von Provinzialverwaltungen, Leitern von Anstalten der Inneren Mission und anderen Anstalten sowie Mitglieder der Vereinigung für katholische charitative Erziehungstätigkeit herbeigeführt, deren Ergebnis in der anliegenden Niederschrift enthalten ist. Ich erachte die am Schlusse zusammengestellten Vorschläge der

Konferenzteilnehmer*) für eine geeignete Grundlage, auf der zu praktischen Ergebnissen zu gelangen sein wird.

Was die Ausbildungsfrage betrifft, so muß in erster Linie die Fortbildung des vorhandenen Personals ins Auge ge-

---

*) Die Vorschläge gingen dahin:

„1. Das Bedürfnis zur Ausbildung des Erziehungspersonals liegt überall vor. Soweit das vorhandene Personal in Betracht kommt, ist für dessen Fortbildung in regelmäßig zu wiederholenden Kursen, soweit es sich um Anwärter für den Erzieherberuf handelt, für deren gründliche Ausbildung zu sorgen.

2. Die Ausbildung soll eine konfessionelle sein.

3. Dem Bedürfnisse der katholischen Anstalten wird durch das von der Vereinigung für katholische charitative Erziehungstätigkeit in Aussicht genommene Einrichtung von Fortbildungskursen für das vorhandene Erzieherpersonal und eine Erzieherschule für Anwärter zum Erzieherberufe an der Erziehungsanstalt St. Josef vor der Höhe in Bonn genügt. Zu den Fortbildungskursen werden auch katholische Erzieher aus anderen Provinzen als der Rheinprovinz zugelassen; ebenso können in die Erzieherschule Anwärter aus dem ganzen Preußischen Staate aufgenommen werden.

4. Was die evangelischen Anstalten betrifft, so sind Fortbildungskurse und Erzieherschulen für die Anstalten der Inneren Mission im allgemeinen bei denjenigen Brüderhäusern einzurichten, von welchen die betreffenden Anstalten abhängen. Für die übrigen Anstalten sind die gleichen Einrichtungen vorbehaltlich der Vereinbarung unter den Provinzialverwaltungen etwa an folgenden Orten und Anstalten ins Leben zu rufen:

a) in Karlshof bei Rastenburg Ostpreußen für die Anstalten der Provinzen Ostpreußen und Westpreußen,

b) in Strausberg für die Provinzen Brandenburg, Berlin, Posen, Schlesien und Pommern. Eventuell kann die alternative Abhaltung von Fortbildungskursen in Strausberg oder einer schlesischen Anstalt in Frage kommen,

c) im Stephansstift bei Hannover für die Provinzen Hannover, Schleswig-Holstein und Sachsen. Auch hier kann alternative Abhaltung von Fortbildungskursen im Stephansstift oder in Nordhausen in der Provinz Sachsen erwogen werden,

d) an der staatlichen Erziehungsanstalt zu Hardehausen für die Provinzen Westfalen, Rheinland und Hessen-Nassau,

e) Fortbildungskurse für höheres Erzieherpersonal, namentlich Leiter von großen Anstalten werden nach Bedürfnis und

faßt werden. Euere Exzellenz wollen deshalb die Landeshauptleute ersuchen, auf eine baldige Verwirklichung von Fortbildungskursen Bedacht zu nehmen. Als bewährter Lehrplan kann der für den

---

voraufgegangener Vereinbarung unter den Provinzialverwaltungen veranstaltet.

f) Für die Fortbildungskurse und die Erzieherschulen ist ein bestimmter Lehrplan aufzustellen, der von allen Ausbildungsstellen zu befolgen ist. Wie er im einzelnen zu gestalten ist, soll erst festgestellt werden, wenn die von den unter Nr. 4 genannten Anstalten bei ihren Kursen gesammelten Erfahrungen abgeschlossen sind.

Ev. werden die Vorschläge des Direktors Seiffert zugrunde zu legen sein.

g) Ein Versuch mit der Ausbildung von niederem Erzieherpersonal für Anstalten, die ihren Bedarf nicht aus Brüderhäusern entnehmen, soll vom Oktober d. Js. ab an der staatlichen Erziehungsanstalt zu Hardehausen gemacht werden. Es ist die Einberufung von etwa sechs Anwärtern für eine Ausbildungszeit von etwa 9 bis 12 Monaten beabsichtigt. Dabei soll einstweilen noch von der Beschränkung auf den unter d) genannten Bezirk abgesehen werden, wenn sich aus ihm nicht genügend Anwärter finden.

5. Die Handwerksmeister sind zu den Ausbildungs- und Fortbildungskursen heranzuziehen.

6. Die wirtschaftliche Lage der Erzieher ist derart zu verbessern, daß ein längeres Verw.ilen in ihren Stellen und die Gründung einer Familie gewährleistet wird. Dabei können die Vorschläge in den Referaten der Pastoren Esche und Oehlkers als Anhalt dienen. Es wird indessen das Gehalt der an staatlichen Anstalten tätigen Erzieher mit 1200 bis 1700 ℳ, erreichbar in 21 Jahren nebst freier Wohnung oder Mietsentschädigung als völlig ausreichend erachtet und von der Erhöhung auf 1800 ℳ in der Endsumme, wie von Pastor Esche vorgeschlagen, abgesehen.

7. Die zur Gehaltserhöhung sowie zur Witwen- und Waisenversorgung aufzubringenden Mittel sind durch Erhöhung der Pflegegeldsätze zu beschaffen.

8. Von den sich um Stellung an Anstalten bewerbenden Lehrern ist der Nachweis einer während einer angemessenen Zeit stattgehabten erfolgreichen Beschäftigung an einer gut geleiteten Erziehungsanstalt zu verlangen. Ihre Gehaltsverhältnisse sind nach Maßgabe der für die öffentlichen Volksschulen geltenden Bestimmungen zu regeln."

Kursus in Strausberg aufgestellte, in einem Abdruck angeschlossene Verwendung finden.

Nicht minder wichtig ist die Ausbildung von Anwärtern für den Erzieherberuf. Soweit Anstalten der Inneren Mission in Betracht kommen, kann diesen die Heranbildung von Erziehern überlassen werden. Ebenso ist für die Ausbildung von Anwärtern für katholische Anstalten durch die am 1. Oktober d. Js. an der Anstalt St. Joseph an der Höhe in Bonn beabsichtigte, in dem Referat des Domkapitulars Dr. Bartels erwähnte Einrichtung derart Vorsorge getroffen, daß geeignete Persönlichkeiten zur Ausbildung bei dieser Anstalt angemeldet werden können. Zu lösen bleibt die Frage für die Erzieher an allen der Inneren Mission nicht angeschlossenen evangelischen Anstalten. Euere Exzellenz ersuche ich, die Ausführungsbehörden mit den erforderlichen Verhandlungen hierüber zu beauftragen.

Um übrigens einen Anfang mit der Ausbildung von Anwärtern für den Erzieherberuf in den letztgenannten Anstalten zu machen und Erfahrungen über die Gestaltung des Ausbildungsganges in Theorie und Praxis zu sammeln, beabsichtige ich, am 3. Oktober d. Js. einen Kursus für etwa 6 evangelische Anwärter an der staatlichen Erziehungsanstalt zu Hardehausen beginnen zu lassen. Ich bitte, die Ausführungsbehörden hierauf aufmerksam zu machen und ihnen anheimzugeben, mir geeignete Teilnehmer für den Kursus bis zum 5. September d. Js. zu bezeichnen.

Ich bin ferner bereit, vom 3. Oktober d. Js. ab einen auf die Dauer von zwei Wochen berechneten Fortbildungskursus für Lehrer und Erzieher, vorwiegend aus den westlichen Provinzen an der Anstalt Hardehausen abhalten zu lassen. Der Unterrichtsplan ist derselbe wie in Strausberg. Die Zahl der Teilnehmer soll 20 nicht überschreiten. Euere Exzellenz wollen die Ausführungsbehörden auch hiervon benachrichtigen und mir bis spätestens zum 5. September anzeigen, auf wie viele Teilnehmer gerechnet werden kann. In der Anstalt würde Unterkunft und Verpflegung für einen Tagessatz von 1,50 bis 2 M. gewährt werden können. Diese Kosten sowie diejenigen für Hin- und Rückreise würden von den die Kursisten entsendenden Anstalten zu tragen sein.

Für die östlichen Provinzen darf mit einem Wiederholungskursus an der Anstalt in Strausberg im Herbst d. Js. gerechnet werden.

Besondere Aufmerksamkeit verdient endlich die Frage einer angemessenen Bezahlung des Erzieherpersonals an den kirchlichen, kommunalen und privaten Anstalten. Die jetzt vielfach unzureichenden Gehälter haben zu einem überaus unerwünschten häufigen Wechsel der Erzieher geführt, der, abgesehen von allen übrigen Nachteilen, die Anbahnung eines für eine gedeihliche Arbeit unbedingt notwendigen Vertrauensverhältnisses der Erzieher zu den Zöglingen ausschließt. Es muß deshalb angestrebt werden, für die Erzieher an den Anstalten so ausreichend bezahlte Stellen zu schaffen, daß sie als Lebensstellungen angesehen werden können und die Gründung einer Familie gestatten. Dabei kann gleichwohl, um auch die Möglichkeit der Entfernung von Erziehern zu haben, ihre Anstellung unter Vorbehalt einer längeren, etwa sechsmonatlichen Kündigungsfrist erwogen werden.

Euere Exzellenz ersuche ich ergebenst, die finanzielle Lage der Erzieher, Lehrer und Leiter der Anstalten einer eingehenden Prüfung zu unterziehen und auf ihre baldige befriedigende Gestaltung an der Hand der gemachten Vorschläge durch Verhandlungen mit den Trägern der Anstalten und unter Beteiligung der Bezirksinstanzen hinzuwirken.

Dem Berichte über das Ergebnis Ihrer Bemühungen sehe ich binnen sechs Monaten ergebenst entgegen. Von etwa beschlossenen Fortbildungskursen bitte ich mir Mitteilung zu machen, sobald Ort und Zeit feststehen.

An die Herren Oberpräsidenten.

27. des JM. vom 10. August 1910.

Angabe des Orts, für den das die FE. beschließende VG. tätig gewesen ist.

Nach § 14 Abs. 2 FEG. ist zur Unterbringung des zur Fürsorgeerziehung überwiesenen Minderjährigen derjenige Kommunalverband verpflichtet, in dessen Gebiete der Ort liegt, als dessen Vormundschaftsgericht das Gericht Beschluß gefaßt hat. Die Bestimmung des verpflichteten Kommunalverbandes setzt hiernach die Feststellung desjenigen Ortes voraus, für welchen das beschließende Gericht als zuständiges Vormundschaftsgericht im Fürsorgeerziehungsverfahren tätig gewesen ist. Mit der Rechtskraft des Überweisungsbeschlusses ist die Zuständigkeit des Gerichts und damit zugleich die maßgebende Voraussetzung für die Bestimmung des Kommunalverbandes, der als zur Ausführung der Fürsorgeerziehung verpflichtet anzusehen ist, endgültig festgestellt.

Es ist Klage darüber geführt, daß die Überweisungsbeschlüsse der Vormundschaftsgerichte nicht selten die Angaben vermissen ließen, die erforderlich seien, um den zur Ausführung der Fürsorgeerziehung verpflichteten Kommunalverband zu bestimmen, und um die Frage nach der Zuständigkeit des beschließenden Gerichts nachprüfen zu können. Dabei sind namentlich die Fälle hervorgehoben, in denen der Bezirk des Gerichts, wie beispielsweise bei den Berliner Amtsgerichten, Gebietsteile verschiedener Kommunalverbände umfaßt, und es ist ferner auf die Fälle hingewiesen, in denen für die Zuständigkeit des Gerichts der Wohnsitz des Minderjährigen maßgebend ist, hierüber aber mit Rücksicht auf die Bestimmung im § 11 Abs. 1 Satz 2 BGB. Zweifel obwalten können, weil beispielsweise der Vater ohne bekannten Aufenthalt ist.

Es ist nicht zu verkennen, daß die Kommunalverbände ein wesentliches Interesse daran haben, an der Hand der Beschlüsse den zur Ausführung der Fürsorgeerziehung verpflichteten Verband zweifelfrei feststellen und die örtliche Zuständigkeit des Vormundschaftsgerichts behufs etwaiger Einlegung der Beschwerde nachprüfen zu können. Mit Rücksicht hierauf und da die angegebenen Mängel der gerichtlichen Beschlüsse geeignet sind, zu Weiterungen und namentlich zu erheblicher Verzögerung des Beginns der Fürsorgeerziehung zu führen, ersuche ich Sie, den Ihnen nachgeordneten Vormundschaftsgerichten von der erwähnten Klage unter Mitteilung der vorstehend angedeuteten Gesichtspunkte Kenntnis zu geben und darauf hinzuwirken, daß die erörterten Anstände künftighin vermieden werden.

An die Herren Oberlandesgerichtspräsidenten.

28. des JM. vom 1. November 1910.

Strafvollstreckung oder Strafaussetzung bei Fürsorgezöglingen.

Unter Aufhebung der Allgemeinen Verfügungen vom 16. September 1882 (Just.-Minist.-Bl. S. 288) und 1. Oktober 1904 (Just.-Minist.-Bl. S. 259), sowie des § 6 des Runderlasses vom 12. April 1906, betreffend die Handhabung der bedingten Strafaussetzung, bestimme ich folgendes:

I. Wenn gegen Minderjährige, die sich in Fürsorgeerziehung oder aus anderer Veranlassung in einer Erziehungs- oder Besserungsanstalt befinden, Freiheitsstrafen zu vollstrecken sind, so haben die Vollstreckungsbehörden in jedem Falle sorgfältig zu prüfen, ob es sich empfiehlt, den Strafvollzug zur Vermeidung einer Störung des Erziehungswerkes auszusetzen, oder ob nach der Persönlichkeit des Verurteilten und der Art der Straftat sofortige Vollstreckung geboten erscheint.

Vor Entschließung hierüber haben sich die Vollstreckungsbehörden unverzüglich mit dem Vorstande des zur Fürsorgeerziehung verpflichteten Kommunalverbandes, in anderen Fällen mit dem Vorstande der Erziehungs- oder Besserungsanstalt in Verbindung zu setzen.

Ergibt sich hierbei Einverständnis, daß die Voraussetzungen der bedingten Strafaussetzung nach dem Runderlasse vom 12. April 1906, insbesondere auch mit Rücksicht auf den von der Fürsorge- oder sonstigen Erziehung zu erwartenden günstigen Erfolg, vorliegen, so ist das Weitere demgemäß zu veranlassen, sofern dies nicht schon auf Anregung des erkennenden Gerichts (§§ 7, 8, 11 dieses Runderlasses) zu geschehen hat. Auf das Einverständnis der für die Erziehung zuständigen Stelle ist bei Befürwortung der bedingten Strafaussetzung Bezug zu nehmen.

Wird ein Einverständnis dagegen nicht erzielt, so ist vor Einleitung der Vollstreckung an den Justizminister zu berichten. Den Bericht erstattet der Erste Staatsanwalt. Liegt die Vollstreckung dem Amtsrichter ob, so übersendet dieser die Akten mit seiner Äußerung dem Ersten Staatsanwalt.

II. Entsprechend ist zu verfahren, wenn der Verurteilte sich zwar noch nicht in Fürsorgeerziehung oder aus anderer Veranlassung in einer Erziehungs- oder Besserungsanstalt befindet, diese Maßregeln jedoch bereits rechtskräftig beschlossen sind, oder wenn seine vorläufige Unterbringung (§ 5 des Fürsorgeerziehungsgesetzes) angeordnet ist.

Ist die Fürsorgeerziehung beschlossen, so hat die Strafvollstreckungsbehörde gleichfalls mit dem Vorstande des zuständigen Kommunalverbandes, in den übrigen Fällen jedoch mit dem zuständigen Vormundschaftsgericht in Verbindung zu treten.

III. Hat die Strafvollstreckungsbehörde vor der Anordnung jener Erziehungsmaßregeln oder in Unkenntnis ihres Bestehens den Strafvollzug bereits eingeleitet, so ist nach den gleichen Grundsätzen zu verfahren, wenn die nach Ziffer I oder II für die Erziehung zuständigen Stellen die Unterbrechung des Strafvollzuges beantragen.

Hierbei unterliegt es in Fällen der Ziffer I Abs. 4 dem Ermessen der Vollstreckungsbehörde, ob vor Erstattung des Berichts an den Justizminister die Strafvollstreckung vorläufig zu unterbrechen ist. Eine Unterbrechung empfiehlt sich im Interesse des Verurteilten nicht, wenn die Vollstreckungsbehörde es nach den Umständen des Falles für wahrscheinlich hält, daß der Justizminister die Fortsetzung der Strafvollstreckung anordnen werde.

29. des MJ. und des UM. vom 25. Dezember 1910.*)

Strafmittel und Strafordnungen in Erziehungsanstalten.

Aus den infolge des Erlasses vom 7. August v. Js. — S 2926 — erstatteten Berichten haben wir entnommen, daß sich die bisher für die Königlichen und provinziellen Erziehungsanstalten maßgebenden Strafbestimmungen zwar im allgemeinen bewährt haben, daß indessen einige Änderungen notwendig werden. Unter den kleineren Strafmitteln erscheinen „der Verlust von Freistunden" und die

*) Dieser Erlaß hat einige Änderungen durch den nachfolgenden Erlaß vom 31. Okt. 1911 erfahren.

„Ausschließung von Spiel und von Spaziergängen“ nur dann als gute Strafmittel, wenn von den Bestraften zugleich eine unangenehme Arbeit verrichtet werden muß. Für unpädagogisch wird die „Entziehung von Büchern und Druckschriften auf die Dauer von vier Wochen“ erachtet, weil sie von stumpfen und trägen Zöglingen nicht als Strafe, von intelligenten, geistig regen Zöglingen aber als Grausamkeit empfunden würde. Als undurchführbar wird das „Verbot der Unterhaltung mit anderen Zöglingen“ bezeichnet, weil man den Bestraften nicht einen besonderen Wächter beigeben könne. Die „Versagung jeden Besuchs und des Briefschreibens“ erscheinen verfehlt, weil mit der ersteren weniger der Zögling, als die Eltern und Angehörigen bestraft würden, auch unerwünschte Einmischungen der Eltern in die Maßnahmen der Anstalt zu besorgen seien, die letztere aber von den gleichgültigen Zöglingen geradezu als Wohltat empfunden werde. Gegen „die Kostschmälerung“ durch Verabreichung nur der Hälfte der warmen Morgen-, Mittags- und Abendkost auf die Dauer einer Woche einen um den anderen Tag unter ärztlicher Zustimmung wird geltend gemacht, daß sie leicht zu Durchstechereien und Unehrlichkeiten führe, auch durch die geforderte oft erst am nächsten Tage mögliche Anhörung des Arztes an pädagogischem Werte verliere. In Anerkennung der Berechtigung dieser Bedenken habe ich, der Minister des Innern, diese Strafen in den staatlichen Erziehungsanstalten in Fortfall gebracht, bzw. soweit die ersterwähnte in Betracht kommt, modifiziert. Wir geben anheim, eine gleiche Änderung für die provinziellen Anstalten herbeizuführen.

Was die Vollziehung der Arreststrafen betrifft, so haben sich die Herren Berichterstatter überwiegend gegen eine Beschäftigung im Arrest ausgesprochen, weil der Arrest eine fühlbare Strafe sein müsse, die Beschäftigung aber die Strafe zu sehr mildere. Eine Beschäftigung, deren Ausführung nicht gewisse Instrumente erfordere, sei überdies kaum zu finden; würden sie aber in die Zelle mitgegeben, so sei fast in allen Fällen mit der Gefahr zu rechnen, daß sie zu Angriffen auf das Erziehungspersonal, zu Selbstmordversuchen oder zu Ausbruchsversuchen verwendet würden. Die Einsamkeit in der

Zelle bringe die Zöglinge gerade während der ersten Arresttage zur Einkehr und Reue. Die Besorgnis, daß unbeschäftigte Zöglinge im Arrest unsittliche Manipulationen vornehmen könnten, erscheine unbegründet. Denn Zöglinge, die heimliche Laster betrieben, ließen sich durch Zuweisung von Arbeit hiervon nicht abhalten. Zweckmäßiger sei die Einschränkung der Arreststrafe überhaupt bei solchen Zöglingen. Empfohlen wird deshalb eine Vorschrift, nach welcher die Arrestanten zu beschäftigen seien, wenn die Arreststrafe drei Tage übersteige und sich Gefahren aus der Beschäftigung nicht ergäben. Auf der anderen Seite wird eine Arreststrafe nach dem Muster des militärischen strengen Arrestes für erforderlich erachtet.

Unter diesen Umständen habe ich, der Minister des Innern, in den staatlichen Erziehungsanstalten es den Leitern freigestellt, ob sie die Arreststrafe mit oder ohne Beschäftigung verhängen wollen. Wir geben anheim, diese Frage für die provinziellen Anstalten ebenso zu regeln.

Was die Strafordnungen für nichtstaatliche oder provinzielle Anstalten betrifft, so wird ihr Erlaß von fast allen Berichterstattern als notwendig bezeichnet. Wir erkennen gleichfalls ein Bedürfnis hierzu an, nicht so sehr um ein für alle Fälle anwendbares Schema zu geben — das würde ebenso unpädagogisch wie unmöglich sein —, als vielmehr um weniger erfahrenen und pädagogisch durchgebildeten Erziehern einige Anhaltspunkte zu bieten und soweit die schwersten Strafen wie Arrest und körperliche Züchtigung in Betracht kommen, eine Schranke zu ziehen, über die in dem Gebrauch dieser Zuchtmittel nicht hinausgegangen werden darf. Die Strafordnungen müssen der Eigenart der einzelnen Anstalt Rechnung tragen und demgemäß besonders gestaltet werden für Anstalten mit schulpflichtigen Zöglingen und solche mit Zöglingen in nicht mehr schulpflichtigem Alter sowie für männliche und weibliche Zöglinge. Ihre Einführung erfolgt zweckmäßig durch Erlaß einer Hausordnung, in die sie aufgenommen werden.

In jeder Anstalt ist ein Strafbuch zu führen, in welches alle über die Fürsorgezöglinge verhängten Strafen nach der Zeitfolge einzutragen sind mit Ausnahme der Strafen, deren Eintragung nach der Strafordnung unterbleiben kann. Aus der Eintragung muß ersichtlich sein:

a) wer die Strafe verhängt hat,
b) wann die Strafe vollstreckt ist,
c) welchen Zögling sie betroffen hat,
d) aus welchem Grunde die Bestrafung erfolgt ist,
e) ob — soweit in der Strafordnung ein ärztliches Gutachten vorgeschrieben ist (Unschädlichkeitsattest) — solches eingeholt ist.

Die Führung des Strafbuches liegt dem Vorsteher der Anstalt ob, der die Eintragungen allwöchentlich durch Namensunterschrift als richtig zu bescheinigen hat.

Den staatlichen Aufsichtsbehörden, den Ausführungsbehörden und den von diesen Behörden mit der Revision der Anstalt Beauftragten steht das Recht zu, jederzeit Einsicht in das Strafbuch zu nehmen.

1. In die Strafordnungen für Anstalten mit Zöglingen im schulpflichtigen Alter (Knaben und Mädchen), können folgende Strafen aufgenommen werden:

a) Entziehung von Vergünstigungen (z. B. Verlust von Ehrenämtern, Entziehung von Prämien, von Zutaten wie Obst usw.). Vorenthaltung des Sonntagsanzuges, Platzwechsel, Verlust von Freistunden, Ausschluß von Spiel und Spaziergang, in letzteren beiden Fällen unter gleichzeitiger Verrichtung einer unangenehmen Arbeit,
b) Kostschmälerung (trockenes Brot beim zweiten Frühstück und zur Vesper),
c) öffentlicher Verweis, dem stets ein privater Verweis voranzugehen hat,
d) Einschließung als Schutzhaft bis zu zwei Tagen, und zwar bis zu zwölf Stunden ohne Beschäftigung, bei Entweichungen und gröblichen Ausschreitungen,
e) körperliche Züchtigung mit Hasel- oder Rohrstock von 1 cm Stärke bis zu 10 Hieben auf das Gesäß oder den Rücken. Bei körperlich schwächlichen Zöglingen ist vor der Verhängung dieser Strafe der Anstaltsarzt zu hören. Die körperliche Züchtigung darf, sofern sie nicht an schulpflichtigen Zöglingen vom

Lehrer in der Schule verhängt ist, nur in Gegenwart des Anstaltsleiters oder seines Vertreters vollzogen werden.

Die Strafen unter a und b brauchen nicht in das Strafbuch eingetragen zu werden.

2. Strafordnungen für Anstalten mit männlichen Zöglingen im nachschulpflichtigen Alter können folgende Strafmittel vorsehen:

a) Entziehung von Vergünstigungen (wie zu 1a), außerdem: Versetzung von einer Abteilung und Beschäftigung in eine andere, Strafappell,

b) Kostschmälerung (wie zu 1b),

c) öffentlicher Verweis (wie zu 1c),

d) Stubenarrest,

e) Arreststrafen in geschlossener Einzelzelle, und zwar:

aa) gelinder Arrest bis zu sieben Tagen bei Einschränkung der Beköstigung auf Verabreichung der drei Hauptmahlzeiten, und Gewährung von Matratze und Decken zum Nachtlager; nach dreitägiger Dauer der Einschließung kann angemessene Beschäftigung eintreten;

bb) strenger Arrest bis zu sechs Tagen, mit oder ohne Beschäftigung, verschärft durch

1. Beschränkung der Kost auf Verabreichung von täglich 500 g trockenen Brots mit Wasser, jedoch nur einen um den anderen Tag;

2. Entziehung der Matratze eine um die andere Nacht.

Die Vollstreckung des strengen Arrestes ist nur zulässig, wenn der Arzt sie in jedem Einzelfalle für unbedenklich erklärt hat.

An jedem Tage ist dem mit Arrest (aa und bb) Bestraften eine Stunde Bewegung im Freien zu gewähren, jedoch ist er dabei von den anderen Zöglingen getrennt zu halten.

f) körperliche Züchtigung bis zu höchstens zehn Hieben (wie zu 1c);

g) Schutzhaft bis zu zwei Wochen bei Beschäftigung unter Einschränkung der Beköstigung auf Verabreichung der drei Hauptmahlzeiten und von trockenem Brot beim zweiten Frühstück und zur Vesper.

In besonders schweren Fällen ist die Verbindung mehrerer Strafen miteinander zulässig.

Die Strafen unter a und b brauchen nicht in das Strafbuch eingetragen zu werden.

3. Strafordnungen für Anstalten mit weiblichen Zöglingen im nachschulpflichtigen Alter können die vorstehend unter 2a bis g aufgeführten Strafmittel vorsehen, jedoch mit der Einschränkung, daß Arreststrafen und körperliche Züchtigungen nur nach Anhörung des Arztes vollstreckt werden dürfen. Züchtigungen sind nur im äußersten Notfalle bei schwersten Verfehlungen und nur bei solchen Zöglingen zulässig, bei denen sich andere Strafmittel als unwirksam erwiesen haben. In diesen Ausnahmefällen ist die Strafe stets vom Anstaltsvorsteher (Vorsteherin) selbst im Beisein einer Erziehungsgehilfin zu vollstrecken.

Ohrfeigen, Kopfschläge, „Fingertatzen", Schläge auf die flache Hand und dergleichen sind streng verboten. Erzieher sind nur zur Erteilung von Belehrungen, Mahnungen und Warnungen berechtigt und müssen dem Vorsteher Meldung machen, wenn sie eine Bestrafung der Zöglinge für angezeigt halten. Lehrer dürfen während des Unterrichts von den Zuchtmitteln der Schule Gebrauch machen, also auch körperliche Züchtigungen vornehmen. Im übrigen liegt die Verhängung der Strafen ausschließlich in der Hand des Anstaltsvorstehers, der auch etwaige körperliche Züchtigungen persönlich zu vollstrecken hat.

Indem wir Euere Exzellenz ersuchen, hiernach durch die Königlichen Regierungen, Abteilungen für Kirchen- und Schulwesen oder sonstigen staatlichen Aufsichtsbehörden über die in Frage kommenden Anstalten den Erlaß von Haus- und Strafordnungen für alle nicht staatlichen oder provinziellen Anstalten nach Anhörung der Landesdirektoren herbeizuführen, bitten wir gleichzeitig, die Anstaltsvorsteher noch besonders darauf hinweisen zu lassen, wie von ihnen erwartet werden müsse, daß sie von den Zuchtmitteln stets in angemessener und maßvoller Weise Gebrauch machen, und daß sie alle entehrenden, das Rechts- und Schicklichkeitsgefühl verletzenden oder gar Ekel erregenden Strafen vermeiden. Sie müssen sich gegenwärtig halten, daß Erziehungserfolge nicht durch schematisches Strafen, sondern nur durch die umfassendste Individualisierung in der Behandlung der Zöglinge, die gefehlt haben, erzielt werden können, und daß der verfolgte Zweck stets mit den lindesten Mitteln zu erstreben ist. Hand in Hand mit der Strafe muß das Bemühen gehen, den Zögling durch Üben in den Kräften, in denen er schwach war, zu stärken.

Abdrücke dieses Erlasses für die Königlichen Regierungspräsidenten, die Königlichen Regierungen und die Landesdirektoren liegen bei.

An die Herren Oberpräsidenten.

30. des MJ. und des UM. vom 31. Oktober 1911.

Abänderung und Ergänzung des Erlasses vom 25. Dezember 1910.

Unter Bezugnahme auf den Erlaß vom 25. Dezember v. Js. betreffend die in den Anstalten für Fürsorgezöglinge zulässigen Disziplinarstrafen wollen wir die nachstehenden Ergänzungen und Änderungen der gegebenen Vorschriften zulassen:

1. Als Verschärfung des strengen Arrestes kann bei schulentlassenen männlichen Zöglingen auch die Verdunkelung der Arrestzelle längstens an zwei aufeinanderfolgenden Tagen angeordnet werden.

2. Die körperliche Züchtigung ist entweder durch den Anstaltsvorsteher persönlich oder im Behinderungsfalle wenigstens in seinem Beisein durch einen von ihm beauftragten Erzieher zu vollstrecken. In dem Strafbuch ist anzugeben, wer die Strafe vollstreckt hat.

   Die Verhängung aller Strafen ist in der Regel dem Anstaltsvorsteher vorzubehalten. Von diesem Grundsatze können in größeren Anstalten, soweit es sich nicht um körperliche Züchtigungen oder Arrest handelt, Ausnahmen zugunsten der qualifizierten Erzieher (Hausväter) gemacht werden. Die Ausnahmen sind nach Art und Umfang der Strafen in den Strafordnungen genau festzulegen.

Widersetzt sich ein Zögling offen dem Erzieher, verweigert er beharrlich den Gehorsam, versucht er zu entweichen, fordert er andere Zöglinge zu Widersetzlichkeiten oder zur Begehung strafbarer Handlungen auf, so ist der mit seiner Beaufsichtigung betraute Erzieher berechtigt, sofern Belehrungen, Mahnungen oder Verwarnungen nichts fruchten, den Zögling ohne weiteres selbst unter Anwendung körperlichen Zwanges in sicheren Gewahrsam zu bringen. In jedem Falle ist dem Anstaltsvorsteher sobald als möglich Meldung zu erstatten.

3. In den Strafordnungen für Anstalten mit schulentlassenen weiblichen Zöglingen ist die Anhörung des Anstaltsarztes vor Vollstreckung von Arreststrafen und körperlichen Züchtigungen nur bei schwächlichen oder von dem Arzte als schonungsbedürftig bezeichneten Zöglingen vorzuschreiben.

4. Die als Erziehungsmittel in Anstalten für weibliche schulentlassene Zöglinge vielfach übliche und unentbehrliche Unterbringung in Einzelzimmern ist nicht als Schutzhaft im Sinne der Nr. 2g des Erlasses vom 25. Dezember 1910 anzusehen und deshalb auch nicht auf die Dauer von zwei Wochen beschränkt.

31. des MJ. vom 19. Juni 1912.

Die Handhabung des FEG. unter Berücksichtigung der Rechtsprechung des Kammergerichts.

Die statistischen Feststellungen über die Fürsorgeerziehung Minderjähriger lassen die Berechtigung der Klagen darüber erkennen, daß in vielen Fällen die Einleitung der Fürsorgeerziehung zu spät erfolgt, und insofern der Absicht des Gesetzes, nach welcher das Verfahren wesentlich der Verwahrlosung vorbeugen soll, nicht in ausreichendem Maße Rechnung getragen wird.

Die Mängel in der Handhabung des Gesetzes sind — jedenfalls zu einem erheblichen Teil — darauf zurückzuführen, daß die Auslegung, welche das Gesetz durch die Rechtsprechung des Kammergerichts gefunden hat, nicht in zutreffender Weise gewürdigt wird.

Vielfach ist die Meinung verbreitet, daß die Fürsorgeerziehung nach der Rechtsprechung des Kammergerichts eine bereits vorhandene Verwahrlosung zur Voraussetzung habe, und daß mit Rücksicht auf die Subsidiarität der Fürsorgeerziehung vor ihrer Einleitung zunächst alle anderen Mittel, die für die Rettung des gefährdeten Minderjährigen in Betracht kommen, praktisch versucht werden müßten.

Demgegenüber ist darauf hinzuweisen, daß, wie das Gesetz in § 1 Z. 1 die „Verhütung" der Verwahrlosung als Aufgabe der Fürsorgeerziehung bezeichnet, auch in der Rechtsprechung die vorbeugende Tendenz des Gesetzes vom 2. Juli 1900 scharf hervorgehoben worden ist. So führt bereits ein Beschluß des Kammergerichts vom 24. November 1902 aus, daß selbst ein sittlich unverdorbenes Kind, wenn die aus § 1666 BGB. zulässigen Maßregeln sich als undurchführbar erweisen, der Fürsorgeerziehung überwiesen werden könne, und ein anderer Beschluß vom 5. März 1911 hebt hervor, daß für die Anwendung der Fürsorgeerziehung der Beginn einer sittlichen Verderbnis oder gar sichtbare Spuren einer solchen nicht erforderlich sei. Es genüge, daß die Gefahr der Verwahrlosung ernstlich drohe. Eine solche Gefahr könne, auch ohne daß bereits Spuren der Verwahrlosung an den Kindern sichtbar geworden sind, aus dem sittlich verwerflichen Lebenswandel der Mutter, mit der die Kinder auch weiter zusammenleben müßten, entnommen werden. Genügt hiernach für den Antrag auf Einleitung der Fürsorgeerziehung zunächst der Nachweis einer drohenden Gefahr der Verwahrlosung, ohne daß auch nur ein Keim bereits beginnender Verwahrlosung in dem gefährdeten Minderjährigen vorzuliegen braucht, so bedarf es ferner der Darlegung, daß die Fürsorgeerziehung zur Verhütung der Verwahrlosung erforderlich sei, d. h. daß keine anderen Mittel für den gleichen Zweck, wie die Inanspruchnahme der freien Liebestätigkeit, der Einwirkung von Kirche und Schule, der Armenpflege zu Gebote stehen. Keineswegs aber ist erforderlich, in jedem einzelnen Falle die erwähnten anderen Mittel zunächst zur Anwendung zu bringen, und erst nach Feststellung ihrer Erfolglosigkeit zur Fürsorgeerziehung als zu einem letzten Versuch zu schreiten. Das Kammergericht hat in dem Beschluß vom 7. November 1907 vielmehr folgendes ausgeführt:

> Der subsidiäre Charakter der Fürsorgeerziehung, der in § 1 Nr. 1 bis 3 des Fürsorgeerziehungsgesetzes besonders hervorgehoben ist, verlangt nicht, daß vor der Anordnung der Fürsorgeerziehung tatsächliche Versuche mit anderen Erziehungsmitteln, die dem Vormundschaftsgericht zu Gebote stehen, durchgeführt werden, sondern es genügt die Feststellung, daß nach den Umständen des Falles diese Erziehungsmittel keinen Erfolg versprechen.

Demnach bedarf es bei den Anträgen auf Einleitung der Fürsorgeerziehung lediglich der Darlegung der Gründe, aus welchen die anderen etwa in Betracht kommenden Mittel entweder überhaupt nicht zu Gebote stehen, oder mit Rücksicht auf die Umstände des einzelnen Falles zur Verhütung der Verwahrlosung nicht geeignet erscheinen. Selbstverständlich kann nach der angegebenen Richtung nicht die Führung eines stringenten Beweises erforderlich sein, vielmehr genügt eine auf das freie Ermessen gegründete Würdigung aller für den einzelnen Fall maßgebenden tatsächlichen Momente.

Im Hinblick auf die bekannte zwischen dem Oberverwaltungsgericht und dem Kammergericht bestehende Meinungsverschiedenheit über die Verpflichtung zur Übernahme eines lediglich durch das Zusammensein mit sittenlosen Eltern gefährdeten Kindes ist dabei, solange die Inkongruenz in der Rechtsprechung besteht, und nicht etwa durch eine Änderung des Gesetzes Abhilfe geschaffen wird, noch folgendes zu berücksichtigen. Während das Oberverwaltungsgericht nicht anerkennt, daß durch einen Beschluß des Vormundschaftsrichters, durch den lediglich die Trennung eines Kindes von seinen Eltern ausgesprochen wird, eine armenrechtliche Bedürftigkeit begründet werden kann, hält das Kammergericht bei dem Vorliegen eines solchen Beschlusses die Armenverbände für subsidiär verpflichtet, sofern besondere erziehliche Einwirkungen auf das Kind zur Verhütung seiner Verwahrlosung nicht erforderlich sind. Eine weitere Bedingung für die Inanspruchnahme der Armenverbände ergibt sich aber aus der von dem Kammergericht (Beschluß vom 30. Juni

1902) anerkannten Tatsache, daß die Armenverbände nicht zu besonderen Veranstaltungen dagegen verpflichtet sind, daß ein Kind dauernd dem Einfluß der Eltern entzogen bleibe. Demnach soll auch nach der Ansicht des Kammergerichts die armenrechtliche Unterbringung bei einem Kinde, das durch das Zusammensein mit seinen Eltern gefährdet ist, nur dann eintreten, wenn

1. besondere erziehliche Maßregeln nicht erforderlich sind,
2. und durch die armenrechtliche Unterbringung das Kind dauernd dem Einfluß der Eltern entzogen bleibt.

Fehlt es an einer dieser Voraussetzungen, so ist auch nach der Ansicht des Kammergerichts die Einleitung der Fürsorgeerziehung gerechtfertigt.

Zu 1. ist darauf hinzuweisen, daß besondere erziehliche Maßregeln regelmäßig notwendig sein werden, wenn das Kind durch den verderblichen Einfluß der Eltern in seinem moralischen Empfinden bereits erschüttert ist. Da nach dem oben Gesagten der Beginn der Verwahrlosung nicht ein Erfordernis für die Einleitung der Fürsorgeerziehung bildet, so wird — abgesehen von ganz seltenen Ausnahmefällen — angenommen werden müssen, daß die über die ersten Kinderjahre fortgeschrittenen Minderjährigen durch die dauernde Beeinflussung von seiten ihrer sittenlosen oder verbrecherischen Eltern in einer Weise infiziert sein werden, daß erzieherische Maßregeln zu ihrer Besserung Anwendung finden müssen. Demnach wird — unter Zugrundelegung der kammergerichtlichen Judikatur — die armenrechtliche Unterbringung regelmäßig nur für Minderjährige, die im Säuglingsalter oder in den ersten Lebensjahren stehen, in Anspruch zu nehmen sein. Aber auch von der Kategorie dieser Kinder scheidet noch ein erheblicher Teil mit Rücksicht auf das Erfordernis zu b aus. Besteht im Hinblick auf die Enge der Verhältnisse — wie sie sich bei den meisten ländlichen Ortsarmenverbänden findet — nicht die Möglichkeit, armenrechtlich untergebrachte Kinder dauernd dem Einfluß der Eltern zu entziehen, so bleibt selbst bei ganz jugendlichen, irgendeiner Erziehung nicht bedürftigen Kindern die Einleitung der Fürsorgeerziehung gerechtfertigt. Schließlich aber ist darauf hinzuweisen, daß nach dem Beschlusse des Kammergerichts vom 24. November 1902 bei über 14 Jahre alten Minderjährigen eine Inanspruchnahme der Armenverbände regelmäßig nicht gerechtfertigt ist, weil in diesem Alter die Minderjährigen als erwerbsfähig anzusehen sind und die Hilfsbedürftigkeit von der Arbeitsfähigkeit ausgeschlossen wird.

Werden die vorstehend dargelegten Grundsätze genau berücksichtigt, so wird die Inanspruchnahme der Armenverbände bei Kindern, bezüglich derer ein gemäß § 1666 erlassener Beschluß auf Trennung von ihren Eltern vorliegt, nur in verhältnismäßig wenigen Fällen nötig sein.

Aus den vorstehenden Ausführungen ergibt sich, daß für die Handhabung des Gesetzes vom 2. Juli 1900 die folgenden Grundzüge der kammergerichtlichen Rechtsprechung besondere Beachtung verdienen:

1. Die Einleitung der Fürsorgeerziehung ist nicht durch eine bereits vorliegende Verwahrlosung bedingt. Es genügt, daß die Gefahr der Verwahrlosung ernstlich droht. Zur Feststellung dieser Gefahr bedarf es nicht durchaus des Nachweises sichtbarer Spuren der Verwahrlosung bei den Minderjährigen selbst. Aus dem sittlich verwerflichen Lebenswandel der Mutter, mit der der Minderjährige weiter zusammenleben müßte, kann z. B. die Gefahr der Verwahrlosung entnommen werden.

2. Die Subsidiarität der Fürsorgeerziehung erfordert nicht, daß vor ihrer Einleitung andere zur Verhütung der Verwahrlosung in Betracht kommenden Mittel (Einwirkung von Kirche, Schule, Inanspruchnahme der freien Liebestätigkeit, der Armenverwaltung) tatsächlich erprobt werden. Es genügt die Feststellung, daß nach den besonderen Umständen des Falles diese anderen Mittel nicht geeignet sind oder nicht ausreichen, der Verwahrlosung vorzubeugen.

3. Auch bei Kindern, die lediglich durch das Zusammenleben mit ihren sittenlosen oder verbrecherischen Eltern der Verwahrlosung ausgesetzt sind, ist die Einleitung der Fürsorgeerziehung zulässig:

a) wenn besondere erziehliche Maßnahmen geboten sind (dies wird regelmäßig bei Kindern, die die ersten Lebensjahre überschritten haben, der Fall sein);

b) wenn die armenrechtliche Unterbringung wegen der Enge der Verhältnisse in dem verpflichteten Ortsarmenverband keine Gewähr dagegen bietet, daß die Kinder dauernd dem schädlichen Einfluß der Eltern entzogen bleiben;

c) wenn bei über 14 Jahre alten Minderjährigen die Hilfsbedürftigkeit infolge der Erwerbsfähigkeit ausgeschlossen ist.

Eure Durchlaucht (Exzellenz) ersuche ich ergebenst, die Antragsbehörden mit entsprechender Anweisung zu versehen und sie zu einem rechtzeitigen Eingreifen zu veranlassen. Wie bereits in dem Erlasse meines Amtsvorgängers vom 22. Februar 1901 hervorgehoben ist, kann es selbstverständlich nicht Zweck des FEG. sein, jeden in seiner Erziehung gefährdeten, verlassenen oder verwahrlosten Minderjährigen in Fürsorgeerziehung zu bringen. Das Bemühen muß in erster Linie darauf gerichtet sein, das Band zwischen Eltern und Kindern aufrechtzuerhalten und diese gegebenenfalls mit Hilfe der kirchlichen Einwirkung, der Schulzucht, der Armenpflege, freiwilliger Liebestätigkeit oder vormundschaftsrichterlicher Anordnung in den Stand zu setzen, eine geordnete Erziehung herbeizuführen. Besondere Beobachtung verdienen die Fälle, in denen die Kinder während der Abwesenheit der auf Arbeit außer dem Hause angewiesenen Eltern der Gefahr der Verwahrlosung ausgesetzt sind. Hier wird die Bestellung einer besonderen Aufsicht seitens der Organe der freiwilligen Liebestätigkeit sich als ein geeignetes Mittel zur Abwehr der Gefahr erweisen. Auch darauf wird besonders Bedacht zu nehmen sein, daß einer auf wirtschaftlicher Notlage der Eltern beruhenden Gefährdung der Kinder durch rechtzeitige und ausreichende Unterstützung der Eltern seitens der Armenverwaltungen vorgebeugt wird.

Ich bitte bei dieser Gelegenheit, auch die Aufmerksamkeit der Antragsbehörden auf die verhältnismäßig zahlreichen Vorbestrafungen mit Gefängnis, die Kinder im schulpflichtigen Alter vor ihrer

Überweisung zur FE. erlitten haben, zu lenken. Derartig unerwünschte Vorläufer der Erziehungsarbeit werden in vielen Fällen durch rechtzeitiges Eingreifen zu vermeiden sein.

Dabei ist den Antragsbehörden aus der Verfügung des Herrn Justizministers vom 6. Februar 1901 die folgende Bestimmung in Erinnerung zu bringen:

„Die Beamten der Staatsanwaltschaft haben von den zu ihrer amtlichen Kenntnis gelangenden Fällen, in welchen Minderjährige, die das 18. Lebensjahr noch nicht vollendet haben,

a) der Verwahrlosung verfallen oder von der nahen Gefahr einer solchen bedroht erscheinen,

b) oder einer vor dem 12. Lebensjahre begangenen strafbaren Handlung verdächtig sind,

den zur Stellung des Antrags auf Einleitung der FE. nach § 4 des Gesetzes vom 2. Juli 1900 zuständigen Behörden, bei Gefahr im Verzuge auch dem Vormundschaftsgerichte Mitteilung zu machen."

Gehen solche Mitteilungen ein, so sind die Gesamtverhältnisse der betreffenden Minderjährigen alsbald einer eingehenden Prüfung zu unterwerfen, und es ist in allen geeigneten Fällen der Antrag auf Einleitung der FE. zu stellen.

Eure Durchlaucht (Exzellenz) ersuche ich ergebenst, den Antragsbehörden die sorgfältigste Beachtung der vorstehenden Gesichtspunkte und eine erschöpfende Ausfüllung des mit dem Erlasse vom 14. August 1907 mitgeteilten Antragsmusters zur besonderen Pflicht zu machen. Daß sie diese Aufgaben nicht allein lösen können, sondern dabei die ihnen nachgeordneten Organe zur Hilfe heranziehen und sich der Mitarbeit aller Personen, die für diese Sorge um die gefährdete Jugend ein Herz und ein Verständnis haben, insbesondere der Geistlichen, Ärzte, Lehrer, Mitglieder von Vereinen für Kindererziehung und Jugendschutz versichern müssen, ist bereits im Erlasse vom 22. Februar 1901 hervorgehoben.

Indem ich noch Abschrift des Beschlusses des Kammergerichts vom 3. April d. Js. Ia X 281. 12. 27. anschließe, gebe ich mich der Hoffnung hin, daß bei umsichtigem und gewissenhaftem Verfahren der Antragsbehörden der vorbeugende Charakter des FEG. in der

Praxis zur Geltung gebracht werden kann und sehe ihrem eingehenden Berichte über den Erfolg dieser Anweisung nach Jahresfrist entgegen.

An die Herren Oberpräsidenten.

32. des MJ. vom 26. April 1913.

Die Grundsätze über Beistandsleistung in FEAngelegenheiten.

Der Bundesrat hat in der Sitzung vom 7. November 1912 folgende Grundsätze für die Beistandsleistung in Fürsorge(Zwangs)-erziehungeangelegenheiten und für die Erstattung der entstehenden Kosten beschlossen:

1. Den in Fürsorge(Zwangs)erziehungsangelegenheiten an der Unterbringung Minderjähriger beteiligten Behörden haben die Polizeibehörden anderer Bundesstaaten, in deren Amtsbezirke der Minderjährige sich aufhält, auf Ersuchen Beistand zu leisten.

   Die Beistandsleistung besteht in der Zuführung des Minderjährigen durch die ersuchte an die ersuchende Behörde oder auf Wunsch der letzteren an die von dieser bezeichneten Pflegestelle. Sie erstreckt sich auch auf die Zuführung durch das Gebiet solcher Bundesstaaten, die auf dem Wege zwischen dem Bundesstaate der ersuchten und dem der ersuchenden Behörde gelegen sind. Für die Art und Weise der Zuführung, insbesondere die Art der Begleitung des Minderjährigen, sind die Vorschriften maßgebend, die in dem Bundesstaate der ersuchten Behörde für die Zuführung von Fürsorge(Zwangs)-zöglingen gelten.
2. Der Schriftwechsel zwischen der ersuchten und der ersuchenden Behörde erfolgt unmittelbar.
3. Die durch die Zuführung entstehenden baren Auslagen werden der ersuchten Behörde von der ersuchenden erstattet, wobei als Beginn der Zuführung der Zeitpunkt der Ergreifung gerechnet wird.

   Die baren Auslagen, zu denen auch die Kosten der Verpflegung gehören, sind auch dann zu erstatten, wenn die begonnene Zuführung infolge eines Hindernisses nicht völlig zur Durchführung gekommen ist.

Zu den zu erstattenden Auslagen gehören nur die Kosten der Zuführung selbst, nicht die Auslagen für Zustellungen oder Korrespondenzen (Zustellungsgebühren, Postgebühren und dergleichen).

4. Für die Berechnung der Höhe der Kosten gelten die für die ersuchte Behörde maßgebenden Vorschriften.

5. Streitigkeiten über die Erstattungsfähigkeit einer Auslage und über die Höhe der zu erstattenden Kosten sind behufs Herbeiführung einer Verständigung den Landeszentralbehörden zu unterbreiten.

Wegen einer solchen Streitigkeit darf in keinem Falle die Erledigung eines Ersuchens um Beistandleistung aufgehoben werden.

6. Elsaß-Lothringen gilt im Sinne dieser Grundsätze als Bundesstaat.

Die erforderlichen Überdrucke für die Kommunalverbände, die Regierungspräsidenten (Polizeipräsident Berlin), Landräte (Oberamtmänner in den hohenzollernschen Landen) und Polizeibehörden, welche hiernach zu verfahren haben, sind beigefügt.

An die Herren Oberpräsidenten.

33. des MJ. und des UM. vom 2. Oktober 1913.

Änderung des Erlasses vom 12. Mai 1910 über die Staatsaufsicht.

In unserem Erlasse vom 12. Mai 1910 sind die Zuständigkeiten, die für die Ausübung der Staatsaufsicht über Erziehungsanstalten in Frage kommen, eingehend dargelegt worden und es ist gleichzeitig, um einer Regellosigkeit bei der Ausübung dieses Rechtes und einer Beunruhigung der Anstalten vorzubeugen, die Abhaltung möglichst gemeinsamer und gleichzeitiger Revisionen angeregt worden. Diese Maßnahme hat sich, wie die auf den Erlaß vom 30. April

1912 eingegangenen Berichte erkennen lassen, in der Praxis bewährt. Von seiten der Provinzialverwaltungen ist allerdings mehrfach der Wunsch zum Ausdruck gebracht worden, daß für diejenigen Anstalten, die teilweise oder überwiegend mit Fürsorgezöglingen belegt sind, die Ausübung der Staatsaufsicht, den Regierungen (bzw. den Regierungspräsidenten) genommen und allein den Oberpräsidenten übertragen werden möge. Aber abgesehen davon, daß die zur Begründung dieses Wunsches angeführten Gesichtspunkte nicht alle als zutreffend angesehen werden können, steht seiner Durchführung vor allem auch die Tatsache entgegen, daß hierfür eine Änderung der im Erlasse vom 12. Mai 1910 aufgeführten Gesetze erforderlich wäre; eine derartige Änderung kann aber um so weniger erwogen werden, als zurzeit noch nicht feststeht, welche Aufgaben den Oberpräsidenten durch die Verwaltungsreform zugewiesen werden sollen.

Hinsichtlich der sachlichen Zuständigkeit für die Ausübung der Staatsaufsicht bei den verschiedenen Erziehungsanstalten muß es daher bei dem Erlasse vom 12. Mai 1910 sein Bewenden haben.

In formeller Beziehung wollen wir uns jedoch mit Änderungen in folgenden Punkten einverstanden erklären:

1. Von einzelnen Landeshauptleuten (Landesdirektoren) ist darauf hingewiesen worden, daß eine Beteiligung der Provinzialreferenten an den von den Regierungspräsidenten, bzw. von den Regierungen anberaumten Revisionen aus dem Grunde nicht möglich gewesen sei, weil ihnen der Terminsvorschlag erst aus zweiter Hand durch die Oberpräsidenten zugegangen und eine Absetzung anderweitiger bereits in Aussicht genommener Dienstreisen nicht mehr möglich gewesen sei. Diesem Mißstande wird dadurch vorgebeugt werden können, daß die Initiative für die Anberaumung von Revisionsterminen von Eueren Exzellenzen (Euerer Durchlaucht) den Herren Oberpräsidenten, ergriffen wird, soweit es sich um Anstalten handelt, in denen teilweise oder überwiegend Fürsorgezöglinge untergebracht sind. Es werden daher die betreffenden Anstalten für jede Provinz zu ermitteln und entsprechende Ver-

einbarungen mit den Königlichen Regierungen bzw. Regierungspräsidenten zu treffen sein.

2. Es erscheint weiter unbedenklich, daß solche Anstalten, bei denen sich keine Anstände ergeben haben und bei denen die Persönlichkeit des Anstaltsleiters hinreichende Gewähr für eine ordnungsmäßige Fortführung und Durchführung der Anstaltsziele bietet, in einem größeren Zeitraume als einem einjährigen, etwa in einem zweijährigen revidiert werden. An dem Grundsatze jedoch, daß die Revisionen auch für den Anstaltsleiter unvermutet vorzunehmen sind, muß weiter festgehalten werden.
3. Die den Kreisärzten obliegende, von Staatsaufsichts wegen einmal im Jahre vorzunehmende besondere Revision (§ 94 der Dienstanweisung für die Kreisärzte) kann in den Fällen unterbleiben, in denen die Kreisärzte bereits im Wege des Privatdienstvertrages von den Provinzialverwaltungen als Vertrauensärzte der Anstalten bestellt sind. Die Kreisärzte haben indessen Abschriften ihrer Hauptberichte für die Provinzialverwaltungen an die Regierungspräsidenten und die Bezirksregierungen gelangen zu lassen.
4. Die Heranziehung der Regierungs- und Medizinalräte, der Regierungs- und Bauräte, der Regierungs- und Gewerbeschulräte, sofern sie nicht etwa die mit der regelmäßigen Revision beauftragten Kommissare der Regierungspräsidenten oder der Königlichen Regierung sind, soll nach Nr. 3 des Erlasses vom 12. Mai 1910 nur einen subsidiären Charakter tragen und hat sich — mit Ausnahme weniger Fälle, in denen ihre Zuziehung von vornherein zur gemeinsamen Revision aus besonderen Gründen geboten erscheint, demnach auf diejenigen Fälle zu beschränken, in denen die gemeinsame Hauptrevision Anstände ergeben hat.

Um dem in Provinzen mit mehreren Regierungsbezirken teilweise hervorgetretenen Mißstande vorzubeugen, daß an Anstalten, die von der Provinz oder größeren Vereinen auf gemeinsamer Grundsage erbaut sind und die von einheitlichen

Gesichtspunkten aus geleitet werden, von den einzelnen Bezirksregierungen bei den Revisionen auch verschiedene Anforderungen gestellt werden, wollen Euere Exzellenzen (Durchlaucht), die Herren Oberpräsidenten, erforderlichenfalls dahin wirken, daß die Aufsichtsführung durch die Regierungen (Regierungspräsidenten) nach einheitlichen Gesichtspunkten ausgeübt wird und daß Anordnungen grundsätzlicher Art nicht getroffen werden, ohne daß die betreffenden Instanzen sich vorher mit Eueren Exzellenzen (Euerer Durchlaucht) ins Benehmen gesetzt haben.

5. Auf die genaue Beachtung der Nr. 5 des Erlasses vom 12. Mai 1910 wird besonderer Wert gelegt. Euere Durchlaucht (Exzellenz, Hochgeboren, Hochwohlgeboren) wollen deshalb dafür Sorge tragen, daß die Auswahl der Dezernenten nach den dort angegebenen Gesichtspunkten erfolgt und daß ein häufiger Wechsel der Referenten vermieden wird.

6. Was die Befugnis der einzelnen Kommissare bei gemeinsamen Revisionen anbetrifft, so folgt daraus, daß das Muster für die Niederschrift einer Besichtigung, das unserem Erlasse vom 12. Mai 1910 beigelegen hat, ein einheitliches ist, nicht, daß etwa der Vertreter der Regierung Erinnerungen zu ziehen und Anforderungen auf Gebieten zu stellen hat, die die Haltung und Behandlung von Fürsorgezöglingen betreffen. Bei ihnen fällt diese Aufgabe vielmehr dem Vertreter Euerer Exzellenzen (Durchlaucht) zu, der daher auch sein Hauptaugenmerk auf die Punkte B II und III, C II und D des Musters zu richten haben wird, während dem Vertreter der Regierung die Prüfung der übrigen Punkte und der gesamten Verhältnisse der sonstigen Zöglinge obliegt. Ergeben sich dabei etwa Anforderungen in baulicher Hinsicht oder auch bezüglich der Qualifikation des Erzieherpersonals, deren Erfüllung nur unter Mithilfe der Provinzialverwaltungen möglich ist, so ist es selbstverständlich, daß diesen Gelegenheit zur Stellungnahme gegeben werden muß. Wir nehmen jedoch an, daß es bei vertrauensvollem Zusammenarbeiten der Vertreter Euerer Ex-

zellenzen (Durchlaucht), der Regierungen (Regierungspräsidenten) und der Provinzialverwaltungen schon an Ort und Stelle möglich sein wird, alle diejenigen Maßnahmen, zu denen die Revision Anlaß gibt, gemeinschaftlich zu vereinbaren.

Abdrücke für die Herren Landesdirektoren (Landeshauptleute) liegen bei.

An die Herren Oberpräsidenten, die Herren Regierungspräsidenten und die Königlichen Regierungen, Abteilungen für Kirchen- und Schulwesen.

34. des MJ. vom 20. Juli 1915.

Die Bedeutung der Abänderung des FEG. durch die Novelle vom 7. Juli 1915.

Durch das Gesetz vom 7. Juli 1915 (Gesetzsamml. S. 113), betreffend die Abänderung des Gesetzes über die Fürsorgeerziehung vom 2. Juli 1900, erfährt § 1 eine wesentliche Änderung. Während außer den Voraussetzungen des § 1666 oder des § 1838 BGB. nach dem bisherigen Rechte von den Vormundschaftsgerichten geprüft wurde, ob die Fürsorgeerziehung erforderlich war, um die Verwahrlosung des Minderjährigen zu verhüten, ist nach der neuen Vorschrift lediglich festzustellen, ob eine anderweite Unterbringung des Minderjährigen zu diesem Zwecke notwendig ist und ob eine geeignete Unterbringung nicht ohne Inanspruchnahme öffentlicher Mittel erfolgen kann. Der Zweck dieser Gesetzesänderung ist, dem vorbeugenden Charakter des Fürsorgeerziehungsgesetzes in höherem Maße Geltung zu verschaffen, als dies bis jetzt möglich war. Soll dieser Zweck erreicht werden, so muß überall da durch die Antragsbehörden rechtzeitig eingegriffen werden, wo eine Belassung des Minderjährigen in seinen Verhältnissen die Gefahr der Verwahrlosung in sich birgt. Es muß erwartet werden, daß die Antragsbehörden dieser Pflicht gewissenhaft nachkommen. Geschieht dies, so werden demnächst zahlreiche Minderjährige der Fürsorgeerziehung zugeführt werden, für deren ordnungsmäßige Unterbringung seitens der in § 14 des Gesetzes vom 2. Juli 1900 bezeichneten Kommunalverbände Sorge getragen werden muß. Da es sich vorwiegend um solche Minderjährige handelt, die dem sittlichen Verderben noch nicht anheimgefallen sind, so wird die Familienerziehung in erster Linie und nur in selteneren Ausnahmefällen die Anstaltserziehung in Frage kommen. Die Kommunalverbände werden deshalb mehr wie bisher darauf Bedacht nehmen müssen, sich eine ausreichende Zahl geeigneter Familien zu sichern. Bei deren Ermittelung werden sie von den in den einzelnen Provinzen vorhandenen Organisationen der freien Liebestätigkeit, wie ich annehme, gern unterstützt werden, wie dies auch schon jetzt in dankenswerter Weise geschieht.

Selbstverständlich ist es nicht Zweck der Novelle, alle gefährdeten Kinder unbedingt der Fürsorgeerziehung zuzuführen. Es wird vielmehr in allen den Fällen, wo sich bisher schon die freie Liebestätigkeit solcher Kinder angenommen hat, auch in Zukunft diese Arbeit unbehindert fortgesetzt werden können, sofern die Vereine, welche die Sorge für Unterbringung und Erziehung gefährdeter Kinder übernehmen, die erforderlichen Mittel besitzen und als geeignet zur Erfüllung dieser ihrer Aufgabe anzusehen sind.

Der Wirkung der Novelle ist in dem nächstjährigen Bericht über den Stand der Fürsorgeerziehung ein besonderer Abschnitt zu widmen.

Die für die Kommunalverbände, Regierungspräsidenten, Landräte, Oberamtmänner in den Hohenzollernschen Landen, Leiter der Königlichen Polizeiverwaltungen, Magistrate in Stadtkreisen sowie in Städten mit mehr als 10000 Einwohnern und den diesen Städten gleichgestellten Städten in der Provinz Hannover bestimmten Abdrucke dieses Erlasses liegen bei.

An die Herren Oberpräsidenten.

Anlage c.

Erlaß des Evangelischen Ober-Kirchenrats zu Berlin über die Fürsorgeerziehung Minderjähriger.

Das Gesetz über die Fürsorgeerziehung Minderjähriger vom 2. Juli 1900 (GS. S. 264) tritt mit dem 1. April 1901 in Kraft. Während das Gesetz vom 13. März 1878, betreffend die Unterbringung verwahrloster Kinder, sich auf die Ermächtigung der Gerichte beschränkte, bestrafte Jugendliche der Zwangserziehung zu überweisen, ist das Gesetz auf eine breitere Basis gestellt. Hiernach kann für alle Minderjährigen, ohne die bisherige Altersgrenze nach unten, nicht allein nach Verübung einer strafbaren Handlung, sondern auch prophylaktisch bei drohender Verwahrlosung die Fürsorgeerziehung angeordnet werden. Es kommt hierdurch dem Gesetze eine hohe soziale Aufgabe von allgemeiner religiös-sittlicher Bedeutung zu. Haben die wachsende Kriminalität, Verrohung und Verwahrlosung unter den Jugendlichen lange schon Anlaß zu schweren Sorgen gegeben und Maßregeln der Abhilfe dringend notwendig erscheinen lassen, so ist es mit Dank zu begrüßen, daß der Staat hierfür nunmehr eine geeignete Grundlage geschaffen hat. Insbesondere muß das neue Gesetz das lebhafteste Interesse der Kirche und ihrer Organe in Anspruch nehmen. In erster Linie zur Bekämpfung der sittlichen Schäden unseres Volkslebens berufen, hat die Kirche zur Ausführung dieses Gesetzes, von deren umsichtiger Handhabung seine erhoffte Segenswirkung bedingt ist, wesentlich mitzuwirken.

Zunächst kommt die Mitwirkung in Betracht, welche nach § 4 hinsichtlich der Anhörung der zuständigen Geistlichen zur Beschlußfassung der Vormundschaftsgerichte wegen Unterbringung zur Fürsorgeerziehung und nach § 14 hinsichtlich der Aufnahme der betreffenden Zöglinge in kirchlichen Anstalten, in dem Gesetze ausdrücklich vorgesehen ist. Außerdem aber wird sich den kirchlichen Organen zur Förderung der Ziele des Gesetzes in Unterstützung der damit in Aussicht genommenen Maßnahmen und Einrichtungen vielfältige Möglichkeit bieten, deren gewissenhafte und nachhaltige Wahrnehmung ihnen zur Pflicht zu machen ist. So müssen die Geistlichen und Gemeindekirchenräte (Presbyterien) — unter entsprechender Beihilfe der Parochie — vorzugsweise befähigt und berufen erscheinen, die der Fürsorgeerziehung bedürftigen Kinder den für die betreffende Anordnung zuständigen Behörden namhaft zu machen, über die Zweckmäßigkeit der Familien- oder Anstaltserziehung — je nach der Individualität der einzelnen — ein zutreffendes Urteil abzugeben, insbesondere auch geeignete Familien zur Unterbringung der Zöglinge ausfindig bzw. zur Aufnahme und zum erziehlichen Dienst der sittlich Gefährdeten willig zu machen. Bei der Bestellung von Fürsorgern für die in Familien untergebrachten Zöglinge, bei der Durchführung der gesetzlichen Bestimmungen über die religiöse Erziehung der der Fürsorgeerziehung überwiesenen Kinder, bei der Auswahl eines angemessenen Unterkommens für die aus der Fürsorgeerziehung Entlassenen und in sonstigen Richtungen bietet sich der Kirche ein weites Feld wertvoller Mitwirkung bei Ausführung des Gesetzes. Hier innerhalb des Rahmens der vorliegenden Bestimmungen einen zweckdienlichen Einfluß zu gewinnen, werden sich die kirchlichen Organe allen Ernstes angelegen sein lassen müssen.

Besondere Aufmerksamkeit wird der Vorschrift des § 14 zuzuwenden sein. Die in der Anlage beigefügten Motive zu dem Gesetz lassen erkennen, welche Bedeutung die Aufnahme von Zöglingen in Erziehungs- und Besserungsanstalten der inneren Mission schon unter der Herrschaft des bisherigen Rechtes gewonnen hat. Daß diesen Anstalten auch in Zukunft die anstaltliche Fürsorgeerziehung vorzugsweise zugewiesen und ihr Bestand nicht durch Errichtung kommunaler Anstalten zur Fürsorgeerziehung gefährdet werde, liegt im wesentlichen gemeinsamen Interesse der Kirche wie der Inneren Mission. Das Königliche Konsistorium wird zu erwägen haben, ob und in welcher Weise es sowohl jenen Anstalten als auch den Fürsorgeverbänden gegenüber seine Dienste darbieten kann, um auf die gedachte Inanspruchnahme der Anstalten der Inneren Mission tunlichst hinzuwirken.

Wir beschränken uns auf diese Hinweise, um die Aufmerksamkeit des Königlichen Konsistoriums auf diesen neuen, wichtigen Zweig kirchlicher Fürsorge für das nachwachsende Geschlecht zu lenken und eine angemessene Einwirkung des Königlichen Konsistoriums auf die nachgeordneten Organe in Anregung zu bringen. Übrigens überlassen wir dem Königlichen Konsistorium, nach Maßgabe der dortigen Verhältnisse das Geeignete in die Wege zu leiten, und wollen demnächst Bericht über das Veranlaßte und den Fortgang der Angelegenheit innerhalb des dortigen Aufsichtsbereichs erwarten.

Berlin, den 14. August 1900.

Anlage d.

Formulare, die bei der städtischen Waisen-deputation Berlin im Gebrauche sind.

1. Erziehungs- und Pflegevertrag.

Zwischen der zur Fürsorgeerziehung be... am ....ten .... 19.. in .... geborenen, evangelischen — katholischen

....

berufenen Städtischen Waisen-Deputation in Berlin, Alte Jakobstraße 33/35

vertreten durch ....

und ....

.... Religion, in .... Kreis ....

als Pfleger*) ist nachfolgender Erziehungs- und Pflegevertrag geschlossen worden:

§ 1.

Der Pfleger nimmt den obengenannten Fürsorgezögling der Stadt Berlin vom ...ten .... 19.... ab in seine häusliche Gemeinschaft zur Erziehung und Pflege auf.

§ 2.

Der Pfleger hat dem Zöglinge zu gewähren:

a) hinreichende und gesunde Kost;

b) Instandhaltung seiner Kleidung, insbesondere Reinigung der Wäsche;

c) Wohnung unter Anweisung einer ordentlichen und gesunden Schlafstelle mit einem allein für den Gebrauch des Zöglings bestimmten Bette in einem Raume, den er jedenfalls nur mit Personen seines Geschlechtes teilen darf.

---

*) Unter „Pfleger“ werden in diesem Vertrage die „Pflegeeltern“ verstanden.

Der Zögling wird dem Pfleger mit einer vorschriftsmäßigen Ausstattung, über deren Bestand dem Fürsorger ein Verzeichnis zugeht, überwiesen. Außerdem werden die Zöglinge, die bei der Übergabe an die Pflegeeltern über zwei Jahre alt waren, alljährlich in dem Monat bekleidet, der dem Monat entspricht, in dem die Übergabe des Zöglings erfolgt ist. Die Kleidung wird an jedem Wochentage von 9—$2^1/_2$ Uhr im Waisenhause, Alte Jakobstraße 33/35, ausgehändigt oder mit der Post übersandt. Ferner erhalten die Zöglinge zur Einsegnung eine Ausstattung. Die Gewährung von Kleidung ist jedesmal beim Fürsorger zu beantragen. Erfolgt die Übersendung durch die Post, so ist das mitgesandte Quittungsformular umgehend unterschrieben an die Waisen-Deputation zurückzuschicken.

Die Kleidung bleibt Eigentum der Waisen-Deputation: diese hat also das Recht, stets die Rückgabe der Kleidung zu verlangen.

Die Kosten der Ausbesserung des Schuhwerks der Zöglinge trägt die Waisen-Deputation.

§ 3.

Der Pfleger erkennt hierdurch ausdrücklich an, daß ihm der Zögling nicht zur Leistung von Diensten, sondern zu seiner Erziehung anvertraut ist, so daß es seine Pflicht ist, ihn in seinen Familienkreis aufzunehmen, wie ein eigenes Kind zu behandeln, zum Guten anzuhalten und ihn durch gutes Beispiel und Ermahnung zu einem tüchtigen Menschen in religiös-sittlichem Sinne erziehen zu helfen.

Der Pfleger hat daher den Zögling nicht nur zu guter Sitte, Ordnungsliebe, Reinlichkeit und Arbeitsamkeit anzuhalten, sondern auch eine sorgfältige Aufsicht über seinen ganzen Lebenswandel zu führen, insbesondere keine üblen Angewohnheiten, keinen schlechten Umgang, kein Umhertreiben zu dulden.

Er verpflichtet sich, den Zögling zum regelmäßigen Besuche der Schule und Kirche, zur Anfertigung der in der Schule gegebenen Aufgaben anzuhalten, ihn zu den für sein Alter und Geschlecht passenden häuslichen und ländlichen Arbeiten anzuleiten und zu verwenden, soweit dies ohne Schädigung der Gesundheit des Zöglings und des Schulunterrichts geschehen kann; ferner ihm die zur Erhaltung und Förderung der Gesundheit erforderliche Erholungszeit und Bewegung im Freien zu gewähren.

Er verpflichtet sich ferner, den Zögling nicht in Fabriken und ähnlichen Betrieben zu verwenden und ihn bei der Hausindustrie nur mit ausdrücklicher Genehmigung des Fürsorgers zuzulassen.

In seiner Erziehungsaufgabe findet der Pfleger Unterstützung bei dem Fürsorger, der ihm durch Rat und Tat beizustehen hat.

§ 4.

Der Fürsorger ist von der Waisenverwaltung zur Überwachung der Führung und der Erziehung des Zöglings bestellt. Er hat der Waisen-Deputation darüber Berichte zu erstatten.

Der Pfleger muß daher dem Fürsorger — und ebenso sonstigen Beauftragten der Waisen-Deputation — stets Zutritt zu dem Zöglinge gewähren und ihm jeden gewünschten Aufschluß über den Zögling geben.

Er hat ihm von allen wichtigen Vorkommnissen, welche die Person oder die Erziehung des Zöglings betreffen, unaufgefordert und sofort Anzeige zu machen und auch alle Beschwerden bei ihm anzubringen.

Den Weisungen des Fürsorgers hat der Zögling und der Pfleger vorbehaltlich der Entscheidung der Waisen-Deputation, die sie anrufen können, Folge zu leisten.

§ 5.

Insbesondere hat der Pfleger dem Fürsorger sofort Anzeige zu machen, wenn der Zögling aus der Pflegestelle entlaufen ist, mag er die Fortsetzung der Pflege verlangen oder nicht, und hat sofort die Ortspolizeibehörde um Ergreifung und Zurückführung des Zöglings in seine häusliche Gemeinschaft oder, wenn das nicht angezeigt ist, nach der Anstalt, aus welcher der Zögling in Pflege gegeben worden ist (falls der Zögling von der Waisenverwaltung selbst kam, nach dorthin Alte Jakobstraße 33/35), zu ersuchen.

§ 6.

Der Zögling ist dem Pfleger zu unbedingtem Gehorsam verpflichtet.

Im schriftlichen und persönlichen Verkehr mit seinen Angehörigen und mit Fremden ist der Zögling, sofern dieser Verkehr den Erziehungszweck zu beeinträchtigen geeignet ist, beschränkt.

Der Pfleger ist daher berechtigt, die an den Zögling gerichteten Briefe in Empfang zu nehmen, zu öffnen und ihm den dem Erziehungszwecke zuwiderlaufenden Inhalt vorzuenthalten. Solche Briefe sind dem Fürsorger zu übergeben, der sie an die Waisen-Deputation weiterzugeben hat. An den Zögling gerichtete Geldsendungen und andere Geldzuwendungen sind ebenfalls an den Fürsorger zur Verwaltung abzuführen.

Der Pfleger ist ferner berechtigt, Angehörigen des Zöglings den Zutritt zu diesem zu verbieten, wenn er und der Fürsorger der Meinung sind, daß die Angehörigen den Zögling schlecht beeinflussen und die Erziehung gefährden.

Beurlaubungen des Zöglings zu seinen Angehörigen, insbesondere zu seinen Eltern, sind nur mit Genehmigung der Waisen-Deputation, andere Beurlaubungen nur mit vorheriger Genehmigung des Fürsorgers statthaft.

Der schriftliche und persönliche Verkehr des Zöglings mit seinen früheren Erziehern, insbesondere mit der Erziehungsanstalt, aus der er in Pflege gegeben worden ist, ist dagegen möglichst zu fördern.

§ 7.

Der Pfleger hat dem Zögling in Krankheitsfällen Pflege und ärztliche Hilfe zu gewähren. Die Kosten für Arzt und Arznei trägt die Waisen-Deputation.

Eine etwa notwendig werdende Überweisung in ein Krankenhaus ist bei augenblicklicher Gefahr sofort zu veranlassen, nachträglich aber alsbald der Waisen-Deputation zu berichten. Abgesehen von solchen Notfällen ist vor der Überweisung durch den Fürsorger die Genehmigung der Waisen-Deputation einzuholen.

Auf Zahnpflege (Putzen der Zähne) ist besonders zu achten.

Stirbt ein Zögling, so ist dies sofort dem Fürsorger und von diesem den Angehörigen und der Waisen-Deputation mitzuteilen; das gleiche gilt von Unfällen und besonderen Ereignissen, die dem Zöglinge zustoßen.

Der Fürsorger hat, falls nicht die Angehörigen die Beerdigung übernehmen wollen, die Beerdigung auf öffentliche Armenpflegekosten beim Gemeindevorstande zu beantragen; dem Armenverbande erstattet die Waisen-Deputation diese Kosten.

§ 8.

Für Pflege, Erziehung und alle in diesem Vertrage übernommenen Pflichten erhält der Pfleger von der Waisen-Deputation eine Entschädigung, und zwar:

für genesende Säuglinge	täglich	1,— ℳ
im übrigen:		
für Kinder bis zu $1^1/_2$ Jahren	täglich	0,70 ℳ
„ „ von $1^1/_2$—2 „	„	0,60 „
„ „ „ 2—3 „	„	0,50 „
„ Knaben von 3—14 Jahren	monatlich	13,50 „
„ Mädchen „ 3—14 „	„	10,50 „
„ „ „ 3— 6 „ nur in Berlin mit Postnachbarorten und Köpenick	„	12,— „ *)

Der Monat wird zu 30 Tagen gerechnet.

Die Auszahlung geschieht vierteljährlich nachträglich im Laufe des ersten Quartalmonats durch den Fürsorger. Bei der Berechnung wird der Aufnahmetag in die Pflege stets, der Tag des Ausscheidens dagegen nicht, wohl aber der Einsegnungs- und Todestag mit berechnet. Der höhere Pflegegeldsatz wird immer bis zum Schlusse des Monats, in dem der Zögling das für den Wechsel des Pflegegeldsatzes erforderliche höhere Alter erreicht, gezahlt.

Die Auszahlung des Pflegegeldes darf nur erfolgen, wenn der

---

*) Für einige Bezirke sind besondere Pflegesätze vereinbart worden. Diese sind hier einzutragen.

Zögling dem Fürsorger vorgestellt wird. Über den Empfang des Pflegegeldes muß jedesmal quittiert werden.

Bei der Rückgabe eines Zöglings geschieht die Zahlung des bis zum Tage der Ablieferung aufgelaufenen Pflegegeldes erst am Anfange des folgenden Vierteljahres durch den Fürsorger.

§ 9.

Will der Pfleger den Zögling nicht behalten, so darf er ihn nicht ohne weiteres aus seinem Hause entfernen, sondern hat zunächst dem Fürsorger von der beabsichtigten Entlassung Kenntnis zu geben und weitere Bestimmungen der Waisen-Deputation abzuwarten. Im dringendsten Notfalle ist der Zögling der örtlichen Polizeibehörde zur Zurückführung in die Anstalt, aus der er in Pflege gegeben worden ist, ist eine solche nicht vorhanden, nach dem Waisenhause in Berlin, Alte Jakobstraße 33/35, zu übergeben.

§ 10.

Die Dauer des Vertragsverhältnisses währt bis zur Entlassung aus der Volksschule und Einsegnung. Der Pfleger muß im Einvernehmen mit dem Fürsorger dafür sorgen, daß dem Zöglinge nach seiner Entlassung aus der Schule und nach der Einsegnung eine geeignete Lehr- oder Dienststelle verschafft wird. Er hat frühzeitig durch den Fürsorger darüber der Waisen-Deputation zu berichten und die Genehmigung einzuholen.

Die Waisen-Deputation ist berechtigt, diesen Vertrag jederzeit ohne voraufgegangene Kündigung aufzuheben, wenn bei dem Pfleger nach ihrem Ermessen der Zweck der Fürsorgeerziehung nicht erreicht werden kann, oder wenn erzieherische Maßnahmen es sonst gebieten, oder die Fürsorgeerziehung aufgehoben wird. Dem Pfleger stehen dann hieraus keine Entschädigungsansprüche zu, dagegen ist er haftbar für den Schaden, welcher der Waisen-Deputation oder dem Zöglinge durch Nichtbeachtung der Bestimmungen dieses Vertrages entsteht.

Der Pfleger kann den Vertrag zum Schlusse jedes Kalender-

Vierteljahres kündigen, muß aber die Kündigung $1^1/_2$ Monate vor dem Ablaufe des Vierteljahres durch den Fürsorger der Waisen-Deputation übermitteln.

§ 11.

Zum Fürsorger ist ....
.... in .... bestellt.

§ 12.

Besondere Vereinbarungen.

....

......, den...ten ...... 191... ......, den ...ten.....191..
Städtische Waisen-Deputation ....
zu Berlin, (Unterschrift des Pflegers.)
vertreten durch ....

2. Lehr- und Erziehungsvertrag.*)

Zwischen der Städtischen Waisen-Deputation zu Berlin, Alte Jakobstraße 33/35, welcher die Ausführung der Fürsorgeerziehung des minderjährigen ...., geboren den .... zu ...., ... Religion, obliegt, vertreten durch .... und Herrn (Namen und Stand) ...., ... Religion, zu ...., Kreis .... ist heute folgender Lehr- und Erziehungsvertrag geschlossen worden:

*) Die unterstrichenen Bestimmungen dürfen nicht geändert werden. Vor der Abfassung sind die Anmerkungen durchzulesen. Die nicht ordnungsmäßige Abfassung des Lehrvertrages wird nach § 150 der Gew.-Ordn. bestraft. Der Lehrherr hat die Pflicht, ein Lehrvertragsexemplar alsbald an die zuständige Handwerkskammer einzureichen, widrigenfalls er sich einer Geldstrafe bis zu 20 Mark aussetzt.

§ 1.*)

Herr .... nimmt den am ...ten ..... 1... zu .... Kreis .... geborenen Fürsorgezögling .... als Lehrling zur Erlernung des ....Handwerks an. Die Lehrzeit beträgt ..... Jahre; sie beginnt am .... 19... und endigt am .... 19....**)

§ 2.*)

Die ersten ..... Wochen der Lehrzeit, also die Zeit bis zum .... 19... gelten als Probezeit.***) Während dieser Probezeit kann das Lehrverhältnis jederzeit durch einseitigen Rücktritt ohne Schadensersatzpflicht aufgelöst werden.

Erfolgt vor Ablauf des letzten Tages der Probezeit von keiner Seite ein Rücktritt, so ist dieser Lehrvertrag rechtsverbindlich.

§ 3.

Ein Lehrgeld wird nicht gezahlt.

Das Lehrgeld beträgt ...... Mark und ist in .... Raten von ..... zu zahlen, und zwar:

am .... 19... mit ..... Mark,
am .... 19... mit ..... Mark,
am .... 19... mit ..... Mark.

Außerdem ....
....

Wird der Lehrvertrag durch Verschulden des Lehrherrn vorzeitig aufgelöst, so ist das gesamte Lehrgeld zurückzuzahlen.

Wird der Lehrvertrag aus anderen Gründen aufgehoben, so

---

*) Der Paragraph muß ausgefüllt werden; § 126 b Gew.-Ordn.

**) Die Lehrzeit soll in der Regel drei Jahre dauern; sie darf den Zeitraum von vier Jahren nicht übersteigen. (§ 130a Abs. 1 Gew.-Ordn.)

***) Die Probezeit hat mindestens vier Wochen zu betragen und darf die Dauer von drei Monaten nicht übersteigen. Sie ist in die Lehrzeit einzurechnen. (§ 127 b Gew.-Ordn.)

22*

hat der Lehrherr nur Anspruch auf Bezahlung des Teiles des Lehrgeldes, der auf die zurückgelegte Lehrzeit entfällt. Das gleiche gilt, wenn beim Tode des Lehrherrn eine Fortsetzung des Lehrverhältnisses mit einem Nachfolger nicht stattfindet oder wenn die Beendigung des Lehrverhältnisses infolge des Überganges des Lehrlings zu einem andern Berufe erfolgt.

§ 4.

Der Lehrling wird dem Lehrherrn mit der vorschriftsmäßigen Kleidung und Wäsche überwiesen. Diese Ausstattung ist vom Lehrherrn während der Lehrzeit auf dem gleichen Stande zu halten; sie bleibt Eigentum der Waisen-Deputation und ist bei vorzeitiger Lösung des Lehrverhältnisses vollzählig und in gutem Zustande der Anstalt, aus der der Lehrling stammt, zu übersenden.

Der Lehrherr gewährt dem Lehrling ausreichende Beköstigung, ein Bett zu eigener, alleiniger Benutzung in einem gesunden Schlafraum, den er nur mit Personen seines Geschlechts teilen darf, Reinigung und Ausbesserung der Wäsche.

Im Falle der Erkrankung übernimmt der Lehrherr, soweit nicht die Überführung in ein Krankenhaus angeordnet wird, die Pflege des Lehrlings.

Der Lehrherr bezahlt das Schulgeld für die Fortbildungs- oder Fachschule und beschafft auf seine Kosten die für den Unterricht erforderlichen Gebrauchsgegenstände und Lehrmittel; er hat für die Einschreibung des Zöglings bei der Innung oder der Handwerkskammer zu sorgen und bezahlt die Einschreibe- und Ausschreibe-, sowie die Prüfungsgebühren.

§ 5.

Für Beköstigung, Wohnung, Kleidung und Wäsche ha..... d...................... zu sorgen. Dafür zahlt der Lehrherr an .... für jede Woche — jeden Monat — ein Kostgeld von

..... Mark im ersten Jahre, ... Mark im dritten Jahre,
..... Mark im zweiten Jahre, ... Mark im vierten Jahre.

Während einer Erkrankung des Lehrlings wird das Kostgeld nur für ..... Wochen ..... Tage — abzüglich der Krankenunterstützung — gezahlt.

§ 6.

Der Lehrherr zahlt dem Lehrling zu Händen d................ einen wöchentlich zahlbaren Lohn für die geleistete Arbeitsstunde von

..... Mark im ersten Jahre, ... Mark im dritten Jahre,
..... Mark im zweiten Jahre, ... Mark im vierten Jahre.

Während einer Erkrankung des Lehrlings wird der Lohn nur für ..... Wochen ..... Tage — abzüglich der Krankenunterstützung — gezahlt.

§ 7.

Sofort nach Einstellung des Lehrlings hat der Lehrherr ihn bei der zuständigen Krankenkasse anzumelden.

Die Beiträge zur Krankenkasse zahlt der Lehrherr.

Von den Beiträgen zur Invaliden- und Hinterbliebenenversicherung zahlt, sobald die Versicherungspflicht eintritt, der Lehrherr den gesetzlichen Teil.

Die von dem Lehrling zu zahlenden Beiträge zur Invaliden- und Hinterbliebenenversicherung*) darf der Lehrherr vom Kostgeld oder Lohn abziehen, jedoch auf einmal nicht mehr als für zwei aufeinander folgende Zahlungsperioden.

§ 8.

Der Lehrherr verpflichtet sich, den Lehrling durch eine dem Zwecke der Ausbildung entsprechende Anleitung, durch Beschäftigung mit allen in seinem Betriebe vorkommenden Arbeiten und auch mit den anderen allgemein gebräuchlichen Handgriffen des zu erlernenden Handwerks zu einem tüchtigen Gesellen heranzubilden, ihn zur Arbeitsamkeit und zu guten Sitten anzuhalten,**) nach Kräften vor Lastern und Ausschweifungen zu bewahren und ihn zum

*) Die Versicherungspflicht tritt ein, wenn der Lehrling 16 Jahre alt geworden ist und Lohn erhält. (§ 1226 der Reichs-Vers.-Ordn.)

**) § 127 Gew.-Ordn.

regelmäßigen Besuche des sonn- und festtäglichen Gottesdienstes seiner Konfession anzuhalten.

Die Anleitung im Handwerk wird durch den Lehrherrn selbst oder einen geeigneten, ausdrücklich dazu bestimmten Vertreter erfolgen. Derjenige, welcher den Lehrling anleitet, muß den Anforderungen der §§ 126, 126a, 129 der Gewerbeordnung entsprechen. Der Lehrling darf zu häuslichen Dienstleistungen, Feld- und Gartenarbeiten nur soweit herangezogen werden, als seine Ausbildung nicht darunter leidet. Vor Mißhandlungen seitens der Arbeits- und Hausgenossen ist er zu schützen. Die zu seiner geistigen und körperlichen Entwickelung und Erholung erforderliche Freizeit muß ihm gewährt werden.

§ 9.

Der Lehrling verpflichtet sich, alle Obliegenheiten, welche ihm der Vertrag und das Lehrverhältnis überhaupt auferlegen, zu erfüllen und allen berechtigten Anforderungen, die der Lehrherr oder sein Vertreter an ihn stellen, nachzukommen. Der Lehrling unterwirft sich auch den Bestimmungen der für den Betrieb des Lehrherrn geltenden Werkstatts-(Arbeits-)Ordnung, soweit nicht durch die besonderen Bestimmungen dieses Lehrvertrages etwas anderes vereinbart ist.

Der Lehrling ist der väterlichen Zucht des Lehrherrn unterworfen und dem Lehrherrn, sowie demjenigen, welcher an Stelle des Lehrherrn die Ausbildung zu leiten hat, zur Folgsamkeit und Treue, zu Fleiß und anständigem Betragen verpflichtet.*) Der Lehrherr hat sich jedoch vor jeder Überschreitung des Züchtigungsrechts zu hüten.

Der Lehrling hat die ihm anvertrauten Arbeiten mit allem Fleiße auszuführen und immer mit der größten Vorsicht und Gewissenhaftigkeit auf Feuer und Licht zu achten; er darf die Geschäftsgeheimnisse des Lehrherrn ohne dessen Genehmigung außerhalb des Betriebes stehenden Personen nicht verraten.

Der Lehrling darf das ihm anvertraute Material und Gerät des Lehrherrn nur zu den ihm aufgetragenen Arbeiten verwenden

*) § 127 Gew.-Ordn.

und muß mit ihm sorgsam umgehen. Insbesondere hat der Lehrling nach beendeter Arbeitszeit die Werkstatt aufzuräumen.

§ 10.

Der Lehrling ist verpflichtet, die Fortbildungsschule (Fachschule) regelmäßig und pünktlich zu besuchen.

Der Lehrherr ist verpflichtet, dem Lehrling die zum Besuche der Fortbildungsschule (Fachschule) erforderliche Zeit zu gewähren und ihn zum regelmäßigen und pünktlichen Schulbesuch anzuhalten.

Schulzeugnisse (Kontrollbücher o. ä.) sind dem Fürsorger regelmäßig vorzulegen.

§ 11.

Der Fürsorger*) hat die Verpflichtung, den Lehrling anzuhalten: während der Lehrzeit allen Fleiß auf Erlernung des Gewerbes zu verwenden, dabei dem Geschäftsinteresse des Lehrherrn zu dienen, diesem und seinem Stellvertreter mit Gehorsam und Achtung zu begegnen und sich ihnen sowie den Geschäftskunden gegenüber stets eines anständigen und bescheidenen Verhaltens zu befleißigen. Ebenso liegt ihm die Verpflichtung ob, den Lehrling zum regelmäßigen und pünktlichen Besuche der Fortbildungsschule (Fachschule) anzuhalten und die Schulzeugnisse (Kontrollbücher o. ä.) sich regelmäßig vorlegen zu lassen. Der Fürsorger bestimmt im Einvernehmen mit dem Lehrherrn, ob und in welcher Höhe dem Lehrling ein Taschengeld zu gewähren sei. An öffentlichen Lustbarkeiten soll der Lehrling nur teilnehmen, wenn der Lehrherr oder eines seiner Familienmitglieder daran teilnimmt; er soll nie länger als sie bleiben.

§ 12.**)

Vor Ablauf der vertragsmäßigen Zeit und ohne Kündigung kann der Lehrling nach rechtzeitiger Benachrichtigung der Waisen-Deputation oder des Fürsorgers entlassen werden:

1. wenn er bei Abschluß des Lehrvertrages den Lehrherrn durch Vorzeigung falscher oder gefälschter Arbeitsbücher oder Zeug-

*) § 11 Fürs.-Erz.-Ges.

**) Vgl. § 127b Abs. 2 Gew.-Ordn.

nisse hintergangen oder ihn über das Bestehen eines anderen, ihn gleichzeitig verpflichtenden Arbeitsverhältnisses in einen Irrtum versetzt hat;

2. wenn er eines Diebstahls, einer Entwendung, einer Unterschlagung, eines Betruges oder eines liederlichen Lebenswandels sich schuldig macht;

3. wenn er die Lehre unbefugt verlassen hat oder sonst den nach dem Lehrvertrag ihm obliegenden Verpflichtungen nachzukommen beharrlich verweigert;

4. wenn er der Verwarnung ungeachtet mit Feuer und Licht unvorsichtig umgeht;

5. wenn er sich Tätlichkeiten oder grobe Beleidigungen gegen den Lehrherrn oder seine Vertreter oder gegen die Familienangehörigen des Lehrherrn oder seiner Vertreter zu Schulden kommen läßt;

6. wenn er einer vorsätzlichen und rechtswidrigen Sachbeschädigung zum Nachteile des Lehrherrn oder eines Mitarbeiters sich schuldig macht;

7. wenn er Familienangehörige des Lehrherrn oder seiner Vertreter oder Mitarbeiter zu Handlungen verleitet oder zu verleiten sucht oder mit Familienangehörigen seines Lehrherrn oder seiner Vertreter Handlungen begeht, welche wider die Gesetze oder die guten Sitten verstoßen;

8. wenn er zur Fortsetzung der Lehre unfähig oder mit einer abschreckenden Krankheit behaftet ist;

9. wenn der Vorstand der Handwerkskammer die Auflösung des Lehrverhältnisses auf Grund des § 6 der Vorschriften zur Regelung des Lehrlingswesens verlangt;

10. wenn er den Besuch der Fortbildungsschule (Fachschule) dauernd trotz Verwarnung vernachlässigt.

In den unter 1—7 gedachten Fällen ist die Entlassung des Lehrlings nicht mehr zulässig, wenn die zugrunde liegenden Tatsachen dem Arbeitgeber länger als eine Woche bekannt sind.

§ 13.*)

Von seiten des Lehrlings kann durch Vermittelung des Fürsorgers und der Waisen-Deputation das Lehrverhältnis auch nach Ablauf der Probezeit aufgelöst werden:

1. wenn er zur Fortsetzung der Lehre unfähig wird;
2. wenn der Lehrherr oder sein Vertreter oder Familienangehörige derselben den Lehrling zu Handlungen verleiten oder zu verleiten suchen oder mit Familienangehörigen des Lehrlings Handlungen begehen, welche wider die Gesetze oder die guten Sitten laufen;
3. wenn der Lehrherr dem Lehrlinge den schuldigen Lohn (Kostgeld) nicht in der bedungenen Weise auszahlt, bei Stücklohn nicht für ausreichende Beschäftigung sorgt oder wenn er sich widerrechtlicher Übervorteilungen gegen ihn schuldig macht;
4. wenn bei Fortsetzung der Lehre das Leben oder die Gesundheit des Lehrlings einer erweislichen Gefahr ausgesetzt würde, welche bei Eingehung des Lehrvertrages nicht zu erkennen war;
5. wenn der Lehrherr seine gesetzlichen oder vertraglichen Verpflichtungen gegen den Lehrling in einer die Gesundheit, die Sittlichkeit und die Ausbildung des Lehrlings gefährdenden Weise vernachlässigt oder das Recht der väterlichen Zucht mißbraucht oder zur Erfüllung der ihm vertragsmäßig obliegenden Verpflichtungen unfähig wird.

§ 14.**)

Der Lehrvertrag wird durch den Tod des Lehrlings aufgehoben. Durch den Tod des Lehrherrn wird der Lehrvertrag aufgehoben, sofern die Aufhebung innerhalb vier Wochen geltend gemacht wird.

§ 15.***)

Wird von der Waisen-Deputation für den Lehrling die schriftliche Erklärung abgegeben, daß der Lehrling zu einem anderen Ge-

*) Vgl. § 127b Abs. 3 Gew.-Ordn.
**) Vgl. § 127b Abs. 4 Gew.-Ordn.
***) § 127e Gew.-Ordn.

werbe oder anderen Berufe übergehen werde, so gilt das Lehrverhältnis, wenn der Lehrling nicht früher entlassen wird, nach Ablauf von vier Wochen als aufgelöst.

§ 16.

Wird das Lehrverhältnis durch Verschulden des Lehrherrn vorzeitig aufgelöst, so ist dieser dem Lehrling oder der Waisen-Deputation zum Schadensersatze verpflichtet.

§ 17.

Bei Beendigung der Lehrzeit hat sich der Lehrling der Gesellenprüfung vor dem zuständigen Prüfungsausschusse zu unterziehen und ist verpflichtet, dessen Anordnung Folge zu leisten.*)

Der Lehrherr hat dem Lehrlinge die zur Anfertigung von Prüfungsarbeiten erforderliche Zeit zu gewähren, und ihm die zu ihrer Anfertigung erforderlichen Materialien und Werkzeuge zu liefern. Das Eigentum an den gefertigten Stücken fällt dem Lehrherrn zu.

§ 18.

Der Lehrherr ist während der Dauer des Vertrags verpflichtet:

1. Dem Fürsorger und allen Beauftragten der Waisen-Deputation jederzeit Zutritt und Verkehr mit dem Lehrling zu gewähren und sie in ihrer erzieherischen Tätigkeit in jeder Beziehung zu unterstützen.
2. Alle den Lehrling betreffenden wichtigeren Ereignisse (schwere Erkrankungen, Entweichen, störende Eingriffe Angehöriger) sofort dem Fürsorger und, falls Abhilfe nicht rechtzeitig erfolgt, der Waisen-Deputation rechtzeitig anzuzeigen.
3. Dem Lehrling Urlaub zu seinen Angehörigen und Besuch derselben in der Lehrstelle nur mit Genehmigung des Fürsorgers oder der Waisen-Deputation zu gewähren.
4. Dem Lehrling nach etwaigem Entlaufen stets Unterkunft zu gewähren, so daß jedenfalls der Lehrling nicht obdachlos wird.

*) §§ 131 ff. Gew.-Ordn.

Im schriftlichen und persönlichen Verkehr mit seinen Angehörigen und mit Fremden ist der Zögling, sofern dieser Verkehr den Erziehungszweck zu beeinträchtigen geeignet ist, beschränkt.

Der Lehrherr ist berechtigt, die an den Lehrling gerichteten Briefe in Empfang zu nehmen, zu öffnen und ihm den dem Erziehungszwecke zuwiderlaufenden Inhalt vorzuenthalten. Solche Briefe sind durch Vermittlung des Fürsorgers der Waisen-Deputation einzureichen.

Geldsendungen und dem Zöglinge sonst gemachte Zuwendungen sind dem Fürsorger zu übergeben und im Interesse des Zöglings zu verwenden.

Der Post gegenüber wird sich der Lehrherr über seine Berechtigung, die Briefe in Empfang zu nehmen, durch Vorzeigung dieses Vertrages gemäß § 39 Ziffer XI der Postordnung für das Deutsche Reich vom 20. März 1900 auszuweisen haben.

§ 19. Besondere Bestimmungen:

Der Lehrherr verpflichtet sich, den Zögling in seinen Familienkreis aufzunehmen, ihm im Hause ein wirkliches Heim zu gewähren, ihn wie ein eigenes Kind in religiös-sittlichem Sinne zu erziehen und ihn zur Ordnung, Reinlichkeit und Arbeitsamkeit anzuhalten. Er hat ernstlich dafür Sorge zu tragen, daß dem Lehrling nicht etwa ein Vorwurf daraus gemacht werde, daß er Fürsorgezögling ist und daß er deshalb nicht verspottet oder mißachtet wird.

Die Waisen-Deputation oder ihr Vertreter ist berechtigt, jederzeit aus erziehlichen Gründen den Vertrag auch ohne Innehaltung einer Frist aufzulösen.

Zum Fürsorger hat der Stadtkreis Berlin dem Zöglinge den

....

.... wohnhaft, bestellt. Dessen Aufgabe ist es, sowohl die Führung als auch die Erziehung und Behandlung des ihm zugewiesenen Zöglings zu überwachen.

....

....

....

Vorstehenden Vertrag gelesen zu haben und mit seinen Bestimmungen einverstanden zu sein, bescheinigen durch eigenhändige Namensunterschrift:

.........., den...ten........ 19...

Der Lehrherr. Der Lehrling.

....

Der vorstehende Vertrag wird genehmigt.

............., den ...ten.......... 19....

Städtische Waisen-Deputation.*)

3. Erziehungs- und Dienstvertrag.

Zwischen der zur Fürsorgeerziehung be.. am .....ten ....1... in .... geborenen, evangelischen — katholischen ....

berufenen Städtischen Waisen-Deputation in Berlin, Alte Jakobstraße 33—35

vertreten durch ....
....

und ....

......., ...Religion, in .... Kreis ....

als Dienstherrn ist nachfolgender Erziehungs- und Dienstvertrag geschlossen worden:

§ 1.

Der Dienstherr nimmt den obengenannten Fürsorgezögling der Stadt Berlin vom ...ten .... 191.. ab in seine häusliche Gemeinschaft zur Erziehung und als Gesinde, nämlich als .... auf.

---

*) Falls die Erziehungsanstalt oder der Fürsorger von der Deputation den Auftrag hat, sie bei dem Vertragsabschlusse zu ertreten, hat der Beauftragte hier in Vertretung zu unterzeichnen. Eine vormundschaftsgerichtliche Genehmigung zu diesem Vertrage ist auch bei Zöglingen, die unter Vormundschaft stehen, nicht erforderlich.

Die Dauer des Vertragsverhältnisses wird auf .... Jahr....*) vereinbart.

Jede Verlängerung des Vertrages bedarf grundsätzlich der vorherigen Zustimmung der Waisen-Deputation; sie bedingt in der Regel eine Erhöhung des Lohnes.

Wird ohne eine solche Einwilligung das Dienstverhältnis tatsächlich fortgesetzt, so kann die Waisen-Deputation das Dienstverhältnis unter Einhaltung der am Dienstorte geltenden gesetzlichen Bestimmungen jederzeit kündigen (vgl. § 9 Abs. 1).

§ 2.

Der Dienstherr hat dem Zöglinge für seine Dienstleistungen zu gewähren:

a) hinreichende und gesunde Kost;

b) Instandhaltung seiner Kleidung, insbesondere Reinigung der Wäsche; der Zögling wird der Dienstherrschaft mit der vorschriftsmäßigen Kleidung und Wäsche überwiesen. Diese Ausstattung ist von der Dienstherrschaft stets auf dem gleichen Stande zu halten. Für ordentliche Aufbewahrung muß sie Sorge tragen.

c) Wohnung unter Anweisung einer ordentlichen und gesunden Schlafstelle mit einem allein für den Gebrauch des Zöglings bestimmten Bette in einem Raume, den er jedenfalls nur mit Personen seines Geschlechts teilen darf;

d) einen baren Lohn von ..... Mark im ersten Jahre,
..... „ „ zweiten „
..... „ „ dritten „
zahlbar monatlich — vierteljährlich — halbjährlich am ....

Der Lohn ist nicht an den Zögling, sondern an den untenbenannten Fürsorger (§ 10) zu zahlen, der ihn gemäß den im Abrechnungsbuche abgedruckten Bestimmungen zu verwalten hat.

Mit der vorherigen Einwilligung des Fürsorgers darf indessen

---

*) Höchstens ein Jahr.

dem Zöglinge von dem Lohne ein Taschengeld gewährt werden, dessen Höhe sich nach dem ortsüblichen Gebrauche richten soll. Mit dem verdienten, aber noch nicht ausgezahlten Lohne hat die Dienstherrschaft, sofern es nicht der Fürsorger übernommen hat, für die notwendige Ergänzung der Kleidung des Zöglings und die Anschaffung sonstiger notwendiger Gebrauchsgegenstände zu sorgen.

Über die Anschaffungen sind Rechnungen beizubringen und dem Fürsorger zu übergeben. Alle diesen Bestimmungen zuwiderlaufenden Leistungen an den Zögling gelten als nicht erfolgt, dies gilt besonders von Lohnvorschüssen.

§ 3.

Der Dienstherr hat den Zögling zur Teilnahme an der Krankenversicherung bei der betreffenden Kasse unverzüglich anzumelden; im übrigen sind hinsichtlich der Krankenfürsorge die am Orte der Dienstleistungen geltenden gesetzlichen Bestimmungen zu beachten.

Ebenso bewendet es hinsichtlich der Invaliditäts- und Alters- und der Unfallversicherung bei den gesetzlichen Bestimmungen.

Erleidet der Zögling einen Unfall, so hat der Dienstherr ihn unverzüglich bei der betreffenden Berufsgenossenschaft anzumelden und haftet dem Zöglinge für alle ihm aus verabsäumter oder verspäteter Meldung entstehenden Nachteile.

Ferner hat der Dienstherr die gesamte Habe des Zöglings ihrem Werte entsprechend gegen Feuer zu versichern; unterläßt er dies, so haftet er für den daraus entstehenden Schaden.

Auch die Reisekosten des Zöglings zum Dienstorte trägt, falls nichts anderes vereinbart wird, der Dienstherr.

§ 4.

Die Dienstherrschaft erkennt hierdurch ausdrücklich an, daß ihr der Zögling nicht allein zur Leistung von Diensten, sondern auch, und ganz besonders, zu seiner Erziehung anvertraut ist. Sie muß daher den Zögling in ihrem Hause ein wirkliches Heim gewähren und es wie einem eigenen Kinde gegenüber für ihre heilige Pflicht halten, ihn durch ein vorbildliches Leben in Tat und Wort zu einem tüchtigen Menschen zu erziehen.

Sie hat demgemäß den Zögling nicht nur zu guter Sitte, Ordnungsliebe, Reinlichkeit an seinem Körper und in seiner Kleidung und zur Arbeit anzuhalten, sondern auch eine sorgfältige Aufsicht über seinen ganzen Lebenswandel zu führen. Sie darf keine üblen Angewohnheiten, keinen schlechten Umgang, kein nächtliches Umhertreiben, keinerlei Ausschweifungen, besonders kein Übermaß im Trinken und Rauchen und keinen Besuch von unpassenden Versammlungen oder dergleichen dulden. An Tanzvergnügen und anderen Lustbarkeiten soll sie den Zögling nur dann teilnehmen lassen, wenn und solange eins der Familienglieder selbst dabei ist. Sie hat ferner dafür zu sorgen, daß er mindestens alle 14 Tage den Gottesdienst seines Bekenntnisses besucht, und daß er an förderlichen Einrichtungen für die Jugend teilnimmt, daß er insbesondere pünktlich und regelmäßig die Fortbildungsschule besucht.

Bei den Dienstleistungen ist der Zögling mit Nachsicht, aber gründlich und gewissenhaft anzuleiten. Seine tüchtige Ausbildung muß sich die Dienstherrschaft zur ernsten Pflicht machen.

Von der Dienstherrschaft wird erwartet, daß sie den Zögling mit Ernst und Festigkeit erzieht, es aber auch an Geduld nicht fehlen läßt, die körperliche Züchtigung möglichst nicht anwendet und sich vor Überschreitung des Züchtigungsrechts hütet. Es muß ihr Bestreben sein, durch gerechte Behandlung sich das Vertrauen des Zöglings zu erwerben und durch gelegentliche Erweisung von kleinen Wohltaten etwa am Geburtstag oder an Festen sich die Anhänglichkeit und Dankbarkeit zu gewinnen.

Bei diesen Erziehungsaufgaben findet die Dienstherrschaft eine Unterstützung bei dem Fürsorger, der ihr durch Rat und Tat beizustehen hat.

§ 5.

Der Fürsorger ist von der Waisenverwaltung zur Überwachung der Führung und der Erziehung des Zöglings bestellt. Er hat der Waisen-Deputation darüber Berichte zu erstatten.

Die Dienstherrschaft hat daher dem Fürsorger — und ebenso sonstigen Beauftragten der Waisen-Deputation — stets Zutritt zu dem Zöglinge zu gewähren und ihm jeden gewünschten Aufschluß über ihn zu geben.

Sie hat ihm von allen wichtigen Vorkommnissen, welche die Person oder die Erziehung des Zöglings betreffen, unaufgefordert und sofort Anzeige zu machen und auch alle Beschwerden bei ihm anzubringen.

Den Weisungen des Fürsorgers hat der Zögling und die Dienstherrschaft vorbehaltlich der Beschwerde bei der Waisen-Deputation Folge zu leisten.

§ 6.

Insbesondere hat die Dienstherrschaft dem Fürsorger sofort Anzeige zu machen, wenn der Zögling aus dem Dienste entlaufen ist, mag sie die Fortsetzung des Dienstes verlangen oder nicht, und hat sofort die Orts-Polizeibehörde auf Grund des Dienstvertrages um Ergreifung und Zurückführung des Zöglings in ihre häusliche Gemeinschaft oder, wenn sie dies nicht will, nach der Anstalt, aus welcher der Zögling in den Dienst gegeben worden ist, oder anderen Falles nach dem Waisenhause in Berlin, Alte Jakobstraße 33—35, zu ersuchen.

§ 7.

Der Zögling ist der Dienstherrschaft im Dienste und außerhalb des Dienstes zu unbedingtem Gehorsam verpflichtet.

Im schriftlichen und persönlichen Verkehr mit seinen Angehörigen und mit Fremden ist der Zögling, sofern dieser Verkehr den Erziehungszweck zu beeinträchtigen geeignet ist, beschränkt.

Die Dienstherrschaft ist daher berechtigt, die an den Zögling gerichteten Briefe in Empfang zu nehmen, zu öffnen und ihm den den Erziehungszwecken zuwiderlaufenden Inhalt vorzuenthalten. Solche Briefe sind dem Fürsorger zu übergeben, der sie an die Waisenverwaltung weiter zu geben hat. An den Zögling gerichtete

Geldsendungen und andere Geldzuwendungen sind ebenfalls an den Fürsorger zur Verwaltung abzuführen.

Der Dienstherr ist ferner berechtigt, Angehörigen des Zöglings den Zutritt zu diesem zu verbieten, wenn er und der Fürsorger der Meinung sind, daß die Angehörigen den Zögling schlecht beeinflussen und die Erziehung gefährden.

Beurlaubungen des Zöglings zu seinen Angehörigen, insbesondere zu seinen Eltern, sind nur mit Genehmigung der Waisen-Deputation, andere Beurlaubungen nur mit vorheriger Genehmigung des Fürsorgers statthaft.

Der schriftliche und persönliche Verkehr des Zöglings mit seinem Fürsorger und seinen früheren Erziehern, insbesondere mit der Erziehungsanstalt, aus der er in den Dienst gegeben worden ist, ist dagegen möglichst zu fördern. Die an diese gerichteten Briefe unterliegen nicht der Beaufsichtigung der Dienstherrschaft.

§ 8.

Darf der Dienstherr aus gesetzlich zulässigen Gründen die Aufhebung des Dienstverhältnisses ohne Kündigung verlangen, so darf er doch nicht den Zögling ohne weiteres aus seinem Hause entfernen, sondern hat zunächst dem Fürsorger von der beabsichtigten Entlassung Kenntnis zu geben und weitere Bestimmungen der Waisen-Deputation abzuwarten. Im dringendsten Notfalle ist der Zögling der örtlichen Polizeibehörde zur Zurückführung in die Anstalt, aus der er in den Dienst gegeben worden ist, anderenfalls zur Zuführung nach dem Waisenhause in Berlin, Alte Jakobstraße 33—35, zu übergeben.

§ 9.

Für die Kündigungsfristen und Termine sind für den Dienstherrn die am Dienstorte geltenden gesetzlichen Bestimmungen über Gesindedienstverträge maßgebend, sofern im § 1 nicht ausdrücklich schriftlich etwas anderes vereinbart ist.

Die Kündigung hat aber nicht gegenüber dem Zöglinge, sondern gegenüber dem Fürsorger oder der Waisen-Deputation schriftlich zu erfolgen.

Der Zögling hat keine Berechtigung zum Kündigen. Er darf sich ohne Erlaubnis des Fürsorgers nicht selbst weiter vermieten. Sein Dienst- oder Arbeitsbuch, seine übrigen Arbeitspapiere und sein Abrechnungsbuch sind ihm daher bei Beendigung des Dienstes nicht auszuhändigen, sondern bleiben bis zur Bestimmung der Waisen-Deputation in Verwahrung des Fürsorgers.

Die Waisen-Deputation ist berechtigt, den Vertrag jederzeit ohne voraufgegangene Kündigung aufzuheben, wenn bei dem Dienstherrn nach ihrem Ermessen der Zweck der Fürsorgeerziehung nicht erreicht werden kann, oder wenn erzieherische Maßnahmen es gebieten, oder die Fürsorgeerziehung aufgehoben wird. Dem Dienstherrn stehen dann hieraus keine Entschädigungsansprüche zu, dagegen ist er haftbar für den Schaden, der der Waisen-Deputation oder dem Zöglinge durch Nichtbeachtung der Bestimmungen dieses Vertrages entsteht.

§ 10.

....

....

.... in ....

ist dem Zöglinge zum Fürsorger bestellt.

§ 11.

Besondere Vereinbarungen.

....

....

......, den ...ten ..... 191.. ......, den ...ten ..... 191...

Städtische Waisen-Deputation ....
zu Berlin, (Unterschrift des Dienstherrn.)

vertreten durch ....
(Unterschrift des Zöglings.)

1. Fragebogen

über

die Verhältnisse der **Pflegeeltern** (für schulpflichtige Zöglinge).
der **Dienstherrschaft** (für Knechte und Mägde).
des **Lehrmeisters** (für Lehrlinge und Gesellen).
(Das Zutreffende ist zu unterstreichen.)

---

1. Wohnort.
   Straße und Hausnummer.
   Poststation.
   Kreis.
2. Name, Alter, Glaubensbek. (Vor- und Zuname.) des Mannes. der Frau.
3. Wieviel eigene Kinder sind vorhanden?
   Davon wieviel männliche?
   " weibliche?
   Wie alt sind sie?
   Sind sie gut erzogen?
4. Gehören noch andere Personen zu dem Haushalt? (Zahl, Geschlecht, Alter, Ruf.)
   Andere Dienstboten? (Zahl, Geschlecht, Alter, Ruf.)
   Wechseln diese häufig?
5. Werden Kost- oder Schlafgänger gehalten? (Zahl, Alter, Ruf.)
6. Sind in der Familie schon Fürsorgezöglinge oder Waisenkinder untergebracht oder untergebracht gewesen?
   Sind in der Stelle unliebsame Erfahrungen gemacht worden?
7. Wohnen noch Familien im Hause?
   Welche?
   Geben sie zu Bedenken Anlaß wegen der Unterbringung des Zöglings?

8. Ist die Wohnung geräumig genug? gesund?
Wieviel Räume sind vorhanden?
Erhält der Zögling ein Bett für sich allein?
Mit wem schläft er im Zimmer?
Entspricht der Wohn- und Schlafraum im übrigen den Richtlinien auf Seite 4?
9. Lebt die Familie in geordneten Verhältnissen?
Gewährt sie dem Zögling ausreichende Kost?
Herrschen übertragbare Krankheiten in der Familie?
10. Bestehen in religiös-sittlicher Beziehung irgendwelche Bedenken?
Wird in dieser Beziehung der Einfluß auf den Zögling günstig sein?
11. Welchen Stand oder welches Gewerbe hat der Antragsteller?
Wird das Geschäft fabrikmäßig betrieben?
Besteht Nebenbeschäftigung? (Hausindustrie).
12. Haben der Ortsvorstand oder das Pfarramt irgendwelche Bedenken gegen die Unterbringung des Zöglings?

Bei der Unterbringung von schulpflichtigen Zöglingen in Pflegestellen sind noch folgende Fragen zu beantworten:

1. Erhält die Familie Armenunterstützung?
2. Werden die Pflegeeltern den Zögling wie ein eigenes Kind behandeln?
3. Welche Schule soll der Zögling besuchen? Wo?
Wieviel aufsteigende Klassen hat sie? Halbtagsschule?
Wieviel Lehrer?
Wieweit liegt die Schule entfernt?
Werden die Pflegeeltern dem Kinde die zur Anfertigung der Schularbeiten erforderliche Zeit geben und diese überwachen?

4. Wohnt der Geistliche am Orte?
Wenn nicht, wieviel Kilometer haben die Konfirmanden zu gehen?
5. Wohnt ein Arzt im Orte?
Wenn nicht, wieviel Kilometer entfernt?
6. Womit soll der Pflegling in der freien Zeit beschäftigt werden?
Wird ihm die einem Kinde notwendige Zeit zur Erholung und zum Spiel gewährt werden?
7. Was für ein Zögling wird gewünscht? (Alter, Geschlecht.)

Bei der Unterbringung von Lehrlingen noch besonders zu beachten:

1. Hat der Meister noch Lehrlinge? Gesellen? (Zahl, Alter, Ruf.)
2. Ist der Meister so tüchtig in seinem Handwerk, daß eine den modernen Anforderungen entsprechende Ausbildung des Lehrlings gesichert ist?
Übernimmt der Meister selbst die Ausbildung? Oder überläßt er sie einem Gesellen?
Wird der Lehrling zu anderen Arbeiten nicht ungebührlich herangezogen werden?
Wird ihm die einem Jugendlichen notwendige Erholung gewährt?
3. Ist eine Fortbildungsschule am Orte oder in der Nähe?
Wie weit hat der Lehrling zur Fortbildungsschule zu gehen?

Bei der Unterbringung von Knechten, Mägden und Gesellen:

1. Wird bei entsprechenden Leistungen ortsüblicher Lohn gewährt werden?

2. Beabsichtigt die Dienstherrschaft einen Antrag auf Befreiung von der Krankenversicherungspflicht zu stellen?

(Ort) . . . ., den . . . ten . . . . 191 . . .

(Name und Stand des Fürsorgers) . . . .

(Name des Anstaltsleiters) . . . .

Richtlinien für die Besichtigung des Wohn- und Schlafraumes.

1. Wohn- und Schlafkammer des Zöglings soll sich in der Regel in demselben Gebäude befinden, in dem die Pflegeeltern wohnen und schlafen.
2. Befindet sich die Wohn- bzw. Schlafkammer des Zöglings im Stall, so muß sie durch eine feuerfeste Wand vom Viehstall getrennt sein und einen sauberen Zugang haben. Befindet sich der Schlafraum unter dem Dach, so muß er durch einen festen Verschlag abgetrennt und nach dem Dach hin verschalt sein.
3. Die Kammer selbst muß für ein Bett mindestens $2^1/_2$ m hoch, 2 m breit und 2 m lang sein, also 10 cbm Luftraum enthalten. Die Wände und die Decke müssen glatt geputzt, farbig gestrichen oder tapeziert, der Fußboden entweder mit Ziegeln (nicht mit Feldsteinen) gepflastert, zementiert oder gedielt sein, er darf nicht tiefer als der Stallfußboden liegen, (besser 15 cm höher). Das Fenster muß mindestens 40×60 cm groß und zum Öffnen eingerichtet sein. Die Temperatur darf unter 10 ⁰ C nicht herabsinken.
4. Jeder Zögling muß ein vollständiges Bett (Bettstelle, Strohsack oder Matratze, Keilkissen, Unterbett, Kopfkissen und Deckbett), eine Waschschüssel, einen Seifnapf mit Seife, wöchentlich ein reines Handtuch, ein Wasserglas mit Zahnbürste, einen Tisch mit Stuhl und einen Schrank erhalten.

   Das Bett muß mindestens alle 4 Wochen mit einem reinen Überzug und einem reinen Bettuch versehen werden.
5. Sehr wünschenswert ist es, daß das Zimmer durch Bilderschmuck, Blumen und Vorhänge einen freundlichen Eindruck mache.

5. Bestallung.

Gemäß § 11 des Gesetzes über die Fürsorgeerziehung Minderjähriger vom 2. Juli 1900 bestellen wir hiermit ....
....
zum Fürsorger für ....
geb. am .....ten ...., d..... uns durch Beschluß des Königlichen Amtsgerichts Berlin-.......... zur Fürsorgeerziehung überwiesen und zurzeit bei dem ....
in .... Straße Nr. .... Tr. als
.... untergebracht ist.

Wir erwarten von dem Fürsorger die genaue Beachtung der nachfolgenden Anweisung.

(Stempel.) Berlin, den .....ten .... 19.....

Städtische Waisendeputation.

Anweisung für die Fürsorger.

Die Fürsorgeerziehung bezweckt, junge Menschen, die infolge eigener Veranlagung und Schuld oder ungeeigneter und unzulänglicher erziehlicher Einwirkung Dritter oder infolge von sonstigen ungünstigen äußeren Verhältnissen in körperlicher oder sittlicher Beziehung einer völligen Verwahrlosung anheimzufallen drohen, hiervor zu schützen und zu nützlichen Mitgliedern der Gesellschaft heranzubilden. Zu diesem Zwecke werden die Zöglinge in geeigneten Erziehungsanstalten untergebracht oder aber in passende Familienerziehung gegeben, damit sie inmitten gesitteter Menschen unter deren ständiger Einwirkung zu körperlich gesunden und sittlich starken Menschen herangezogen werden.

Um die Erziehung der Zöglinge in den Familien zu überwachen, bedarf die städtische Waisendeputation der tätigen Mitwirkung der Fürsorger.

Dem Fürsorger werden auf Wunsch von der städtischen Waisendeputation sowohl die Gründe, die zur Anordnung der Fürsorgeerziehung geführt haben, als auch die Berichte über die bisherige Führung während der Fürsorgeerziehung mitgeteilt. Hierbei muß aber davor gewarnt werden, ohne zwingenden Grund dem Zögling gegenüber auf sein Vorleben zurückzugreifen. Denn Zweck und Ziel der Fürsorgeerziehung muß sein, den Zögling das frühere Leben abschließen und ein neues, ihm selbst und der Gesamtheit nützliches Leben beginnen zu lassen. Er darf deshalb keineswegs die Meinung gewinnen, daß er durch sein früheres Leben und die Fürsorgeerziehung dauernd mit einem Makel behaftet sei, sondern muß vielmehr empfinden, wenn er ehrlich bemüht ist, sich zu bessern, daß man ihm und seiner Zukunft vertraut.

Zu diesem Zwecke muß der Fürsorger sich bemühen, das persönliche Vertrauen der ihm unterstellten Zöglinge zu gewinnen, ihnen jederzeit als väterlicher Berater zur Seite zu stehen und dauernd mit ihnen in Fühlung zu bleiben. Es ist dazu erforderlich, daß er besonders die noch nicht schulentlassenen Zöglinge von Zeit zu Zeit persönlich aufsucht.

Er muß für das körperliche und geistige Wohl des Zöglings besorgt sein und hierbei hauptsächlich auf folgendes achten:

Der Zögling muß ausreichende und bekömmliche Kost erhalten und ordentlich und sauber gekleidet gehen. Er muß ein Bett zur alleinigen Benutzung haben in einem gesunden Schlafraum, den er nur mit Personen seines Geschlechts teilt.

Die Arbeit des Zöglings muß nach Art und Maß geregelt sein; er darf also nicht ausgenutzt oder überlastet, darf insbesondere auch als Lehrling nicht in unangemessener Weise zu häuslichen oder landwirtschaftlichen Arbeiten herangezogen werden. Er muß in seinem Berufe gründlich und den neuen Anforderungen entsprechend ausgebildet werden.

In Krankheitsfällen muß dem Zögling die erforderliche Pflege und ärztliche Hilfe zuteil werden. Die ärztlichen Anordnungen sind zu befolgen, auch hat erforderlichenfalls die Aufnahme in ein Krankenhaus zu erfolgen.

Der schulpflichtige Zögling hat Schule, Kirche und den Konfirmandenunterricht regelmäßig zu besuchen und die ihm zuerteilten häuslichen Arbeiten sauber und gewissenhaft anzufertigen. Hiervon hat sich der Fürsorger persönlich von Zeit zu Zeit durch Benehmen mit dem Ortsgeistlichen und der Schulbehörde zu vergewissern.

Dem schulentlassenen Zögling ist vom Dienst- oder Arbeitsherrn die erforderliche freie Zeit zu gewähren, um die ihm durch sein Bekenntnis auferlegten religiösen Verpflichtungen zu erfüllen und die Fortbildungsschule oder den Fachunterricht zu besuchen.

Überhaupt ist es Pflicht des Fürsorgers, darauf zu achten, daß der Pflegevater, Dienst- oder Lehrherr die dem Zögling gegenüber im Vertrage übernommenen Verpflichtungen erfüllt und der Zögling den Anordnungen seiner Pflegeeltern gehorsam und gewissenhaft nachkommt und sich nach dem ihm mitgegebenen Geleitwort richtet.

Der Arbeits- oder Dienstlohn muß pünktlich gezahlt, ordnungsmäßig, insbesondere zur Anschaffung von Kleidern, verwendet und, soweit möglich, gespart werden. Doch hat der Zögling auch ein seinem Alter und den örtlichen Verhältnissen entsprechendes Taschengeld zu erhalten.

Die Ersparnisse sind mit dem Abrechnungsbuch halbjährlich zum 1. Februar und 1. August der Anstalt, von der der Zögling untergebracht ist, einzusenden (siehe Abrechnungsbuch). Ist ein Zögling nicht von einer Anstalt sondern von der Waisendeputation selbst zugewiesen, so legt der Fürsorger die Ersparnisse auf ein Sparkassenbuch an und bewahrt dieses auf. Vor der Aushändigung des Sparkassenguthabens an den Zögling bei erreichter Volljährigkeit wird die Waisendeputation die Anstalt und den Fürsorger um ein Gutachten bitten, ob die sofortige Auszahlung zweckmäßig ist, oder ob sich die weitere Aufbewahrung oder ratenweise Auszahlung empfiehlt.

Der Fürsorger soll auch den Umgang des Zöglings, insbesondere seinen Verkehr mit den Angehörigen überwachen. Zu diesem Zwecke kann er bei der Waisendeputation den Erlaß einer Verfügung an die Postbehörde beantragen, nach der Postsendungen aller Art nicht an den Zögling, sondern an den Dienstherrn oder an ihn ausgehändigt werden.

Der Fürsorger hat die Rechte des Zöglings dem Pflegevater,

Dienst- oder Lehrherrn und jedem Dritten gegenüber wahrzunehmen.

Der Fürsorger ist gehalten, der Waisendeputation regelmäßig halbjährlich zum 1. Februar und 1. August durch Vermittelung der Anstalt unter Benutzung des ihm zu diesem Zwecke übersandten Formulars über den Zögling zu berichten.

Außerdem ist er verpflichtet, der Waisendeputation über alles Erhebliche, auch von allen Beschwerden des Zöglings besondere Mitteilung zu machen und, falls eine Entscheidung erforderlich ist, um diese nachzusuchen. Dies gilt vor allem von der Abänderung, Unterbrechung oder Aufhebung des bestehenden Dienst-, Lehr- oder Pflegeverhältnisses und von Beurlaubungen des Zöglings. Lassen die Umstände eine vorherige Benachrichtigung der Waisendeputation nicht zu, so hat der Fürsorger selbst nach pflichtmäßigem Ermessen zu entscheiden, der Waisendeputation aber unverzüglich hiervon Kenntnis zu geben.

Alle Mitteilungen über den Zögling müssen durch die Erziehungsanstalt, aus der der Zögling überwiesen ist, an die Waisendeputation gerichtet werden; nur sehr eilige Nachrichten sind unmittelbar an diese zu senden.

Beim Entlaufen eines Zöglings hat der Fürsorger sofort der Ortspolizeibehörde und der Waisendeputation durch die Anstalt unter Darlegung des Sachverhalts Bericht zu erstatten und bei der Polizei die Zurückführung in die bisherige Stelle, oder, falls dies nicht tunlich erscheint, in die frühere Erziehungsanstalt zu beantragen.

An den von der Waisendeputation eingerichteten Fürsorgerkonferenzen hat der Fürsorger, wenn irgend möglich, teilzunehmen.

Der Fürsorger hat diese Bestallung bei Beendigung seines Amtes zurückzugeben.

Städtische Waisendeputation.

Anlage c.

Zusammenstellung

über die in den anderen deutschen Bundesstaaten auf Grund des Art. 135 EG. z. BGB. erlassenen gesetzlichen Bestimmungen über die Zwangserziehung (Fürsorgeerziehung) Minderjähriger.

Anhalt	Gesetz vom 21. März 1899.
Baden	Gesetz vom 16. August 1900.
Bayern	Gesetz vom 10. Mai 1902 (in der Fassung des Gesetzes vom 21. August 1914).
Braunschweig	Gesetz vom 22. Oktober 1908.
Bremen	Gesetz vom 21. Dezember 1912.
Elsaß-Lothringen	Ausführungsgesetz zum BGB. vom 17. April 1899 §§ 123—127.
Hamburg	Gesetz vom 11. September 1907.
Hessen	Gesetz vom 11. Juni 1887 in der Fassung des Ausführungsgesetzes zum BGB. vom 17. Juli 1899.
Lübeck	Ausführungsgesetz zum BGB. vom 30. Oktober 1899/20. Juni 1906 §§ 130—141.
Mecklenburg-Schwerin	Verordnung vom 9. April 1899.
Mecklenburg-Strelitz	Verordnung vom 9. April 1899.
Oldenburg	Ausführungsgesetz zum BGB. vom 15. Mai 1899 §§ 27—34.
Reuß ä. L.	Ausführungsgesetz zum BGB. vom 26. Oktober 1899, §§ 125—135.

Reuß j. L.	Ausführungsgesetz zum BGB. vom 10. August 1899/18. Juni 1912 §§ 100—111.
Sachsen	Gesetz vom 1. Februar 1909.
Sachsen-Altenburg	Ausführungsgesetz zum BGB. vom 4. Mai 1899 §§ 109—121.
Sachsen-Coburg-Gotha	Ausführungsgesetz zum BGB. vom 20. November 1899 Art. 49.
Sachsen-Meiningen	Gesetz vom 19. August 1899.
Sachsen-Weimar-Eisenach	Ausführungsgesetz zum BGB. vom 5. April 1899 §§ 200—210.
Schaumburg-Lippe	Gesetz vom 30. Juni 1899 (in der Fassung des Gesetzes vom 3. April 1916).
Schwarzburg-Rudolstadt	Gesetz vom 20. Dezember 1896.
Schwarzburg-Sondershausen	Gesetz vom 29. Juli 1899.
Waldeck	Gesetz vom 22. Januar 1902.
Württemberg	Gesetz vom 29. Dezember 1899 in der Fassung des Gesetzes vom 11. November 1905.

Sachregister.

Die Zahlen bezeichnen die Seite, die Zahlen in Klammern die Anmerkung zu den Paragraphen des FEG.; es bedeutet also 110 (1[19]) Seite 110 Anmerkung 19 zu § 1.

A

G

H

J

K

III. 25. — 15 000.

Nr. 13. **Konkurs-O. u. Anfechtungs-G.** Von R. Sydow. Fortgef. v. L. Busch u. O. Krieg. 13. Aufl 1923. Mit Nachtr. 1924. Gm 4,—

Nr. 14. **Gerichtsverfassungsgesetz.** Von R. Sydow. Fortgeführt von L. Busch. 11. Auflage. In Bearbeitung.

Nr. 15. **Das deutsche Gerichtskostengesetz.** Von R. Sydow. Fortgeführt von L. Busch und F. Koehler. 10. Auflage. — 1920. (Nachtr., enth die Änder bis Ende 1924, im Druck.) Gm 3,—

Nr. 16. **Rechtsanwaltordnung.** Von R. Sydow. 5. Auflage von M. Jacobsohn. Mit Nachtrag von 1910. — 1907. Gm 1,20

Nr. 17. **Gebührenordn. f. Rechtsanw. u. d. Preuß. Gebührengesetz.** Von R. Sydow. Fortgef v L. Busch u. O. Krieg. 12. Aufl. 1922. (Nachtr., enth. die Änder. bis Ende 1924, im Druck) Gm 4,—

Nr. 18. **Reichsstempelgesetz.** Von P. Loeck. Vergriffen. Wird durch Kapitalverkehrssteuergesetz ersetzt. Erläuterte Ausgabe in Bearbeitung.

Nr. 19. **Die Seegesetzgebung.** Von W. E. Knitschky. 5. Auflage von O. Rudorff. — 1913. Gm 8,—

Nr. 20. **Krankenversicherungsgesetz** siehe Nr. **107.**

Nr. 21. **Die Konsulargesetzgebung.** Von Ph. Zorn. 8. Auflage von K. Zorn. — 1911. Gm 4,50

Nr. 22. **Patentgesetz.** Von R. Lutter. 8. Auflage. — **1920. Mit** Nachtrag. — 1924. Gm 4,—. Nachtrag apart Gm 0,40

Nr. 23. **Gewerbe-Unfallversicherungsgesetz** siehe Nr. **108.**

Nr. 24. **Aktiengesellschaft u. Kommanditgesellschaften auf Aktien.** Von H. Keyßner und H. Veit Simon. 7. Aufl In Bearbeitung.

Nr. 25. **Brausteuergesetz.** Von A. Düffe. 2. Aufl. — 1910. Gm 2,—

Nr 26. **Münz- und Notenbankwesen.** Von R. Koch. 7. Aufl. von Reichsbankpräsident Schacht. Im Druck.

Nr. 27. **Gesundheitswesen im Deutschen Reich.** Von E. Goesch und J. Karsten. — 1888. Vergriffen.

Nr. 28. **Bau-Unfallversicherungsgesetz** siehe Nr. **108.**

Nr. 29. **Erwerbs- und Wirtschaftsgenossenschaften.** Von L. Parisius und H. Crüger. 17. Auflage — 1924. Gm 3,50

Nr. 30. **Invalidenversicherungsgesetz** siehe Nr. **109.**

Nr. 31. **Gewerbegerichtsgesetz.** Von W. Cuno. Vergriffen, neunte Auflage in Vorbereitung. Siehe auch Nr. **112, 112a.**

Nr. 32. **Gesellschaften mit beschränkter Haftung.** Von L. Parisius und H. Crüger. 16 Aufl. — 1923. Gm 2,—

Nr. 33. **Vereins- und Versammlungsrecht.** Von E. Ball. 2. Auflage von F. Friedenthal. — 1907. Gm 2,—

Reichs-Vereinsgesetz vom 19. April 1908 siehe Nr. **88.**

Nr. 34. **Die Abzahlungsgeschäfte.** 3. Auflage von E. Wilke. — 1910. Gm 1,20

Nr. 35. **Die Reichs-Eisenbahngesetzgebung.** Von W. Coermann. — 1895. (Siehe auch Nr. **66.**) Gm 2,—

Nr. 36. **Privatrechtliche Verhältnisse der Binnenschiffahrt und Flößerei.** Von E. Löwe. 6. Auflage. — 1923. Gm 4,—

Nr. 37. **Unlauterer Wettbewerb.** Von A. Pinner. 7. Auflage von A. Elster. — 1921. Gm 1,40

Nr. 38/39. **Bürgerliches Gesetzbuch nebst Einführungsgesetz.** Von A. Achilles. In Verbindung mit F. André, O. Meyer, O. Strecker, K. v. Unzner herausgegeben von M. Greiff. 11. Aufl. — 1923. Mit Nachtrag 1924. Gm 13,—

Nr. 40. Gesetz, betr. die **Pflichten der Kaufleute bei Aufbewahrung fremder Wertpapiere [Depotgesetz].** Von F. Lusensky. 3. Auflage. — 1916. Mit Nachtrag 1924. Gm 1,—

Nr. 41. **Börsengesetz.** Von Th. Hemptenmacher. 3. Auflage von O. Meyer. — 1915. Gm 3,50

Nr. 42. **Grundbuchordnung.** Von O. Fischer. 8. Auflage. — 1924. Gm 3,—

Nr. 43. **Zwangsvollstreckung.** Von J. Krech und O. Fischer. 9. Auflage von O. Fischer. — 1922. Gm 3,50

Nr. 44. **Auswanderungswesen.** Von F. Stoerk. — 1899. Gm 2,—

Nr. 45. **Das Entmündigungsrecht.** Von P. Koll. — 1900. Gm 1,20

Nr. 46. **Freiwillige Gerichtsbarkeit.** Von H. Jastrow. 6. Auflage von Herm. Günther. — 1921. Gm 4,50

Nr. 47. **Deutsches Vormundschaftsrecht.** Von M. Schultzenstein und P. Köhne. 2. Auflage. — 1901. Gm 2,50

Nr. 48. Gesetze, betr. den **Drogen-, Gift- und Farbenhandel** außerhalb der Apotheken. Von J. Broh. — 1899. Gm 1,20

Nr. 49. **Deutsche Kolonialgesetzgebung.** Von Ph. Zorn. 2. Auflage von Sassen. — 1913. Gm 5,—

Nr. 50. **Der Viehkauf [Viehgewährschaft].** Von H. Stölzle und H. Weiskopf. 5. Auflage. — 1913. Gm 5,50

Nr. 51. **Hypothekenbankgesetz.** Von H. Göppert. 2. Auflage von Seibel. — 1911. Gm 2,20

Nr. 52. **Rechte der Besitzer von Schuldverschreibungen.** Von H. Göppert. 2. Auflage von E. Trendelenburg. — 1915. Gm 1,50

Nr. 53. **Reichspreßgesetz.** Von A. Born. 3. Auflage. — 1924. Gm 4,—

Nr. 54. Verkehr mit **Nahrungsmitteln, Genußmitteln und Gebrauchsgegenständen.** Von G. Lebbin. — 1900. Vergriffen.

Nr. 55. **Beschlagnahme von Lohn- und Gehaltsforderungen.** Von G. Meyer. 5. Auflage. — 1914. Durch Nachträge ergänzt. (Nachträge allein. Gm 0,70) Gm 2,30

Nr. 56. **Bekämpfung gemeingefährlicher Krankheiten.** Von B. Burkhardt. — 1900. Gm 1,20

Nr. 57. **See-Unfallversicherungsgesetz** siehe Nr **108.**

Nr. 58. **Recht der unehelichen Kinder.** Von H. Jastrow — 1901. Gm 1,60

Nr. 59. **Beurkundung des Personenstandes und die Eheschließung.** Von F. Fidler. 2. Auflage — 1912 Gm 2,30

Nr. 60. **Das Urheberrecht an Werken der Literatur und der Tonkunst.** Von O. Lindemann. 4. Auflage — 1921. Gm 1,80

Nr. 61. **Verlagsrecht.** Von B Marwitz. 3 Auflage. — 1922. Gm 1,60

Nr. 62. **Private Versicherungsunternehmungen.** Von H. Könige. 3. Auflage. In Bearbeitung

Nr. 63. **Gesetzestafel des deutschen Reichsrechts.** Von H. Bruhns. 2 Auflage. — 1913. Gm 3 —

Nr. 64. Gesetzsammlung, betr den **Handel mit Drogen und Giften.** Von H. Sonnenfeld 2 Auflage — 1912. Gm 3 —

Nr. 65. **Weingesetz.** Von G Lebbin 2 Aufl. — 1909 Gm 2,—

Nr. 66. **Die Eisenbahn-Gesetzgebung.** Von W Pietsch. 2. Auflage. — 1913. (Siehe auch Nr 91) Gm 3, —

Nr. 67. **Militär-Strafgesetzbuch.** Von A Romen und C. Rissom. 3. Auflage. — 1918. Gm 5 —

Nr. 68. **Fleischbeschaugesetz.** Von G Lebbin und G Baum — 1903. Gm 2,80

Nr. 69. Reichsgesetz über die **Naturalleistungen der bewaffneten Macht im Frieden.** Von W. v. Hippel. — 1903. Gm 1 —

Nr. 70. **Das Reichs-Haftpflichtgesetz.** Von G. Eger — 1903 Vergr. — (Als Ersatz Komment. von Seligsohn — 1920 Gm 6,50)

Nr. 71. **Kinderarbeit in gewerblichen Betrieben.** Von H. Spangenberg. 2. Auflage. — 1904. Gm 1,20

Nr. 72. **Unfallversicherungsgesetz** siehe Nr. **108.**

Nr 73. **Entschädigung für unschuldig erlittene Verhaftung und Bestrafung.** Von A. Romen. — 1904. Gm 1,70

Nr. 74. **Die Kaufmannsgerichte.** Von M. Apt 3. Auflage. — 1904. (Siehe auch Nr. **112.**) Gm 1,60

Nr. 75. **Konsulargerichtsbarkeit.** Von A. F. Vorwerk. 2. Ausgabe, mit den Schutzgebietsgesetzen. — 1908. Gm 1,60

Nr. 76. **Die Rechtshilfe im Verkehr mit den ordentlichen Gerichten.** Von A. Friedländer. — 1906. Gm 1,50

• Nr. 77. **Das Erbschafts-StG.** Von B. Hendel. 1920. Gm 5,—
— Neue Fassung v H Schachian. 2. Aufl. — 1924. Gm 2,—

Nr. **78. Zigarettensteuergesetz.** Von Cuno. In Vorbereitung.

Nr. **79. Die Militärpensionsgesetze.** Von A. Romen.
a) I. Teil: **Offizierpensionsgesetz. — 1907.** Gm 2,—
b) II. Teil: **Mannschaftsversorgungsgesetz.** Mit **Kapitalabfindungsgesetz.** — 1908. Gm 2,—

Militärversorgungsgesetze siehe auch Nr. **136.**

Nr. **80. Gerichtliche Registerführung.** Von O. Lindemann. — 1906. Gm 2,40

Nr. **81. Urheberrecht an Werken der bildenden Künste und der Photographie.** Von L. Fuld. 2. Auflage im Druck.

Nr. **82. Reichsbeamtengesetz.** Von A. Arndt. 3. Auflage. — 1923. Mit Nachtrag, enth. die Änderungen bis April 1924. Gm 3,50

Nr. **83. Versicherungsvertrag.** Von P. Hager und E. Bruck. 4. Auflage. — 1920. Gm 6,—

Nr. **84. Sammlung kleinerer privatrechtlicher Reichsgesetze.** Von G. Müller. — 1908. Gm 5,50

Nr. **85. Scheckgesetz.** Neue Auflage im Druck.

Nr. **86. Die Auslieferungsverträge des Deutschen Reiches.** Von A. Cohn. — 1908. Gm 4,—

Nr. **87a. Das deutsche Warenzeichenrecht.** Von Freund und Magnus. 6., neubearbeitete Auflage. Teil I: **Die internationalen Verträge.** — 1924. Gm 9,—

Nr. **88. Vereinsgesetz.** Von A. Romen. 4. Aufl. — 1916. Gm 2,—

Nr. **89. Vogelschutzgesetz.** Von L. v. Boxberger. — 1909. Gm 1,—

Nr. **90.** Die Haager Abkommen über das **Internationale Privatrecht.** Von G. Bogeng. — 1908. Gm 2,—

Nr. **91. Eisenbahn-Verkehrsordnung.** Von E. Blume. 2. Auflage von Weirauch. — 1922. Mit Nachtrag, enth. alle Neuerungen bis Ende 1924. Gm 5,—. (Nachtrag einzeln Gm 1,50)

Nr. **92. Verkehr mit Kraftfahrzeugen.** Von R. Kirchner. 3. Auflage. — 1915. Mit Nachtrag, enth. alle Neuerungen bis Ende 1924. Gm 5,—. (Nachtrag einzeln Gm 1,50)

Nr. **93. Sicherung der Bauforderungen.** Von G. Harnier. 3. Auflage. — 1912. Gm 1,50

Nr. **94. Die Beamtenhaftpflichtgesetze des Reiches und der Länder.** Von H. Delius. 3. Auflage. — 1921. Gm 3,20

Nr. **95.** Die Berner Übereinkunft über **Internationales Urheberrecht.** Von H. Dungs. — 1910. Gm 1,—

Nr. **96. Branntweinsteuergesetz.** 3. Auflage von K. Kniebe in Vorbereitung. **Branntweinmonopolgesetz** siehe Nr. **131 a.**

Nr. **97. Schutzgebietsgesetz.** Von J. Gerstmeyer. — 1910. Gm 2,50

Nr. **98. Sechs Haager Abkommen über Internationales Privatrecht.** Von H. Dungs. — 1910. Gm 1,50

Nr. 99. **Die Abkommen d. Haager Friedenskonferenz.** Vergr. Jetzt: Wehberg, **Völkerbundakte.** Gm 4,— (Außerh. d. Samml.)

Nr. 100. **Kaligesetz.** Von B. Boelkel. — 1910. Gm 2,40

Nr. 101. **Zuwachssteuergesetz.** Von W. Cuno. — 1911. Gm 3,50

Nr. 102. **Urheberrecht an Mustern und Modellen** und Schutz von **Gebrauchsmustern.** Von J. Neuberg. — 1911. Gm 2,40

Nr. 103. **Reichs-Viehseuchengesetz.** Von W. v. Hippel. 2. Auflage. — 1912. Gm 4,—

Nr. 104. **Versicherungsgesetz für Angestellte** siehe Nr. 144.

Nr. 105. **Das Geldwesen in den deutschen Schutzgebieten.** Von W. Hintze. — 1912. Gm 1,80

Nr. 106—109. **Reichs-Versicherungsordnung.** Von F. Caspar und A. Spielhagen. 4 Bände. Kplt. Gm 18,—

Nr. 106. I., V. und VI. Buch. **Gemeinsame Vorschriften. — Beziehungen der Versicherungsträger zu einander und zu anderen Verpflichteten. — Verfahren.** Von K. Lippmann, L. Laß und H. Siefart. — 1913. Mit Nachtrag. Von K. Lippmann. — 1920. (Nachtrag einzeln. Gm 0,40.) Gm 5,—

Nr. 107. II. Buch. **Krankenversicherung.** Von H. Siefart und F. Sitzler. — 1916. Mit Nachtrag. Von K. Lippmann. — 1920. (Nachtrag einzeln. Gm 1,20.) Gm 5,50

Nr. 108. III. Buch. **Unfallversicherung.** Von A. Radtke. — 1913. Mit Nachtrag. Von A. Radtke. — 1921. (Nachtrag einzeln. Gm 1,60.) Gm 6,50

Nr. 109. IV. Buch. **Invaliden- und Hinterbliebenenversicherung.** Von B. Jaup und H. Follmann. — Neudruck 1922. Mit Nachtrag, enthaltend die Ergänzungen 1914—1921. (Nachtrag einzeln. Gm 1,—.) Gm 3,50

Reichsversicherungsordnung in neuester Fassung von K. Lippmann s. Nr. 161.

Nr. 110. **Wehrbeitragsgesetz.** Von A. Fernow. 2. Auflage. — 1913. Gm 1,60

Nr. 111. **Reichs- und Staatsangehörigkeitsgesetz.** Von A. Romen. — 1913. Vergriffen.

Nr. 112. **Kaufmannsgerichtsgesetz.** Von H. Depène. — 1914. Gm 2,60

Nr. 112a. **Kaufmanns- u. Gewerbegerichtsgesetz nebst Schlichtungsordnung.** (Ergbd z. Nr. 112.) V. H. Depène. 1924. Gm 3,50

Die Nr. 112 u. 112a enthalten zusammen den vollständigen Text des Gewerbegerichtsgesetzes.

Nr. 113. **Postscheckgesetz.** Von J. Weiland. — 1914. Mit Nachtrag 1918. Gm 1,50

Nr. 113a. **Postscheckordnung.** Von J. Weiland. — 1914. Mit Nachtrag 1918. Gm 1,50

Nr. **114. Waffengebrauch und Festnahmerecht des Militärs.** Von A. Romen und C. Rissom. — 1914. Gm 1,80

Nr. **115. Das vertragliche Wettbewerbsverbot [Konkurrenzklausel].** Von G. Baum. — 1914. Gm 3,—

Nr. **116. Kriegs-Zivil- u. Finanzgesetze.** 3. Aufl. — 1915. Gm 1 50

Nr. **116a.** Zweite Folge: Jahr 1915. — 1916. Gm 1.20

Nr. **117. Darlehnskassengesetz.** — 1915. Gm 1,80

Nr. **118. Militärhinterbliebenengesetz.** Von Reh. Mit **Kapitalabfindungsgesetz.** — 1915. (Siehe auch Nr. **136.**) Gm 2,20

Nr. **119. Kriegsleistungsgesetz.** Vergriffen.

Nr. **120. Telegraphenwegegesetz.** Von Wolf. — 1916. Gm 1,—

Nr. **121. Direkte Kriegssteuer.** Von A. Mrozek. 1916 Gm 3,50

Nr. **122. Belagerungszustand.** Von H Bürschel. 1916. Gm 3,50

Nr. **123. Warenumsatzstempel.** Von Lindemann. — 1916. (**Umsatzsteuergesetze** siehe Nr. **132.**) Gm 1,30

Nr. **124. Todeserklärung Kriegsverschollener.** Von J. Partsch. — 1917. Gm 2,—

Nr. **125. Vaterländischer Hilfsdienst.** 3. Auflage. — 1917. Gm 1,—

Nr. **126. Besitzsteuergesetz.** Von A. Mrozek. Vergriffen.

Nr. **127. Geschäftsaufsicht zur Abwendung des Konkurses.** Von G. Klien u. Ernst Jaeger. — 1917. Durch Nachträge nach dem Stand v 1924 ergänzt Gm 1,60 Nachtrag einzeln 0,60

Nr. **128. Verhaftung und Aufenthaltsbeschränkung.** Von A. Romen. — 1917. Gm 1,20

Nr. **129. Zivil-** und **Prozeßrechtkriegsgesetze.** Von Fischer. — 1918. Gm 1,50

Nr. **130. Ersatzlebensmittelverordnung.** — 1918. Gm 1,50

Nr. **131 a. Reichsfinanzgesetzgebung 1918.** Bd. I. **Getränkesteuern.** Von G. Mayer. — 1918. Gm 2 50

Nr. **131 b. Reichsfinanzgesetzgebung 1918.** Bd. II. **Abgabe vom Einkommen, Stempel, Umsatz, Kriegsgewinn** usw., **Steuerflucht.** Von G. Mayer. — 1919. Gm 1,50

Nr. **132. Umsatzsteuergesetz.** Von Otto Lindemann. 3. Auflage. — 1923 Gm 4,—

Nr. **133. Reichswuchergesetzg.** Von Ad. Lobe. —1918 Gm 2,80

Nr. **134. Der Ostfrieden.** Von Karl Strupp. — 1918. Gm 3,—

Nr. **135. Erbbaurecht.** Von H Günther. — 1919. Gm 2,—

Nr. **136. Militärversorgungsgesetze.** Von Hermann Günther. — 1919 Gm 2,30

Nr. **137. Reichsverfassung.** Von Arndt. 2. Aufl. — 1921. Gm 2,50

Nr. **138 a. Arbeiterschutz und Arbeitsrecht.** Von A. Günther. 1920 (Nachtr., enth alle Neuer. bis Ende 1924, im Druck) Gm 5,—

Nr. **138 b. Betriebsrätegesetz.** Von A. Günther. — 1920. Gm 2,—

Nr. 139. **Grunderwerbsteuergesetz.** Von Otto Lindemann. — 1919. Gm 1,80

Nr. 140. **Die Siedelungsgesetzgebung im Reich und in Preußen.** Von W. Holzapfel. — 1920. Gm 3,—

Nr. 141. **Sozialisierungsgesetze.** Von Reier. — 1920. Gm 2,20

Nr. 142. **Wirtschaftliche Demobilmachung.** Von Gg. Fischbach. — 1920. Gm 1,—

Nr. 143. **Reichsabgabenordnung.** Von Nieberl. — 1922. Mit Nachtrag, enth. die Änderungen von 1924. Gm 4,—

Nr. 144. **Versicherungsgesetz für Angestellte.** Von Lippmann. — 1920. Gm 3,50

Nr. 145. **Steuer- und Kapitalflucht.** Von E. H. Meyer. 2. Auflage. — 1921. Gm 1,60

Nr. 146. **Tabaksteuergesetz.** Von Wündisch. — 1920. Mit Nachtrag, enthaltend alle Neuerungen. Gm 3,—

Nr. 147. **Filmzensur.** Von Szczesny. — 1920. Gm 1,50

Nr. 148. **Reichsausgleichsgesetz.** Von Decke. — 1920. Gm 1,50

Nr. 149. **Reichsnotopfergesetz.** Von Friedmann und Wrzeszinsky. — 1921. Gm 4,—

Nr. 150. **Reichsschädengesetze.** Von Adolf Hohenstein und Wenzel Goldbaum. — 1922. Gm 4,—

Nr. 151. **Reichseinkommensteuergesetz.** Von A. Hirschburger. 1923. Gm 6,50

Nr. 152 **Wohlfahrtsgesetze.** Von Behrend und Stranz-Hurwitz. 1923. Mit Nachtrag, enth. alle Neuerungen bis Ende 1924. Gm 5,—

Nr. 153. **Zwangsanleihegesetz.** Von Simon und Beutner. 1923. Gm 8,—

Nr. 154. **Jugendwohlfahrtsgesetz und Jugendgerichtsgesetz.** Von Drewes und Sandré. — 1923. Mit Nachtrag, enth. die Ergänzungen bis April 1924. Gm 6,—

Nr. 155. **Reichsknappschaftsgesetz.** Von Max Reuß und Fritz Hense. — 1923. Gm 7,—

Nr. 156. **Mietrecht und Wohnungsmangelgesetz.** Von Krieg. 2. Auflage. — 1924. Gm 4,80.

Nr. 157. **Dritte Steuernotverordnung v. 14. 2. 1924** mit den Vorschriften über **Aufwertung.** Von Michaelis. Gm 7,—

Nr. 158. **Strafprozeßordnung.** Alte und neue Fassung synoptisch gegenübergestellt. Von Reichsanwalt Feisenberger. — 1924. Gm 4,50

Nr. 159. **Industriebelastungsgesetz.** Von Höpker. Gm 4,—

Nr. 160. **Fürsorgegesetz.** Von Sandré. Gm 6,—

Nr. 161. **Reichsversicherungsordnung.** Von K. Lippmann. Gm 11,—

B. Preußische Gesetze.

Nr. 1. **Die Verfassung des Freistaats Preußen.** Von A. Arndt. — 1921. Gm 2,—
Ausführlicher Kommentar von Stier-Somlo. — 1921. Gm 5,—

Nr. 2. **Preußische Beamten-Gesetzgebung.** Von K. Pfafferoth. 5. Auflage. — 1916. Gm 2,40

Nr. 3. **Notteftamente.** Von E. Kurtz. — 1904. Gm 1,50

Nr. 4. **Gebührenordnung für Notare.** Von Rausnitz. 5. Auflage — 1917. (Neue Aufl. in Bearbeitung.) Gm 2,20

Nr. 5. **Gesetz vom 24. April 1854 [betr. die außereheliche Schwängerung].** Von Schulze. — 1873. Vergriffen.
Reichsrecht siehe Reichsgesetze Nr. **58.**

Nr. **6—9** vergriffen.

Nr. **10. Einkommensteuergesetz** siehe Reichsgesetze Nr. **151.**

Nr. **11. Gewerbesteuergesetz.** Von A. Fernow. Vergriffen.

Nr. **12. Allgemeines Berggesetz.** Von Schlüter und Hense. 4. Auflage. — In Vorbereitung.

Nr. **13. Ergänzungssteuergesetz.** Von A. Fernow. 5. Aufl. Gm 3,—

Nr. **14. Kommunalabgabengesetz.** Von F. Adickes. 6. Auflage von Falk. — 1922. Gm 3,50

Nr. **15. Die Kreisordnungen.** Von O. Kolisch. — 1894. Gm 4,—

Nr. **16. Konzessionierung gewerblicher Anlagen.** Von W. v. Rüdiger. 2. Auflage. — 1901. Vergriffen.

Nr. **17. Preußisches Gerichtskostengesetz.** Von P. Siméon. 7. Auflage. — 1913. Mit Nachtrag von 1919 und 1920. Gm 4,—

Nr. **18. Preußisches Stempelsteuergesetz.** Von P. Loeck und W. Seyffarth. 9. Auflage mit Nachtrag von Eiffler. — 1922. (Neue Auflage in Bearbeitung.) Gm 7,50

Nr. **19. Jagdscheingesetz.** Von F. Kunze. 2. Aufl. — 1899. Gm 2,—

Nr. **20. Die preußischen Erbschaftssteuergesetze.** Von U. Hoffmann. — 1905. Gm 3,—
(**Reichs**-Erbschaftssteuergesetz siehe Reichsgesetze Nr. **77.**)

Nr. **21. Handelskammern.** Von F. Lusensky. 2. Auflage. — 1909. Gm 3,—

Nr. **22. Anstellung und Versorgung der Kommunalbeamten.** Von W. Ledermann. 2. Auflage von L. Brühl. — 1914. Gm 2,—

Nr. 23. Ausführungsgesetze zum Bürgerlichen Gesetzbuche. Von P. Siméon. 3. Auflage. — 1914. Gm 2,20

Nr. 24. Die Hinterlegungsordnung (1879). Von G. Bartels. 2. Auflage. — 1908. Gm 2,—

Abänderungsgesetz vom 21. April 1913 siehe Nr. 53.

Nr. 25. Preußische Kommunalbeamtengesetzgebung. Von F. Kremski. — 1901. Gm 3,—

Nr. 26. Diensteinkommen der Lehrer und Lehrerinnen. Von E. Cremer. — 1900. Gm 2,20

Nr. 27. Warenhaussteuer. Von G. Strutz. — 1900. Gm 1,20

Nr. 28. Die Fürsorgeerziehung Minderjähriger. Von P. F. Aschrott. 3. Auflage. — 1917. Gm 2,80

Nr. 29. Ärztliche Ehrengerichte, das Umlagerecht und die Kassen der Ärztekammern. Von F. Fibler. — 1901. Gm 1,50

Nr. 30. Preußisches Staatsschuldbuch und **Reichsschuldbuch.** Von J. Mücke. — 1902. Gm 2,—

Nr. 31. Die preußischen Gesindeordnungen. Zwei Bände. Von St. Gerhard.

31 a. Altpreußische Provinzen und Rheinland. 2. Auflage. — 1914. Gm 3, –

31 b. Hannover, Schleswig-Holstein, Hessen-Nassau und Hohenzollern. — 1902. Gm 2,50

Nr. 32. Städteordnung. Von W. Ledermann und L. Brühl. 2. Auflage. — 1913. Gm 6,—

Nr. 33. Rentenguts- und Anerbenrechts-Gesetzgebung. Von M. Peltasohn und B. Peltasohn. — 1903. Vergriffen.

Nr. 34. Sammlung der wichtigsten **preußischen Strafgesetze.** Von Lindemann. 2. Auflage. — 1912. Gm 3,50

Nr. 35. Geschäftsordnung für Gerichtsvollzieher. Von E. Exner. — 1904. Gm 3,—

Nr. 36. Polizeiverordnungen in Preußen. Von O. Lindemann. — 2. Auflage. 1912. Gm 2,50

Nr. 37. Enteignung von Grundeigentum. Von O. Meyer. 2. Auflage. — 1911. Vergriffen.

Nr. 38. Kreis- und Provinzial-Abgabengesetz. Von F. Schmidt. — 1906. Gm 1,20

Nr. 39. Unterhaltung der öffentlichen Volksschulen. Von A. Marcks. — 1906. Gm 1,80

Nr. 40. Verwaltungsstrafverfahren. Von R. Katzenstein. — 1907. Gm 3,50

Nr. 41. Die preußischen Jagdpolizeigesetze. Von F. Kunze und R. Kühnemann. 2. Auflage. — 1907. Vergriffen.

Nr. 42. **Allgemeine Landesverwaltung** und **Zuständigkeit der Verwaltungs- und Verwaltungsgerichtsbehörden.** Von K. Friedrichs. 2. Auflage. — 1921. Gm 3,—

Nr. 43. **Verschuldungsgrenze** für land- und forstwirtschaftlich benutzte Grundstücke. Von R. Leweck. — 1908. Gm 2,40

Nr. 44. **Quellenschutzgesetz.** Von E. Voelkel. — 1909. Gm 1,—

Nr. 45. **Rechtsverhältnisse der Juden in Preußen.** Von M. Kollenscher. — 1910. Gm 2,40

Nr. 46. **Austritt aus der Landeskirche.** Von H. Caro. — 1911. Gm 2,40

Nr. 47. **Feuerbestattung.** Von W. Lohmann. — 1912. Gm 1,50

Nr. 48. **Zweckverbandsgesetz für Groß-Berlin.** Von L. Brühl, K. Gordan und W. Ledermann. — 1912. Gm 4,—

Nr. 49. **Gesetze gegen die Verunstaltung landschaftlich hervorragender Gegenden.** Von O. Goldschmidt. — 1912. Gm 2,40

Nr. 50. **Gesetz, betr. die Anlegung und Veränderung von Straßen und Plätzen in Städten und ländlichen Ortschaften.** Von O. Meyer. — 1913. Gm 3,—

Nr. 51. **Das preußische Disziplinargesetz für die nichtrichterlichen Beamten.** Von E. v. Dultzig. — 1914. Gm 4,20

Nr. 52. **Preußisches Wassergesetz.** Von G. Wulff und F. Herold. — 1913. Gm 4,50

Nr. 53. **Hinterlegungsordnung** von 1913. Von Hagemann. — 1914. Gm 2,20

Nr. 54. **Anlegung von Sparkassenbeständen in Inhaberpapieren.** Von H. Döhring. — 1914. Gm 2,80

Nr. 55. **Preußisches Wohnungsgesetz.** Von B. Schmittmann. — 1918. Gm 2,60

Nr. 56. **Das preußische Tumultschadengesetz.** Von Bruno Friedländer. — 1919. Gm 0,80

Nr. 57. Gesetz über **Landeskulturbehörden.** Von W. Holzapfel. — 1919. Gm 2,—

Nr. 58. **Arbeitsnachweis.** Von P. Wölbling. — 1920. Gm 1,—

Nr. 59. **Bildung der neuen Stadtgemeinde Berlin.** Von P. Wölbling. 2. Auflage. — 1920. Gm 1,40

Nr. 60. **Umlegungsordnung.** Von W. Holzapfel. — 1921. Gm 1,80

Nr. 61. **Preußische Verwaltungsgebührenordnung.** Von K. Eiffler. — 1925. Gm 6,—

C. Textausgaben

ohne Anmerkungen mit Sachregister.

Betriebsrätegesetz. Vergriffen.
Bürgerliches Gesetzbuch. 14. Auflage. Gm 4,—
Erbschaftssteuergesetz m. Ausführungsanweis. 2. Auflage. Gm 0,70
Neue Fassung von H. Schachian. 2. Auflage. Gm 2,—
Freiwillige Gerichtsbarkeit. — 1920. Gm 1,—
Handelsgesetzbuch mit **Seerecht.** 11. Auflage. — 1924. Gm 2,60
Konkursordnung. 2. Auflage. — 1915. Gm 0,70
Kriegsgewinnsteuer. — 1916. Gm 0,40
Die Kriegssteuergesetze. 2. Auflage. — 1917. Gm 0,80
Militärstrafgerichtsordnung m. **Einführungsges.** — 1901. Gm 1,30
Militär-Strafgesetzbuch. 2. Auflage. — 1916. Gm 0,50
Reichseinkommensteuer — Körperschaftssteuer — Kapitalertragssteuer — Landessteuer. Gm 1,—
Einkommensteuergesetz in der Fassung v. 24. März 1921 mit **Ausführungsbestimmungen,** durch Nachträge ergänzt. Gm 1,40
Reichsfinanz- und Steuergesetze. 1922. Gm 2,—
Reichsfinanzgesetze von 1909. — 1909. Gm 2,60
Reichsmietengesetz. — 1922. Gm 0,50
Reichsnotopfergesetz. Vergriffen.
Reichsversicherungsordnung. Vergriffen.
Strafgesetzbuch. — 1921. Gm 1,20
Strafprozeßordnung. 5. Auflage. — 1924. Gm 2,50
Umsatzsteuergesetz. — 1920. Gm 0,60
Verkehrs- u. Kohlensteuer u. Kriegssteuerzuschlag. 1917. Gm 0,60
Verfassung des Deutschen Reiches v. 11.8.1919. 2. Aufl. Gm 0,60
Verfassung des Freistaates Preußen. Gm 0,60
Versicherungsgesetz für Angestellte. — 1924. S.R. 144. Gm 2,—
Wechselordnung. — 1908. Gm 0,50
Wehrbeitrag und **Besitzsteuer.** — 1913. Gm 0,50
Zivilprozeßordnung mit **Gerichtsverfassungsgesetz** und **Einführungsgesetzen.** — 1924. Gm 3,50
Zuwachssteuergesetz. — 1911. Gm 0,50
— **Ausführungsbestimmungen.** — 1911. Gm 0,40
Preuß. Ausf.-Anweis. zur **Gewerbeordnung.** — 1904. Gm 1,—

Schlagwort-Register

R. = Nummer der Sammlung Deutscher Reichsgesetze.
P. = Nummer der Sammlung Preußischer Gesetze.
S. = Seite.

Schlagwort-Register. (R. = Reichsgesetz, P. = preuß. Gesetz.)

Schlagwort-Register. (R. = Reichsgesetz, P. = preuß. Gesetz.)

Schlagwort-Register. (R. = Reichsgesetz, P. = preuß. Gesetz.)

FSC
www.fsc.org
MIX
Papier | Fördert
gute Waldnutzung
FSC® C083411

Kolibri 360 GmbH
Ferdinand-Jühlke-Straße 7
99095 Erfurt, Deutschland
produktsicherheit@kolibri360.de